《唐书释音》与宋代江西方音研究

附：（宋）董衡《唐书释音》

吕胜男 朱凌玲 著

凤凰出版社

图书在版编目（CIP）数据

《唐书释音》与宋代江西方音研究 / 吕胜男，朱凌玲著. -- 南京 : 凤凰出版社，2021.3
ISBN 978-7-5506-3434-3

Ⅰ. ①唐… Ⅱ. ①吕… ②朱… Ⅲ. ①《新唐书》－音韵学－研究 Ⅳ. ①H113②K242.042

中国版本图书馆CIP数据核字(2021)第081712号

书　　名　《唐书释音》与宋代江西方音研究
著　　者　吕胜男　朱凌玲
责任编辑　王　剑
装帧设计　徐　慧
出版发行　凤凰出版社(原江苏古籍出版社)
　　　　　发行部电话025-83223462
出版社地址　江苏省南京市中央路165号,邮编:210009
出版社网址　http://www.fhcbs.com
照　　排　南京凯建文化发展有限公司
印　　刷　江苏凤凰新华印务集团有限公司
　　　　　中国江苏南京经济技术开发区尧新大道399号 邮编 210038
开　　本　880毫米×1230毫米　1/32
印　　张　18
字　　数　468千字
版　　次　2021年3月第1版
印　　次　2021年3月第1次印刷
标准书号　ISBN 978-7-5506-3434-3
定　　价　148.00元
　　　　　(本书凡印装错误可向承印厂调换,电话:025-68037411)

目　录

第一章 绪论

第一节 《唐书释音》简介

一、《唐书释音》成书

《唐书释音》,二十五卷,宋人董冲撰,成书于宋徽宗崇宁五年(1106)。

《唐书释音》卷首董冲自序有"皇帝诏儒臣修《唐书》……故诸史中惟《新唐书》能究其终始者尤鲜。臣每读《晋史》见何超纂音义,窃尝慕焉。于是历考声韵,以为之音,使学者从容而无疑"。可知,董氏所注为《新唐书》。

据史料记载,宋仁宗时(1023—1063),诏大臣宋绶讲授唐史,仁宗认为《旧唐书》修撰不好,决定重修。庆历四年(1044)贾昌朝倡议,五年五月正式开局修撰,嘉祐五年(1060)编撰完成,前后历时约17年。

《新唐书》的资料来源,除以《旧唐书》为底本外,搜取题材十分广泛。据赵翼《廿二史札记·新唐书》载:"观《新唐书·艺文志》所载唐代史事,无虑百数十种,皆五代修唐书时所未尝见者。据以参考,自得为详。又宋初绩学之士,各据所见闻,别有撰述。"许多列传中采用了小说、文集、碑志、逸史和政书等文献。诸志在采用"旧书"各志数据之外,又有新的扩大。有关实录、政书、逸史、文集、碑志以及小说等文献,均在采摘之列。

《新唐书》刊行以后,影响很大。董氏自序指出:"皇帝诏儒臣修

《唐书》,其事广于前,其文粹于旧,学者愿观焉。”但“或字奇而莫能辨,则怅然而中止者有矣。”因此,董冲为方便学者阅读《新唐书》,为该书做了比较详细的音注,附于《新唐书》之后,是为《唐书释音》。

二、《唐书释音》版本及体例

1.《唐书释音》的版本情况

《唐书释音》今所见版本主要有以下几种:

(1)《新唐书》元刻明修本(《释音》附于其后)

(2) 明刻二十一史本 2 种

(3) 清乾隆武英殿刻二十四史本

(4) 清乾隆摛藻堂四库全书本

(5) 清同治岭南陈氏葄古堂仿刊殿本

(6) 清光绪同文书局影印武英殿本

(7) 清光绪竹简斋影印武英殿本

(8)清光绪竢实斋石印本

(9) 清光绪图书集成局排印二十四史本

(10) 清光绪史学斋石印二十四史本

(11) 涵芬楼影印武英殿本

(12) 商务印书馆影印武英殿本

(13) 中华书局排印四部备要本

(14) 开明书店影印武英殿本

(15)《旧唐书》中华书局排印四部备要本。

中华书局排印《四部备要》中,新、旧《唐书》之后所附《唐书释音》完全相同,所注者皆为《新唐书》。对于众多版本,校勘是必需的。各个版本中的脱衍讹误等都会影响到《唐书释音》的音切研究,有的还涉及文字、训诂等方面的内容。经过校勘比对,发现各版本的差别不大,不同仅限于形近讹误,并无其他。

我们在对《唐书释音》进行研究时,主要工作底本采用了中华书局排印四部备要本，常用参校本为清乾隆摛藻堂四库全书本、元大德刻明成化弘治递修本、清乾隆武英殿刻二十四史本等三个版本，对其音注进行逐一校勘，以确定可靠的研究材料。其他的一些版本，我们是从相关记载中得知，故在此收录。但因其存世极少或存在阅读权限，以及受到工作时间限制等缘由而未能收集。在后续研究中，我们会陆续对其他版本的收集对校工作进行完善。

2. 董氏《唐书》注音体例

董氏对《新唐书》作注主要注其音，个别字在释音时兼及其义。其主旨即为《唐书》释音，与书名相符。以今所见，诸本《唐书释音》皆附于《新唐书》《旧唐书》之后，今亦有单行本。

《唐书释音》按《唐书》篇章依次注音，注音对象多为单字，只在以下三种情况出现复音词：一是注单字音，兼释所在复音词义；二是为复音词中的每个单字注音；三是被注字属多音多义词，列复音词以别词义。

《唐书释音》共有 11 927 条注，完全重复的有 7 154 条，去掉重复，有效注释为 4 773 条。在 4 773 条注释中，以注音为主，但亦有纯释义的，共计 14 条，其余均为注音，共计有效音注 4 759 条。这 4 759 条音注，注音方式以反切为主，其次为直音，偶见四声别义。其中，反切 4 657 条，直音 96 条，四声别义 3 条，另有 3 条注“如字”。

董氏音释主要用于注音，但亦有 4 条例外，其中 2 条以注音明假借，2 条以注音校正《新唐书》中的讹字。

三、关于《唐书释音》作者署名异说

关于《唐书释音》作者姓名，目前还有争议，有名董冲（衝）者，有名董衡者。

1. 董冲（衝）说

将《唐书释音》作者称为董冲（衝）的有：宋郭守正《增修校正押韵释疑》、宋史照《资治通鉴释文》、元脱脱《辽史》、明张自烈《正字

通》、清顾炎武《音学五书》等。

2. 董衡说

将《唐书释音》作者称为董衡的有：宋王应麟《玉海》、宋王观国《学林》、元脱脱《宋史》、明柯维基《宋史新编》、清桂馥《札朴》等。

3. 模棱两可说

模棱两可说是指同一人所著同一部书中，对《唐书释音》的作者既有称董冲的，又有称董衡的。如：宋朱熹《通鉴纲目》、元熊忠《古今韵会举要》、清方以智《通雅》、清陈熙晋《笺注骆临海集》等。

此外，同一人在不同著作中对《唐书释音》作者也有模棱两可的称谓，如元脱脱在《辽史》中称《唐书释音》作者为董冲(衝)，在《宋史》中却称《唐书释音》作者为董衡；顾炎武在《音学五书》中称《唐书释音》作者为董冲(衝)，在《肇域志》中却称《唐书释音》作者为董衡；这样的例子也是不胜枚举。

出现这种情况，要么是作者笔误，要么是转引他人资料，以讹传讹，也有可能是《唐书释音》的后世刻本有误。我们现在所见到的最早的《唐书释音》的本子是元刻明修本，这是现存《唐书释音》最早的本子，其序文前面有如下题首"将仕郎前权书学博士臣董冲(衝) 上进嘉祐中仁宗"，序末题有"崇宁五年十一月臣冲谨序"。

清莫友芝的《宋元旧本书经眼录》对《唐书释音》亦有记载。该书系莫友芝对平生所见的多种宋元精刊本或抄本、手稿所作的记录。莫氏对所见宋本《唐书》及元刻本释音进行了记载，其记录的《新唐书释音序》与明修本无异，作者署名均为"董冲(衝)"。

因此，我们认为《唐书释音》作者姓名当为董冲(衝)，"董衡"当为"董冲(衝)"字形讹误。

至于董冲生平，除了根据其自序得知他是宋徽宗崇宁时的书学博士，就只有王观国《学林》中的一条记载："《新唐书释音》，饶州老儒董衡所进。"由此可知，董氏当为北宋饶州人。饶州宋代为江西属地，含"都阳县(今鄱阳市)、余干县(今余干县)、浮梁县(今浮梁县)、乐平县

(今乐平市)、德兴县(今德兴市)、安仁县(今余江县)”等县市。①

第二节　研究价值及研究现状

一、《唐书释音》的研究价值

《唐书释音》产生于北宋时期,其音注必然对宋代的实际语音现象有所体现。两宋时期是汉语语音由中古音系演变为元明早期官话的过渡阶段,汉语语音的一系列重要变化,如唇音分化、浊音清化、知照合流、韵母的分化合流、入声韵的合并、声调系统的重大调整等,大多在两宋时期产生、发展或完成。因此,作为汉语语音由中古音系向近代语音系统转变的过渡阶段,对宋代语音进行研究,往前有助于对中古音系的进一步了解和构拟,向后有助于理清中古音系向近代汉语音系转型中的发展脉络。两宋语音史是汉语语音史和方言史研究不可或缺一环,这也是近几十年来,宋代语音史的断代研究日益受到重视的主要原因。

然而宋代语音的研究,尽管学术界已经取得了许多重大成果,但所利用的材料大多为韵书、韵图、宋人叶音以及宋代诗词用韵等,对于另一种重要的历史语音资料——宋人释音的系统研究则显得相对薄弱,仍有很多工作需要我们去完善,其语音史研究价值还值得进一步的挖掘。

与宋代韵书、韵图一样,宋人音释同样是研究宋代语音的重要材料。与其他反映实际语音的资料如诗词用韵等语料相比,音释材料有其特有的价值:

---

①　见《宋代江西文化地理研究》,刘锡涛,陕西师范大学博士学位论文,2001 年。

1. 全面反映汉字的语音特点

音释材料可以反映汉字音的全貌,包括声、韵、调特征以及声韵配合关系等,语音特征的全面性是其重要特点之一。

2. 记录特殊音变现象

汉语语音发展过程中,常常会出现一些例外音变现象,音释材料往往比较真实及时地对此类现象进行反映。如“缸”字,《广韵》“下江切”,《集韵》“胡江切”,均读匣母;而现代读[kaŋ55],与见母读音合流,历代韵书均无记载。但董冲《唐书释音》该字注音作“古双切”(《释音》卷7,《新唐书》卷72上),与今读相应。这是目前所见最早对“缸”字今读音进行记载的语料。

3. 反映方言历史语音

音释材料有助于从规律音变和例外音变两个方面对汉语通语语音的历史演变作出更加精密的阐释,同时对方言语音的历史演变研究亦具有非常重要的价值。

对方言历史语音研究而言,不仅需要对现代汉语方言作充分的研究,更需要通过历史文献的发掘,得到方言历史语音材料的支持与验证。《唐书释音》的释音材料中就有一些非常特别的音注,与韵书的记录不同,却与现代一些特殊的方言读音相应,如:“坟,户吻切”(《释音》卷5,《新唐书》卷54)。被切字“坟”为奉母字,今读唇齿擦音,反切上字“户”为匣母字,今读喉擦音。以喉音匣母字“户”为反切上字注轻唇音奉母字“坟”,反映的是南方方言中普遍存在的唇齿擦音与喉擦音相混的特点,这些无疑是研究方言历史语音非常重要的史料。

4. 推进《广韵》和《集韵》的研究

《广韵》和《集韵》是宋代两部权威韵书,具有非常重要的社会影响力与学术价值。在编撰过程中,这两部韵书在一定程度上也受到了实际语音的影响,尤其是《集韵》,存在许多受当时实际语音声、韵、调变化的影响而新增的“又音”。分析这类“又音”,可以通过韵书比较并结合汉语语音的发展规律来进行，但仍然需要宋代实际语音材料的验证或者它所提供的语音背景的支持。释音材料是解决以上问题的一条重要途径。

二、《唐书释音》的研究现状

对宋代音释的研究，迄今已发表的成果中，专著仅何占涛的《〈新唐书释音〉声类研究》（学林出版社，2009），该书为贵州大学 2006 年硕士学位论文。宋代音释研究另有数十篇学术论文。

对《唐书释音》的专门研究成果，仅有上文提到的何占涛《〈新唐书释音〉声类研究》及该文作者的另外三篇论文：《〈唐书释音〉的声类系统》（贵州教育学院学报，2006）、《〈唐书释音〉声母系统性质》（铜仁学院学报，2007）、《〈新唐书释音〉韵母系统特殊反切研究》（渤海大学学报哲学社会科学版，2016），皆为其书中的部分内容。《〈新唐书释音〉声类研究》研究对象仅为《唐书》注音材料的声类系统，不涉及韵类、调类系统；该书所取材料比较单一，所用版本仅限于涵芬楼影印武英殿本，且未作校勘，可商之处较多。略就"以重唇切轻唇"为例，举数例如下：

1. 以帮切非：份，彼陈切

该注音出现在《唐书释音》第 7 卷（《新唐书》第 72 卷中）。"份"作为"彬"的古字，用作人名。《广韵》：府巾切（在上平声卷一末"新添类隔今更音和切"中，改为"卜巾切"），释义为"文质备也"。《集韵》：悲巾切，释义同为"文质备也"。所以，"份"作为"彬"字的异体，宋代本读重唇，"份，彼陈切"，是正常音注，而不是以帮切非。与此相似的还有："玢，悲巾切"（《释音》卷 7，《新唐书》卷 71 下）、"邠，悲巾切"（《释音》卷 7，《新唐书》卷 73 上），都是宋读正常音注，而不是以帮切非。

2. 以並切奉：夆（桻），部本切

该注音出现在《唐书释音》第二十四卷（《新唐书》第二百二十二

卷中)。董氏在此条音注后加以释义:“车篷”。《广韵》:扶晚切,释义为“车軬”;蒲本切,释义为“车弓”。《集韵》:父远切,释义为“车上篷”;部本切,释义为“车篷也”。

“軬”,为多音字,有奉母、並母两读。“部本切”与《集韵》音义皆合。

类似的例子还有,何文将《释音》“房,步光切”也看作以並切奉。这可能是忽略了原文的核查。该条注音出现在《唐书释音》第十一卷(《新唐书》第九十八卷)。该字音出现于“阿房”一词中,董氏在此条音注后明确加以释义,“阿房,秦宫名”。作为“阿房”意义的“房”字,《广韵》步光切,《集韵》蒲光切,没有读奉母的记载。所以,“房,步光切”,是正常音注,而不是以並切奉。

3. 以並切非:莆,薄胡切

该注音出现在《唐书释音》第四卷(《新唐书》第四十一卷),出现于“莆田”一词,地名。《广韵》:方矩切,释义为“蓮莆,尧之瑞草”。《集韵》:匪父切,释义为“艸名,说文蓮莆也”。

《广韵》《集韵》都没有相对应于“莆田”意义的注音。不过,在《增韵》中“莆”字有“薄胡切”一音,释义为“莆田县”。所以“莆,薄胡切”,是正常音注,而不是以並切非。

4. 以並切敷:彷,步光切

该注音出现在《唐书释音》第十三卷(《新唐书》第一百二十三卷)。出现于“彷洋”中,义为“周游徘徊”。《广韵》:步光切,释义为“彷徨”,即徘徊之义,后引申为心神不定、犹豫不决。《集韵》:蒲光切,释义为“彷徉,徘徊也”。所以“彷,步光切”,是正常音注,而不是以並切敷。

5. 以明切微:鹜,莫卜切

该注音出现在《唐书释音》第三卷(《新唐书》第二十三卷上)。董氏在此条音注后也加以释义“鸟属”。《广韵》:亡遇切,释义为“鸟名”;莫卜切,释义为“凫属”。《集韵》:莫卜切,释义为“鸟名,说文舒凫也”。该字也是一义多音,与上文“夆”相仿,是正常音注,与《集韵》“鹜”字音义均符。

此外,还有“以见切群”“端、透混注”“船邪混注”等部分所举音注,都有可商榷之处,没有做到从音、义两方面正确区分正常注音与特殊音注。限于篇幅,不再一一讨论。因此,单就《唐书释音》声母系统的研究来看,也还有很多工作需要进一步完善。

此外,研究内容涉及《唐书释音》的还有孙建元先生的《宋人音释研究》(南京大学 1996 年博士学位论文)。《宋人音释研究》研究了四种宋代音释文献,《新唐书释音》是其中之一,该文主要采用反切比较法,其研究范围虽然比较全面地涵盖了《新唐书释音》的音释材料所反映的声类、韵类和调类系统,但只是将《新唐书释音》的音释材料作为四种宋代音释材料综合比较研究中的一部分,自会受到整体研究的制约,从而影响到了对董冲音释材料所反映的语音现象的全面展示。因此,《新唐书释音》还有进一步深入研究的极大的空间。

随着语音史研究的不断推进,断代语音史研究不断深入,对于董冲音释这样一项比较有分量的历史语音资料,在已有成果的基础之上再作全面研究,以清晰展示蕴含其中的宋代实际语音面貌,是具有非常的重要研究价值和学术价值的,这是我们选取《唐书释音》音释材料作为研究对象,开展专题研究的主要原因。

第三节 研究方法

鲁国尧先生(2003)在《论“历史文献考证法”与“历史比较法”的结合——兼议汉语研究中的“犬马鬼魅法则”》一文中,首次提出了历史文献考证法和历史比较法相结合的新的“二重证据法”。“研究汉语史的最佳方法,或者最佳方法之一是‘历史文献考证法’与‘历史比较法’的结合。”“汉语音韵学研究中使用的历史文献考证法,乃是利用记录、反映历代语音现象的文献、典籍(含传世文献、考古发掘而得的地下文献和新发现的地上文献)以求解前此之音。汉语音韵学研究中使用的历史比较法,乃是主要利用现代口语,以推求前此之音。"[①]鲁先生倡导的"新二重证据法"是研究汉语语音史的指导性方法,也是在本书写作过程中指导其他一切方法的指导思想。

我们在"新二重证据法"的指导下,综合运用古典文献学校勘法、穷尽性的语料分析法、反切系联法、反切比较法、算术统计法等方法进行研究,全面系统地考查《唐书释音》的声韵系统。

一、 古典文献学校勘法

语言研究的先决条件是可靠的语料。语料的选择鉴别和版本密切相关。研究传世文献的语言现象不仅要以成书年代为标准,还要考虑到后代版本演变的因素,辨析传抄刊刻过程中的讹误与异文。《唐书释音》版本众多,我们综合运用古典文献校勘中的对校法、本校法、他校法、理校法,确定文本正伪,爬梳整理有关资料,进行严谨的文献语料整理,确定研究底本,为研究提供真实可靠的语料。如《唐书释音》第十卷(《新唐书》第九十一卷)中有一条音注"棋,居之切",我们通过本校法,发现《新唐书》第九十一卷中并无"棋"字,是《释音》中的讹误,实为"禥"字。

二、 穷尽性的语料分析法

首先利用做卡片的传统语言学研究方法,穷尽统计《唐书释音》中所有的音注情况。采取一字一音一卡片的做法,每张卡片标注序号,列出被注字在《唐书释音》及《唐书》中的卷次、被注字在《唐书释

① 见《论"历史文献考证法"与"历史比较法"的结合——兼议汉语研究中的"犬马鬼魅法则"》,鲁国尧,《语言学文集:考证、义理、辞章》,上海人民出版社,2008年,页18。

音》中的反切或直音，董注的音韵地位、被注字在《广韵》《集韵》中的音韵地位，并考虑董氏注音的来源，以及是否有训读现象、标音现象等等。董注音韵地位有与《广韵》《集韵》不符的，标出音变类型，并在卡片制作过程中及时摘录归类。

为了更加准确方便地研究《唐书释音》的音切，在卡片制作完成后，又利用 Microsoft Office Access 建立了两个数据库，分别为“一般音切”和“特殊音切”，便于进行筛选、系联和统计等操作。一般音切为声类韵类与被注字在《广韵》和《集韵》中的声类韵类完全相同的音注；反之，与《广韵》《集韵》音类不同的为特殊音切。我们重点在于对特殊音切的分析。

三、反切系联法

清儒陈澧在《切韵考》中首创系联法。“（系联法）是根据‘双声叠韵’的原理，通过反切上下字的系联来考证其声母和韵母……将凡双声之字系联为一组就可以得到一个声类，将凡叠韵之字系联成一组就可以得到一个韵类。”[①]我们通过同用、递用、互用的原则对《唐书释音》的音切进行全面系联，考查其声类、韵类系统。但音释著作与韵书不同，音释是随文而注，作者会对日常生活中的常用字略而不注，因而其中的音注不可能完整而系统地将其音系结构全面反映出来。而且作者作注时的反切用字较为随意，有些反切用字虽为一类，但并不能通过系联法系联成一类，而是分成若干小类。在这些情况下，还必须与反切比较法配合使用，才能系统全面地反映《唐书释音》的音系结构。

四、反切比较法

反切比较法，就是“通过两种反切的对比（往往是把某一反切系

① 见《汉语音韵研究教程》，刘晓南，北京大学出版社，2007 年，页 56。

统的反切逐个地和《广韵》的反切加以比较),考求该反切系统的音系或找出它在声韵系统上的主要特点”。[①] 邵荣芬先生(1964)的《〈五经文字〉的直音和反切》首先从先决条件、充分条件、语音差别的远近及语音演变的趋势等方面简要说明了使用反切比较法的问题,陈亚川(1986)的《反切比较法例说》归纳了比较中所应遵循的原则,并进一步探讨了其操作方法和步骤。本书采取反切比较法时遵循陈亚川提出的原则及步骤。

我们将《唐书释音》的音切与《广韵》逐条比较时,采取以下步骤与方式开展反切比较工作:

首先,考查被注字字形是否相同,相同则可进行比较;如若不同,但系异体字的,也具备比较的条件;有的被切字两书字形不同,也不一定是异体字,但字义相同,字音相当,也可进行语音的比较。

其次,考查被注字的意义是否相同,被注字在两书中的意义必须相同。如果意义不同,即使字形完全相同也不可进行比较。如《释音》卷1中有音注“盩厔(庢),下陟栗切”,查询《广韵》和《集韵》,未有收录“厔”字,但收有“庢”字,《广韵》:“庢,盩庢县。”《集韵》:“庢,《说文》:碍止也。一曰盩厔,县名。”由此,我们可知“庢”即为“厔”,二者为异体字,字义相同,字音相当,可进行比较。

若遇到一字在《广韵》或《集韵》中有多个读音的情况,查看《新唐书》原文,确定该字在原文中的意义,再选择相对应意义的读音进行比较分析。以《广韵》和《集韵》为主要比较对象,若《广韵》中无此字或无对应意义的读音,则参照《集韵》;若《广韵》和《集韵》皆无,则参照其他字书或韵书。

五、算术统计法

“对某一类研究对象,进行绝对数量的统计和相对数量的比例计

① 见《反切比较法例说》,陈亚川,《中国语文》,1986年第2期。

算,就是统计学的方法。""在音韵学中运用统计法,就是通过数据的统计和分析,解决音韵研究中的某个问题。"①

反切比较法和归纳法可以帮助我们发现语音现象,为我们深入研究音变背后的语音机制提供依据。解释音变现象,判断是否发生音变现象,应该是基于有效的样本分析、正确的计算、有效的统计结果之上的科学的结论。在研究中,所用的材料为穷尽性分析的结果,由于研究材料总数不是很多,因而使用了算术统计法,而不必使用数理统计法。将算术统计法与其他方法配合使用,把表层的现象列举与揭示深层音变原因及比例几个方面紧密结合,使论证更加有力。正如魏建功先生所言,多种方法"合用则众美兼收,偏用就不免疏漏"。②

以上是本项研究使用的基本方法,在具体研究时根据材料的不同还会有一些操作上的变化,具体情况将于各具体章节中细述之。

---

① 见《20世纪汉语音韵学方法论》,耿振生,北京大学出版社,2004年,页133。

② 见《古音系研究》,魏建功,中华书局,1996年,页86。

第二章 《唐书释音》音切声母系统

本章考查《唐书释音》的声母系统。首先对其所有音注的反切上字进行穷尽的分析归纳。按照传统研究的系联方法,对所有音注的切上字遵循同用、递用、互用的原则作出系联。然而有些反切用字以中古音而言虽为一类,但并不能系联成一类,这大概有如陈澧所言"两两互用不能系联",如果没有其他材料证明这些不能系联的小类已经分立,则我们暂且仍将它们合为一类。

又,《唐书释音》作为音释类著作,与一般韵书不同。音释是随文而注,不能周全,反切用字也较为随意不能统一,而且音释类著作的目的在注难识字,解决读者可能遇到的阅读障碍问题,因而有很多常用字与易识字并不需要注音,而难识字若重复出现则又往往重复注之,用字虽多但很难周全,故仅仅通过反切系联法往往无法得到其完备的音系。因此,我们又引入"反切比较法"。使用反切比较法,我们取《广韵》(《切韵》)音系为参照音系,有些字《广韵》不收则取《集韵》。我们将董氏音注反切上字与被注字的声类在《广韵》或《集韵》中的进行逐一比较,如果切上字与被注字之间声类不同则定为混注。混注反映了《释音》的声类与传统韵书的一些差异,这种差异应当主要反映了语音的变化。统计两个声类之间的混注,可以了解《释音》中两个声类之间发生了什么样的变化。一般情况下,混注数量比较大、所占比例也较大的,可据以判断混注双方声类在《释音》中合并了。通过这种合并,可以看出《释音》的声类系统与《切韵》音系比较有哪些变化。

然而这个比例大到什么程度比较合适呢?根据对《释音》中混注例的全面统计考查,我们认为混注所占比例在5%左右作为断定两个声类已经合并是比较合适的。之所以定为5%,是充分考虑到《释音》音注的特殊性。《释音》为音释类著作,其音注中出现大量参考韵书音切的现象是很正常的,在我们的考查中也可以看出这一现象,《释音》中的反切有很多都是从传统韵书中来的,如帮母被注字有113个,反切符合《广韵》或《集韵》的有60个。大量来自传统韵书的反切必然会降低混注的数量和所占比例,所以混注的数量和比例不能定得太大。由于作者自创音注(不是来自韵书的反切)一般都不是太多,有的甚至相当少,数量大大少于来自韵书的切语,这势必更加降低混注的比例。在这种情况下,我们将参照语音史的演变情况,充分考虑混注在自创反切中所占的比例。如果混注在自创反切中所占比例能达到一定的高度,我们也会把它作为两个音类得以合并的一个重要根据。所以下面的具体讨论中,在自创音切数量较少的特殊情况下,我们将充分考虑到音注家的混注在自创音切中的数量和比例所传达的语音演变信息,以此作为统计混注的必要补充,综合语音史研究的其他信息,来判断音类的分合。

除上述特殊情况外,混注在整体音注中所占比例低于5%的,我们一般认为这两个声类仍然是独立的,尽管两者之间有牵连,但不足以影响《释音》声类系统。至于这种牵连该如何定性,就要具体问题具体分析。大概有如下三种可能,一是反映了通语某些局部(如个别字音或若干字音的)音变,二是反映了方音现象,三是少数既不属于通语音变又不似方音现象的,我们将它存疑。这些问题,我们将在第四章中进行讨论。本章讨论内容主要是第一种影响声类系统的混注现象。

在系联操作过程中,我们先将能系联的切上字联成一类,再与《广韵》进行比较,将中古同声类而又不能系联的反切上字,仍暂归为同一类。小类之间用符号○隔开。系联部分,大字为反切上字,每个反切上字(大字)后采用下标展示相关信息,包含每个反切上字出现的次数、其本身的切语(见小括号内)、作为切上字时可系联的切语(中括号内)。如帮母字下有反切上字:

博 10 奔 2【晡(博孤切,奔谟切)】晡 1 布 6【桮(晡枚切,布回切)】

这表示“晡”作为帮母字的反切上字,共出现过 1 次,在《释音》中作为被注字出现过两次,注音为“博孤切”“奔谟切”,作为反切上字并可用来与其他反切上字系联的切语有“桮(晡枚切,布回切)”。

另有少量“同字异切”非常特别,如“呗”,作者给它注了两次音,先是“呗,北迈切,梵音”,出现在《唐书释音》第 16 卷(《新唐书》145 卷)。后来“呗”字作为被注字又出现于《释音》第 15 卷(《新唐书》139 卷),注为“呗,蒲迈切,梵音”,其反切上字“蒲”却为並母字,且两条音注的释义是相同的。根据反切系联法同用的原则,二者似乎可以系联。若据以系联则並母与帮母合流,浊音清化。但“北”作为“呗”的切上字,仅此一例,数量太少,而並、帮两母之分立数据很大,反映了《释音》中全浊声母並母和全清声母帮母之间的接触现象,还不足以就此论定全浊声母完全清化。这些切语是针对同一字音而作的,是“同音异切”,但它们又因为数量太少而不能证明音类之合并,故目为特殊的同音异切。特殊的同音异切应当反映了特殊语音现象,绝不能因其数量较少而忽视。因此,在下面系联、比较声类时,我们先将这些“同字异切”系联的上字用“/”号隔开并改用隶书体,以为标志,同时给这种同字异切的切语加上下划线,标明其为特殊音切,如:

北 4/蒲<u>【呗(北迈切,蒲迈切)】</u>

凡属于这种特殊异切,都不能作为音类合并的依据,所有的特殊音切,将在第四章再作讨论。

第一节 唇音声母

唇音声母按重唇音帮滂並明，轻唇音非敷奉微两组声母进行讨论。先讨论各声母自注情况，即可以系联的情况，再分析其唇音声母之间的互注、混注情况，并对混注情况所反映的语音现象及性质进行讨论。这里主要对反映汉语语音演变一般规律的音注进行讨论，对不符合汉语语音演变规律的音注，即特殊音切，本书第四章另行专题讨论。为比较全面地了解《唐书释音》各声母的音切情况，各声母讨论部分先以表格的方式列出各不同音切的基本情况，再进行分析。下文同。

一、 唇音声母字的系联情况

（一）帮母

帮母共有 21 个反切上字（不计特殊异切上字，下同），系联结果如下：

卑 8 补 18 并 4【髀（卑履切，补尔切，并弭切）】宾 2【庳（音卑，宾弥切）】辟 1【鷩（卑吉切，辟吉切）】必 12【并（必政切，必正切）】伯 2【镈（补各切，伯各切）】博 10【嶓（补禾切，博禾切）】奔 2【晡（博孤切，奔谟切）】晡 1 布 6【桮（晡枚切，布回切）】逋 1【贲（音奔，逋昆切）】○彼 6【陂 2（彼为切）○悲 4【玢（悲巾切）】○比 2【般（比末切）】○俾 2【褾（俾小切）】○笔 1【别（笔列切）】○边 1【蓖（边兮切）】○兵 2【泌（兵媚切）】○波 1【披（波美切）】○北 4/**蒲**<u>【呗（北迈切，蒲迈切）】</u>

（二）滂母

滂母共有 7 个反切上字，系联结果如下：

丕 1 攀 1【伾（音丕，攀悲切）】○普 36 滂 3【呦（滂佩切，普没切）】披 2【怦（普耕切，披耕切）】/**蒲弼**<u>【胖（普安切，蒲官切）𥢶（普木切，弼角切）</u>】○拍 1【愊（拍逼切）】○匹 23/**极**<u>【佶（匹乙切，极乙切）】</u>

（三）並母

並母共有19个反切上字,系联结果如下:

旁3 皮10【弼(旁密切,皮密切)】弼3 步14 蒲58 部12【旁(步浪切,蒲光切,部浪切)】傍3【髀(部礼切,傍礼切)】骈1【鼙(部迷切,骈迷切)】薄37 毗8【苾(蒲必切,薄必切,毗必切,薄结切)】排1【俳(蒲皆切,皮皆切,音排)】簿4【邲(簿必切,毗必切)】婢8【辟(毗亦切,婢亦切)】平6 被1【殍(平表切,被表切)】频3【郫(蒲麋切,频弥切)】脾1【陴(频弥切,音脾)】/**晡普博弥**【詺(弼正切,弥正切)】【梧(蒲枚切,晡枚切)扑(蒲卜切,普卜切)】【晡(薄孤切,博孤切)】○贫2【伓(贫悲切)】○蚍1【笓(蚍利切)】

（四）明母

明母共有17个反切上字,系联结果如下:

抹1【末(音抹)】末2 莫72【靺(莫拨切,音末)】墨1【万(莫北切,音墨)】蒙1【雺(莫红切,音蒙)】美5【宓(莫必切,弥必切,美必切,)】弥10【郿(弥悲切,旻悲切)】旻3 眉4【黾(弥究切,眉耿切)】木1【鄚(末各切,木各切,慕各切)】慕4 谟7(莫胡切)【玫(谟杯切)】○母3【睌(母官切)】○靡4 忙3【縻(靡为切,忙皮切)】○弭1【僶(弭尽切)】○绵1【湎(绵婢切)】

（五）非母

非母共有6个反切上字,系联结果如下:

府16【邠(府巾切,悲巾切)份(府巾切,彼陈切)庳(府移切,音卑)】甫14【坂(甫远切,府远切)】分4【韨(甫勿切,分物切)】风3【鈇(甫无切,风无切)儦(甫娇切,悲骄切)扳(甫还切,布还切)彪(甫休切,悲虬切)】○方29/**房**【窆(方验切,陂验切)堋(方隥切,补邓切)渢(方中切,房戎切)】○莆1【裒(莆侯切,蒲侯切)】

（六）敷母

敷母共有6个反切上字,系联结果如下:

芳24【朏(芳尾切,敷尾切)癖(芳辟切,普辟切)】敷20【伾(敷悲切,攀悲切)頙(敷悲切,普眉切)】抚4【赗(芳凤切,抚凤切)慓(抚招切,匹妙切)】/**方风甫文符**【赙(芳遇切,符遇切)鄜(芳无切,方无切)弣(芳武切,方武切)怤(芳无切,方无切)桴(芳无切,风无切)父(芳矩切,音甫)覂(芳勇切,方勇切)庑(芳武切,文甫切)】/**府**【朏(敷尾切,府尾切)】○孚7【璠(孚袁切)】○妃1【纺(妃两切)】○斐1【拊(斐父切)】

(七) 奉母

奉母共有8个反切上字,系联结果如下:

符36【邳(符悲切,贫悲切)苹(符兵切,蒲明切)郫(符羁切,频弥切)埤(符支切,频弥切)愎(符逼切,弼力切)玭(符真切,部田切)】附2【璠(符袁切,附袁切)】缚4【涪(符尤切,房尤切,缚谋切)】房19【奉(房用切,父勇切,扶用切)弼(弻)(房密切,旁密切)】父2扶8【枹(音扶,防无切)冯(扶冰切,皮冰切)甓(扶歷切,蒲歷切)鹝(鷊)(扶歷切,步觅切)】防2/悲【玢(符巾切,悲巾切)】○浮1【芣(音浮)】

(八) 微母

微母共有7个反切上字,系联结果如下:

文8【怃(文甫切,罔甫切)】罔4○无7【闅(无分切)】○武15【洺(武并切,弥并切)皿(武永切,眉永切)郿(武悲切,旻悲切)瞢(武登切,莫凤切)】○毋1【懵(毋总切,莫孔切)】○亡10【杪(亡沼切,弥沼切)】问1【免(亡运切,音问)】/王【樾(亡伐切,王伐切)】

(九) 帮组声母与非组声母互注

帮组声母与非组声母互注是指同一被切字,以轻、重唇音类隔切的方式注音,可以两两系联,包括帮、非互注,滂敷互注,並奉互注,明微互注四种表现形式。

1. 帮非互注

帮非互注共计8例:

(1) 窆(方验切,陂验切):"窆,方验切"(《释音》卷1,《新唐书》卷1)、"窆,陂验切"(《释音》卷9,《新唐书》卷77);

(2) 堋(方隥切,补邓切):"堋,方隥切"(《释音》卷5,《新唐书》卷50)、"堋,补邓切"(《释音》卷12,《新唐书》卷107);

(3) 邠(府巾切,悲巾切):"邠,府巾切"(《释音》卷4,《新唐书》卷37)、"邠,悲巾切"(《释音》卷7,《新唐书》卷73上);

(4) 份(府巾切,彼陈切):"份,府巾切"(《释音》卷7,《新唐书》卷73上)、"份,彼陈切"(《释音》卷7,《新唐书》卷72中);

(5) 庳(府移切,音卑):"庳,府移切"(《释音》卷19,《新唐书》

卷 176 上)、"庳,音卑"(《释音》卷 11,《新唐书》卷 101);

(6) 儦(甫矫切,悲骄切):"儦,甫矫切"(《释音》卷 8,《新唐书》卷 75 上)、"儦,悲骄切"(《释音》卷 14,《新唐书》卷 130);

(7) 扳(甫还切,布还切):"扳,甫还切"(《释音》卷 18,《新唐书》卷 170)、"扳,布还切"(《释音》卷 9,《新唐书》卷 76);

(8) 彪(甫休切,悲虬切):"彪,甫休切"(《释音》卷 21,《新唐书》卷 202)、"彪,悲虬切"(《释音》卷 7,《新唐书》卷 72 中)。

2. 滂敷互注

滂敷互注共计 4 例:

(1) 伾(敷悲切,攀悲切):"伾,敷悲切"(《释音》卷 4,《新唐书》卷 31)、"伾,攀悲切"(《释音》卷 17,《新唐书》卷 155);

(2) 䪹(敷悲切,普眉切):"䪹,敷悲切"(《释音》卷 18,《新唐书》卷 165)、"䪹,普眉切"(《释音》卷 7,《新唐书》卷 72 下);

(3) 慓(抚招切,匹妙切):"慓,抚招切"(《释音》卷 16,《新唐书》卷 150)、"慓,匹妙切"(《释音》卷 10,《新唐书》卷 89);

(4) 癖(芳辟切,普辟切):"癖,芳辟切"(《释音》卷 21,《新唐书》卷 201)、"癖,普辟切"(《释音》卷 17,《新唐书》卷 160)。

3. 並奉互注

並奉互注共计 10 例:

(1) 弻(弼)(房密切,旁密切):"弻(弼),房密切"(《释音》卷 1,《新唐书》卷 1)、"弻(弼),旁密切"(《释音》卷 7,《新唐书》卷 71 下);

(2) 冯(扶冰切,皮冰切):"冯,扶冰切"(《释音》卷 11,《新唐书》卷 95)、"冯,皮冰切"(《释音》卷 15,《新唐书》卷 173);

(3) 甓(扶歷切,蒲歷切):"甓,扶歷切"(《释音》卷 20,《新唐书》卷 195)、"甓,蒲歷切"(《释音》卷 17,《新唐书》卷 152);

(4) 鹛(鷿)(扶歷切,步觅切):"鹛(鷿),扶歷切"(《释音》卷 23,《新唐书》卷 217 上)、"鹛(鷿),步觅切"(《释音》卷 5,《新唐书》

卷 43 下)；

(5) 邳(符悲切,贫悲切):“邳,符悲切”(《释音》卷 1,《新唐书》卷 9)、“邳,贫悲切”(《释音》卷 10,《新唐书》卷 92)；

(6) 苹(符兵切,蒲明切):“苹,符兵切”(《释音》卷 4,《新唐书》卷 41)、“苹,蒲明切”(《释音》卷 19,《新唐书》卷 180)；

(7) 郫(符羁切,频弥切):“郫,符羁切”(《释音》卷 4,《新唐书》卷 42)、“郫,频弥切”(《释音》卷 8,《新唐书》卷 74 下)；

(8) 埤(符支切,频弥切):“埤,符支切”(《释音》卷 5,《新唐书》卷 57)、“埤,频弥切”(《释音》卷 16,《新唐书》卷 144)；

(9) 愎(符逼切,弼力切):“愎,符逼切”(《释音》卷 10,《新唐书》卷 92)、“愎,弼力切”(《释音》卷 11,《新唐书》卷 96)；

(10) 玭(符真切,部田切):“玭,符真切”(《释音》卷 15,《新唐书》卷 139)、“玭,部田切”(《释音》卷 5,《新唐书》卷 58)。

4. 明微互注

明微互注共计 6 例:

(1) 杪(亡沼切,弥沼切):“杪,亡沼切”(《释音》卷 4,《新唐书》卷 29)、“杪,弥沼切”(《释音》卷 9,《新唐书》卷 76)；

(2) 懵(毋总切,莫孔切):“懵,毋总切”(《释音》卷 11,《新唐书》卷 101)、“懵,莫孔切”(卷 18,《新唐书》卷 169)；

(3) 洺(武并切,弥并切):“洺,武并切”(《释音》卷 10,《新唐书》卷 86)、“洺,弥并切”(《释音》卷 4,《新唐书》卷 39)；

(4) 皿(武永切,眉永切):“皿,武永切”(《释音》卷 10,《新唐书》卷 89)、“皿,眉永切”(《释音》卷 5,《新唐书》卷 47)；

(5) 郿(武悲切,旻悲切):“郿,武悲切”(《释音》卷 10,《新唐书》卷 90)、“郿,旻悲切”(《释音》卷 1,《新唐书》卷 1)；

(6) 瞢(武登切,莫凤切):“瞢,武登切”(《释音》24,《新唐书》卷 221 上),“瞢,莫凤切”(《释音》卷 4,《新唐书》卷 32)。

以上帮、非组声母互注的现象的普遍特点是,同一反切上字所注反切的性质不同,来源不一。所注反切分别是帮组声母字的类隔切与音和切,分别采自不同的韵书。如"明微互注"中的"洺"字,有"武并切""弥并切"两个不同的反切,"武并切"为类隔切,出自《唐韵》《广韵》,"弥并切"为音和切,出自《集韵》。因此,以上互注现象实际上是特殊的自注现象,反映了《唐书释音》音注的主要特点是依从权威韵书,大部分情况做到所注反切皆有来处。

二、唇音声母的混注分析

(一)唇音声母的混注情况

在《唐书释音》中,唇音字共有音注715条,其中重唇音字有音注532条,轻唇音字有音注183条。《唐书释音》中这种轻重唇混注有62例,还有一些与别类的声母混注。去除这些混注,《唐书释音》唇音字的自注总数为622条。具体情况如下:

1. 帮母混注

帮母字的音注共113条,自注90条,与别的声类混注有23条。混注情况有以並切帮(如:晡,薄孤切)、以非切帮(如:扳,甫还切)、以敷切帮(如:票(㶾),抚招切)、以奉切帮(如:玢,符巾切)、以定切帮(如:砭,大验切,"大"当为"方"之形讹)。

2. 滂母混注

滂母字的音注共77条,自注64条,与别的声类混注有13条。混注情况有以帮切滂(如:劈,必歷切)、以並切滂(如岥,旁禾切)、以敷切滂(如:镖,抚招切)。

3. 並母混注

並母字的音注共200条,自注174条,与别的声类混注有26条。混注情况有以帮切並(如:呗,北迈切)、以滂切並(如:穙,普木切)、以非切並(如:舶,市伯切)、以奉切並(如:邳,符悲切)。

4. 明母混注

明母字的音注共142条,自注123条,与别的声类混注有19条。

混注情况有以並切明（如：詺，弼正切）、以微切明（如：慒，毋总切，“毋”亦可能为“母”之形讹）、以心切明（如：愐，潚兖切，“潚”当为“瀰”之形讹）。

5. 非母混注

非母字的音注共46条，自注43条，与别的声类混注有3条。混注情况有以敷切非（如：覂，芳勇切）。

6. 敷母混注

敷母字的音注共49条，自注44条，与别的声类混注有5条。混注情况有以非切敷（如：朏，府尾切）。

7. 奉母混注

奉母字的音注共58条，自注55条，与别的声类混注有3条。混注情况有以非切奉（如：渢，方中切）、以敷切奉（如：赙，芳遇切）、以匣切奉（如：坟，户吻切）。

8. 微母混注

微母字的音注共30条，自注29条，与别的声类混注有1条。混注情况有以敷切微（如：庑，芳武切）。

除了唇音字内部的混注，定、心、匣母字也作过唇音字的切上字，与唇音字有混注现象，不过这些现象当多为字形讹误现象。下面列表展示唇音字的自注及混注的统计数据。

《唐书释音》唇音字自注及混注情况统计表

切上字＼被切字	帮	滂	並	明	非	敷	奉	微
帮	90	1	3					
滂		64	2					
並	3	5	174	1				
明				123				
非	17		3		43	6	1	

续表

被切字 / 切上字	帮	滂	並	明	非	敷	奉	微
敷	1	7			2	44	1	1
奉	1		18				55	
微				17				29
定	1							
心				1				
匣							1	
总计	113	77	200	142	45	50	58	30

（二）唇音混注所反映的轻重唇音的分合问题

讨论轻重唇的分合问题，我们首先需要看看《唐书释音》中轻重唇的混注情况。《唐书释音》的轻重唇混切的音注，大部分沿袭了《广韵》中的反切，还有一部分为作者自创的反切。以下将分开列出。

1. 唇音混注情况

（1）以非切帮（共计 17 例，沿袭《广韵》反切 13 例，作者自创 4 例）

	被注字	《广韵》反切	董氏音注	音注出处①
沿袭《广韵》反切	窆	方验切	方验切	1—1
	邠	府巾切	府巾切	4—37
	斌	府巾切	府巾切	4—37
	藨	甫娇切	甫娇切	4—38
	堋	方隥切	方隥切	5—50

① 出处中前一个数字为音注在《释音》中的卷数，后一个数字为被注字在《新唐书》中的卷数。下皆同。

续表

	被注字	《广韵》反切	董氏音注	音注出处①
沿袭《广韵》反切	份	府巾切	府巾切	7—73 上
	儦	甫娇切	甫娇切	8—75 上
	祊	甫盲切	甫盲切	10—87
	庳	府移切	府移切	19—176
	彪	甫烋切	甫休切	21—202
	痞	方美切	方美切	23—216 上
	栟	府盈切	府盈切	25—222 下
	标	方小切	方小切	25—222 下
董氏自创反切	扳	布还切	甫还切	18—170
	⿰饣孚(⿰饣保)	博巧切	方表切	21—202
	⿰匏力(⿰匏力)	布结切	方结切	22—209
	鷩	布结切	方结切	5—225 上

(2) 以敷切滂(共计 7 例,皆为沿袭《广韵》反切)

	被注字	《广韵》反切	董氏音注	音注出处
沿袭《广韵》反切	镖	抚招切	抚招切	3—24
	伾	敷悲切	敷悲切	4—31
	鲏	敷羁切	敷羁切	5—48
	丕(丕)	敷悲切	敷悲切	7—73 上
	慓	抚招切	抚招切	16—150
	頚	敷悲切	敷悲切	18—165
	癖	芳辟切	芳辟切	21—201
董氏自创	无			

(3) 以奉切並(共计 19 例,沿袭《广韵》反切 15 例,作者自创 4 例)

	被注字	《广韵》反切	董氏音注	音注出处
沿袭《广韵》反切	弻(弼)	房密切	房密切	1—1
	邳	符悲切	符悲切	1—9
	胇	房密切	房密切	2—16
	圮	符鄙切	符鄙切	4—36
	苹	符兵切	符兵切	4—41
	郫	符羁切	符羁切	4—42
	埤	符支切	符支切	5—57
	櫇	符真切	符真切	6—70 下
	岯	符悲切	符悲切	7—72 下
	钚(銔)	符悲切	符悲切	8—75 下
	愎	符逼切	符逼切	10—92
	冯	扶冰切	扶冰切	11—95
	玭	符真切	符真切	15—139
	甓	扶歷切	扶歷切	20—195
	䴙(鷿)	扶歷切	扶歷切	23—217 上
董氏自创反切	郫	符羁切	符支切	7—72 下
	伾	贫悲切集①	符悲切	8—73 下
	玭	骿迷切	符其切	11—100
	裒	薄侯切	莆侯切	20—191

① 《广韵》中收有“伾”字,仅一读敷悲切,释义为“有力”。《集韵》中“伾”字有多个读音,其中读音贫悲切下有释义“众也”,符合在《新唐书》此处的意义。因《广韵》中“伾”字没有相对应意义的读音,此处参照《集韵》读音。

（4）以微切明（共计17例，沿袭《广韵》反切14例，作者自创3例）

	被注字	《广韵》反切	董氏音注	音注出处
沿袭《广韵》反切	秒	亡沼切	亡沼切	3—27上
	杪	亡沼切	亡沼切	4—29
	蝱	武庚切	武庚切	4—41
	渼	无鄙切	无鄙切	6—70下
	旼	武巾切	武巾切	8—74上
	洺	武并切	武并切	10—86
	皿	武永切	武永切	10—89
	郿	武悲切	武悲切	10—90
	娩	亡辨切	亡辨切	13—121
	姏	武酣切	武酣切	16—145
	碈（珉）	武巾切	武巾切	18—166
	霉	武悲切	武悲切	21—196
	瞢	武登切	武登切	24—221上
	么	亡果切	亡果切	24—222上
董氏自创反切	罙	民卑切集	武移切	11—94
	懵	莫孔切	毋总切	11—101
	醿	靡为切	无悲切	17—152

（5）以敷切帮（共计1例，为作者自创）

	被注字	《广韵》反切	董氏音注	音注出处
沿袭《广韵》	无			
董氏自创	票（嫖）	卑遥切集	抚招切	10—84

（6）以奉切帮（共计 1 例，为作者自创）

	被注字	《广韵》反切	董氏音注	音注出处
沿袭《广韵》	无			
董氏自创	玢	府巾	符巾	15—143

（7）以非切並（共计 2 例，皆为作者自创）

	被注字	《广韵》反切	董氏音注	音注出处
沿袭《广韵》	无			
董氏自创反切	鲃	扶板	音贩直音	4—41
	舶	傍陌	市伯	5—43 下

（8）将《唐书释音》轻重唇混注情况，按承袭《广韵》与自创两种情况，分别将其所占比例列表如下：

被注字	帮						滂		並				明	
切上字	非		敷		奉		敷		非		奉		微	
混切例数	17		1		1		7		2		19		17	
	广	董	广	董	广	董	广	董	广	董	广	董	广	董
	13	4	0	1	0	1	7	0	0	2	15	4	14	3
比例%	8.18	2.51	0	0.62	0	0.58	5.56	0	0	0.81	5.81	1.55	8.14	1.74
	10.69		0.62		0.58		5.56		0.81		7.36		9.88	

2. 轻重唇互注的性质

《唐书释音》轻重唇混注中，清浊相对应的混注是主流，清浊错综的混注如帮敷混注、帮奉混注、並非混注所占的比例都很小，不足1%，（见上表）因而属于特殊的混注现象，不影响其声母系统结构。清浊对应的混注中帮非混注、滂敷混注、並奉混注、明微混注的比例参差不齐，帮非混注达 10.69%，滂敷混注达 5.56%，並奉混注达 7.36%，明微混注达 9.88%。这样的混切比例数是比较大的，参以前文系联结果中轻重唇音的相系联情况，似乎反映了《唐书释音》声母

系统中轻唇音并没有完全从重唇音中分立出来。但轻重唇是不是完全混一,而没有分化呢? 恐怕事实并不如此。原因如下:

(1) 混注反切大多沿袭《广韵》反切,只有一部分反切属于作者自创。自创反切虽然反映了作者的实际语音,但古人反切亦有承袭性,即模仿韵书轻重唇音类隔切而造反切。董氏的实际语音中,轻唇音当已经从重唇音中分化了出来。

(2)《释音》中轻重唇的混切只存在以轻唇音字切重唇音字的现象,而没有以重唇音切轻唇音,因而这个用字的倾向似乎表现其轻、重唇音也还是有区别的。

综合两者,我们认为《释音》轻唇音正处在分化的进程当中。可以这样来看,作为一组声类,轻唇音已出现了,但在宋人音注中,并不严格区分唇音类与音和切,因此尚有许多混注现象很容易误导研究者得出轻唇音中许多可能存在着重唇两读,如陈景元(北宋江西人)的道藏音注研究者就认为,陈景元音注反切中轻唇音就没有完全从重唇音中分化出来。①

(三) 非、敷二母的分合问题

非组声母从重唇音帮滂並明中分化出来时,一般的构拟都以为其最初的音值是非[pf]、敷[pfh]、奉[bv]、微[mŋ]。在后来的语音发展过程中,轻唇四母中非敷最先发生音变,二者合流为[f]:敷母[pfh]失去送气成分,与非母[pf]合而为一。唐代就已出现非、敷二母混读的现象,如唐玄宗时人刘餗《隋唐嘉话》中卷载有一则因非敷混同而误将"芳洲"为"坊州"的故事。北宋后期,以开封、洛阳一带语音为代表的通语音,非、敷已经没有区别。周祖谟《宋代汴洛语音考》中称邵雍《皇极经世・声音倡和图》中的十二音图,"若与宋人三

---

① 详见《陈景元道藏音注研究》,冯娟,西华师范大学学报(哲学社会科学版),2005 年第 2 期。

十六字母相较，则非敷合而为一”。① 南宋大梁人赵与时的《宾退录》有“射字法”字母诗，其中也只有非[f]、肥[v]、微[ɱ]母而没有敷母，由此看宋时非、敷两母已经合并。② 那《唐书释音》作为北宋末年的音释著作，其非、敷二母的分合状况又是如何。

1.《唐书释音》中非敷母的混注情况

（1）以敷切非，共计 2 例，列表如下：

被注字	《广韵》反切	董氏音注	音注出处
父	方矩切	芳矩切	16—148
覂	方勇切	芳勇切	18—170

（2）以非切敷，共计 6 例，列表如下：

被注字	《广韵》反切	董氏音注	音注出处
朏	敷尾切	府尾切	5—58
鄜	芳无切	方无切	6—71 上
弣	芳武切	方武切	7—72 上
怤	芳无切	方无切	8—73 下
旉(敷)	芳无切	方无切	8—74 上
桴	芳无切	风无切	25—225 下

2. 非、敷混注性质问题

《唐书释音》中既存在以非切敷的现象，也存在以敷切非的现象。根据统计，我们可以发现，与非、敷母字的所有音注例相比，非、敷母的混切比例达到 8.42%，比例数靠近 10%。而非、奉母的混切比例为

① 见《宋代卞洛语音考》，周祖谟，《问学集》（下），中华书局，2004 年，页 582—583。

② 见《射字法与音韵》，周祖谟，《问学集》（下），中华书局，2004 年，页 663—669。

0.97%,敷、奉母的混切比例为0.93%,非、敷母混注的比例远远高于非奉母的混注比例和敷奉母的混注比例。因而,可以认为,《唐书释音》中非、敷二母已经合流。并且以非切敷的例子远远多于以敷切非,可见敷母并入非母。《唐书释音》中敷母不仅与滂母存在混注现象,与帮母也存在混注现象,这说明董氏在自造唇音类隔切的过程中,据实际语音,误将敷母字作为帮母字的类隔切上字,这也从另一侧面证明了《唐书释音》中敷母已经并入非母。

（四）並、奉母的清化问题

要讨论《释音》中唇音的全浊声母是否清化,首先看其清浊混注的情况:

1. 唇音清浊音声母互注情况

（1）帮並混注,共计6例,列表如下:

以帮切並			
被注字	《广韵》反切	董氏音注	音注出处
呗	薄迈切	北迈切	16—145
裒	薄侯切	萆侯切	20—191
莩	平表切	彼表切	21—197
以並切帮			
被注字	《广韵》反切	董氏音注	音注出处
晡	博孤切	薄孤切	2—18
狈	博盖切	薄盖切	16—148
桮	布回切	蒲枚切	24—221下

（2）滂並混注,共计7例,列表如下:

以滂切並			
被注字	《广韵》反切	董氏音注	音注出处
胖	蒲官切	普安切	16—149

续表

以滂切並			
犦	弼角切	普木切	5—49 上
以並切滂			
被注字	《广韵》反切	董氏音注	音注出处
岥	滂禾切	旁禾切	24—222 中
踣	匹候切	薄口切	4—34
炮(炮)	匹貌切	皮教切	4—34
扑	普木切	蒲卜切	5—56
踣	匹候切	部口切	25—225 中

《唐书释音》中,帮並混注 6 例,混注比例为 1. 92%;帮滂混注 7 例,混注比例为 3. 68%。全浊声母並母与清音声母的混注比例较小,都不足 5%。

(3) 以非切奉,共计 1 例,列表如下:

被注字	《广韵》反切	董氏音注	音注出处
渢	房戎切	方中切	8—75 下

(4) 以敷切奉,共计 1 例,列表如下:

被注字	《广韵》反切	董氏音注	音注出处
赙	符遇切	芳遇切	5—46

《唐书释音》中,非奉母混注仅 1 例,混注所占比重为 0. 97%;敷奉母混注 1 例,混注所占比例为 0. 93%。

二、 唇音清浊音声母互注所反映的语音性质问题

在宋代通语音系中,全浊声母已全部消失。然而在《释音》中,

並、奉母虽然与其相对应的清音声母间存在混注现象，但是混注所占的比例都很小，涵盖面太小。音注中有很多都是並、奉母自注，明显不混的。如“棓，步项切”“雹，蒲角切”“魴，符方切”“戉，房越切”等等。显然，《释音》中的並、奉母没有完全清化。但是它们也没有完整地保留其全浊性质。这点从它们与清音声母的混注情况就可看出。并且，董冲时处北宋末年，当时全浊声母早已完全清化，董氏音注自然会受到通语影响。因而《唐书释音》中唇音全浊声母並、奉母绝大部分保留了其全浊性质，少数字已经清化，并入到其相对应的清音声母中。在其声母系统中，並、奉母的清化刚刚起步。因而，《释音》声母系统中的並、奉母与《切韵》系统中的並、奉母是稍有区别的。

三、《唐书释音》音切所反映的唇音声母

《唐书释音》的唇音声母轻唇音没有完全从重唇音中分化出来，还处在分化的进程当中，其已经分化出来的轻唇音声母的非、敷母合流，敷母并入非母，並母和奉母保持其全浊声母性质，因而《唐书释音》的唇音声母包括：

重唇音声母：帮　滂　並　明

轻唇音声母：非（敷）　奉　微（少数分化出来，大部分仍并在重唇音）

第二节　舌音声母

舌音声母讨论舌头音端透定泥、舌上音知彻澄娘八个声母的自注与互注情况，并对音注所反映的舌音声母特点进行归纳。

一、舌音声母字的系联情况

（一）端母

端母共有13个反切上字，系联结果如下：

多8丹1都32【郸（都寒切，多寒切，音丹）】丁26【靮（都歷切，丁狄切，音的）】的2典4【抵（都礼切，典礼切）】登1【镫（都滕切，音登）】底1【党（底朗切，丁曩切）】党1/**堂**【阗（党练切，堂练切）】/**徒**【蓨（丁聊切，徒聊切）】○当6/**堂**【鏌（当练切，堂练切）】○得1【狚（得案切）】○嫡1【适（音嫡）】○靓1【睹（睹勇切）】

（二）透母

透母共有11个反切上字，系联结果如下：

汤4土15【邰（土来切，汤来切）】吐10【佻（吐雕切，土雕切，他雕切）】他66它3【腆（他典切，它典切）】挞1【魄（他各切，挞各切）】托6【逷（他歷切，托歷切）】脱1【侻（他活切，音脱）】逖1（他歷切）【獭（逖辖切）】/**荡**【绐（汤亥切，荡亥切）】/**宅驰徒亭**【敚（他活切，徒活切）钿（他年切，亭年切）豸（他尔切，宅买切）縋（他伪切，驰伪切）】○天3/**昌杜**【绨（天黎切，杜奚切）俶（天竹切，昌六切）】○通1【推（通回切）】

（三）定母

定母共有16个反切上字，系联结果如下：

徒109田10【鹈（徒兮切，田黎切，杜奚切）】杜9达8【蹀（徒协切，达协切）】度1【抟（徒官切，度官切）】大12【佟（徒冬切，大冬切）】待5【梃（徒鼎切，待鼎切）】亭3【钿（徒年切，亭年切）】狄1【貣（徒得切，狄得切，敌得切）】敌1特7【踶（徒计切，特计切）】/**其**【籧（田许切，其吕切）】/**陂**【砭（大验切，陂验切）】/**他**【颋（待鼎切，他鼎切）剔（亭歷切，他歷切）】○荡1【绐（荡亥切）】○陁2【突（陁骨切）】○唐4【驮（唐佐切）】○堂2【阗（堂练切）】○同3【駼（同都切）】

（四）泥母

泥母共有7个反切上字，系联结果如下：

奴20【耐（奴代切，乃代切）铙（奴交切，尼交切）衄（䶊）（奴六切，女六切）淖（奴教切，女教切）狃（奴九切，女九切）】乃12【狞（乃庚切，尼庚切）柅（乃履切，女履切）】农3【篓（乃都切，农都切）】诺2【傩（奴何切，诺何切）】内1（诺答切）【僫（内沃切）】○那1

【枏(那含切)】〇宁 1【噾(宁颠切)】

（五）知母

知母共有 7 个反切上字,系联结果如下:

知 10【咤(知加切,陟驾切)】陟 27 竹 11【中(竹仲切,陟仲切)】中 1【粻(中良切)】株 5【传(知恋切,株缚切,张恋切)】张 11 追 2【郲(追朱切,陟输切)】/侧【笮(陟迫切,侧伯切)迮(陟格切,侧格切)】

（六）彻母

彻母共有 6 个反切上字,系联结果如下:

痴 1 丑 44【觇(丑廉切,丑艳切,敕艳切,痴廉切)】敕 16 抽 6【螭(丑知切,抽知切)】/尺【掣(丑曳切,尺制切)】/吐测【佻(敕聊切,吐雕切)栅(敕革切,测革切)】〇勅 1【哆(勅加切)】〇耻 3【鶩(耻力切)】

（七）澄母

澄母共有 16 个反切上字,系联结果如下:

柱 2 持 5【瑑(持转切,柱兖切)】直 53【憕(直陵切,持陵切)】仲 1【苌(直良切,仲良切)】厨 1【躅(直录切,厨玉切)】驰 4【縋(直伪切,驰伪切)】陈 4(直邻切)【篪(陈知切)】丈 4【峙(直里切,丈里切)廌(丈尔切,宅买切)】宅 4【橙(除耕切,宅耕切)】除 8/豺【砦(持艾切,豺夬切)】/徒【橦(宅红切,徒红切)】〇呈 1【瀍(呈延切)】〇池 1【褫(池尔切)】〇传 1【橦(传江切)】〇逐 1【舳(音逐)】〇治 1/丑【綝(治林切,丑林切)】〇长 1/余【玚(长章切,余章切)】

（八）娘母

娘母共有 2 个反切上字,系联结果如下:

女 22【铙(女交切,尼交切)】尼 8【侬(尼容切,奴冬切)】/汝如【妊(女鸩切,汝鸩切)鲕(女之切,如之切)】

二、舌音声母的混注分析

《唐书释音》中,舌音字共有音注 710 条,其中舌头音字共有音注 411 条,舌上音字有音注 299 条。其中舌音自注为 665 条,混注 45 条。具体情况:

(一) 舌头音声母字混注现象

1. 端母字混注

端母字的音注共83条,自注82条,与别的声类混注有1条。混注情况有以定切端,如:哒,陁葛切。

2. 透母字混注

透母字的音注共108条,自注101条,与别的声类混注共7条。混注情况有:(1) 以定切透,如:剔,亭歷切;(2) 以彻切透,如:樗,抽吾切;(3) 以溪切透,如:搯,苦洛切。

3. 定母字混注

定母字的音注共179条,自注170条,与别的声类混注共9条。混注情况有:(1)以端切定,如:鏌,当练切;(2) 以透切定,如:垛,他果切;(3) 以澄切定,如:橦,宅红切。

4. 泥母字混注

泥母字的音注共41条,自注40条,与别的声类混注共1条。混注情况有以娘切泥,如:侬,尼容切。

另有6例泥娘混注的同字异切:

(1) 狞(乃庚切,尼庚切):"狞,乃庚切"(《释音》卷15,《新唐书》卷136)、"狞,尼庚切"(《释音》卷19,《新唐书》卷180);

(2) 柅(乃履切,女履切):"柅,乃履切"(《释音》卷18,《新唐书》卷164)、"柅,女履切"(卷7,《新唐书》卷72下);

(3) 铙(奴交切,尼交切):"铙,奴交切"(《释音》卷3,《新唐书》卷22)、"铙,尼交切"(《释音》卷2,《新唐书》卷19);

(4) 衄(衂)(奴六切,女六切):"衄(衂),奴六切"(《释音》卷10,《新唐书》卷86)、"衄(衂),女六切"(《释音》卷12,《新唐书》卷111);

(5) 淖(奴教切,女教切):"淖,奴教切"(《释音》卷11,《新唐书》卷100)、"淖,女教切"(《释音》卷24,《新唐书》卷220);

(6) 狃(奴九切,女九切):"狃,奴九切"(《释音》卷13,《新唐书》卷120),“狃,女九切”(《释音》卷12,《新唐书》卷107)。

泥、娘母混注音注所占比例比较大,二者已经合并,下文讨论混注时再详细论之。

(二) 舌上音声母字混注现象

1. 知母字混注

知母字的音注共81条,自注73条,与别的声类混注共8条。混注情况有:(1) 以见切知,如:啅,救角切(“救”当为“敕”之讹误,《集韵》“啅,敕角切”);(2) 以章切知,如:鼡,之领切;(3) 以庄切知,如:盩,侧留切。

2. 彻母字混注

彻母字的音注共77条,自注72条,与别的声类混注共5条。混注情况有:(1) 以定切彻,如:笞,田之切(“田”亦可能为“丑”之形讹,《广韵》“笞,丑之切”);(2) 以澄切彻,如:綝,治林切;(3) 以疑切彻,如:綝,宜林切;(4) 以章切彻,如:輴,章伦切;(5) 以清切彻,如:琛,七金切。

3. 澄母字的混注

澄母字的音注共102条,自注95条,与别的声类混注共7条。混注情况有:(1) 以透切澄,如:豸,他尔切;(2) 以定切澄,如:憕,特陵切;(3) 以禅切澄,如:瑑,时兖切;(4) 以庄切澄,如:憕,真陵切;(5) 以邪切澄,如:伫,徐吕切。

4. 娘母字的混注

娘母字的音注共39条,自注32条,与别的声类混注共7条。混注情况有以泥切娘,如:狃,奴九切。

有1例泥娘混注的同字异切:侬(尼容切,奴冬切)。

反切上字尼下有音注“侬,尼容切”(《释音》卷3,《新唐书》卷22),该被注字在《释音》卷25(《新唐书》卷222下)有音注“侬,奴冬切”,奴为泥母字,根据反切系联的同用原则,泥、娘母可系联为一个声类。具体详见混注分析。

除了舌音字内部的混注，见、溪、疑、章、禅、庄、清、邪母字也作过舌音字的切上字，与舌音字有混注现象，不过大部分情况下有字形讹误的可能。下面列表展示舌音字的自注及混注的统计数据。

《唐书释音》舌音字自注与混注情况统计表

切上字＼被切字	端	透	定	泥	知	彻	澄	娘
端	82		3					
透		101	5				2	
定	1	4	170			1	1	
泥				40				7
知					73			
彻		2				72		
澄			1			1	95	
娘				1				32
见					1			
溪		1						
疑						1		
章					6	1		
禅							1	
庄					1		2	
清						1		
邪							1	
总计	83	108	179	41	81	77	102	39

（三）舌头音、舌上音的分合问题

舌头音端组声母和舌上音知组声母的分立，开始于西晋北方的某些方言，是一个渐变的过程。如吕忱《字林》，反映有西晋时期任城

（今山东济宁）的方音现象，其知组和端组声母虽有个别混切现象，但分化迹象已很明显（娘母归入泥母）。① 要讨论《唐书释音》中舌音的分合问题，首先我们列出其舌头音与舌上音的混注情况：

1. 以舌上音注舌头音

(1) 以徹切透，共计2例，列表如下：

被注字	《广韵》反切	董氏音注	音注出处
㮧	通都切集	抽吾切	15—135
佻	吐雕切	敕聊切	6—70下

"㮧"字，董氏注音是用徹母字与一等韵字拼切透母一等字；"佻"字，董氏注音是用徹母字与四等韵字拼切透母四等字。

(2) 以澄切定，共计1例，列表如下：

被注字	《广韵》反切	董氏音注	音注出处
橦	徒红切	宅红切	15—136

此处董氏音注是用澄母字与一等韵字拼切定母一等字。

(3) 以娘切泥，共计1例，列表如下：

被注字	《广韵》反切	董氏音注	音注出处
侬	奴冬切	尼容切	3—22

该条音注，董氏用娘母字与三等韵字拼切泥母一等字。

2. 以舌头音注舌上音

(1) 以定切澄，共计1例，列表如下：

① 参见《〈字林〉音注声类考》，简启贤，《汉语史研究集刊》第一辑（下），巴蜀书社，1998年，页342—345。

被注字	《广韵》反切	董氏音注	音注出处
憕	直陵切	特陵切	17—153

董氏为“憕”注音是用定母字与三等韵字拼切澄母三等字。

(2) 以定切彻,共计 1 例,列表如下:

被注字	《广韵》反切	董氏音注	音注出处
笞	丑之切	田之切	5—56

此处音注,董氏用定母字与三等韵字拼切彻母三等字。

(3) 以透切澄,共计 2 例,列表如下:

被注字	《广韵》反切	董氏音注	音注出处
豸	池尔切	他尔切	13—122
縋	驰伪切	他伪切	17—152

这两条音注,董氏用透母字与三等韵字拼切澄母三等字。

(4) 以泥切娘,共计 7 例,列表如下:

被注字	《广韵》反切	董氏音注	音注出处
狃	女久切	奴九切	13—120
蚵(衄)	尼六切	奴六切	10—86
柅	女履切	乃履切	18—164
铙	女交切	奴交切	3—22
狞	乃庚切	乃庚切	15—136
淖	奴教切	奴教切	11—100
赧	奴板切	乃版切	8—74 上

董氏用泥母字与二等、三等韵字拼切娘母二等、三等字。最后三条音注的被注字,《广韵》以泥母字与二等韵拼切其读音。

3.《唐书释音》舌头舌上音混注情况

将《唐书释音》舌音混注情况列表如下：

	透、彻母混	透、澄母混	定、澄母混	定、彻母混	泥、娘母混
混切总数	2	2	2	1	8
以舌头切舌上	0	2	1	1	7
以舌上切舌头	2	0	1	0	1
混切所占比例	1.08%	0.95%	0.71%	0.39%	10%

从《唐书释音》舌头音和舌上音的混切比例来看，除了透、彻母的混切比例为 1.08%，其余都不足 1%（暂不包括泥、娘母的混切），混切数和混切比例都很小，而端、知母就不存在混切的现象，说明《唐书释音》中，舌上音知、彻、澄母已经分立。

再看泥、娘母的分合问题。《切韵》系统中泥、娘是有别的。[①]《广韵》沿袭《切韵》系统，泥、娘自也有别，《集韵》更加彻底。《广韵》有 9 个用泥母字作娘母字反切上字的类隔切，《集韵》改成音和切的有 6 个。在《唐书释音》中，泥、娘母是不分的，其混切比例达到 10%，比例数较大，远远超出了其他舌头音与舌上音声母的混切比例。再看泥、娘母字的反切上字按等分布：

一等：内 1、那 1、乃 6、农 3、奴 11、诺 2、尼 1

二等：乃 2、尼 3、奴 2、女 5

三等：乃 1、尼 6、奴 2、女 17、昵 1

四等：乃 3、宁 1、奴 5

在这些反切上字中，尼、女和昵是娘母字，其余都为泥母字。具体切语见上文舌音混注情况表。在二、三等中，共使用泥母上字 7

---

① 见《切韵研究》，邵荣芬，中国社会科学出版社，1982 年 3 月，页 33—39。

次,使用娘母上字 32 次,泥母上字所占比例达到 17.95%,这个比例数是很大的。我们可以发现,在一、四等中,除了一例董氏用了尼作反切上字,其余都严格地使用泥母字。而二、三等中,反切上字使用泥母字的比例就比较大。所以,在《唐书释音》中,泥、娘母混,娘母并入泥母。舌头音端组声母和舌上音知组声母的分立,开始于西晋北方的某些方言。吕忱《字林》,反映有西晋时期任城(今山东济宁)的方音现象,其舌头舌上音分化,但娘母并入泥母。《经典释文》所引的徐邈音切同样知、端组分化但娘母归泥母。另外,颜师古《汉书注》、李善《文选注》、毋昭裔《尔雅音图》、邵雍《声音倡和图》都反映出知、端组分化而娘母归入泥母的现象。

(四) 定、澄母的清化问题

讨论舌音全浊声母是否清化,首先看其全浊声母与清音声母的混注情况:

1. 舌音清浊声母的混注现象

(1) 端定混注,共计 4 例,列表如下:

以定切端			
被注字	《广韵》反切	董氏音注	音注出处
哒	当割切集	陁葛切	24—221 下
以端切定			
被注字	《广韵》反切	董氏音注	音注出处
蓧	田聊切集	丁聊切	14—130
阗	堂练切	党练切	23—216 上
鏌	堂练切	当练切	24—221 上

(2) 透定混注,共计 9 例,列表如下:

以定切透			
被注字	《广韵》反切	董氏音注	音注出处
剔	他历切	亭歷切	5—52
颋	他鼎切	待鼎切	13—119
颋	他鼎切	特鼎切	13—124
珽	他鼎切	待鼎切	16—145
以透切定			
被注字	《广韵》反切	董氏音注	音注出处
垛	徒果切	他果切	5—44
敚	徒活切	他活切	9—79
绐	徒亥切	汤亥切	10—84
钿	徒年切	他年切	23—217 下
绨	杜奚切	天黎切	25—225 下

（3）以澄切彻，共计 1 例，列表如下：

被注字	《广韵》反切	董氏音注	音注出处
綝	丑林切	治林切	7—72 下

2. 舌音清浊声母的混注所反映的语音性质

《唐书释音》中，端、定母混注共 4 例，混注所占比例为 1. 53%；透、定母混注共 9 例，混注所占比例为 3. 14%。全浊声母定母与全清声母端母和次清声母透母的混注所占比例皆不足 5%。

《唐书释音》中，全浊声母澄母与清音声母混注仅以澄切彻一例，混注比例为 0. 56%，比例很小。

在宋代通语音系中，全浊声母已全部消失。然而在《释音》中，定、澄母虽然与其相对应的清音声母间存在混注现象，但是混注所占的比例都很小，涵盖面太小。音注中有很多都是定、澄母自注，明显不混,如“侗,徒红切”“鞮,田黎切”“滍,直理切”“坻,陈尼切”等等。显然,《释音》中的定、澄母没有完全清化。但是它们也没有完整地保留其全浊性质。这点从它们与清音声母的混注情况就可看出。并且,董冲时处北宋末年,当时全浊声母早已完全清化,董氏音注完全不受通语的影响是不可能的。因而《唐书释音》中舌音全浊声母定、澄母绝大部分保留了其全浊性质,少数字已经清化,并入到与其相对应的清音声母中。在其声母系统中,定、澄母的清化刚刚起步。因而,《释音》声母系统中的定、澄母与《切韵》系统中的定、澄母是稍有区别的。

三、《唐书释音》的舌音声母

《唐书释音》舌音声母中舌头音和舌上音分立,但舌上音娘母并入舌头音泥母,全浊声母仍保持独立,因而《唐书释音》的舌音声母包括:

舌头音声母:端　透　定　泥(娘)。

舌上音声母:知　彻　澄。

第三节　牙音声母

牙音声母部分主要讨论见、溪、群、疑四个声母在《唐书释音》音切中自注与混注情况,并对音切所反映的牙音声母的语音性质进行讨论。

一、牙音声母字的系联情况

(一)见母

见母共有35个反切上字,系联结果如下:

古212 沽1 括1【莞(古丸切,沽丸切,括丸切)】葛1【蛤(古合切,葛合切)】各4

柯 2【骼（古伯切，各额切，柯额切）】吉 10 公 7【璬（古了切，吉了切，公了切）】攻 2【觚（古胡切，攻乎切）】姑 6【儣（古黄切，姑黄切）】固 1【痼（古慕切，音固）】嘉 1【舸（古我切，嘉我切）】坚 6【梟（坚尧切，古尧切）】介 1【齐（古拜切，音介）】居 88【亘（古邓切，居邓切）】姜 1【僵（居良切，音姜）】斤 1【斤（居歇切）琚（斤于切）】过 1【庋（居绮切，过绮切）】举 9【斝（古雅切，举下切）】恭 1【斢（举朱切，恭于切）】俱 10 厥 2 九 15【瞿（俱遇切，九遇切，厥缚切，居缚切）】久 1【槑（俱永切，久永切）】工 1【郮（俱雨切，工矩切）】几 3【觊（九利切，几利切）】讫 9【觳（古岳切，讫岳切）】涓 2【邽（古携切，涓畦切）】/何巨【丌（居之切，巨基切）鞨（居谒切，何葛切）】/况【瑀（九羽切，况羽切）】/胡【确（讫岳切，胡觉切）】○刚 1【冈（音刚）】○圭 1【鞙（圭玄切）】○纪 1【棘（纪力切）】○迥 1【炯（音迥）】○拘 1【凬（拘云切）】○泾 1/轻【汧（泾烟切，轻烟切）】○救 1/竹【晫（救角切，竹角切）】

（二）溪母

溪母共有 29 个反切上字，系联结果如下：

侃 1【偘（音侃）】口 13 空 2【侃（口旱切，空旱切）】去 15 苦 67【扣（音口，去厚切，苦后切）】区 2【囷（去伦切，区伦切）】可 4【铠（可亥切，苦亥切）】克 2【确（苦学切，克角切）】杞 1【胯（苦化切，杞化切）】丘 18【珂（苦何切，丘何切）】邱 4 起 1【趫（邱妖切，丘妖切，起嚣切）】墟 1【墟（丘于切，邱于切），玘（墟里切）】牵 1【磎（苦奚切，牵奚切）】倾 3【缺（缺）（苦穴切，倾雪切）】轻 1【汧（苦坚切，轻烟切）】犬 1【跬（丘弭切，犬蘂切）】/古居【崞（去博切，古博切）玦（苦决切，古穴切）裲（苦两切，居两切）】/诸强【璩（丘于切，强鱼切）麠（丘良切，诸良切）】○康 2 弃 2/渠【綮（康礼切，弃挺切）戣（弃追切，渠追切）】○肯 1 遣 2【棨（肯礼切，遣禰切）】○乞 2 欺 3【契（音乞，欺讫切）】○绮 1（祛彼切）祛 2○坎 1【轗（音坎）】○恪 2【抠（恪侯切）】○枯 2【悝（枯回切）】○启 1【郄（启郄切）】○驱 2【彄（驱侯切）】

（三）群母

群母共有 18 个反切上字，系联结果如下：

暨 1【跽（暨几切）】巨 34【暨（巨至切）】极 4【佶（其吉切，巨乙切，极乙切）】其 29 渠 61【勮（其遽切，渠据切）】忌 1【惎（渠记切，音忌）】桀 1【榤（渠列切，音桀）】奇 3【廑（渠吝切，奇靳切）】竭 1【屐（奇逆切，竭郄切）】臼 3【虡（其吕切，臼许切）】逵 1【勬（倦）

(渠眷切,逵眷切)】求 6【絿(渠尤切,音求)】强 4【璩(求于切,强鱼切)】衢 4【句(其俱切,音衢)】权 4【癯(其俱切,权俱切)】/力【秬(其吕切,力举切)】○祁 1【玔(祁幼切)】○祈 1【莪(祈遥切)】○琼 1【瘁(琼季切)】

(四) 疑母

疑母共有 18 个反切上字,系联结果如下:

鱼 43 五 61【頠(鱼毁切,五诡切)】语 7【巇(语蹇切,鱼偃切)】鄂 1【嶷(鱼力切,鄂力切)】倪 4【嶤(峣)(倪么切,五聊切)】逆 7【岌(逆及切,鱼及切)】牛 8【睚(牛懈切,五懈切)】偶 3【籞(鱼吕切,偶许切)】吾 7 宜 6【喦(吾缄切,宜咸切,鱼咸切,五咸切)】研 2【研(吾甸切)睨(研计切)】午 1【猊(五稽切,午兮切)】愚 4【謜(鱼袁切,愚袁切)】/于【畹(五远切,于阮切)】/古【蓟(鱼计切,古诣切)弇(吾含切,古含切)】/馨【阋(倪歷切,馨激切)】/逸【釴(逆织切,逸织切)】/丑【绺(宜林切,丑林切)】○元 3【禺(元俱切,麌俱切,虞俱切)】麌 2 虞 1○疑 2【仵(疑古切)】○玉 1/王【澐(玉分切,王分切)】

二、 牙音声母的混注现象分析

(一) 牙音声母的混注现象

在《唐书释音》中,牙音字共有音注 894 条,自注 865 条,混注 29 条,参照音系为《广韵》或《集韵》。具体情况:

1. 见母字的混注

见母字的音注共 407 条,自注 397 条,与别的声类混注共 10 条。混注情况有:

(1) 以溪切见,如:崞,去博切;

(2) 以疑切见,如:弇,吾含切;

(3) 以晓切见,如:郏,汔洽切;

(4) 以匣切见,如:緱,胡沟切;

(5) 以云切见,如:毂,友岳切。

2. 溪母字的混注现象

溪母字的音注共 162 条,自注 153 条,与别的声类混注共 9 条。混注情况有:

（1）以见切溪，如：褧，古颖切；

（2）以晓切溪，如：绔，荒故切；

（3）以匣切溪，如：嵠，弦鸡切。

3. 群母字的混注现象

群母字的音注共 167 条，自注 159 条，与别的声类混注共 8 条。混注情况有：

（1）以见切群，如：锜，举绮切；

（2）以溪切群，如：璩，丘於切；

（3）以云切群，如：璩，永於切；

（4）以定切群，如：簾，田许切；

（5）以滂切群，如：佶，匹乙切；

（6）以昌切群，如：璚，车营切。

4. 疑母字的混注现象

疑母字的音注共 158 条，自注 156 条，与别的声类混注 2 条。混注情况有：

（1）以影切疑，如：噞，衣俭切；

（2）以云切疑，如：聩，王怪切。

除了牙音字内部的混注，影、晓、匣、云、定、滂、昌母字也作过牙音字的切上字，与牙音字有混注现象。下面列表展示牙音字的自注及混注的统计数据。

《唐书释音》牙音字自注与混注情况统计表

切上字＼被切字	见	溪	群	疑
见	397	3	2	0
溪	3	153	2	0
群	0	0	159	0
疑	3	0	0	156

续表

被切字 切上字	见	溪	群	疑
影				1
晓	1	4		
匣	2	2		
云	1		1	1
定			1	
滂			1	
昌			1	
总计	407	162	167	158

（二）牙音声母的混注现象所反映的浊音清化问题

《唐书释音》全浊声母群母和清音声母的混注情况如下：

1. 以见切群，共计 2 例，列表如下：

被注字	《广韵》反切	董氏音注	音注出处
丌	渠之切集	居之切	1—8
锜	渠绮切	举绮切	22—212

2. 以溪切群，共计 2 例，列表如下：

被注字	《广韵》反切	董氏音注	音注出处
璩	强鱼切	丘于切	1—9
戣	渠追切	弃追切	8—75 下

《唐书释音》中，全浊声母群母与全清声母见母的混注共 2 例，混注所占比例为 0.35%，比例很小，不影响声母的归并；全浊声母群母和次清声母溪母的混注共 2 例，混注所占比例为 0.61%，比例很小。

在宋代通语音系中，全浊声母已全部消失。然而在《释音》中，群母虽然与其相对应的清音声母间存在混注现象，但是混注所占的比例都很小，涵盖面太小。音注中有很多都是群母自注，明显不混，如“峤，渠庙切”“伎，巨绮切”等等。显然，《释音》中的群母没有完全清化，但是它也没有完整地保留其全浊性质。这点从它与清音声母的混注情况就可看出。并且，董冲时处北宋末年，当时全浊声母早已完全清化，董氏音注完全不受通语的影响是不可能的。因而《唐书释音》中牙音全浊声母群母绝大部分保留了其全浊性质，少数字已经清化，并入到与其相对应的清音声母中。在其声母系统中，群母的清化刚刚起步。因而，《释音》声母系统中的群母与《切韵》系统中的群母是稍有区别的。

三、《唐书释音》音切所反映的牙音声母

《唐书释音》牙音见、溪、群、疑四母皆独立。其他特殊音注所占比例都很小，不影响声类的归并，将于第四章特殊音切研究部分进行讨论。

《唐书释音》牙音声母包括：见、溪、群、疑。

第四节 齿音声母

齿音声母主要讨论精清从心邪母与正齿音庄初崇生、章昌船书禅三组声母的自注、混注情况，并对混注现象所反映的语音现象进行讨论。

一、齿音声母字的系联情况

（一）精组声母字的系联情况

1. 精母

精母共有 17 个反切上字，系联结果如下：

子62 即19【纵(即容切,子容切)】祖15【畯(祖峻切,子峻切)】笺3【齑(子兮切,笺西切)】将9【歼(殲)(将廉切,子廉切)】蒋1【秭(将几切,蒋兕切)】津2【齐(即夷切,音咨,津夷切)】咨4 则11【湔(子仙切,则前切)】兹3【撙(祖本切,兹损切)】作12【儧(子管切,作管切)】/**财**【<u>艚(则劳切,财劳切)</u>】○臧1【稡(臧没切)】○资1【鹡(资昔切)】○遵1【剂(遵为切)】○踪2【僎(踪轮切)】○租1/**徂**【<u>吮(租究切,徂究切)</u>】○晋1/**而**【<u>轫(晋刃切,而振切)</u>】

2. 清母

清母共有10个反切上字,系联结果如下:

七59 仓15【衰(七雷切,仓回切)】此10【楸(七由切,此由切)】千12【签(七廉切,千廉切)】且5【佺(此缘切,且缘切)】趋2【趣(七玉切,趋玉切)】取5【啐(取内切,七内切)】/**士床丑昨疾慈**【<u>嶕(七消切,昨焦切)靓(七正切,疾政切)瘠(七亦切,慈亦切)鬩(七力切,士力切)鉏(七鱼切,床鱼切)栈(七谏切,士限切)琛(七金切,丑林切)</u>】/**子**【<u>朘(此缘切,子泉切)</u>】/**许**【<u>翚(千韦切,许归切)</u>】○雌1【玼(雌氏切)】○麤1【锉(麤卧切)】○粗1/**初**【<u>詧(粗八切,初八切)</u>】

3. 从母

从母共有14个反切上字,系联结果如下:

才22 徂16 昨13【谯(昨焦切,才召切)徂(昨胡切)】财1【艚(昨劳切,财劳切)】藏3【賨(徂宗切,藏宗切)】慈11【瘠(慈亦切,才亦切,秦昔切)】秦4 存1【胙(昨误切,存故切,音祚)】祚1 疾14【鄫(慈陵切,疾陵切)】墙1【兹(音慈,墙之切)】在11【洊(才甸切,在甸切)】自3/**息**【酋(才由切,自秋切)<u>琇(自救切,息救切)</u>】/**以**【<u>沇(徂究切,以转切)</u>】○集1【鏶(音集)】

4. 心母

心母共有29个反切上字,系联结果如下:

相8【涑(相玉切)】息29【相(息亮切)】私11【谞(私吕切,息吕切)】苏26【鋻(私典切,苏典切)】思19【飧(飱)(苏昆切,思浑切)】想2【枲(想里切,胥里切,思里切)】胥2 桑5【泝(苏故切,桑故切)】斯3【玺(想氏切,斯氏切)】耸3【栒(相伦切,耸尹切)】速1【涑(相玉切,速侯切)】宿1(息救切)【蓿(音宿)】虽2【谇(苏对切,虽遂切)】先12【駁(苏合切,先合切)】写1【些(苏个切,写邪切)】须5【駿(鵕)(思俊切,须闰切)】荀3

【瑄(须缘切,荀缘切)】/徐详【溆(私吕切,徐吕切)纠(私伦切,详遵切)】○素4【牺(素何切,索何切)】索1(昔各切)【牺(索何切)】昔1○辛1【訹(辛聿切,恤律切,雪律切)】恤1雪1○桒1【糁(桒感切)】○孙1【穌(孙租切)】○损1【算(损管切)】○仙1【咲(仙妙切)】○司1/徐【檖(司醉切,徐醉切)】○潚1/弥【愐(潚兖切,弥兖切)】

5. 邪母

邪母共有9个反切上字,系联结果如下:

徐24似13【橡(似两切,徐两切)】习1【霫(似入切,音习)】象2【屿(徐吕切,象吕切)】/慈【戕(徐羊切,慈良切)】○祥6详2【姒(祥里切,详里切)】嗣1【食(祥吏切,音嗣)】○松1【纠(松纶切)】○旬1【璇(旬缘切)】

(二)庄组声母字的系联情况

1. 庄母

庄母共有8个反切上字,系联结果如下:

侧34庄2【輜(侧持切,庄持切)】壮4【岨(侧吕切,壮所切)】阻2【栉(侧瑟切,阻瑟切)】/楚测则张【汊(侧亚切,楚嫁切)栅(侧格切,测革切)组(侧古切,则古切)鄣(侧旰切,则旰切)盩(侧留切,张流切)】○甾1【筝(甾耕切)】○臻1【葅(臻鱼切)】○邹1/仕【譔(邹免切,仕卷切)】○真2/直【憕(真陵切,直陵切)籀(真又切,直又切)】

2. 初母

初母共有4个反切上字,系联结果如下:

初9创1(初装切)【础(创举切)】○楚20测5/侧【栅(楚革切,测革切)稹(测邻切,侧邻切)】/侧主【箦(楚革切,侧革切)棰(楚蘂切,主蘂切)】

3. 崇母

崇母共有10个反切上字,系联结果如下:

鉏6【镵(鉏衔切)】床2【鉏(床鱼切,士鱼切)】士15助3【栈(助谏切,士限切)】锄12【蜡(锄驾切,助驾切)】仕6【茬(士之切,仕之切)】雏1(仕于切)【襈(雏恋切)】豺1(床皆切)【砦(豺夬切)】/色七【槊(士角切,色角切)莝(士禾切,七禾切)】○崇1【鶵(崇刍切)】○俟1【漦(俟菑切)】

4. 生母

生母共有7个反切上字,系联结果如下:

所23色7【稍(所角切,色角切)】山3【酾(所宜切,山宜切)】疏2【侁(疏臻切,所臻切)】疎4【驶(疎吏切,疏吏切,爽士切)】爽1〇师1【潸(师奸切)】

(三)章组声母字的系联情况

1. 章母

章母共有13个反切上字,系联结果如下:

章13之53【畛(章忍切,止忍切,之忍切)】止9昭1【钊(止遥切,音昭)】正2【樟(止良切,正良切)】职10【焯(职略切,之略切)】质3【讋(之涉切,质涉切)】朱8【剸(止兖切,朱缘切)】诸14【轵(诸氏切,之氏切)】/**丑**【輴(章伦切,丑伦切)】/**知张陟**【晸(之领切,知领切)鳣(之廉切,张连切)悊(之舌切,陟列切)瑱(之忍切,陟刃切)】/**陟**【厔(职日切,陟栗切)】〇证1【承(音证)】〇主2【棰(主蘂切)】〇征3【砖(征缘切)】〇支4【觶(支义切)】

2. 昌母

昌母共有9个反切上字,系联结果如下:

昌22尺12【叱(尺栗切,昌栗切)】齿5【繟(昌善切,齿善切)】〇春1姝1(春朱切)【啜(姝悦切)】〇蚩1【襜(蚩占切)】〇充1【毳(充芮切)】〇处1【幨(处占切)】〇赤3/**测**【龊(赤角切,测角切)】

3. 船母

船母共有6个反切上字,系联结果如下:

食11【舐(舓)(神纸切,甚尔切)祏(食亦切,常只切)賰(食刃切,时刃切)郕(食征切,时盈切)】甚1/**士**【鷟(食角切,士角切)】〇乘1【蚀(乘力切)】〇射1【麝(音射)】〇神5【塾(神六切)】〇实4【崱(实恻切)】

4. 书母

书母共有16个反切上字,系联结果如下:

尸8式19【殇(尸羊切,式羊切)】失4【叶(式涉切,书涉切,失涉切)】书6诗1【苫(失廉切,诗廉切)】始2【痁(失廉切,始廉切)】/**尺**【掣(尸制切,尺制切)】/**昌所**【涶(式荏切,昌枕切)酾(式施切,所绮切)】〇舒4输5【帨(舒芮切,输芮切)】商1【纾(音舒,商居切,伤鱼切)】伤1/**而**【汭(输税切,而锐切)】〇赏1设1【拭(赏职切,设职切)】〇施5【翅(施智切)】〇升1【娠(升人切)】〇矢1/**支**【忮(矢义切,支义切)】

○束 1/市【襡(束玉切,市玉切)】

5. 禅母

禅母共有 15 个反切上字,系联结果如下:

时 20 市 17【单(市连切,常演切,时连切)】常 8 承 4【埴(常职切,承职切)】是 8【郕(时征切,是征切)】瑞 1【倕(是为切,音瑞)】嗜 1【耆(时利切,音嗜)】慵 1【殳(市朱切,慵朱切)】/柱【瑑(时究切,柱究切)】/鉏【孱(市连切,鉏山切)】/证【丞(常证切,音证)】○丞 1【恁(丞真切)】○赡 1【澹(音赡)】○石 1【剩(石证切)】○视 1【脽(视隹切)】○殊 2【塾(殊六切)】○竖 1【盾(竖尹切)】○上 1/之【缜(上刃切,之忍切)】

二、齿音声母的混注现象分析

(一) 齿音声母的混注现象

1. 精组声母的混注现象

《唐书释音》精组声母字共有音注 561 条,自注 530 条。具体情况如下:

(1) 精母互注情况

精母字的音注共有 149 条,自注 142 条,与别的声类混注 7 条。混注情况有:

① 以清切精,如:朘,此缘切;

② 以心切精,如:卒,苏骨切;

③ 以庄切精,如:鄑,侧旰切;

④ 以云切精,如:湔,于仙切。

(2) 清母互注情况

清母字的音注共有 105 条,自注 101 条,与别的声类混注 4 条。混注情况有:

① 以从切清,如:辏,才奏切;

② 以崇切清,如:遳,士禾切;

③ 以影切清,如:岨,乙余切。

(3) 从母互注情况

从母字的音注共有 106 条,自注 96 条,与别的声类混注 10 条。混注情况有:

① 以精切从,如:艚,则劳切;

② 以清切从,如:嶕,七消切;

③ 以邪切从,如:戕,徐羊切;

④ 以影切从,如:蕞,乌外切;

⑤ 以透切从,如:摧,他回切。

(4) 心母的互注情况

心母字的音注共有 146 条,自注 142 条,与别的声类混注 4 条。混注情况有:

① 以清切心,如:鞘,彩妙切;

② 以从切心,如:琇,自救切;

③ 以云切心,如:愃,员缘切。

(5) 邪母的互注情况

邪母字的音注共有 55 条,自注 49 条,与别的声类混注 6 条。混注情况有:

① 以心切邪,如:纼,私伦切;

② 以精切邪,如:儇,子缘切;

③ 以崇切邪,如:苴,锄驾切;

④ 以以切邪,如:漩(淀),以宣切。

2. 庄组声母的混注现象

《唐书释音》齿音声母中的庄组声母字共有音注 183 条,自注 156 条。具体情况如下:

(1) 庄母的混注

庄母字的音注共有 45 条,自注 39 条,与别的声类混注 6 条。混注情况有:

① 以初切庄,如:篑,楚革切;

② 以精切庄,如:擉,则角切;

③ 以知切庄,如:笮,陟迫切。

(2) 初母的混注

初母字的音注共有 37 条,自注 31 条,与别的声类混注 6 条。混注情况有:

① 以庄切初,如:栅,侧格切;

② 以昌切初,如:簅,尺宜切;

③ 以清切初,如:簪,粗八切;

④ 以彻切初,如:栅,敕革切。

(3) 崇母的混注

崇母字的音注共有 56 条,自注 45 条,与别的声类混注 11 条。混注情况有:

① 以庄切崇,如:譔,邹免切;

② 以船切崇,如:俟,实比切;

③ 以禅切崇,如:孱,市连切;

④ 以清切崇,如:崱,七力切;

⑤ 以从切崇,如:岨,音咀;

⑥ 以澄切崇,如:砦,持艾切;

⑦ 以疑切崇,如:孱,银山切。

(4) 生母的混注情况

生母字的音注共有 45 条,自注 41 条,与别的声类混注 4 条。混注情况有:

① 以崇切生,如:槊,士角切;

② 以书切生,如:釃,式施切;

③ 以心切生,如:溲,苏后切。

3. 章组声母的混注现象

《唐书释音》章组声母字共有音注 319 条,自注 298 条。具体情况如下:

(1) 章母的混注情况

章母字的音注共有 125 条,自注 116 条,与别的声类混注 9 条。混注情况有:

① 以书切章,如:忮,矢义切;

② 以禅切章,如:缜,上刃切;

③ 以初切章,如:箠,楚蘂切;

④ 以知切章,如:踬,竹力切;

⑤ 以见切章,如:鄄,吉因切;

⑥ 以溪切章,如:麞,丘良切;

⑦ 以影切章,如:靻(鞙),音热;

⑧ 以晓切章,如:彴,晤略切。

(2) 昌母的混注情况

昌母字的音注共有 50 条,自注 46 条,与别的声类混注 4 条。混注情况有:

① 以书切昌,如:掣,尸制切;

② 以彻切昌,如:掣,丑曳切;

③ 以透切昌,如:俶,天竹切。

(3) 船母的混注情况

船母字的音注共有 18 条,自注 17 条,与别的声类混注 1 条。混注情况为以禅切船,如:鉥,时橘切。

(4) 书母的混注情况

书母字的音注共有 56 条,自注 55 条,与别的声类混注 1 条。混注情况为以娘切书,如:鑲,女亮切。

(5) 禅母的混注情况

禅母字的音注共有 70 条,自注 64 条,与别的声类混注 6 条。混注情况有:

① 以章切禅,如:槌,朱缘切;

② 以船切禅,如:褶,实入切;

③ 以书切禅,如:襡,束玉切。

除了齿音字内部的混注，知、彻、澄、娘、见、溪、疑、透、影、晓、云、以母字也作过齿音字的切上字，与齿音字有混注现象。下面列表展示齿音字的自注及混注的统计数据。

《唐书释音》齿音字自注与混注情况统计表

被注 上字	庄	初	崇	生	章	昌	船	书	禅	精	清	从	心	邪
庄	39	2	1							2				
初	3	31			1									
崇			45	1							1			1
生				41										
章					116				1					
昌		2				46								
船			2				17		4					
书				1	1	2		55	1					
禅			1		2		1		64					
精	1									142		4		1
清		1	3							1	101	3	1	
从			2								2	96	2	
心				2						1			142	3
邪												1		49
知	2				1									
彻		1				1								
澄			1											
娘								1						
见					1									
溪					1									
疑			1									1		
透						1								
影					1						1	1		
晓					1									
云										3			1	
以														1
总计	45	37	56	45	125	50	18	56	70	149	105	106	146	55

《唐书释音》齿音声母庄、章、精组声母字之间的混注情况

混注情况	庄精混注	初昌混注	初清混注	崇船混注	崇清混注	崇从混注	生书混注	生心混注	章初混注	邪崇混注
混注总数	3	2	1	2	4	2	1	2	1	1
混注比例	1.55%	2.3%	2.4%	2.7%	2.5%	1.23%	1%	1.05%	0.62%	0.9%

（二）齿音声母混注所反映的几个声母语音关系问题

由上表我们可以发现，《唐书释音》齿音声母庄、章、精组声母字之间的混注比例最大为2.7%，其他基本维持在1%左右，混注的比例很小，为特殊音切，不影响齿音声母系统。《唐书释音》的齿音声母庄、章、精三组是分立的。下面，我们就齿音声母的其他几个问题进行讨论。

1. 船、禅母的分合问题

在这里，我们要着重讨论章组声母内部船、禅两母的分合问题。首先，将船、禅母的混注例开列如下：

(1) 以禅切船

以禅母字切船母字的现象共有1例，列举如下：

被注字	《广韵》反切	董氏音注	音注出处
鉥	食律切集	时橘切	7—73上

(2) 以船切禅

以船母字切禅母字的现象共有4例，列表如下：

被注字	《广韵》反切	董氏音注	音注出处
褶	是执切	实入切	2—11
祏	常只切	食亦切	4—34

续表

被注字	《广韵》反切	董氏音注	音注出处
沯	时刃切集	食刃切	5—57
郕	是征切	食征切	7—72 下

《唐书释音》中船、禅母混注共发生5例,混注所占比例为5.68%,这个比例数是较大的,与章组声母内部其他声母的混切相比,这个比例数也是很大的。可以判断《唐书释音》音切所反映的实际语音中船、禅母不分。

《守温韵学残卷》只有禅母而没有船母,可以说是船禅不分;《经典释文》《原本玉篇》[①]也不分船禅。《切韵》系统分船禅两母似乎有收集方音材料而定为雅言的嫌疑。我们可以把《切韵》系统分船禅两母认为是方音的混杂现象(李方桂 2003:P16)。李新魁认为:"从古到今,船纽与禅纽实际上没有对立,合为一例。《切韵》之分别船禅,根据的是隋代的金陵语音,而就隋唐时代的中原共同语来说,船与禅实际上没有什么区别。"[②]官修韵书《集韵》虽力求保持《切韵》音系船禅分立而仍不免时有相混。[③] 宋初洛阳的邵雍《声音倡和图》音十第二竖行的禅母字位置上列的却是船母字"士",音十一第四竖行的船母字位置上列的却是禅母字"辰"。[④] 同为宋代音释著作的陈景元道

① 见《〈万象名义〉中之原本〈玉篇〉音系》,周祖谟,《问学集》,中华书局,1966年,页315—316。

② 见《论〈切韵〉系统中船禅的分合》,李新魁,《中山大学学报》,1979年第1期。

③ 见《邵荣芬音韵学论集》,邵荣芬,首都师范大学出版社,1997年,页358。

④ 见《宋代汴洛语音考》,周祖谟,《问学集》,中华书局,1966年,页589。

藏音注[①]、孙奭《唐律音义》[②]、胡三省《资治通鉴音注》[③]等都反映船禅不分。这些都证明了宋代实际语音中存在船、禅无别的现象。《唐书释音》中同样反映了船、禅母不分的现象。

《唐书释音》船、禅混注中有一例"褶,实入切,小袴",孙建元和何占涛都作船邪混注。《广韵》"褶"有以下几读:是执切,袴褶;似入切,袴褶;徒协切,袷也,又似入切。"褶"在《集韵》中有:席入切,袷也,袭也,一曰袴褶,骑服;寔入切,袴褶,骑服。所以,"褶"在《广韵》和《集韵》中符合《新唐书》原意的有两读,一读邪母,一读禅母。本人更加倾向于该条音注属船禅混注。

《唐书释音》中船、禅不分还可从其内部正常音注得到旁证。《唐书释音》卷5(《新唐书》卷48)下有一条音注"盾,食尹切"。《新唐书》135卷中又出现"盾"字,董氏再次为其作注,为"盾,竖尹切,所以蔽身",在《唐书释音》15卷下。两处"盾"意义相同,但在《唐书释音》卷5中注音为船母,而在卷15中注音为禅母。我们先看"盾"字在《广韵》和《集韵》中相对应意义的读音:《广韵》有"干盾也,食尹切",《集韵》有"竖尹切,所以扞身蔽目者"。"盾"在《广韵》中的反切上字为船母字,而在《集韵》将其反切上字改为禅母字。在《唐书释音》中"盾"字的两个条音注,分别沿袭了《广韵》和《集韵》的反切,也说明了在《唐书释音》中船、禅两母是无别的。

另外,《唐书释音》从、邪母的混注只有1例,混注所占比例只有0.62%,因而其从、邪母的情况与船、禅母不相对应。《唐书释音》中从、邪母分而不混。

---

① 见《陈景元道藏音注研究》,冯娟等,《西华师范大学学报(哲学社会科学版)》,2005年第2期。

② 见《〈唐律音义〉音注再研究》,王曦,湖南人文科技学院学报,2007年第5期。

③ 见《胡三省〈资治通鉴音注〉及其语音特点》,马君花,《图书馆理论与实践》,2008年第2期。

2. 庄、初母的分合问题

庄、初母在《唐书释音》中有 5 例混注现象,分别为:

(1) 以庄切初

以庄切初共计 2 例,列表如下:

被注字	《广韵》反切	董氏音注	音注出处
汊	楚嫁切	侧亚切	5—43 下
栅	楚革切	侧格切	17—155

(2) 以初切庄

以初切庄共计 3 例,列表如下:

被注字	《广韵》反切	董氏音注	音注出处
箦	侧革切	楚革切	2—14
禛	侧邻切	测邻切	9—82
髽	庄华切	测华切	25—222 下

《唐书释音》中庄、初母的混注共 5 例,混注所占比例为 6.1%,这个比例数是比较大的,单纯依据比例是可以判断《释音》中庄、初母混并的,但整个齿音系统中:精、章组之全清、次清之间均没有出现全面相混的现象,仅一个庄、初相混太不合乎音系结构的平衡,也不符合汉语常情。

之所以出现这种庄、初母混注现象,实际上是董氏在参考韵书反切的时候,受到部分反切上字不规则音变的影响。以上庄初互注的现象所涉及的反切上字主要是"侧",以庄切初的两个例子中,被切字是初母,董氏所注反切上字为"侧",是因为实际语音中"侧"由不送气庄母读音演变为送气音。以初切庄的前两例,《广韵》反切上字为庄母字"侧",董氏受实际语音影响,误以为初母,故以初母字做反切上字。后一例董氏所注反切上字"测",不排除为"侧"之形讹的可能。

3. 齿音全浊声母的清化问题

(1) 崇母与清声母的混注现象

全浊声母崇母与清音声母的混注包括以下几种情况:

① 以庄切崇

以庄切崇的反切共计 1 例,列举如下:

被注字	《广韵》反切	董氏音注	音注出处
譔	士免切	邹免切	21—204

② 以崇切生

以崇切生的反切亦出现了 1 例,列举如下:

被注字	《广韵》反切	董氏音注	音注出处
槊	所角切	士角切	3—21

《释音》中全浊声母崇母与相对应的清音声母的接触有 1 例庄崇混注、1 例崇生混注,两种混注所占比例皆为 0.99%,比例很小。

(2) 禅母与清声母的混注现象

全浊声母船母与其相对应的清音声母没有混注现象,全浊声母禅母与其相对应的清音声母的混注,包括以下几种情况:

① 以书切禅

以书切禅共有 1 例,列表如下:

被注字	《广韵》反切	董氏音注	音注出处
襡	市玉切	束玉切	24—221 下

② 章、禅混注

章、禅混注共计 3 例,其中以章切禅 1 例,以禅切章 2 例,分别列举如下:

以章切禅

被注字	《广韵》反切	董氏音注	音注出处
槫	市缘切	朱缘切	6—70 上

以禅切章

被注字	《广韵》反切	董氏音注	音注出处
丞	蒸上声	常证切	4—38
缜	章忍切	上刃切	6—70 下

禅母与其相对应的清音声母间的接触有 1 例书禅混注、3 例章禅混注,书禅混注所占比例为 0.79%,章禅混注比例为 1.54%,比例皆很小。

(3) 从母与清声母的混注情况

全浊声母从母与清音声母的混注如下:

① 以精切从

以精切从共计 4 例,列举如下:

被注字	《广韵》反切	董氏音注	音注出处
艚	昨劳切	则劳切	9—80
嘈	昨劳切	则劳切	22—212
吮	徂兖切	租兖切	22—215 上
鬃	藏宗切	子宗切	25—222 下

② 以清切从

以清切从共计 3 例,列举如下:

被注字	《广韵》反切	董氏音注	音注出处
嶕	昨焦切	七消切	8—73 下

续表

被注字	《广韵》反切	董氏音注	音注出处
靓	疾政切	七正切	9—76
瘠	秦昔切	七亦切	18—163

③ 以从切清

以从切清共计 2 例,列举如下:

被注字	《广韵》反切	董氏音注	音注出处
溹	苍案切	藏旱切	1—9
辏	仓奏切	才奏切	5—53

④ 以从切心

以从切心共计 2 例,列举如下:

被注字	《广韵》反切	董氏音注	音注出处
琇	息救切	自救切	15—143
窣	苏骨切	昨没切	25—225 上

全浊声母从母和全清声母精母间的接触共 4 例,所占比例为 1.57%,比例较小;从母和次清声母清母间的接触共 5 例,所占比例为 2.37%,比例较小;从母和次清声母心母间的接触共 2 例,所占比例为 0.79%,比例很小。

(4) 邪母与清声母的互注情况

全浊声母邪母与清音声母的混注,包括以心切邪与以精切邪两种情况。

① 以心切邪

以心切邪 3 例,列举如下:

被注字	《广韵》反切	董氏音注	音注出处
溆	徐吕切	私吕切	7—72 下
纠	详遵切	私伦切	8—75 上
檖	徐醉切	司醉切	10—89

② 以精切邪

以精切邪仅 1 例，见下表：

被注字	《广韵》反切	董氏音注	音注出处
儇	旬宣切集	子缘切	7—72 中

全浊声母邪母与清音声母心母间的接触共 3 例，所占比例为 1.49%，比例较小；邪母与全清声母精母间的接触仅 1 例，所占比例为 0.49%，比例很小。

在宋代通语音系中，全浊声母已全部消失。然而在《释音》中，齿音全浊声母船母与清音声母没有混注，全浊声母从、邪、崇、禅虽然与其相对应的清音声母之间存在自然混注现象，但是混注所占的比例都很小，涵盖面太小。并且音注中有很多都是齿音全浊声母自注，明显不混。如"戕，慈良切""胙，昨误切""浔，徐林切""橡，似两切""鷟，士角切""伧，助庚切""楯，食尹切""鄯，时战切""鄯，常演切"等等。显然，《释音》中齿音全浊声母没有完全反映全浊声母的清化现象，但是它们也没有完整地保留其全浊性质。这点从它们与清音声母的混注情况就可看出。并且，董冲时处北宋末年，当时全浊声母早已完全清化，董氏音注完全不受通语的影响是不可能的。以上全浊声母与清声母的互注现象虽然比例不高，但应当真实反映了实际语音的特征。《唐书释音》反切所反映的齿音全浊声母虽绝大部分保留了其全浊性质，但少数反切透露了全浊声母已经清化，并入到其相对应的清音声母中。因而，《释音》声母系统中的从、邪、崇、船（禅）母与《切韵》系统中的从、邪、崇、船（禅）母是稍有区别的。

三、《唐书释音》反切所反映的齿音声母系统

《唐书释音》齿音各组内部混注所占的比例都很小，属于特殊音注，不影响其声母系统，将在第四章进行讨论。

《唐书释音》齿音声母庄、章、精组分立，章组内部船、禅母不分。全浊声母保持其全浊特点。《唐书释音》的齿音声母包括：

庄 初 崇 生

章 昌 船（禅） 书

精 清 从 心 邪

第五节 喉音声母

喉音声母部分主要讨论影、晓、匣、云、以五个声母自注与混注的情况，并对混注所反映的语音性质进行讨论。

一、喉音声母字的系联情况

（一）影母

影母共有27个反切上字，系联结果如下：

於108 乌48【盎（乌浪切，於浪切）】阿1【阏（乌葛切，阿葛切）】安1【恽（於粉切，纡粉切，安粉切）】纡3 厄1【阸（於革切，音厄）】遏2【垩（乌各切，遏各切）】威1【妪（於遇切，衣遇切，威遇切）】衣8 委2（於为切）【恽（委粉切）】央1【庵（乌含切，央炎切）】一4【殪（於计切，一计切）】伊10【么（幺）（伊尧切，於尧切）】乙10【彧（乙六切，於六切）】倚1【哑（乌下切，倚下切）】益3【厌（益涉切，一涉切）】因1【燕（於田切，因肩切）】冤1（於袁切）/**以**【演（於憶切，以浅切）】/**徂**【蕞（乌外切，徂外切）】/**七**【岨（乙余切，七余切）】〇屋2【擭（屋虢切）】〇郁4【䕶（郁缚切）】〇依2【淤（依倨切）】〇哀1【圬（哀都切）】〇汪1【洿（汪胡切）】〇烟1【黳（烟奚切）】〇挹1【愔，挹淫切】〇阴1【闇（音阴）】〇萦1【娟（萦缘切）】

影母与以母的接触：

演(於慷切,以浅切)

反切上字于下有音注“演,於慷切”(《释音》卷8,《新唐书》卷75上),该被注字在《释音》卷7(《新唐书》卷71下)又有音注“演,以浅切”,以为以母字。影母和以母间的接触共1例。

(二) 晓母

晓母共有22个反切上字,系联结果如下：

馨4许59【儇(呼圆切,馨缘切,许缘切)】呼40荒11【呼(荒故切)】虚26【珦(许亮切,虚亮切)】汉1【罕(呼旱切,音汉)】忽3【彍(虚郭切,忽郭切)】火10【鋗(呼玄切,火玄切)】况14【萱(呼元切,况袁切)】诩1(况羽切)【怳(诩往切)】香3【豨(许岂切,香衣切)】希1【欷(香衣切,音希)】险1【獫(虚检切,音险)】凶2【盱(况于切,凶于切,匈于切)】匈1休1【歔(音虚,休居切)】翾3【诇(火迥切,翾正切)】吁5【怳(吁往切,诩往切)】/王【鄖(许云切,王分切)】/户【翃(呼萌切,户萌切)嵘(呼萌切,户萌切)】/苦【绔(荒故切,苦故切)瞰(荒滥切,苦滥切)】/户【炯(火迥切,户顶切)】○黑1【肸(黑乙切)】○迄1【赩(迄力切)】○兄1【諠(兄袁切)】○晗1/职【彴(晗略切,职略切)】

(三) 匣母

匣母共有23个反切上字,系联结果如下：

胡144何13【沆(何党切,下党切,胡朗切)】下19河1【邯(何干切,乎甘切,河干切)】乎9宏1【汯(乎萌切,音宏)】侯13【焊(釬)(侯旰切,何旦切)】候2【鄠(侯古切,候古切)】户49【锽(户盲切,胡盲切)】湖1【降(户江切,湖江切)】黄6【炫(胡绚切,黄练切,荧绢切)】荧3奚13【铏(户经切,奚经切)】刑3【觋(胡狄切,刑狄切)檄(刑狄切)】檄2【侠(檄颊切)】辖2【峃(胡角切,辖觉切)】/古呼【鳠(胡化切,呼讶切)緱(胡沟切,古侯切)】/于去【侑(奚救切,于救切)诘(奚吉切,去吉切)】○曷2【涸(曷各切)】○狠1【郈(狠口切)】○洪2/荒【滹(洪孤切,荒乌切)】○惠1【茮(惠扃切)】○丸1【雚(音丸)】○环1/翾【觿(环规切,翾规切)】○弦1/苦【嵠(弦鸡切,苦奚切)】

(四) 云母

云母共有20个反切上字,系联结果如下：

王14于31【王(于况切)】羽13荣2【洧(羽轨切,于轨切,荣美切)】韦3【蔿(羽委切，韦委切）】为 4【藬（韦委切，为诡切）】云 4【雩（羽俱切，云俱切）】有 1【玗（云俱切，有俱切）】雨 3【湋（于非切，雨非切）】禹 3【邘（音于，禹俱切）】爰 1【侑（于救切，爰救切）】越 1【蜮（蜮）（雨逼切，越逼切）】运 1【餫（王问切，音运）】/俞羊【掾（于眷切，俞绢切）翬（于如切，羊茹切）】/五【聵（王怪切，五怪切）】○域 2【烨（域辄切）】○筠 1【曅（筠辄切）】○又 1【蹟（又白切）】○云 1【鴴（云久切）】○友 1/古【榖（友岳切，古岳切）】○永 1/强【璩（永于切，强鱼切）】○员 1/须【愃（员缘切，须缘切）】

云母与以母的接触：

1. 掾（于眷切，俞绢切）

2. 翬（于如切，羊茹切）

反切上字于下有音注"掾，于眷切"（《释音》卷 8，《新唐书》卷 74 上）、"翬，于如切"（《释音》卷 20，《新唐书》卷 195），这些被注字在《释音》中又有音注"掾，俞绢切"（卷 1，《新唐书》卷 1）、"翬，羊茹切"（卷 3，《新唐书》卷 23 上），俞、羊为以母字。云母和以母的接触共 2 例。

（五）以母

以母共有 21 个反切上字，系联结果如下：

余 37 羊 30【玚（音羊，余章切，与章切）】与 13【黓（与职切）】预 1【与（音與，音预）】與 1 容 2【褕（羊昭切，羊朱切，余招切，容朱切）】余 18 延 2【羡（羊面切，延面切）】夷 13【逌（攸）（余周切，夷周切，以周切）】以 51 移 3【迤（迆）（余纸切，移尔切）】弋 12【酏（余支切，弋支切）】亦 1【射（羊益切，音亦）】异 1【异（羊吏切，音异）】逸 3【杙（逸织切，与职切）】盈 3【眙（与之切，盈之切）】俞 3【覦（容朱切，音俞）】允 1【狁（余准切，音允）】/惠【茕（余倾切，惠扃切）】/而【汭（余芮切，而锐切）】○融 1【瀜（音融）】○营 1【嫈（营只切）】○由 1【昱（由鞠切）】

二、喉音声母的混注分析

（一）喉音声母的混注情况

在《唐书释音》中，喉音声母字共有音注 982 条，自注 952 条，混注 30 条。具体情况如下：

1. 影母字的混注

影母字的音注共 216 条,自注 215 条,与别的声类混注有 1 条。混注情况为以疑切影,如:畹,五远切。

2. 晓母字的混注

晓母字的音注共 191 条,自注 182 条,与别的声类混注有 9 条。混注情况有:

① 以匣切晓,如:觿,环规切;

② 以以切晓,如:歙,逸及切;

③ 以见切晓,如:珝,九羽切;

④ 以疑切晓,如:闃,倪歷切;

⑤ 以清切晓,如:翚,千韦切。

3. 匣母字的混注

匣母字的音注共有 288 条,自注 279 条,与别的声类混注有 9 条。混注情况有:

① 以影切匣,如:渴,乌曷切;

② 以晓切匣,如:翃,呼萌切;

③ 以以切匣,如:荥,余倾切;

④ 以见切匣,如:鞨,居谒切。

4. 云母字的混注

云母(喻三)字的音注共 86 条,自注 81 条,与别的声类混注有 5 条。混注情况有:

① 以晓切云,如:郧,许云切;

② 以匣切云,如:寪,胡彼切;

③ 以疑切云,如:澐,玉分切;

④ 以微切云,如:檝,亡伐切。

5. 以母字的混注

以母(喻四)字的音注共 201 条,自注 195 条,与别的声类混注有 6 条。混注情况如下:

① 以影切以,如:演,於憓切;

② 以云切以,如:掾,于眷切;

③ 以疑切以,如:鈛,逆织切;

④ 以从切以,如:沇,徂究切;

⑤ 以澄切以,如:玚,长章切。

除了喉音字内部的混注,见、疑、清、从、澄、微母字也作过喉音字的切上字,与喉音字有混注现象。下面列表展示喉音字的自注及混注的统计数据。

《唐书释音》喉音字自注与混注情况统计表

被切字 / 切上字	影	晓	匣	云	以
影	215		1		1
晓		182	3	1	
匣		4	279	2	
云				81	2
以		1	2		195
见		2	3		
疑	1	1		1	1
清		1			
从					1
澄					1
微				1	
总计	216	191	288	86	201

(二) 喉音声母字的混注情况所反映的几个问题

《唐书释音》喉音声母的内部混注现象,比例都很小,在这里还有几个问题需要略作讨论。

1. 影、喻母的分合问题

王力先生《汉语史稿》指出，疑母在 14 世纪《中原音韵》时代的通语里已经消失，和喻母（云、以）也完全相混了。同时影母和喻母在北方话里也只在平声一类有声调上的差别，上去两声就完全相混了。① 在《唐书释音》中，影母只与喻四（以母）发生 1 例混注现象，演，於憓切，以浅切。

在《释音》卷 8（《新唐书》75 卷上）有“演，於憓切”，“演”在《广韵》和《集韵》中的反切皆为“以浅切”，为以母字。董氏音注的反切上字“於”为影母字，董氏以影母字注以母字，影、以母混注。《释音》卷 7（《新唐书》卷 71 下）也有音注“演，以浅切”。

不过，《唐书释音》中影、以母字的音注共 417 条，二者混注仅 1 例，混注所占比例仅为 0.24%。所以，《唐书释音》中影、喻母是分立的。

2. 匣、云、以的分合问题

（1）匣、云两母的分合问题

由于《切韵》音系的匣、云两母处于互补关系，所以大多数学者把他们拟为同一个声母，因而《切韵》的喉音分影、晓、匣、以四母，喻三（云母）是归在匣母的。在《唐书释音》中，匣、云母的分合状况又是如何？将匣、云母的混注情况简列如下：

被注字	《广韵》反切	董氏音注	音注出处
寪	韦委切	胡彼切	6—70 下
侑	于救切	奚救切	18—164

《唐书释音》中匣、云混注共 2 例，混注所占比例只有 0.53%，且都为以匣切云例，可见，《释音》中匣、云二母是分而不混的。罗常培先生虽然认为《切韵》的云纽是匣纽的细音，可拟作 ɣj，但他又说：“不过从

① 见《汉语史稿》（重排本），王力，中华书局，2005 年，页 153。

发音原理讲,这个 ɣj 音不会保持长久,很快就会变成 j 的。”[①]可见罗常培是认为匣、于二母易于分立。李方桂先生也将中古音的匣、云两母分为两类:“有些人以为喻三可以跟匣相配而写作 ɣj,这也许是在《切韵》时期以前的情形,到了隋唐的时候显然喻三已与匣母分离而近乎喻四了,因此我也暂以区别重纽三四等的办法去区分他。”[②]

(2) 云、以二母的分合问题

《唐书释音》中云、以二母的混注情况如下:

被注字	《广韵》反切	董氏音注	音注出处
掾	以绢切	于眷切	8—74 上
轝(舆)	以诸切	于如切	20—195

《唐书释音》中的云、以母混注共 2 例,混注所占比例只有 0.69%,且都是以云母字“于”注以母字“以”。《唐书释音》中云(喻三)、以(喻四)母的分立是很明显的。《文选》李善音注、[③]《慧琳音义》、[④]《玄应音义》[⑤]等音系中,云、以二母都是分立的。

3. 匣母的清化问题

《唐书释音》中,匣母与晓母共有 7 例混注现象,列表如下:

(1) 以晓切匣

以晓切匣的反切共有 3 例,列举如下:

---

① 参见《〈经典释文〉和原本〈玉篇〉中的匣于两纽》,罗常培,《历史语言研究所集刊》第 8 本第 1 分册,1937 年。

② 参见《上古音研究》,李方桂,商务印书馆,1980 年,页 7。

③ 参见《〈文选〉李善音注声类考》,徐之明,贵州大学学报,1994 年第 4 期。

④ 参见《慧琳〈一切经音义〉语音研究》,金雪莱,浙江大学博士学位论文,2005 年,页 38。

⑤ 参见《〈玄应音义〉音注新探》,王曦,南京大学博士学位论文,2009 年,页 92。

被注字	《广韵》反切	董氏音注	音注出处
翃	户萌切	呼萌切	5—43 上
嵘	户萌切	呼萌切	7—71 下
炯	户顶切	火迥切	8—74 下

（2）以匣切晓

以匣切晓的反切共有 4 例，列举如下：

被注字	《广韵》反切	董氏音注	音注出处
唤	呼玩切	胡贯切	7—72 上
鑴	许规切	环规切	11—93
罅	呼讶切	胡化切	12—111
滹	荒乌切	洪孤切	21—197

《唐书释音》中，全浊声母匣母与其相对应的清音声母晓母间的接触共 7 例，所占比例为 1.46%，比例较小。

在宋代通语音系中，全浊声母已全部消失。然而在《释音》中，匣母虽然与其相对应的清音声母间存在混注现象，但是混注所占的比例很小，涵盖面太小。音注中有很多都是匣母自注，明显不混的。如"鄠，侯古切""翃，户萌切"等等。显然，《释音》中的匣母没有完全清化，但是它也没有完整地保留其全浊性质。这点从它与清音声母的混注情况就可看出。并且，董冲时处北宋末年，当时全浊声母早已完全清化，董氏音注完全不受通语的影响是不可能的。因而《唐书释音》中喉音全浊声母匣母绝大部分保留其全浊性质，少数字已经清化，并入到其相对应的清音声母中。在其声母系统中，匣母的清化刚刚起步。因而，《释音》声母系统中的匣母与《切韵》系统中的匣母是稍有区别的。

三、《唐书释音》反切所反映的喉音声母系统

在《唐书释音》反切系统中，影、云、以母及匣、云母之间都是不混的。匣母保持其全浊特点。《唐书释音》的喉音声母包括：

影　晓　匣　云　以

第六节　半舌音和半齿音声母

半舌音主要讨论中古来母在《唐书释音》反切系统中的读音问题，半齿音主要讨论中古日母在《唐书释音》反切系统中的读音问题。

一、半舌音声母字和半齿音声母字的系联情况

（一）半舌音来母字的系联情况

来母共有 28 个反切上字，系联结果如下：

力 88 卢 32【倰（卢登切，鲁登切，力曾切）】鲁 14 郎 31【沴（郎计切，力计切）】来 1【埌（力盎切，来宕切）】狼 4【郦（郎狄切，狼狄切）】老 1【獠（卢皓切，音老）】离 5【蠡（音离，里弟切，卢戈切）】里 10 陵 2【牦（里之切，陵之切）】虑 1【澧（里弟切，虑启切）】歷 2【雒（力各切，歷各切）】连 5【镣（连条切，落萧切，力吊切）】落 24 怜 1【邌（郎奚切，怜题切）】良 15【遴（良刃切，力刃切）】吝 1【烾（良刃切，音吝）】吕 7【躏（躙）（良刃切，吕振切）】闾 3【泷（吕江切，闾江切）】了 1【缭（卢皎切，音了）】六 2【僇（力竹切，音六）】林 1【仂（六翼切，林直切）】邻 4【丽（吕支切，邻知切）】龙 4【舻（龙都切，力胡切）】陇 1（力冢切）【偻（陇主切）】○洛 4【徕（洛代切）】○勒 1【硉（勒没切）】○劣 1【綷，劣戌切】

（二）半齿音日母字的系联情况

日母共有 11 个反切上字，系联结果如下：

而 28 人 9【襦（人朱切，汝朱切，而朱切）】汝 8 忍 7【洱（忍止切，而止切）】仍 4【珥（而志切，仍吏切）】如 17【鄀（而灼切，如灼切）】儒 3【汭（而锐切，儒税切）】入 3

【驲(人质切,人质切)】〇耳 1【鞣(耳由切)】〇刃 1【缭(刃小切)】〇乳 1【软(乳兖切)】

从系联结果来看,《唐书释音》半舌音来母和半齿音日母皆独立。

二、半舌音声母和半齿音声母的混注情况

《唐书释音》中半舌音来母字共有音注 268 条,自注 267 条,只与群母字发生一例混注现象(稆(穭),其吕切),混注所占比例仅为 0.23%,半舌音来母独立。

半齿音日母字共有音注 90 条,自注 82 条,与别的声类混注 8 条,但其各自所占比例都很小,不影响日母的独立。混注情况有:

1. 以娘切日,如:妊,女鸩切;
2. 以影切日,如:然,燕山切;
3. 以以切日,如:汭,余芮切;
4. 以书切日,如:汭,输税切;
5. 以精切日,如:轫,晋刃切。

半舌音来母字和半齿音日母字之间没有发生混注现象,群母字在《释音》中作过半舌音字的切上字,与来母字有混注现象。混注情况为:以群切来,如:稆,其吕切。

将来、日母字的自注及混注的统计数据列表如下。

《唐书释音》半舌音来母字、半齿音日母字自注与混注情况统计表

被切字 切上字	来	日
来	267	
日		82
群	1	
书		1
精		1

续表

被切字 切上字	来	日
影		1
以		2
娘		3
总计	268	90

三、《唐书释音》反切系统的半舌、半齿音声母

根据以上分析,《唐书释音》反切系统的半舌、半齿音声母都是独立存在的,分别为:半舌音声母:来;半齿音声母:日。

第七节 《唐书释音》反切系统所反映的声母系统

一、《唐书释音》反切声母系统

通过对《唐书释音》反切上字的系联、统计、分析、比较,我们得出《唐书释音》声母为38个,分别为:

唇音:帮 滂 並 明

非(敷) 奉 微(少数分化出来,大部分仍并在重唇音)

舌音:端 透 定 泥(娘) 来

知 彻 澄

牙音:见 溪 群 疑

齿音:庄 初 崇 生

章 昌 船(禅) 书 日

精　清　从　　　心　邪

喉音:影　晓　匣　云　　　　以

二、《唐书释音》反切声母系统的主要特征

与《切韵》音系比较,有如下特点:

1. 轻唇音少数分化出来,大部分仍并在重唇音,非敷相混;

2. 舌头舌上音分立,但娘母归入泥母;

3. 船、禅母,庄、初母混切严重;

4. 影、喻母,匣、云(喻三)、以母(喻四)仍能分立,但有混并趋势;

5. 全浊声母大类仍存,但与全清声母有不少混注。全浊声母已出现清化的趋势,其与《切韵》系统中的全浊声母稍有不同。

第三章　《唐书释音》音切韵部及声调系统

第一节　《唐书释音》音切韵部系统分析

本节考查《唐书释音》音切的韵部系统。与前文考察声母系统一样,我们首先运用同用、递用、互用的方法,对《释音》所有的反切下字进行严格系联,求得其韵类,然后再对照《切韵》音系,初步推定《释音》韵类的分合。

系联切语下字,同样也存在着"同音异写"现象。如"侬"字在《新唐书》中两处地方出现,董冲分别给它注了两次音,一为"尼容切",一为"奴冬切",根据"侬"字出现的语境语义,可以断定两个切语所注实属同一个词,因此,两切实为同一音之异写。而两切语的切下字在《切韵》却非同韵类,对照《切韵》音系,大致可以确定属于钟韵三等的"容"字与属于冬韵一等的"冬"字在《释音》音系中发生了关联。同音异写可作为韵部研究系联的辅助手段。同样,切下字不同的"同音异写"反映实际语音的情况也是复杂的。有的与切下字系联情况吻合,能表现韵类的分合。有的与系联不能吻合,并且出现的数量很少,那么这些它们就被看作"特殊的同音异写",再作讨论。①

研究韵部系统,在研究方法上同样不能仅用单一的反切系联法,同样需要引入"反切比较法"。使用反切比较法,其参照音系为《切韵》(《广韵》)音系,若《广韵》中没有,则查《集韵》。我们将董氏音注反切下字的所属韵类与被注字在《广韵》或《集韵》中的所属韵类

① 系联部分体例同声母系统系联。

进行逐一比较，以确定是否出现切下字与被注字属于不同韵类的混注现象。穷尽所有的混注，进行统计，根据统计数据、参考系联等情况，来确定韵类的分合。

与声母统计合并的数据定为5%稍有不同，切下字常受所属韵部局限，由于韵部繁多，分属各韵部的字多少不一，字多则跨韵部混注相对要多，字少则混注少，无法建立常态。用声母的统计比例是不合适的。我们认为除少数特殊现象外，不同韵类间混注所占比例在3%左右即可作为两个韵类是否合并的依据。与前面声母系统统计方法相同，此处我们计算比例时同样会充分考虑到董氏音注的自创情况。两个不同韵类的字混注所占比例低于3%，一般不认为已经影响到《释音》韵类的分合。尽管如此，它们也是重要的语音材料，他们有的反映了通语局部音变，有的反映了方音现象，它们都是特殊同音异切，下文在系联中凡是特殊同音异切的下字，均以“/”隔开，同时给这种同音异切的切语下划线。特殊的同音异切，我们将在第四章特殊音切部分分析讨论。

下面以摄为单位，对《唐书释音》音切所反映的韵部系统分别进行讨论：

一、通摄

与声母系统研究步骤一致，韵部系统研究过程中，首先对各摄所含各韵的互（自）注情况进行系联，然后对混注现象进行分析，从而归纳音注所反映的韵部系统及其特征。

通摄各韵反切下字系联

通摄包含东（东一、东三）、冬、钟三个韵系，四声各韵的互（自）注情况分析如下。

（一）通摄平声韵反切系联情况

1. 东一、冬韵字系联情况

东一、东冬韵互（自）注的反切下字共有9个，系联结果如下：

工2公4【鉷(户工切,户公切)】空2【鄷(敷公切,敷空切)】东1红28【侗(他红切,吐公切)】蒙1【雺(莫红切,音蒙)】冬7【侗(徒红切,徒冬切)】宗6【彤(徒宗切,徒冬切)】/中【沣(敷东切,敷空切,敷中切)】○蓊1【漎(所蓊切)】

冬韵与东韵一等的系联,见于“侗”字的同音异写。“侗”作为被注字在《唐书释音》中出现过两次意义用法相同但不同的注音:“徒冬切”(《释音》卷1,《新唐书》卷6)、“徒红切”(《释音》卷1,《新唐书》卷1),冬为冬韵字,红为东一韵字。

2. 东三钟韵字系联情况

东三、钟韵互(自)注的反切下字共有11个,系联结果如下:

融2【莪(如融切)】戎3中6【沨(房戎切,符中切)】容23【芃(符容切,符中切)】恭【鏦(七容切,七恭切)】/冬空【侬(尼容切,奴冬切)鄷(敷容切,敷空切)】○弓1【嵩(息弓切)】○雄2【瞢(孚雄切)】○封3【墉(余封切)】○龙1【重(直龙切)】○钟1【笼(力钟切)】○颙1【殅(虚颙切)】

钟韵与东韵三等的系联,见于“芃”字的同音异写。芃作为被注字在《唐书释音》中出现过两次意义用法相同但不同的注音:“符容切”(《释音》卷16,《新唐书》卷149)、“符中切”(《释音》卷16,《新唐书》卷147),容为钟韵字,中为东三韵字。

(二)通摄上声韵反切系联情况

1. 董一韵字系联情况

董一韵共有2个反切下字,系联结果如下:

孔5【滃(乌孔切)】○董1【倥(康董切)】

2. 肿韵字系联情况

肿韵共有7个反切下字,系联结果如下:

陇7(力冢切)【茸(而陇切)】冢1○勇5肿1【覂(方勇切,方肿切)】○悚3竦1【珙(居悚切,居竦切)】○拱1【駷(息拱切)】

(三)通摄去声韵反切系联情况

1. 送一、宋韵字系联情况

送一、宋韵互(自)注的反切下字共有5个,系联结果如下:

送1【赣(古送切)】宋1【赣(古宋切,古送切)】○贡3【鞚(苦贡切)】○弄1【峒(徒弄切)】○综1【茱(苏综切)】

宋韵与送韵一等的系联,见于"赣"字的同音异写。赣作为被注字在《唐书释音》中出现过两次意义用法相同但不同的注音:"古宋切"(《释音》卷20,《新唐书》卷190)、"古送切"(《释音》卷8,《新唐书》卷75上),宋为宋韵字,送为送一韵字,各属冬韵系及东一韵系阳声韵。根据平、去对应,可系联为一类。

2. 送三韵字系联情况

送三韵共有3个反切下字,系联结果如下:

仲3【中(竹仲切,直众切)】众1○凤3【瞢(莫凤切)】

3. 用韵字系联情况

用韵仅1个反切下字:

用3【奉(房用切)】

(四) 通摄入声韵反切系联情况

1. 屋一、沃韵字系联情况

屋一、沃韵互(自)注的反切下字共有6个,系联结果如下:

谷13 沃2【嚳(苦谷切,苦沃切)】笃2【傉(奴笃切,内沃切)】○斛1【警(先斛切)】○卜4【鹜(莫卜切)】○木3/角【穙(普木切,弻角切)】

沃韵与屋韵一等的系联,见于"嚳"字的同音异写。嚳作为被注字在《唐书释音》中出现过两次意义用法相同但不同的注音:"苦谷切"(《释音》卷16,《新唐书》卷145)、"苦沃切"(《释音》卷2,《新唐书》卷13),谷为屋一韵字,沃为沃韵字。

2. 屋三、烛韵字系联情况

屋三、烛韵互(自)注的反切下字共有13个,系联结果如下:

六48 玉15【趣(趋六切,七玉切)塾(神玉切,殊六切)】鞠1(居六切)【昱(由鞠切)】祝1(昌六切)【倐(尸祝切)】福1【蝮(芳六切,芳福切)】宿1【蓿(私六切,音宿)】育1【琡(昌六切,齿育切)】竹6【僇(音六,力竹切)】逐2【鷫(息六切,息逐切)】录1【躅(厨玉切,直录切)】足1【彧(于足切,于六切)】○蜀2【蓐(而蜀切)】○欲4【矚(之欲切)】

屋三与烛韵的系联，有下列同音异写为证：趣（趋六切，七玉切）、塾（神玉切，殊六切）、彧（于足切，于六切）

“六、玉”的系联见“趣、塾”两字的同音异写。“趣”作为被注字在《唐书释音》中出现过两次意义用法相同但不同的注音：“趋六切”（《释音》卷22，《新唐书》卷214）、“七玉切”（《释音》卷9，《新唐书》卷76）。“塾”亦出现过两次意义用法相同但不同的注音：“神玉切”（《释音》卷5，《新唐书》卷48）、“殊六切”（《释音》卷2，《新唐书》卷16）。“六”为屋三韵字，“玉”为烛韵字，屋三韵与烛韵可系联为一类，这表明东三韵系与钟韵系入声韵混同。至于“彧”在《唐书释音》中两次意义用法相同但不同的注音为：“于足切”（《释音》卷8，《新唐书》卷74上）、“于六切”（《释音》卷7，《新唐书》卷71下），“足”为烛韵字，“六”为屋三韵字，同样也支持屋三韵与烛韵的系联。

从系联的角度看，通摄平声、入声一、三等分别合并了。上去声则仅一等宋与送合并，其他不能联拢，这很可能是“两两互用”产生的偶然现象。

通摄各韵混注现象分析

通摄各韵的混注情况按阳声韵与入声韵两部分进行讨论。

（一）阳声韵

1. 阳声韵的混注情况

结合上文分析，将通摄舒声韵母字的自注与混注情况列表如下：

被切字／切下字	东一	东三	冬	钟
东一	47	1		
东三		24		
冬	3		12	
钟		3	1	48
总计	50	28	13	48

通摄阳声韵字的注音共有 139 条,其中与《广韵》或《集韵》音韵地位相同的有 131 条,不同韵之间的混注 8 条。具体如下。

(1) 东韵系各韵混注情况

① 东一韵系

东一韵系阳声韵字的注音有 50 条,本韵自注 47 条,他韵混注 3 条。混注情况有以冬切东一,如:侗,徒冬切。

② 东三韵系

东三韵系阳声韵字的注音有 28 条,本韵自注 24 条,他韵混注 4 条。混注情况有:

ⅰ. 以东一切东三,如:酆,敷公切;

ⅱ. 以钟切东三,如:酆,芳容切。

(2) 冬韵系各韵混注情况

冬韵系阳声韵字的注音有 13 条,本韵互注 12 条,他韵混注 1 条。混注情况为:以钟切冬,如:侬,尼容切。

(3) 钟韵系各韵混注情况

钟韵系阳声韵字的注音有 48 条,本韵互注 48 条,无混注。

2. 通摄舒声韵混注所反映的几个问题

(1) 东一韵系与冬韵系的分合问题

《唐书释音》中东一韵系与冬韵系的混注情况共有 3 例,列表如下:

被注字		《广韵》反切	董氏音注	音注出处
平声	侗	徒红切	徒冬切	1—6
	峒	徒红切	徒冬切	5—60
去声	赣	古送切	古宋切	20—190

由上文系联情况,冬韵系与东一韵系可系联为一类。根据混注分析,二者的接触所占比例为 4.76%,比例数较大,冬韵系与东一韵系阳声韵合并。通摄一等重韵已无分别。

(2) 东$_{三}$韵系与钟韵系的分合问题

《唐书释音》中东$_{三}$韵系与钟韵系混注共有两种情况:① 以钟切东$_{一}$,共有 2 例;② 以钟切东$_{三}$,共计 1 例。列举如下表:

被注字	《广韵》反切	董氏音注	音注出处
酆	敷空切	芳容切	7—72 下
酆	敷空切	敷容切	8—74 上
芃	房戎切	符容切	16—149

以上 3 例混切,从韵系的角度,是东、钟混注(其中"酆"字的两例混注切下字为一、三等接触,这是《广韵》用一等切下字切三等的特异切语,可能与轻唇音有关)。[①] 由上文系联情况,钟韵系与东$_{三}$韵系可系联为一类。根据混注分析,二者的接触所占比例为 3.95%,比例数较大,钟韵系与东$_{三}$韵系阳声韵合并。通摄三等重韵合并。

(二) 入声韵

1. 通摄入声韵的混注情况

通摄入声韵包含屋(屋$_{一}$、屋$_{三}$)、沃、烛三个韵。

通摄入声韵字的自注与混注情况统计表:

被切字 切下字	屋一	屋三	沃	烛
屋一	19		1	
屋三		60		1
沃			4	
烛		3		20
总计	19	63	5	21

① 见《新校互注宋本广韵》(定稿本)上册,余乃永,上海人民出版社,2008 年,页 27。

通摄入声韵字的注音共有 108 条,其中与《广韵》或《集韵》音韵地位相同的有 103 条。具体情况如下:

(1) 屋一韵

屋一韵字的注音有 19 条,本韵自注 19 条,无混注。

(2) 屋三韵

屋三韵字的注音有 63 条,本韵自注 60 条,他韵混注 3 条。混注情况有以烛切屋三,如:璹,神玉切。

(3) 沃韵

沃韵字的注音有 5 条,本韵自注 4 条,他韵混注 1 条。混注情况有以屋一切沃,如:嚳,苦谷切。

(4) 烛韵

烛韵字的注音有 21 条,本韵自注 20 条,他韵混注 1 条。混注情况有以屋三切烛,如:趣,趋六切。

2. 通摄入声韵的混注所反映的韵母特征

(1) 屋一韵与沃韵合并

屋一韵与沃韵混注 1 例,以屋一切沃,列表如下:

被注字	《广韵》反切	董氏音注	音注出处
嚳	苦沃切	苦谷切	16—145

屋一韵与沃韵的混注虽只有 1 例,但屋一韵字与沃韵字的音注条数很少,混注所占比例为 4.17%,比例较大,屋一韵与沃韵合并。根据上文系联情况,二者亦可系联为一类。

(2) 屋三韵与烛韵合并

屋三韵与烛韵的混注共有 4 例,其中以烛切屋三 3 例,以屋三切烛 1 例。分别列表如下:

以烛切屋三

被注字	《广韵》反切	董氏音注	音注出处
璹	殊六切	神玉切	1—1
塾	殊六切	神玉切	5—48
彧	于六切	于足切	8—74 上

以屋三切烛

被注字	《广韵》反切	董氏音注	音注出处
趣	亲足切	趋六切	22—214

屋三韵与烛韵的混注共 4 例，所占比例为 4.17%，比例较大，根据上文系联情况，二者亦可系联为一类。

《唐书释音》音切所反映的通摄韵母系统

根据对《唐书释音》通摄韵的系联及混注分析，我们得出《唐书释音》冬韵系与东一韵系合并，钟韵系与东三韵系合并，其韵类混同，一、三等的区别仅在于介音问题。通摄一、三等重韵不分。通摄共包含 4 个韵母：（舒声韵不分声调，下皆同），列表如下：

	开口		合口	
	舒声韵	入声韵	舒声韵	入声韵
一等			红	谷
三等			中	六

说明：1. 红，包括《广韵》东一、冬　　2. 中，包括《广韵》东三、钟
3. 谷，包括《广韵》屋一、沃　　4. 六，包括《广韵》屋三、烛

通摄韵中还存在其他的一些混注现象，其混注例较少，所占比例都很小，属于特殊音注，将在第四章特殊音切研究部分进行分析阐释。以下各节同，不再赘述。

二、江摄

江摄反切下字系联

1. 平声江韵反切下字系联情况

江韵自注的反切下字共有3个,系联结果如下:

江11 厖1(莫江切)【杠(古厖切)】双2【杠(古厖切,古双切)】

2. 上声讲韵反切下字系联情况

讲韵自注的反切下字共有1个,系联结果如下:

项2【棒(步项切)】

3. 去声绛韵反切下字系联情况

绛韵自注的反切下字共有2个,系联结果如下:

巷1【虹(古巷切)】〇降3【閧(胡降切)】

《唐书释音》音切所反映的江摄韵母系统

江摄只包含一个韵系江韵系,根据系联情况,江韵系阳声各韵之间没有混注现象,与其他韵摄也没有混注现象。入声韵觉韵与宕摄入声铎韵混注,当并入宕摄铎韵,详见宕摄部分。

江摄阳声各韵字的音注,混注情况很少,所占比例非常小,不影响各部的独立性。《唐书释音》中,江摄觉韵并入宕摄铎韵,其他各韵皆独立。江摄韵母系统,包含1个韵母。列表如下:

	开口		合口	
	舒声韵	入声韵	舒声韵	入声韵
二等	江			

三、止摄

止摄各韵反切下字系联

(一)止摄平声各韵反切下字系联情况

1. 平声开口支、脂、之、微韵反切下字系联情况

止摄平声开口四韵之间的系联,分以下四种情况讨论:

(1) 支、脂韵的系联情况

支、脂韵的互(自)注反切下字共有7个,系联结果如下:

弥6【郫(频弥切,蒲糜切)】糜1【罴(蒲糜切)】眉3【陴(频眉切,频弥切)】卑1【庳(宾弥切,音卑)】〇迟【絺(丑知切,抽迟切)】饥【郗(丑知切,丑饥切)】离3【篪(陈知切,直离切)】

支、脂系联有如下证据:

陴(频眉切,频弥切)

陴,其义为城墙,作为被注字在《唐书释音》中出现过两次意义用法相同但不同的注音:"频眉切"(《释音》卷9,《新唐书》卷82)、"频弥切"(《释音》卷11,《新唐书》卷101),眉为脂韵字,弥为支韵字。

郫(频弥切,蒲糜切)

郫,其义为一邑名,与上陴字不同词。

郫作为被注字在《唐书释音》中出现过两次意义用法相同但不同的注音:"频弥切"(《释音》卷8,《新唐书》卷74下)、"蒲糜切"(《释音》卷21,《新唐书》卷206),弥为支韵字,糜为脂韵字。

絺(丑知切,抽迟切)　郗(丑知切,丑饥切)

絺作为被注字在《唐书释音》中出现过两次意义用法相同但不同的注音:"丑知切"(《释音》卷3,《新唐书》卷24)、"抽迟切"(《释音》卷2,《新唐书》卷17);郗作为被注字在《唐书释音》中出现过两次不同的注音:"丑知切"(《释音》卷18,《新唐书》卷166)、"丑饥切"(《释音》卷1,《新唐书》卷7),知为支开韵字,迟、饥为脂开韵字。

(2) 支、之韵的系联情况

支、之韵的互(自)注反切下字共有8个,系联结果如下:

支20 知11【羼(吕支切,邻知切)】之35【牦(邻知切,里之切)诒(以支切,盈之切)羼(力之切,吕支切)】其8【俟(音其,渠之切)颀(音其,渠希切)】持6【榴(侧持切,侧其切)】兹1(墙之切,音慈)慈1 基2【骐(渠之切,巨基切)】

支、之系联有如下证据:

牦(邻知切,里之切)

牦作为被注字在《唐书释音》中出现过两次意义用法相同但不同的注音:“邻知切”(《释音》卷4,《新唐书》卷37)、“里之切”(《释音》卷4,《新唐书》卷39),知为支开韵字,之为之韵字。

诒(以支切,盈之切)

诒作为被注字在《唐书释音》中出现过两次意义用法相同但不同的注音:“以支切”(《释音》卷22,《新唐书》卷208)、“盈之切”(《释音》卷11,《新唐书》卷100),支为支开韵字,之为之韵字。

罹(力之切,吕支切)

罹作为被注字在《唐书释音》中出现过两次意义用法相同但不同的注音:“力之切”(《释音》卷10,《新唐书》卷84)、“吕支切”(《释音》卷3,《新唐书》卷24),支为支开韵字,之为之韵字。

(3) 之、微韵的系联情况

之、微韵的互(自)注反切下字共有4个,系联结果如下:

其希6【颀(音其,渠希切)】衣3【欷(音希,香衣切)】○稀1【虮(居稀切)】

之、微系联有如下证据:

颀(音其,渠希切)

颀作为被注字在《唐书释音》中出现过两次意义用法相同但不同的注音:“音其”(《释音》卷19,《新唐书》卷179)、“渠希切”(《释音》卷2,《新唐书》卷13),其为之韵字,希为微韵字,二者的接触仅1例,数量很小,是否发生韵类合并,还要综合混注情况再定。

(4) 止摄平声开口韵字互不系联的音注

止摄平声开口韵反切下字还有只出现在自注中,而不能系联的情况,分别列举如下:

宜11羁4(居宜切)【溰(许羁切)】羇1【巇(虚宜切,许羇切)】奇3(居宜切)【踦(去奇切)】○皮3/为【縻(忙皮切,靡为切)】○移11【觜(即移切)】○悲17丕1【伾(攀悲切,音丕)】○迟1絺1(抽迟切)○尼2【坻(直尼切)】○脂5【胰(以脂切)】○夷5伊2【黟(于夷切,音伊)】○咨2【訾(音咨)】○资1【饏(疾资切)】○辞1【镃(子辞切)】○时2【耏(如时切)】○菑1【鶿(俟菑切)】

2. 平声合口支、脂、微韵反切下字自(互)注情况

止摄平声合口支、脂、微韵以自注为主,互不系联。

(1) 平声支合韵反切下字系联:规 3【钀(许规切)】〇为 9【倕(是为切)】〇垂 1【歃(昌垂切)】〇危 1【逶(于危切)】

(2) 平声脂合韵反切下字系联:追 7 龟 2【戣(渠追切,渠龟切)】隹 4【琟(以追切,弋隹切)】〇维 2 遗 1【睢(胥维切,息遗切)】

(3) 平声微合韵反切下字系联:韦 5 归 3【翚(吁韦切,许归切)】〇非 6【湋(雨非切)】〇微 3【蜚(甫微切)】

(二) 止摄上声各韵反切下字系联情况

1. 上声开口韵反切下字系联情况

止摄上声开口各韵以自注为主,互不系联,各韵反切下字情况如下:

(1) 上声开口纸韵反切下字系联:尔 10 豕 1 豸 2【褫(池尔切,丑豸切,丑豕切)】纸 3【迤(移尔切,余纸切)】〇彼 3【绮(祛彼切)】〇绮 11 倚 4【伎(巨绮切,渠倚切)】〇氏 7【玼(雌氏切)】〇婢 2【弥(绵婢切)】〇弭 4【鞞(并弭切)】〇此 2【訿(将此切)】

(2) 上声开口旨韵反切下字系联:鄙 3【圮(部鄙切)】〇几 4【秭(将几切)】〇履 5【柅(女履切)】〇美 3【洧(荣美切)】〇雉 2【砥(职雉切)】

(3) 上声开口止韵反切下字系联:市 3 齿 1 止 5 里 17【茝(诸市切,音齿,昌止切,昌里切)】以 3【畤(诸以切,诸市切)】纪 2【儗(鱼止切,鱼纪切)】理 2【偫(直里切,直理切)】〇士 3【駛(爽士切)】〇仕 1【笫(壮仕切)】〇似 1【仔(祖似切)】〇已 1【嘻(许已切)】

(4) 上声开口尾韵反切下字系联:

岂 6【扆(于岂切)】

2. 上声合口韵反切下字系联情况

上声合口韵根据反切下字互(自)注情况及反切下字系联情况可分为两组:

(1) 上声合口纸、脂韵系联

纸、脂合口韵反切下字共有 6 个,系联结果如下:

委9 洧【簋(古委切,居洧切)】轨8【蔿(韦委切,羽轨切)】洧1(于轨切)【簋(居洧切)】诡3【藬(韦委切,为诡切)】毁1【頠(五诡切,鱼毁切)】

合口纸、脂可以系联的证据:

簋(古委切,居洧切)

簋作为被注字在《唐书释音》中出现过两次意义用法相同但不同的注音:"古委切"(《释音》卷24,《新唐书》卷220)、"居洧切"(《释音》卷2,《新唐书》卷11),委为纸合韵字,洧为旨合韵字。

蔿(羽轨切,韦委切)

蔿作为被注字在《唐书释音》中出现过两次意义用法相同但不同的注音:"羽轨切"(《释音》卷6,《新唐书》卷71上)、"韦委切"(《释音》卷5,《新唐书》卷43下),轨为旨合韵字,委为纸合韵字。

(2) 上声合口各韵互不系联的情况,这些合口韵的反切下字有:

蘂4【跬(犬蘂切)】○癸1【湀(求癸切)】○水3/外【会(古水切,古外切)】○匪1【蘴(无匪切)】○鬼7【韡(于鬼切)】○尾7【篚(府尾切)】○伟1【虺(许伟切)】

(三) 止摄去声各韵反切下字系联情况

1. 去声开口寘、至、志韵反切下字系联情况

止摄去声开口各韵系联可以分为三种情况:

(1) 去声开口寘、至韵反切下字系联情况

寘、至韵反切下字共2个,系联结果如下:

赐1 四【佽(七赐切,七四切)】

寘、至开口系联的证据:

佽(七赐切,七四切)

佽作为被注字在《唐书释音》中出现过两次意义用法相同但不同的注音:"七赐切"(《释音》卷5,《新唐书》卷49上)、"七四切"(《释音》卷3,《新唐书》卷23上),赐为寘开韵字,四为至开韵字。

(2) 去声开口至、志韵反切下字系联情况

至、志韵反切下字共7个,系联结果如下:

利14 吏20【眙(丑利切,丑吏切)】二2【踬(陟利切,竹二切)】嗣3【笥(相吏切,息嗣切)】异1【异(羊吏切,音异)】志7【珥(而志切,仍吏切)】嗜1【耆(时利切,音嗜)】

至、志开口系联的证据:

眙(丑利切,丑吏切)

眙作为被注字在《唐书释音》中出现过两次意义用法相同但不同的注音:"丑利切"(《释音》卷18,《新唐书》卷169)、"丑吏切"(《释音》卷9,《新唐书》卷80),利为至开韵字,吏为志韵字,二者之间的接触共4例。

(3) 去声开口各韵反切下字互不系联的情况

止摄去声开口韵部分反切下字不能系联,列举如下:

豉3【傷(以豉切)】〇寄2【芰(奇寄切)】〇义5【觯(支义切)】〇智5【翅(施智切)】〇至7 冀2【廙(羊至切,羊冀切)】〇秘2 秘1【糒(平秘切,平秘切)】备1【濞(匹秘切,匹备切)】〇媚2【泌(兵媚切)】〇致1【穊(居致切)】〇忌2【惎(音忌,渠记切)】记2〇纪1【迟(丘纪切)】〇既2【饩,许既切】

2. 止摄去声合口韵反切下字系联情况

止摄去声合口韵反切下字系联可分为两种情况:

(1) 去声合口寘、至韵反切下字系联情况

寘、至韵反切下字共2个,系联结果如下:

类2【缒(直类切,驰伪切)】伪5【腿(驰伪切)】

寘、至合口系联的证据:

缒(直类切,驰伪切)

缒作为被注字在《唐书释音》中出现过两次意义用法相同但不同的注音:"直类切"(《释音》卷23,《新唐书》卷218)、"驰伪切"(《释音》卷9,《新唐书》卷80),类为至合韵字,伪寘合韵字。

(2) 去声合口韵部分反切下字各不系联,列举如下:

避1【恚(于避切)】〇瑞2【倕(音瑞)】〇醉11【萃(秦醉切)】〇季2【悸(其季切)】〇遂3【祟(虽遂切)】〇媿1【喟(丘媿切)】〇位1【蒉(求位切)】〇贵4【焨,于贵切】沸1【屝,父沸切】未1【鬻,方未切】

止摄反切下字系联的结果,支、脂、之、微各韵系间都有可联,也存在着一些不能系联的现象,再看混注情况。

止摄各韵的混注现象分析

止摄支、脂、之、微四个韵系各韵字的自注与混注情况列表如下:

被切字 切下字	支	脂	之	微
支	179	8	4	
脂	10	137	2	
之	1	2	127	1
微				56
洽			1	
总计	190	147	134	57

(洽韵字非止摄字,但在《唐书释音》中作止摄字的切下字,故在此列出。)

(一) 止摄各韵的混注情况

止摄字的注音共有528条,其中与《广韵》或《集韵》音韵地位相同的有498条。具体情况如下:

1. 支韵系字混注情况

支韵系字的注音有190条,本韵自注有179条,他韵混注11条。混注情况有:

① 以脂切支,如:牺,虚伊切;

② 以之切支,如:羅,力之切。

2. 脂韵系字的混注情况

脂韵系字的注音有147条,本韵自注有137条,他韵混注10条。混注情况有:

① 以支切脂,如:縻,忙皮切;

② 以之切脂,如:桋,以时切。

3. 之韵系字的混注情况

之韵系字的注音有 134 条,本韵自注有 127 条,他韵混注 7 条。混注情况有:

① 以支切之,如:牦,邻知切;

② 以脂切之,如:俟,实比切;

③ 以洽切之,如:綦,巨夹切。该条音注较为可疑,但参校诸本,皆为巨夹切,可能为作者笔误。

4. 微韵系字的混注情况

微韵系字的注音有 57 条,本韵自注有 56 条,他韵混注 1 条。混注情况为:以之切微,如:颀,音其。

(二) 从混注现象看止摄各韵的分合问题

1. 支、脂韵系的分合问题

支、脂韵系的混注情况如下:

(1) 以脂切支,共 5 例,列表如下:

被注字	《广韵》反切	董氏音注	音注出处
牺	许羁切	虚伊切	2—16
伎	巨支切	巨绨切	3—22
陴	符支切	频眉切	9—82
罢	符羁切	蒲麋切	17—157
醾	靡为切	无悲切	17—152

(2) 以支切脂,共 4 例,列表如下:

被注字	《广韵》反切	董氏音注	音注出处
麋	武悲切	忙皮切	14—132
麋	武悲切	靡为切	18—169
甈	居洧切	居委切	1—4

续表

被注字	《广韵》反切	董氏音注	音注出处
簋	居洧切	古委切	24—220

(3) 支、脂韵的舌齿音字及喉音浊声母字混注

① 以脂切支,共5例,列表如下:

被注字	《广韵》反切	董氏音注	音注出处
訾	即移切	音咨直	3—27下
篪	直离切	直维切	25—222下
眡	是支切	善旨切	18—164
蔿	韦委切	羽轨切	6—71上
縋	驰伪切	直类切	23—218

② 以支切脂,共4例,列表如下:

被注字	《广韵》反切	董氏音注	音注出处
絺	丑饥切	丑知切	3—24
荑	以脂切	以支切	4—39
郗	丑饥切	丑知切	18—166
佽	七四切	七赐切	5—49上

在上文系联部分,我们得出支、脂二韵系可系联为一类。再根据其混注情况,支韵系和脂韵系的混注共18例,所占比例为5.34%,比例数很大,证明支、脂二韵系主元音混同,混并不分。

2. 之与脂、支的分合问题

(1) 之、脂韵混注共计4例,列举如下:

① 以之切脂,共2例。

被注字	《广韵》反切	董氏音注	音注出处
桋	以脂切	以时切	6—70 下
泜	直几切	直里切	16—147

② 以脂切之,共 2 例。

被注字	《广韵》反切	董氏音注	音注出处
俟	床史切	实比切	7—71 下
眙	丑吏切	丑利切	18—169

之、脂混注共 4 例,在其所有音注中所占比例为 1.42%,比例不是很大。但之韵系字音注共 134 条,反切与《广韵》或《集韵》完全相同的有 81 条,作者自创反切只有 53 条;而脂韵系字音注共 147 条,反切与《广韵》或《集韵》完全相同的有 104,作者自创反切只有 43 条。若我们将之、脂韵的混注条数比上其作者自创反切的条数,那比例为 4.17%,这个比例数是很大的。数据表明作者在为《释音》作注时多有抄韵书的现象,而自创反切才真正反映了实际语音中的现象。所以,就后者的百分比,我们可以断定《释音》中之、脂韵是合并的。这也符合了宋代通语现象。

(2) 之、支韵混注共计 5 例,列举如下:

① 以之切支,共 1 例。

被注字	《广韵》反切	董氏音注	音注出处
羅	吕支切	力之切	10—84

② 以支切之,共 4 例。

被注字	《广韵》反切	董氏音注	音注出处
牦	里之切	邻知切	4—37
牦	里之切	离支切	4—42

续表

被注字	《广韵》反切	董氏音注	音注出处
诒	与之切	以支切	22—208
膂	里之切	力支切	23—217 下

之、支混注共 5 例,在其所有音注中所占比例为 1.54%,比例不是很大。与上文之、脂混注同样的道理,我们看支韵系字音注作者的自创反切数,经过统计为 56 条,那么之、支韵的混注条数在其作者自创反切的条数中所占的比例为 4.59%,比例数较大,之、支韵合并。

《唐书释音》音切所反映的止摄韵母系统

根据对止摄字的系联结果及混注分析,《唐书释音》反切所反映的韵母系统中,之、支、脂韵当已经合并。止摄包含 4 个韵母,列表如下:

	开口		合口	
	舒声韵	入声韵	舒声韵	入声韵
三等	知		为	
	希		归	

说明:1. 知,包含《广韵》开口支、脂、之　2. 为,包含《广韵》合口脂、支
3. 希,包含《广韵》开口微　4. 归,包含《广韵》合口微

四、遇摄

遇摄各韵反切下字系联

(一)遇摄平声鱼、虞、模韵反切下字系联情况

平声鱼、虞、模韵以自注为主,反切下字系联情况分析如下。

1. 平声鱼韵反切下字系联情况

平声鱼韵共有反切下字 11 个,系联情况如下:

余 12 居 8 猪 1【挐(女余切,女居切,女猪切)】舒 1 鱼 15【纾(商居切,音舒,伤鱼切)】菹 1(侧鱼切)【綀(所菹切)】于 10【璩(强鱼切,求于切)】如 5【潴(陟鱼切,张如切)】舆 1(羊如切)【与(音舆)】虚 1【歔(休居切,音虚)】○诸 11【畬(羊诸切)】

2. 平声虞韵反切下字系联情况

平声虞韵共有反切下字 15 个,系联情况如下:

俱 27 衢 1【句(其俱切,音衢)】于 9【邘(禹俱切,音于)】朱 26【斢(恭于切,举朱切)】殊 1 输 1【郲(追朱切,追殊切,陟输切)】俞 1【覦(容朱切,音俞)】珠 1 瑜 1(羊朱切,弋珠切)【陬(子瑜切)】〇无 17 扶 1【枹(风无切,音扶)】〇刍 1【鶵(崇刍切)】〇夫 1【莁(武夫切)】〇须 1【頚(音须)】〇符 1/缚【籰(郁符切,鬱缚切)】

3. 平声模韵反切下字系联情况

平声模韵共有反切下字 9 个,系联情况如下:

胡 21 都 11【舻(落胡切,龙都切)】谟 1(莫胡切)【晡(奔谟切)】孤 5【晡(奔谟切,博孤切)】乎 2【觚(古胡切,攻乎切)】乌 3 吴 2【滹(火胡切,荒乌切,火吴切)】〇湖 1【珸(五湖切)】〇租 1【稣(孙租切)】

(二) 遇摄上声语、麌、姥韵反切下字系联情况

1. 上声语、麌韵反切下字系联情况

上声语、麌韵自(互)注共有反切下字 16 个,系联情况如下:

宇 1 吕 22【籞(偶宇切,鱼吕切)】许 7 巨 3【籞(偶许切,鱼巨切,鱼吕切)】所 2【岨(侧吕切,壮所切)】〇举 4【梠(力举切)】〇与 2【墅(承与切)】〇矩 9 雨 2 羽 9【郿(工矩切,俱雨切,俱羽切)】武 6【俌(方矩切,方武切,芳辅切)】辅 1 甫 8【庑(罔武切,罔甫切)】父 1(音甫)【拊(斐父切)】〇庾 1【拄(知庾切)】〇主 4【窳(以主切)】

语、麌可系联的证据:籞(偶宇切,鱼吕切)

籞作为被注字在《唐书释音》中出现过两次意义用法相同但不同的注音:“偶宇切”(《释音》卷 12,《新唐书》卷 105)、“鱼吕切”(《释音》卷 1,《新唐书》卷 1),宇为麌韵字,吕为语韵字。

2. 上声姥韵反切下字系联情况

上声姥韵共有反切下字 4 个,系联情况如下:

古 13 土 2【贾(音古,公土切)】户 1【盬(公土切,古户切)】〇补 2【姆(莫补切)】

(三) 遇摄去声御、遇、暮韵反切下字系联情况

1. 去声御、遇韵反切下字系联情况

去声御、遇韵自(互)注共有反切下字 14 个,系联情况如下:

庶2 戍2【澍(之庶切,之戍切)澍(朱戍切)】恕2【翥(章恕切,章庶切)】倨2【洳(人恕切,如倨切)】据4【淤(依倨切,依据切)】遽1【勮(其遽切,其据切)】○预4 豫2【狙(七预切,千豫切)】○虑2【絮(抽虑切)】○助1【诅(壮助切)】○遇18【袝(符遇切)】○赋1【霿(雺)(武赋切)】○句2【酗(吁句切)】○喻1【注(之喻切)】

御、遇韵系联的证据:澍(之庶切,之戍切)

澍作为被注字在《唐书释音》中出现过两次意义用法相同但不同的注音:"之庶切"(《释音》卷20,《新唐书》卷188)、"之戍切"(《释音》卷4,《新唐书》卷36),庶为御韵字,戍为遇韵字,鱼韵系和虞韵系间的接触共5例。

2. 去声暮韵反切下字系联情况

去声暮韵共有反切下字8个,系联情况如下:

故30 误2 祚1【胙(存故切,昨误切,音祚)】○慕3 固1 暮1【痼(古慕切,音固,古暮切)】○护1【稒(古护切)】○墓1/典【岘(胡墓切,胡典切)】

根据对遇摄反切下字的系联,得出《唐书释音》鱼、虞韵上、去声可系联,平声不联,模韵系独立。

遇摄各韵系混注情况及所反映的语音特征分析

遇摄鱼、虞、模三个韵系自注与混注情况列表如下:

切下字＼被切字	鱼	虞	模
鱼	128	1	
虞	4	152	
模			105
昔			1
总计	132	153	106

(昔韵字非遇摄字,但在《唐书释音》中作果遇摄字的切下字,故在此列出。)

(一) 遇摄各韵系的混注情况

遇摄字的注音共有391条,其中与《广韵》或《集韵》音韵地位相同的有385条，混注6条，具体情况如下。

1. 鱼韵系混注

鱼韵系字的注音有132条，本韵自注128条，他韵混注4条。混注情况为以虞切鱼，如：畬，以朱切。

2. 虞韵系混注

虞韵系字的注音有153条，本韵自注152条，他韵混注1条。混注情况为以鱼切虞，如：澍，之庶切。

3. 模韵系混注

模韵系字的注音有106条，本韵自注105条，他韵混注1条。混注情况为以昔切模，如：葄，才亦切。

（二）遇摄各韵系混注所反映的语音性质

在宋代通语音中鱼韵系与虞韵系（轻唇音除外）合并，那《唐书释音》中此二者分合状况如何？遇摄各韵系其混注分两种情况：（1）以虞切鱼，共4例；（2）以鱼切虞，共1例。分别列表如下：

以虞切鱼

被注字	《广韵》反切	董氏音注	音注出处
畬	以诸切	以朱切	5—59
舁	以诸切	以朱切	17—159
籞	鱼巨切	偶宇切	12—105
悆	羊洳切	勇主切	8—75上

以鱼切虞

被注字	《广韵》反切	董氏音注	音注出处
澍	之戍切	之庶切	20—188

《唐书释音》中，以虞韵系字注鱼韵系字共4例，以鱼韵系字注虞韵系字有1例，二者混注共5例，所占比例为1.75%，比例较小。但

鱼韵系字音注共132条,反切与《广韵》或《集韵》完全相同的有100条,作者自创反切只有32条;而虞韵系字音注共153条,反切与《广韵》或《集韵》完全相同的有113条,作者自创反切只有40条。鱼、虞韵的混注条数比上其作者自创反切的条数为6.94%,这个比例数很大。作者在为《释音》作注时多有抄韵书的现象,而自创反切才真正反映了实际语音中的现象。因而,根据混注情况与系联结果,我们认为《唐书释音》反切系统中遇摄鱼、虞韵系当已合并。

《唐书释音》音切所反应的遇摄韵母系统

根据上文分析,《唐书释音》音切所反映的遇摄韵母系统,当包含2个韵母,列表如下:

	开口		合口	
	舒声韵	入声韵	舒声韵	入声韵
一等			模	
三等			鱼	

说明:1. 模,包含《广韵》模　　2. 鱼,包含《广韵》鱼、虞

五、 蟹摄

蟹摄各韵反切下字系联

蟹摄所含韵部比较多,其系联的情况也很复杂,为便于观察,分别从洪音(一、二等)、细音(三、四等)两部分进行分析。洪音之平、上声各韵字少,亦不相联,但去声则有比较复杂的系联。

(一) 洪音各韵反切下字系联情况

1. 蟹摄洪音平声各韵的自(互)注及系联情况

蟹摄洪音平声各韵以自注为主,不发生互注系联关系,分别分析如下。

(1) 平声灰韵反切下字系联

平声灰韵自注共有反切下字5个,系联情况如下:

回19 瑰1(公回切)【洄(胡瑰切)】雷1【衰(仓回切,七雷切)】枚3【培(簿回切,蒲枚切)】○杯4【禖(莫杯切)】

(2) 平声咍韵反切下字系联

平声咍韵自注共有反切下字5个,系联情况如下:

哀8 才2【崃(落哀切,郎才切)】该3【郲(落哀切,里该切)】○开1【阂(柯开切)】○来4【嵦(五来切)】

(3) 平声佳韵反切下字系联

平声佳韵自注共有反切下字1个,系联情况如下:

佳4【鞵(户佳切)】

(4) 平声皆韵反切下字系联

平声皆韵自注共有反切下字2个,系联情况如下:

皆7 排1【俳(蒲皆切,音排)】

2. 蟹摄洪音上声各韵的自(互)注及系联情况

蟹摄洪音上声各韵以自注为主,不发生互注系联关系,分别分析如下。

(1) 上声贿韵反切下字系联

上声贿韵自注共有反切下字3个,系联情况如下:

罪4 猥4【漼(七罪切,取猥切)】隈1【磊(落猥切,鲁隈切)】

(2) 上声海韵反切下字系联

上声海韵自注共有反切下字4个,系联情况如下:

改1【毐(乌改切)】○海2/**涉**【躐(力海切,良涉切)】○亥8【绐(荡亥切)】○待1/**得**【祴(古待切,古得切)】

(3) 上声蟹开韵反切下字系联

上声蟹开韵自注共有反切下字2个,系联情况如下:

买4【廌(宅买切)】○解1【荬(莫解切)】

(4) 上声骇开韵反切下字系联

上声骇开韵自注共有反切下字1个,系联情况如下:

骇2【锴(苦骇切)】

(5) 蟹摄洪音上声特殊的同音异写

蟹摄洪音上声有2例特殊的同音异写的反切,分析如下:

① 躐(力海切,良涉切)

躐作为被注字在《唐书释音》中出现过两次意义用法相同但不同的注音:“力海切”(《释音》卷14,注音后有释义“践也,礼曰:学不躐等”,《新唐书》卷130)、“良涉切”(《释音》卷2,注音后有释义“践也”,《新唐书》卷18),海为海韵字,涉为入声叶韵字,二者不可系联。咍韵系与叶韵间的接触仅此1例。躐,《广韵》“良涉切”,故“躐,力海切”为特殊音注。

② 裓(古待切,古得切)

裓作为被注字在《唐书释音》中出现过两次意义用法相同但不同的注音:“古待切”(《释音》卷25,《新唐书》卷222下,原文为“乐工皆昆仑衣绛朝霞为蔽膝,谓之裓襔”)、“古得切”(《释音》卷5,《新唐书》卷43下,原文为“西有鞠部落,亦曰裓部落”,《管城硕记》卷二十四下有“按《唐书》骨利干之东室韦之西有鞠部落,亦曰裓部落,又骠国传乐工皆昆仑衣绛朝霞为蔽膝,谓之裓襔”),待为海韵字,得为入声德韵字。咍韵系与德韵间的接触仅此1例。裓,《广韵》“古得切”,故“裓,古待切”为特殊音注。

3. 蟹摄洪音去声各韵的自(互)注及系联情况

蟹摄洪音去声各韵反切下字的系联,大致可分两种情况,第一种情况为各韵可以系联,有四种表现形式:

(1) 去声队、代、泰韵反切下字系联

去声队、代、泰韵互(自)注共有反切下字12个,系联情况如下:

对18代14耐【暧(乌对切,乌代切)埭(徒对切,徒耐切)】内5【硙(五对切,五内切)】佩4【頮(呼内切,荒佩切)】背1【瑁(莫佩切,莫背切)】耐3(奴代切)赉1【僾(乌代切,乙赉切)】再1【裁(昨代切,昨再切)】在2【采(仓代切,七在切)】盖【蹛(当在切,当盖切)】盖10【浿(普盖切)】

(2) 去声泰、夬韵反切下字系联

去声泰、夬韵互(自)注共有反切下字2个,系联情况如下:

艾1 夬1【砦(持艾切,豺夬切)】

(3) 去声怪、蟹(浊)韵反切下字系联

去声怪、蟹(浊)韵互(自)注共有反切下字3个,系联情况如下:

拜7 介4 夬【夰(古拜切,音介)解(胡介切,胡买切)】

(4) 去声卦、夬韵反切下字系联

去声卦、夬韵互(自)注共有反切下字3个,系联情况如下:

卖3 迈【呗(蒲卖切,蒲迈切)】迈3【嚄(于迈切)】

第二种情况为,蟹摄洪音去声各韵互不系联,各韵反切下字自注情况及系联结果如下:

○昧2【琲(蒲昧切)】○溉1【忾(口溉切)】○概1【劾(户概切)】○大1【丐(居大切)】○太1【匃(古太切)】○会5 外20【狯(古外切,古会切)】翙1(呼外切)/锐【槥(于翙切,相锐切)】○懈5【眦(士懈切)】○界2【瘵(侧界切)】○犗2【虿(丑犗切)】○败1【劢(莫败切)】○夬1【砦(豺夬切)】○怪3【蒯(苦怪切)】

蟹摄洪音去声各韵还存在可以系联的同音异写情况,分别讨论如下。

(1) 队、代、泰三韵系联的同音异写:

① 曖(乌对切,乌代切)

② 逮(徒对切,徒耐切)

曖作为被注字在《唐书释音》中出现过两次意义用法相同但不同的注音:"乌对切"(《释音》卷6,《新唐书》卷70上)、"乌代切"(《释音》卷7,《新唐书》卷71下);逮作为被注字在《唐书释音》中出现过两次意义用法相同但不同的注音:"徒对切"(《释音》卷9,《新唐书》卷82)、"徒耐切"(《释音》卷1,《新唐书》卷6),对为队韵字,代、耐为代韵字。

③ 蹛(当在切,当盖切)

蹛作为被注字在《唐书释音》中出现过两次意义用法相同但不同

的注音："当在切"(《释音》卷 5,《新唐书》卷 43 下)、"当盖切"(《释音》卷 23,《新唐书》卷 217 上),在为代韵字,盖为泰韵字。

(2) 泰、夬两韵系联的同音异写:

呰(持艾切,豺夬切)

呰作为被注字在《唐书释音》中出现过两次意义用法相同但不同的注音："持艾切"(《释音》卷 23,《新唐书》卷 216 下)、"豺夬切"(《释音》卷 25,《新唐书》卷 224 下),艾为泰韵字,夬为夬韵字。

(3) 怪、蟹两韵系联的同音异写:

解(胡介切,胡买切)

解作为被注字在《唐书释音》中出现过两次意义用法相同但不同的注音："胡介切"(《释音》卷 3,《新唐书》卷 24)、"胡买切"(《释音》卷 3,《新唐书》卷 26),介为怪韵字,买为蟹韵字。该条字面上是去声与上声系联,但其所切音为全浊音,宋代通语浊上与去声相同,故可系联。

(4) 卦、夬两韵系联的同音异写:

呗(蒲卖切,蒲迈切)

呗作为被注字在《唐书释音》中出现过两次意义用法相同但不同的注音："蒲卖切"(《释音》卷 19,《新唐书》卷 181)、"蒲迈切"(《释音》卷 15,《新唐书》卷 139),卖为卦韵字,迈为夬韵字。

(二) 细音各韵反切下字系联情况

蟹摄细音平、上声齐、荠二韵没有跨韵部系联现象,去声存在着祭、霁开口三、四等之间的跨部系联。

(1) 平声齐韵反切下字系联

平声灰、齐自注共有反切下字 11 个,系联结果如下:

平声齐开韵系联:

奚 19 稽 5(坚奚切)【郳(五稽切)】黎 6 兮 7【鹈(杜奚切,田黎切,徒兮切)】西 3【齑(子兮切,笺西切)】倪 1【猊(五稽切,五倪切)】题 1【鑗(郎奚切,怜题切)】〇迷 4【鞞(薄迷切)】

平声齐合韵系联:

圭 5 畦 2【刲(苦圭切,倾畦切)】携 2【邦(涓畦切,古携切)】

(2) 上声荠开韵反切下字系联

上声荠开自注共有反切下字 4 个,系联结果如下:

礼 17 禰 2【棨(肯礼切,遣禰切)】〇弟 2 启 2【澧(里弟切,虑启切)】

(3) 去声霁、祭两韵反切下字系联

① 去声霁、祭两韵反切下字系联情况

去声霁、祭两韵互(自)注共有反切下字 8 个,系联结果如下:

诣 11 例 6【罽(吉诣切,居例切,蓟(古例切,古诣切)】罽 1(居例切)【瘗(于罽切)】细 6【呲(才细切,才诣切)】蓟 1(吉诣切)计 28【瘗(于蓟切,于计切)】〇制 5【掣(尺制切)】〇祭 1【䶶(呲祭切)】

② 去声霁、祭两韵类系联的同音异写现象

罽(吉诣切,居例切),蓟(古例切,古诣切)。

罽作为被注字在《唐书释音》中出现过两次意义用法相同但不同的注音:"吉诣切"(《释音》卷 12,《新唐书》卷 112)、"居例切"(《释音》卷 5,《新唐书》卷 43 下),诣为霁韵字,例为祭韵字。

蓟作为被注字在《唐书释音》中出现过两次意义用法相同但不同的注音:"古例切"(《释音》卷 8,《新唐书》卷 75 下)、"古诣切"(《释音》卷 1,《新唐书》卷 5),例为祭韵字,诣为霁韵字。齐韵系与祭韵系间的接触共 2 例。

③ 去声霁合韵反切下字系联情况

去声霁合韵共有反切下字 1 个,系联结果如下:

桂 3【潓(胡桂切)】

④ 去声祭合韵反切下字系联情况

去声祭合韵共有反切下字 5 个,系联结果如下:

汭 1 芮 11【帨(舒汭切,舒芮切)】税 4【涚(输税切,输芮切)】〇锐 4 岁 2【槥(祥岁切,相锐切)】

⑤ 去声废合韵反切下字系联情况

去声废合韵共有反切下字 2 个,系联结果如下:

秽1【喙(许秽切)】废1【獩(於废切)】

蟹摄反切下字的系联的结果,《唐书释音》洪音佳、皆、夬三个韵系可系联为一类,细音祭、霁可系联为一类。蟹摄二等重韵、三四等韵分别合并。

蟹摄各韵混注情况及其所反映的语音特征分析

蟹摄灰、咍、泰、佳、皆、祭、夬、废、齐九个韵系的自注与混注情况列表如下:

切下字＼被切字	灰	咍	泰	佳	皆	祭	夬	废	齐
灰	65	2							
咍		50	1		1				
泰	1		36			1	1		
佳				16			1		
皆				2	26				
祭						36			1
夬							8		
废								2	
齐						1			127
旨			1						
之									1
微	1								
歌	1								
总计	68	52	38	18	27	38	10	2	129

(旨、之、微、歌韵字非蟹摄字,但在《唐书释音》中作过蟹摄字的切下字,故在此列出。)

(一)蟹摄各韵系的混注情况

蟹摄字的注音共有382条,其中与《广韵》或《集韵》音韵地位相同的有 366 条，混注 16 条，混注情况如下：

1. 灰韵系混注情况

灰韵系字的注音有 68 条，本韵自注 65 条，他韵混注 3 条。混注情况有：

（1）以泰切灰，如：绩，黄外切；

（2）以微切灰，如：嵬，五非切；

（3）以歌切灰，如：颣，卢阿切。

2. 咍韵系混注情况

咍韵系字的注音有 52 条，本韵自注 50 条，他韵混注 2 条。混注情况为以灰切咍，如：暧，乌对切。

3. 泰韵系混注情况

泰韵系字的注音有 38 条，本韵自注 36 条，他韵混注 2 条。混注情况有：

（1）以咍切泰，如：蹛，当在切；

（2）以旨切泰，如：会，古水切。

4. 佳韵系混注情况

佳韵系字的注音有 18 条，本韵自注 16 条，他韵混注 2 条。混注情况为以皆切佳，如：膎，户皆切。

5. 皆韵系混注情况

皆韵系字的注音有 27 条，本韵自注 26 条，他韵混注 1 条。混注情况为以咍切皆，如：騃，五该切。

6. 祭韵系混注情况

祭韵系字的注音有 38 条，本韵自注 36 条，他韵混注 2 条。混注情况有：

（1）以泰切祭，如：槥，于翙切；

（2）以齐切祭，如：罽，吉诣切。

7. 夬韵系混注情况

夬韵系字的注音有 10 条，本韵自注 8 条，他韵混注 2 条。混注

情况有:

(1) 以泰切夬,如:砦,持艾切;

(2) 以佳切夬,如:呗,蒲卖切。

8. 废韵系混注情况

废韵系字的注音有2条,本韵自注2条,他韵混注为零。

9. 齐韵系混注情况

齐韵系字的注音有129条,本韵自注127条,他韵混注2条。混注情况有:

(1) 以祭切齐,如:蓟,古例切;

(2) 以之切齐,如:玭,符其切。

(二) 蟹摄各韵系混注所反映的语音现象

1. 蟹摄一等重韵的分合问题

蟹摄灰咍与泰为一组重韵,在《唐书释音》中存在混注情况,列举如下:

(1) 以泰切灰1例

被注字	《广韵》反切	董氏音注	音注出处
缋	胡对切	黄外切	8—74上

(2) 以咍切泰1例

被注字	《广韵》反切	董氏音注	音注出处
蹛	当盖切	当在切	5—43下

泰韵系与灰韵系的混注为1例,所占比例仅为0.94%;泰韵系与咍韵系的混注为1例,所占比例仅为1.11%。泰与灰咍的混注所占比例都很小,蟹摄一等重韵分而不混。

2. 蟹摄二等重韵的分合问题

蟹摄二等重韵为佳皆夬。根据前文,该三者可系联为一类。其混注情况列举如下：

(1) 以皆切佳 2 例

被注字	《广韵》反切	董氏音注	音注出处
膎	户佳切	户皆切	21—200
解	胡买切	胡介切	3—24

(2) 以佳切夬 1 例

被注字	《广韵》反切	董氏音注	音注出处
呗	薄迈切	蒲卖切	19—181

佳韵系与皆韵系发生混注共 2 例，所占比例为 4.44%；佳韵系与夬韵系发生混注 1 例，所占比例为 3.57%。其混注所占比例较大，蟹摄二等重韵合并。

3. 三等祭韵、四等齐韵分合问题

在宋代通语音中，祭、齐合并。《唐书释音》中二者混注，可以系联。二者混注情况列举如下：

(1) 以齐切祭 1 例

被注字	《广韵》反切	董氏音注	音注出处
罽	居例切	吉诣切	12—112

(2) 以祭切齐 1 例

被注字	《广韵》反切	董氏音注	音注出处
蓟	古诣切	古例切	8—75 下

齐、祭混注共 2 例，在其所有音注中所占比例为 1.2%，比例不大。但我们看二者音注中作者的自创反切情况，齐韵系音注共 129 条，反切与《广韵》或《集韵》完全相同的有 94 条，作者自创反切只有

35条;祭韵音注共38条,反切与《广韵》或《集韵》完全相同的有29条,作者自创反切只有9条。那么齐、祭混注条数在其作者自创反切总数中所占的比例为4.55%,比例数较大。作者在为《释音》作注时多有抄韵书的现象,而自创反切才真正反映了实际语音中的现象。故《释音》中齐、祭已混并。

根据系联结果及混注分析,《唐书释音》蟹摄二等重韵合并;一、三等重韵皆分立;三等祭韵、四等齐韵合并。

《唐书释音》音切所反映的蟹摄韵母系统

根据以上蟹摄各韵系的系联与混注情况,《唐书释音》音切所反映的蟹摄各韵,共包含10个韵母,列表如下:

	开口		合口	
	舒声韵	入声韵	舒声韵	入声韵
一等	太		外	
	哀		回	
二等	皆		迈	
三等	奚		圭	
	废		秽	

说明:1. 太,包含《广韵》泰开　2. 外,包含《广韵》泰合
3. 哀,包含《广韵》咍　4. 回,包含《广韵》灰
5. 皆,包含《广韵》佳、皆、夬开口　6. 迈,包含《广韵》佳、皆、夬合口
7. 奚,包含《广韵》齐、祭开口　8. 圭,包含《广韵》齐、祭合口
9. 废,包含《广韵》废开　10. 秽,包含《广韵》废合

六、 臻摄

臻摄各韵反切下字系联

(一) 臻摄平声各韵反切下字系联情况

平声合口谆、文韵反切下字可以系联,开口各韵皆不联。

1. 平声谆、文韵反切下字系联

谆、文韵反切下字根据自注、互注情况可分为两组，一组可以系联，一组不能系联。

(1) 谆、文韵可系联的情况

谆、文韵自(互)注共有反切下字 7 个，系联结果如下：

云 1【紃(食云切，食伦切)】伦 19 筠 3【頵(于伦切，居筠切)】轮 1【僎(踪伦切，踪轮切)】旬 2【逡(七伦切，七旬切)】遵 1【紃(食伦切，详遵切，松纶切)】纶 1

(2) 谆、文韵自注，反切下字不能系联的情况

谆韵、文韵自注不能系联的反切下字共有 6 个，列举如下：

匀 2【皲(居匀切，举云切)】〇春 1【肫(之春切)】〇迍 1【惀(力迍切)】〇分 12 云 13【棻(扶云切，符分切)】〇文 2【帉(敷文切)】

(3) 谆、文韵系联的同音异写情况

① 皲(居匀切，举云切)

皲作为被注字在《唐书释音》中出现过两次意义用法相同但不同的注音："居匀切"(《释音》卷 23，《新唐书》卷 216 上)、"举云切"(《释音》卷 13，《新唐书》卷 118)，匀为谆韵字，云为文韵字。

② 紃(食云切，食伦切)

紃作为被注字在《唐书释音》中出现过两次意义用法相同但不同的注音："食云切"(《释音》卷 16，《新唐书》卷 151)、"食伦切"(《释音》卷 4，《新唐书》卷 42)，云为文韵字，伦为谆韵字，文韵系与谆韵系间的接触共 2 例。

2. 平声真韵反切下字系联

平声真韵自注共有反切下字 10 个，系联结果如下：

宾 1【缤(匹宾切)】〇因 1【鄄(吉因切)】〇真 1 4 神 1【譚(伊真切，之神切)】珍 5【璘(离真切，离珍切)】/**林**【<u>郴(丑真切，丑林切)</u>】〇邻 5【甄(侧邻切，之人切)】人 4 〇嗔 1【慜(美嗔切)】〇陈 2【彬(彼陈切)】〇巾 13【誾(鱼巾切)】

3. 平声臻韵反切下字系联

平声臻韵自注共有反切下字 2 个，系联结果如下：

诜 1【榛(侧诜切)】〇臻 4【兟(所臻切)】

4. 平声欣韵反切下字系联

平声欣韵自注共有反切下字2个,系联结果如下:

倣1 斤6(居倣切)【断(鱼斤切)】

5. 平声魂韵反切下字系联

平声魂韵自注共有反切下字6个,系联结果如下:

昆13 奔5【贲(音奔,逋昆切)】浑5【炖(徒昆切,徒浑切)】○闷1【沌(徒闷切)】○尊1【郁(徂尊切)】○魂1【喷(普魂切)】

6. 平声痕韵反切下字系联

平声痕韵自注共有反切下字2个,系联结果如下:

根1 恩1【报(胡根切,户恩切)】

(二) 臻摄上声各韵反切下字系联情况

臻摄上声各韵类字反切下字之间皆不能系联,各韵反切下字情况列举如下。

1. 上声轸韵反切下字系联

上声轸韵自注共有反切下字7个,系联结果如下:

尽1【僶(弭尽切)】○殒2【菌(渠殒切,巨陨切)】陨1○忍15【疹(之忍切)】○轸1【涊(而轸切)】○引1【纼(直引切)】○敏1【蕒(于敏切)】

2. 上声准韵反切下字系联

上声准韵自注共有反切下字3个,系联结果如下:

允2 准1【狁(余准切,音允)】○尹10【楯(食尹切)】

3. 上声吻韵反切下字系联

上声吻韵自注共有反切下字2个,系联结果如下:

粉7【韫(委粉切)】○吻3【荟(鱼吻切)】

4. 上声隐韵反切下字系联

上声隐韵自注共有反切下字1个,系联结果如下:

隐2【巹(居隐切)】

5. 上声混韵反切下字系联

上声混韵自注共有反切下字4个,系联结果如下:

本 8 损 2【撙(祖本切,兹损切)】○忖 1【畚(布忖切,布衮切)】衮 1

(三) 臻摄去声各韵反切下字系联情况

臻摄去声合口问、慁韵可以系联,开口各韵反切下字皆不可系联。

1. 去声问、慁韵反切下字系联

(1) 去声问、慁韵反切下字系联情况

问、慁韵自(互)注共有反切下字 4 个,系联结果如下:

运 4【餫(音运,王问切)】问 12【坌(蒲问切,蒲闷切)】闷 2○困 9【愻(苏困切)】

(2) 问、慁韵系联的同音异写情况

坌(蒲问切,蒲闷切)

坌作为被注字在《唐书释音》中出现过两次不同的注音:"蒲问切"(《释音》卷 17,《新唐书》卷 159)、"蒲闷切"(《释音》卷 4,《新唐书》卷 35),问为问韵字,闷为慁韵字。文韵系与魂韵系间的接触仅此 1 例。

2. 去声震韵反切下字系联

去声震韵自注共有反切下字 9 个,系联结果如下:

刃 29 信 1【搢(即刃切,子信切)】吝 3【悋(良刃切,音吝)】振 3【躙(良刃切,吕振切)】○晋 5【迅(思晋切,息进切)】进 2○仅 1【慭(憖)(鱼仅切)】○仞 1【鄑(子仞切)】○儭 1【齓(初儭切)】

3. 去声稕韵反切下字系联

去声稕韵自注共有反切下字 3 个,系联结果如下:

峻 7 俊 1(祖峻切)闰 1【鵕(思俊切,须闰切)】

4. 去声焮韵反切下字系联

去声焮韵自注共有反切下字 3 个,系联结果如下:

焮 1 靳 1(居焮切)【廑(廑)(奇靳切)】○近 1【韗(于近切)】

(四) 臻摄入声各韵反切下字系联情况

1. 臻摄入声质、术、迄反切下字系联情况

臻摄入声质、术、迄之间可联,可分为两种情况:

(1) 质、术、迄韵反切下字可系联

质、术、迄韵自(互)注反切下字共有5个,系联情况如下:

吉8【遹(余吉切,余律切)】律12 聿1【訹(雪律切,辛聿切)】讫4【诘(欺讫切,去吉切)】乞2【契(音乞,欺讫切)】/狄【檄(刑吉切,刑狄切)】

(2) 质、术、迄韵自注,反切下字不可系联

质、术、迄韵自(互)注反切下字共有11个,列举如下:

必13 毕2【宓(美必切,美毕切)】〇一1【紩(直一切)】〇质15 乙11【昵(尼乙切,尼日切,尼质切)】日9 栗7【抶(直乙切,丑栗切)】悉1【叱(昌栗切,昌悉切)】〇密7【珌(卑密切)】〇笔2【佖(皮笔切)】〇戌1【繂(劣戌切)】

(3) 迄、质韵系联的同音异写

诘(欺讫切,去吉切)

诘作为被注字在《唐书释音》中出现过两次意义用法相同但不同的注音:"欺讫切"(《释音》卷8,《新唐书》卷75上)、"去吉切"(《释音》卷10,《新唐书》卷89),讫为迄韵字,吉为质韵字。欣韵系入声韵与真韵系入声韵接触仅此1例。

(4) 质、术韵系联的同音异写

遹(余吉切,余律切)

遹作为被注字在《唐书释音》中出现过两次意义用法相同但不同的注音:"余吉切"(《释音》卷8,《新唐书》卷73下)、"余律切"(《释音》卷1,《新唐书》卷6),吉为质韵字,律为术韵字。真韵系入声韵与谆韵系入声韵的接触仅此1例。

2. 入声栉韵反切下字系联情况

入声栉韵自注共有反切下字1个,系联结果如下:

瑟2【栉(阻瑟切)】

3. 入声物韵反切下字系联情况

入声栉韵自注共有反切下字3个,系联结果如下:

勿12 物8【佛(符勿切,符物切,符弗切)】弗2

4. 入声没韵反切下字系联情况

入声没韵自注共有反切下字 3 个，系联结果如下：

骨 9【腯（徒骨切）】〇忽 2【啒（古忽切）】〇没 20【艴（蒲没切）】

根据对臻摄反切下字的系联，得出《唐书释音》臻摄平声合口谆、文韵可系联，系联条件是牙音、齿音；去声合口问、慁韵可系联，系联条件是唇音；入声质、术、迄韵可系联。

臻摄各韵系混注情况及所反映的语音特征

（一）臻摄阳声韵混注情况及所反映的语音特征

臻摄魂、痕、文、欣、真、谆、臻七个韵系舒声韵母字的自注与混注情况列表如下：

切下字 \ 被切字	魂	痕	文	欣	真	谆	臻
魂	50						
痕		2					
文	1		52			1	
欣				12			
真					124		
谆			1			45	
臻							5
庚三					1		
蒸					1		
总计	51	2	53	12	126	46	5

（庚三、蒸韵字非臻摄字，但在《唐书释音》中作过臻摄字的切下字，故在此列出。）

1. 臻摄阳声韵系混注情况

臻摄阳声韵字的注音共有 295 条，其中与《广韵》或《集韵》音韵地位相同的有 290 条，混注 5 条。具体情况：

（1）魂韵系阳声韵字混注情况

魂韵系阳声韵字的注音有51条，本韵自注50条，他韵混注1条。混注情况有以文切魂，如：坌，蒲问切。

（2）痕韵系阳声韵字混注情况

痕韵系阳声韵字的注音有2条，本韵自注2条，他韵混注为零。

（3）文韵系阳声韵字混注情况

文韵系阳声韵字的注音有53条，本韵自注52条，他韵混注1条。混注情况有以谆切文，如：皲，居匀切。

（4）欣韵系阳声韵字混注情况

欣韵系阳声韵字的注音有12条，本韵自注12条，他韵混注为零。

（5）真韵系阳声韵字混注情况

真韵系阳声韵字的注音有126条，本韵自注124条，他韵混注2条。混注情况有：以庚三切真，如：釁，许敬切；以蒸切真，如：胤，以证切。

（6）谆韵系阳声韵字混注情况

谆韵系阳声韵字的注音有46条，本韵自注45条，他韵混注1条。混注情况有以文切谆，如：紃，食云切。

（7）臻韵系阳声韵字混注情况

臻韵系阳声韵字的注音有5条，本韵自注5条，他韵混注为零。

2. 臻摄阳声韵混注所反映的语音特征

（1）三等重韵分合问题

臻摄欣文与真谆为一对重韵，在《唐书释音》中的混注情况列举如下：

① 以谆切文，1例

被注字	《广韵》反切	董氏音注	音注出处
皲	居云切	居匀切	23—216上

② 以文切谆,1 例

被注字	《广韵》反切	董氏音注	音注出处
紃	食伦切	食云切	16—151

《释音》中,文、谆韵系舒声韵间的混注共 2 例,混注所占比例仅为 2. 02%,比例较小。但我们看二者音注中作者的自创反切情况,文韵系音注共 53 条,反切与《广韵》或《集韵》完全相同的有 41 条,作者自创反切只有 12 条;谆韵音注共 46 条,反切与《广韵》或《集韵》完全相同的有 35 条,作者自创反切只有 11 条。那么文、谆混注条数在其作者自创反切总数中所占的比例为 8. 7%,这个比例数是很大的。作者在为《释音》作注时多有抄韵书的现象,而自创反切才真正反映了实际语音中的现象。显然,文、谆韵合并。

欣、真韵系舒声韵间未发生混注现象。欣韵字音注较少,且作者自创只有 3 例,多为抄《广韵》或《集韵》反切,因而未有混注发生较为正常。欣韵系入声迄韵与真韵系入声质韵合并(见下文入声韵部分),且其三等合口重韵谆、文已混,因而从音系的对应平衡上来说,欣、真当亦合并。

(2) 文、魂分合问题

《唐书释音》反切中,文、魂韵系可系联,其具体混注情况为以文切魂,共 1 例,列举如下:

被注字	《广韵》反切	董氏音注	音注出处
坌	蒲闷切	蒲问切	17—159

文、魂韵系间的混注共 1 例,所占比例为 0. 96%,这个比例是很小的。同样我们还要再看二者音注中作者的自创反切情况。文韵系上文已有叙述,作者自创反切为 12 条;魂韵系音注共 51 条,反切与《广韵》或《集韵》完全相同的有 40 条,作者自创反切只有 11 条。那么文、魂混注条数在其作者自创反切总数中所占的比例为 4. 55%,比

例较大。《释音》中,文、魂韵系混并。

(二)臻摄入声韵混注情况及所反映的语音特征

臻摄入声韵没、物、迄、质、术、栉六个韵的自注与混注情况统计如下表:

被切字 切下字	没	物	迄	质	术	栉
没	30		1			
物		21				
迄			6	1		
质				69	1	1
术					15	
栉						2
职				2		
缉				1		
总计	30	21	7	73	16	3

(职、缉韵字非臻摄入声韵字,但在《唐书释音》中作过臻摄入声韵字的切下字,故在此列出。)

1. 臻摄入声各韵字的混注情况

臻摄入声韵字的注音共有150条,其中与《广韵》或《集韵》音韵地位相同的有143条,混注7条。具体情况如下:

(1) 没韵字的注音有30条,本韵自注30条,他韵混注为零。

(2) 物韵字的注音有21条,本韵自注21条,他韵混注为零。

(3) 迄韵字的注音有7条,本韵自注6条,他韵混注1条。混注情况有以没切迄,如:吃,苦骨切。

(4) 质韵字的注音有73条,本韵自注69条,他韵混注4条。混注情况有:

① 以迄切质,如:诘,欺讫切;

② 以职切质,如:踬,竹力切;

③ 以缉切质,如:昵,尼立切。

(5) 术韵字的注音有 16 条,本韵自注 15 条,他韵混注 1 条。混注情况有以质切术,如:遹,余吉切。

(6) 栉韵字的注音有 3 条,本韵自注 2 条,他韵混注 1 条。混注情况有以质切栉,如:虱(蝨),所乙切。

2. 臻摄入声各韵字混注所反映的质、迄、术韵的分合问题

质、迄、术韵的混注情况为以迄切质,共 1 例,列举如下:

被注字	《广韵》反切	董氏音注	音注出处
诘	去吉切	欺讫切	8—75 上

迄、质混注有 1 例,所占比例为 1.25%,比例不大。我们再看二者音注中作者的自创反切情况。迄韵音注共 7 条,反切与《广韵》或《集韵》完全相同的有 4 条,作者自创反切只有 3 条;质韵音注共 73 条,反切与《广韵》或《集韵》完全相同的有 52 条,作者自创反切只有 21 条。那么迄、质混注条数在其作者自创反切总数中所占的比例为 4.17%,比例较大。二者混并。

另外,物、术没有混注例。但文、谆韵已混,其先对应的入声韵应当也混并。没有混注例,缘于音释著作音注的随意性及多有抄韵书的现象。

根据对《唐书释音》臻摄韵的系联及混注情况分析,我们得出《释音》臻摄三等重韵文欣、谆真混并,文、魂混并;入声质、迄混并,物、术混并。

《唐书释音》音切所反映的臻摄韵母系统

根据以上自注、互注与混注关系的分析,臻摄韵母系统共包含 7 个韵母,分别列表如下:

	开口		合口	
	舒声韵	入声韵	舒声韵	入声韵
一等	根	(没开)①		骨
三等	真	吉	文	勿

说明：1. 根，包含《广韵》痕
2. 真，包含《广韵》真、欣
3. 文，包含《广韵》魂、文、谆
4. 骨，包含《广韵》没韵开口
5. (没开)，《广韵》没韵开口
6. 勿，包含《广韵》物、术
7. 吉，包含《广韵》迄、质

七、 山摄

山摄各韵反切下字系联情况

(一) 山摄平声各韵反切下字系联情况

寒韵与合口桓、删、元、仙韵可以联，开口仙、先韵可以联。

1. 平声寒、桓、删合、元合、仙合之间根据系联情况，可分为两组

(1) 寒、桓、删合、元合、仙合反切下字可以系联

寒、桓、删合、元合、仙合反切下字共有14个，系联结果如下：

干9【汗(何干切，胡安切)】安6【番(普安切，普官切)胖(普安切，蒲官切)】官33【镮(胡官切，胡关切)阛(胡官切，户关切)】关4【镮(胡关切)】完1【莞(沽丸切，古完切)】丸10【刓(吾官切，五丸切)】袁23【瑄(荀袁切，荀缘切)刓(愚袁切，五丸切)】冤1【宛(于袁切，于元切，音冤)】元7 烦3【鐇(芳烦切，孚袁切)】缘27 圆1【儇(呼缘切，呼圆切)】全2【悛(且缘切，七全切)】泉5【镌(子全切，子泉切)】

(2) 寒、桓、删合、元合、仙合自注，反切下字不可以系联

寒、桓、删合、元合、仙合自注反切下字共有8个，系联结果如下：

寒7 丹1【郸(都寒切，音丹)】兰1【侒(乌寒切，乌兰切)】○端1【煓(他端切)】○还2【鬘(莫还切)】○员3【蜷(巨员切)】○专3【鸢(以专切)】○宽1/**宣**【琁(似宽切，似宣切)】

---

① 在《释音》中未出现没韵开口字。

(3) 寒、桓系联的同音异写情况

① 番:普安切,普官切;② 胖:普安切,蒲官切

番作为被注字在《唐书释音》中出现过两次意义用法相同但不同的注音:"普安切"(《释音》卷10,《新唐书》卷87)、"普官切"(《释音》卷5,《新唐书》卷43上);胖作为被注字在《唐书释音》中出现过两次意义用法相同但不同的注音:"普安切"(《释音》卷16,《新唐书》卷149)、"蒲官切"(《释音》卷13,《新唐书》卷115),安为寒韵字,官为桓韵字。寒韵系与桓韵系间的接触共5例。

(4) 桓、删合韵系联的同音异写情况

① 镮:胡官切,胡关切;② 阛:胡官切,户关切

镮作为被注字在《唐书释音》中出现过两次意义用法相同但不同的注音:"胡官切"(《释音》卷8,《新唐书》卷73下)、"胡关切"(《释音》卷7,《新唐书》卷72上);阛作为被注字在《唐书释音》中出现过两次意义用法相同但不同的注音:"胡官切"(《释音》卷12,《新唐书》卷112)、"户关切"(《释音》卷25,《新唐书》卷225上),官为桓韵字,关为删韵合口字。

(5) 元合、仙合韵系联的同音异写情况

瑄:荀袁切,荀缘切

瑄作为被注字在《唐书释音》中出现过两次意义用法相同但不同的注音:"荀袁切"(《释音》卷1,《新唐书》卷10)、"荀缘切"(《释音》卷1,《新唐书》卷9),袁为元韵字,缘为仙韵字。元韵系与仙韵系间的接触共4例。

(6) 元合、桓韵系联的同音异写:

刓:愚袁切,五丸切

刓作为被注字在《唐书释音》中出现过两次意义用法相同但不同的注音:"愚袁切"(《释音》卷18,《新唐书》卷166)、"五丸切"(《释音》卷5,《新唐书》卷45),袁为元韵字,丸为桓韵字。元韵系与桓韵系间的接触共3例。

2. 平声仙开、先开韵根据反切下字系联情况,可分为两组

(1) 平声仙开、先开韵自(互)注,反切下字可以系联

仙开、先开韵自(互)注反切下字共有 7 个,系联结果如下:

虔 3【燕(于虔切,于田切)】干 2【鄢(于虔切,于干切,于焉切)】焉 3 延 8【犍(渠焉切,渠延切)】田 10 肩 1【燕(于田切,因肩切)】眠 1【軿(部田切,蒲眠切)】

(2) 平声仙开、先开韵自注,反切下字不可以系联

仙开、先开韵自注反切下字共有 12 个,列举如下:

绵 1 緜 1【便(平绵切,婢緜切)】〇连 18 然 4【鋋(市连切,以然切)】旃 1【郔(夷然切,与旃切)】〇仙 3【链(力仙切)】〇年 8 先 1【芊(七年切,仓先切)】坚 2【窴(亭年切,徒坚切)】烟 3【汧(轻烟切,苦坚切)】〇颠 1【亸(宁颠切)】〇前 3【鷴(则前切)】

(3) 仙开、先开韵系联的同音异写情况

燕:于虔切,于田切

燕作为被注字在《唐书释音》中出现过两次意义用法相同但不同的注音:"于虔切"(《释音》卷 12,《新唐书》卷 110)、"于田切"(《释音》卷 1,《新唐书》卷 4),虔为仙韵字,田为先韵字。

3. 平声删开韵反切下字系联情况

平声删开韵自注反切下字共有 2 个,系联结果如下:

奸 1【潸(师奸切)】〇颜 2【菅(古颜切)】

4. 平声元开韵反切下字系联情况

平声元开韵自注反切下字共有 2 个,系联结果如下:

轩 1【琂(语轩切)】〇言 5【鞬(居言切)】

5. 平声先合韵反切下字系联情况

平声先合韵自注反切下字共有 2 个,系联结果如下:

涓 1【县(胡涓切)】〇玄 3【鋗(圭玄切)】

6. 平声山韵反切下字系联情况

平声山韵自注反切下字共有 3 个,系联结果如下:

间 1【憪(户间切)】山 5【孱(鉏山切)】闲 2【鶮(古闲切)】

（二）山摄上声各韵反切下字系联情况

桓韵系上声缓韵与删开韵系上声潸合韵可系联，元韵系上声阮韵与仙韵系上声狝韵可系联。

1. 上声缓、潸合韵反切下字系联情况

（1）缓、潸合韵自（互）注反切下字系联情况

缓、潸合韵自（互）注反切下字共有5个，系联结果如下：

管12【绾（乌管切，乌版切）皖（胡管切，户板切）】板2【睆（户板切）】版3【绾（乌版切）】○缓6 满3【管（古满切，古缓切）】

（2）缓、潸系联的同音异写情况

① 绾：乌管切，乌版切；② 皖：胡管切，户板切

绾作为被注字在《唐书释音》中出现过两次意义用法相同但不同的注音："乌管切"（《释音》卷16，《新唐书》卷146）、"乌版切"（《释音》卷1，《新唐书》卷6）；皖作为被注字在《唐书释音》中出现过两次意义用法相同但不同的注音："胡管切"（《释音》卷20，《新唐书》卷189）、"户板切"（《释音》卷21，《新唐书》卷205），管为缓韵字，版、板为潸韵合口字。

2. 上声阮开、狝开韵反切下字系联情况

上声阮开、狝开韵根据反切下字系联情况，可分为两组：

（1）阮开、狝开韵反切下字可以系联

阮开、狝开韵自（互）注反切下字共有2个，系联结果如下：

�1【演（于憶切，以浅切）】浅6【尠（息浅切）】

（2）阮开、狝开韵反切下字不可以系联

阮开、狝开韵自注反切下字共有12个，列举如下：

幰3（虚偃切）偃5○遣1【杄（弥遣切）】○蹇3【谳（鱼蹇切）】○免2【鴘（披免切）】○辇2【謇（九辇切）】○辨1【俛（美辨切）】○善3【譂（齿善切）】○演4【单（常演切）】○展4【琏（力展切）】○剪1【犍（里剪切）】○践2【揃（子践切）】

（3）阮开、狝开韵系联的同音异写情况

演：于憶切，以浅切

演作为被注字在《唐书释音》中出现过两次意义用法相同但不同的注音:“于㦢切”(《释音》卷8,《新唐书》卷75上)、“以浅切”(《释音》卷7,《新唐书》卷71下),㦢为阮韵字,浅为狝韵字。

3. 上声阮合韵反切下字系联情况

上声阮合韵自注反切下字共有3个,系联结果如下:

晚3 远8【烜(许远切,况晚切)】〇阮2【鞔(亡阮切)】

4. 上声狝合韵反切下字系联情况

上声狝合韵自注反切下字共有3个,系联结果如下:

兖15【縳(持兖切)】〇转3【沇(以转切)】〇篆1【圈(渠篆切)】

5. 上声潸开韵反切下字系联情况

上声潸开韵自注反切下字共有1个,系联结果如下:

赧2【僩(下赧切)】

6. 上声旱韵反切下字系联情况

上声旱韵自注反切下字共有4个,系联结果如下:

旱18 侃1(口旱切)【偘(音侃)】笴1(古旱切)【岸(胡笴切)】亶1【潬(徒旱切,大亶切)】

7. 上声产开韵反切下字系联情况

上声产开韵自注反切下字共有2个,系联结果如下:

简3 限6【铲(初限切,初简切)】

8. 上声铣开韵反切下字系联情况

上声铣开韵自注反切下字共有3个,系联结果如下:

典17 殄1(徒典切)【褊(步殄切)】显1【晛(胡典切,下显切)】

9. 上声铣合韵反切下字系联情况

上声铣合韵自注反切下字共有3个,系联结果如下:

畎2 泫4(胡畎切)犬3【狷(古犬切,古泫切)】

(三)山摄去声各韵反切下字系联情况

1. 去声翰、换、谏韵自(互)注,反切下字可以系联,可分为三种情况

(1) 翰、换、谏开韵自(互)注,反切下字可以系联

翰、换、谏开韵自(互)注反切下字共有7个,系联结果为:

晏4【嫚(莫旰切,莫晏切)】旰13 旦7【盰(古旦切)】干1【焊(侯干切,何旦切)】半7【幔(莫旰切,莫半切)】○干1 赞1【瓒(徂干切,才赞切)】

(2) 换、谏合韵自(互)注,反切下字可以系联

换、谏合韵自(互)注反切下字共有4个,系联结果为:

贯12 惯3【擐(胡贯切,胡惯切)】患7【丱(音贯,古患切)】乱5【蒜(苏乱切,苏贯切)】

(3) 翰、换、谏韵自注,反切下字互不系联

翰、换、谏韵自注反切下字共有6个,各自系联结果为:

汉1【罕(音汉)】○案5【榦(居案切)】○玩4【鹳(古玩切)】○筭1【鑽(子筭切)】○谏1【栈(助谏切)】○鴈1【锏(古鴈切)】

(4) 去声翰、换、谏韵之间的同音异写情况

① 翰、谏开韵系联的同音异写

嫚:莫旰切,莫晏切

嫚作为被注字在《唐书释音》中出现过两次意义用法相同但不同的注音:"莫旰切"(《释音》卷10,《新唐书》卷90)、"莫晏切"(《释音》卷9,《新唐书》卷79),旰为翰韵字,晏为谏韵字。

② 翰、换韵系联的同音异写

ⅰ. 幔:莫旰切,莫半切;ⅱ. 瓒:徂干切,才赞切

幔作为被注字在《唐书释音》中出现过两次意义用法相同但不同的注音:"莫旰切"(《释音》卷15,《新唐书》卷138)、"莫半切"(《释音》卷2,《新唐书》卷11);瓒作为被注字在《唐书释音》中出现过两次不同的注音:"徂干切"(《释音》卷6,《新唐书》卷70上)、"才赞切"(《释音》卷1,《新唐书》卷4),旰、干为翰韵字,半、赞为换韵字。

③ 换、谏合韵系联的同音异写

ⅰ. 擐:胡贯切,胡惯切;ⅱ. 丱:音贯,古患切

擐作为被注字在《唐书释音》中出现过两次意义用法相同但不同

的注音:"胡贯切"(《释音》卷3,《新唐书》卷23上)、"胡惯切"(《释音》卷20,《新唐书》卷193);丱作为被注字在《唐书释音》中出现过两次不同的注音:"音贯"(《释音》卷14,《新唐书》卷126)、"古患切"(《释音》卷9,《新唐书》卷81),贯为换韵字,惯、患为谏韵合口字。

2. 去声霰开韵反切下字系联情况

去声霰开韵自注反切下字共有4个,系联结果如下:

甸9 练7【殿(都甸切,都练切,丁练切)】○见3【霰(思见切)】○宴1/晏【嫚(莫宴切,莫晏切)】

3. 去声裥开韵反切下字系联情况

去声裥开韵自注反切下字共有1个,系联结果如下:

苋7【繝(居苋切)】

4. 去声裥合韵反切下字系联情况

去声裥合韵自注反切下字共有1个,系联结果如下:

辨1【幻(胡辨切)】

5. 去声愿开韵反切下字系联情况

去声愿开韵自注反切下字共有1个,系联结果如下:

建2【堰(于建切)】

6. 去声愿合韵反切下字系联情况

去声愿合韵自注反切下字共有3个,系联结果如下:

万3 怨1【傆(牛万切,鱼怨切)】○愿1【楦(虚愿切)】

7. 去声线开韵反切下字系联情况

去声线开韵自注反切下字共有4个,系联结果如下:

箭2【线(私箭切)】○面2【羡(延面切)】○扇2【骗(匹战切,匹扇切)】战4

8. 去声线合韵反切下字系联情况

去声线合韵自注反切下字共有7个,系联结果如下:

绢2 掾2(俞绢切)【狷(吉掾切)】○眷6 恋4【禩(渠眷切,雏恋切)】缚1【传(知恋切,株缚切)】○卷3【籑(士卷切)】○变4【笲(皮变切)】

(四) 山摄入声各韵反切下字系联情况

1. 入声曷、末、月开韵反切下字系联情况

(1) 入声曷、末、月开韵的自(互)注反切下字的系联情况

入声曷、末、月开韵自(互)注反切下字共有 12 个,系联结果如下:

歇 1【暍(于讦切,于歇切)】讦 1(居谒切)谒 4【鞨(居谒切,何葛切)】葛 14 曷 2【捺(奴葛切,奴曷切)】割 6【堨(乌葛切,于割切)钹(蒲割切,蒲拨切)】拨 6【靺(音末,莫拨切)】末 3(音抹)抹 1〇活 5 括 6【侻(他活切,音脱,他括切)】脱 1

(2) 月开、曷韵系联的同音异写情况

鞨:居谒切,何葛切

鞨作为被注字在《唐书释音》中出现过两次意义用法相同但不同的注音:"居谒切"(《释音》卷 10,《新唐书》卷 87)、"何葛切"(《释音》卷 1,《新唐书》卷 1),谒为月韵字,葛为曷韵字。元韵系入声韵与寒韵系入声韵间的接触共 1 例。

(3) 曷、末韵系联的同音异写情况

钹:蒲割切,蒲拨切

钹作为被注字在《唐书释音》中出现过两次意义用法相同但不同的注音:"蒲割切"(《释音》卷 25,《新唐书》卷 222 下)、"蒲拨切"(《释音》卷 3,《新唐书》卷 21),割为曷韵字,拨为末韵字。寒韵系入声韵与桓韵系入声韵的接触共 1 例。

2. 入声月合、屑合韵反切下字系联情况

(1) 入声月合、屑合韵的自(互)注反切下字的系联情况

入声月合、屑合韵自(互)注反切下字共有 6 个,系联结果如下:

月 6 穴 8【觖(古月切,古穴切)】决 4【泬(呼决切,古穴切)】〇越 4【戉(房越切)】〇伐 3【樾(王伐切)】〇厥 1【囝(鱼厥切)】

(2) 月合、屑合韵系联的同音异写情况

觖:古月切,古穴切

觖作为被注字在《唐书释音》中出现过两次意义用法相同但不同

的注音:“古月切”(《释音》卷23,《新唐书》卷218)、“古穴切”(《释音》卷7,《新唐书》卷72下),月为月鋳子,穴为屑韵字。元韵系入声韵与先韵系入声韵的接触共1例。

3. 入声屑开、薛开、叶韵反切下字系联

入声屑开、薛开、叶韵自(互)注,反切下字可以系联,可分为三种情况。

(1) 屑开、薛开韵自(互)注,反切下字可以系联

屑开、薛开韵自(互)注反切下字共有2个,系联结果如下:

结29【迾(旅结切,良薛切)】薛2【茢(良薛切)】/颊【<u>勰(胡结切,檄颊切)</u>】

(2) 薛开、叶韵自(互)注,反切下字可以系联

薛开、叶韵自(互)注反切下字共有3个,系联结果如下:

舌3【慑(之舌切,之涉切)】涉27【悊(之涉切,陟列切)】列17【鷩(并列切)】

(3) 屑开、薛开、叶韵自注,反切下字互不系联

屑开、薛开、叶韵自注反切下字共有6个,各自系联结果如下:

篾1【擎(匹篾切)】○絜1【缬(胡絜切)】○桀1【榤(音桀)】○蘖2【栵(力蘖切)】○辄4【烨(域辄切)】○叶2【嵽(疾叶切)】

(4) 屑开、薛开韵系联的同音异写情况

迾:旅结切,良薛切

迾作为被注字在《唐书释音》中出现过两次意义用法相同但不同的注音:“旅结切”(《释音》卷6,《新唐书》卷70下)、“良薛切”(《释音》卷14,《新唐书》卷128),结为屑韵字,薛为薛韵字。先韵系入声韵与仙韵系入声韵间的接触仅此1例。

(5) 薛开、叶韵系联的同音异写情况

① 慑:之舌切,之涉切

慑作为被注字在《唐书释音》中出现过两次意义用法相同但不同的注音:“之舌切”(《释音》卷10,《新唐书》卷91)、“之涉切”(《释音》卷16,《新唐书》卷149),舌为薛开韵字,涉为叶韵字。

② 悊:之涉切,陟列切

埑作为被注字在《唐书释音》中出现过两次意义用法相同但不同的注音："之涉切"（《释音》卷14，《新唐书》卷126）、"陟列切"（《释音》卷8，《新唐书》卷73下），涉为叶韵字，列为薛韵字。仙韵系入声薛韵与咸摄盐韵系入声叶韵间的接触共5例。

4. 入声辖开、黠开韵反切下字系联

(1) 入声辖开、黠开韵自（互）注反切下字的系联情况

入声辖开、黠开韵自（互）注的反切下字共有5个，系联结果如下：

瞎1（许辖切）【辖（下瞎切）】辖3【轧（乌辖切，乙黠切）】黠4（胡八切）八7○戛1【铩（山戛切）】

(2) 辖开、黠开韵系联的同音异写情况

轧：乌辖切，乙黠切

轧作为被注字在《唐书释音》中出现过两次意义用法相同但不同的注音："乌辖切"（《释音》卷10，《新唐书》卷83）、"乙黠切"（《释音》卷14，《新唐书》卷130），辖为辖韵字，黠为黠韵字。

5. 入声黠合韵反切下字系联情况

入声黠合韵自注反切下字共有1个，系联结果如下：

滑2【刮（古滑切）】

6. 入声薛合韵反切下字系联情况

入声薛合韵自注反切下字共有5个，系联结果如下：

雪2【阕（倾雪切）】○劣8【啜（株劣切，姝悦切）】悦2○拙1辍2【埒（力辍切，力拙切）】

根据对山摄反切下字的系联，得出《唐书释音》山摄平声寒、桓、删、元、仙间可系联，仙、先韵可系联；上声缓、潸韵之间可系联，阮、狝韵间可系联；去声翰、换、谏之间可系联；入声月、曷、末之间，月、屑合口之间可系联，屑、薛开口与咸摄盐韵系入声叶韵间可系联，辖、黠间可系联。

山摄各韵系的混注情况及反映的语音特征分析

(一) 阳声韵的混注情况及所反映的语音特征

山摄寒、桓、删、山、仙、元、先七个韵系自注与混注情况列表如下:

被切字 / 切下字	寒	桓	删	山	仙	元	先
寒	65	5	2				
桓		87	9		2	1	
删		2	32				
山				23	1		
仙					181		2
元		2	1		4	65	
先			1				88
模							1
总计	65	96	45	23	188	66	91

(模韵字非山摄字,但在《唐书释音》中作过山摄字的切下字,故在此列出。)

1. 山摄各韵系阳声韵混注情况

山摄阳声韵字的注音共有574条,其中与《广韵》或《集韵》音韵地位相同的有541条,混注33条。具体情况如下:

(1) 寒韵系

寒韵系阳声韵字的注音有65条,本韵自注65条,他韵混注为零。

(2) 桓韵系

桓韵系阳声韵字的注音有96条,本韵自注87条,他韵混注9条。混注情况有:

① 以寒切桓,如:番,普安切;

② 以删切桓,如:晥,乎绾切;

③ 以元切桓,如:观,古元切。

(3) 删韵系

删韵系阳声韵字的注音有 45 条,本韵自注 32 条,他韵混注 13 条。混注情况有:

① 以桓切删,如:锾,胡官切;

② 以寒切删,如:嫚,莫旰切;

③ 以元切删,如:皈,音贩;

④ 以先切删,如:嫚,莫宴切。

(4) 山韵系

山韵系阳声韵字的注音有 23 条,本韵自注 23 条,他韵混注为零。

(5) 仙韵系

仙韵系阳声韵字的注音有 188 条,本韵自注 181 条,他韵混注 7 条。混注情况有:

① 以桓切仙,如:端,吹官切;

② 以山切仙,如:然,燕山切;

③ 以元切仙,如:瑄,荀袁切。

(6) 元韵系

元韵系阳声韵字的注音有 66 条,本韵自注 65 条,他韵混注 1 条。混注情况有以桓切元,如:惋,于玩切。

(7) 先韵系

先韵系阳声韵字的注音有 91 条,本韵自注 88 条,他韵混注 3 条。混注情况有:

① 以仙切先,如:燕,于虔切;

② 以模切先,如:岘,胡墓切。

2. 山摄阳声韵的混注所反映的几个语音问题

(1) 重韵的分合问题

山摄重韵有两组,二等重韵删、山和三等重韵仙、元,删韵和山韵间不存在混注现象,二等重韵分立;仙、元间存在混注现象,其混注情

况为以元切仙,共计 4 例,列表如下:

被注字	《广韵》反切	董氏音注	音注出处
瑄	须缘切	荀袁切	1—10
演	以浅切	于憾切	8—75 上
辪(辩)	符蹇切	扶健切	12—108
辪(辨)	符蹇切	扶健切	14—133

仙、元两韵间的接触共 4 例,所占比例仅为 1.57%,比例较小。但我们看二者音注中作者的自创反切情况。仙韵系音注共 188 条,反切与《广韵》或《集韵》完全相同的有 125 条,作者自创反切只有 63 条;元韵音注共 66 条,反切与《广韵》或《集韵》完全相同的有 51 条,作者自创反切只有 15 条。那么仙、元混注条数在其作者自创反切总数中所占的比例为 5.13%,比例数较大。作者在为《释音》作注时多有抄韵书的现象,而自创反切才真正反映了实际语音中的现象。故仙、元混并。《释音》中山摄三等重韵合并。

(2) 桓韵与删合韵合并

桓韵与删合韵共有 11 例混注,表现形式分别为:

① 以删合切桓,2 例

被注字	《广韵》反切	董氏音注	音注出处
睆	胡管切	乎绾切	12—111
冠	古玩切	古患切	2—11

② 以桓切删合,9 例

被注字	《广韵》反切	董氏音注	音注出处
锾	户关切	胡官切	8—73 下
阛	户关切	胡官切	12—112

续表

被注字	《广韵》反切	董氏音注	音注出处
关	乌关切	乌团切	20—192
绾	乌板切	乌管切	16—146
皖	户板切	胡管切	20—189
擐	胡惯切	胡贯切	3—23 上
丱	古患切	音贯直	14—126
轘	胡惯切	胡贯切	22—211
豢	胡惯切	胡贯切	23—217 下

桓韵与删合韵之间的混注共有 11 条,混切数较多,混切数比上全部删韵字与桓韵字的音注总数为 7.8%,这个比例是很大的,因而《释音》中桓韵与删合韵主元音混同,二者合并。

(3) 寒韵与删开韵合并

由上文已知,桓韵与删合韵合并,那么根据对应关系,寒韵当与删开韵混,寒韵与删开韵混注共 2 例,均为以寒切删:

被注字	《广韵》反切	董氏音注	音注出处
嫚	谟晏切	莫旰切	10—90
谩	谟晏切	莫案切	22—210

寒、删间的混注共 2 例,所占比例为 1.82%,比例数不大。但我们看二者音注中作者的自创反切情况。寒韵系音注共 65 条,反切与《广韵》或《集韵》完全相同的有 47 条,作者自创反切只有 18 条;删韵音注共 45 条,反切与《广韵》或《集韵》完全相同的有 29 条,作者自创反切只有 16 条。那么寒、删混注条数在其作者自创反切总数中所占的比例为 5.88%,比例数较大。寒、删开混并。

(4) 四等先韵、三等仙韵合并

四等先韵、三等仙韵的混注 2 例,均为以仙切先,列表如下:

被注字	《广韵》反切	董氏音注	音注出处
燕	乌前切	于虔切	12—110
辫	薄泫切	薄面切	23—216

仙、先混注共 2 例，虽然混注条数不多，混注所占比例也不大，但就整体宋代通语现象来说，仙、先韵已合并。且仙韵系入声薛韵与先韵系入声屑韵已合并（见下文入声韵部分）。从整个通语特征及韵系的整齐对应性来讲，仙、先当合并。

（二）入声韵的混注情况及所反映的语音特征

山摄入声韵曷、末、黠、辖、薛、月、屑 7 个韵系的自注与混注情况列表如下：

被切字 切下字	曷	末	黠	辖	薛	月	屑
曷	21	1					
末		24					
黠			14				
辖			1	3			
薛					40		
月	1					18	1
屑					1		41
质							1
叶					1		
总计	22	25	15	3	42	18	43

（质、叶韵字非山摄入声韵字，但在《唐书释音》中作过山摄入声韵字的切下字，故在此列出。）

1. 山摄入声韵字的混注情况

山摄入声韵字的注音共有 168 条，其中与《广韵》或《集韵》音韵

地位相同的有 161 条,混注 7 条。具体情况:

(1) 曷韵字的混注

曷韵字的注音有 22 条,本韵自注 21 条,他韵混注 1 条。混注情况为以月切曷,如:鞨,居谒切。

(2) 末韵字的混注

末韵字的注音有 25 条,本韵自注 24 条,他韵混注 1 条。混注情况为以曷切末,如:钹,蒲割切。

(3) 黠韵字的混注

黠韵字的注音有 15 条,本韵自注 14 条,他韵混注 1 条。混注情况为以辖切黠,如:轧,乌辖切。

(4) 辖韵字的混注

辖韵字的注音有 3 条,本韵自注 3 条,他韵混注为零。

(5) 薛韵字的混注

薛韵字的注音有 42 条,本韵自注 40 条,他韵混注 2 条。混注情况有:

① 以屑切薛,如:迾,旅结切;

② 以叶切薛,如:悊,之涉切。

(6) 月韵字的混注

月韵字的注音有 18 条,本韵自注 18 条,他韵混注为零。

(7) 屑韵字的混注

屑韵字的注音有 43 条,本韵自注 41 条,他韵混注 2 条。混注情况有:

① 以月切屑,如:觖,古月切;

② 以质切屑,如:鐍,古疋切。

2. 山摄入声韵的混注所反映的语音问题

(1) 曷、月开韵的分合问题

《唐书释音》中出现了 1 例以月开切曷的现象:

被注字	《广韵》反切	董氏音注	音注出处
鞨	胡葛切	居谒切	10—87

月开、曷混注共1例,所占比例为2.5%,比例不算大。我们再看二者音注中作者的自创反切情况。我们已知曷韵字音注,作者自创反切只有5条;月韵音注共18条,反切与《广韵》或《集韵》完全相同的有15条,作者自创反切只有3条。那么曷、月混注条数在其作者自创反切总数中所占的比例为12.5%,比例数很大。月开、曷韵显然混并。

(2) 薛、屑、月合韵的分合问题

薛、屑、月合韵可联,并且出现了1例以屑切薛的混注情况:

被注字	《广韵》反切	董氏音注	音注出处
迾	良薛切	旅结切	6—70下

薛、屑间的混注共1例,所占比例为1.18%,比例不大。我们再看二者音注中作者的自创反切情况。薛韵音注共42条,反切与《广韵》或《集韵》完全相同的有36条,作者自创反切只有6条;屑韵音注共43条,反切与《广韵》或《集韵》完全相同的有37条,作者自创反切只有6条。那么薛、屑混注条数在其作者自创反切总数中所占的比例为8.33%,比例数是很大的。《释音》中薛、屑韵混并。

月合与屑韵之间亦出现了混注现象:以月合切屑1例。

被注字	《广韵》反切	董氏音注	音注出处
觖	古穴切	古月切	23—218

月合、屑韵间的混注共1例,所占比例为1.64%,比例不大。我们再看二者音注中作者的自创反切情况。由前文已知,月韵音注作者自创反切只有3条;屑韵音注作者自创反切只有6条。那么月、屑混注条数在其作者自创反切总数中所占的比例为11.11%,比例数很大。《释音》中月合、屑韵混并。

（3）薛韵与叶韵的分合问题

薛韵与叶韵存在以下混注情况：

① 以叶切薛，1 例

被注字	《广韵》反切	董氏音注	音注出处
悊	陟列切	之涉切	14—126

② 以薛切叶，3 例（由于叶韵非山摄韵，因而以叶韵字为被注字的情况在混注表中没有显示）

被注字	《广韵》反切	董氏音注	音注出处
折	之涉切	之舌切	5—56
慑	之涉切	之舌切	10—91
慑	之涉切	之舌切	12—111

薛韵与叶韵间的混注共 4 例，所占比例为 5.13%，比例较大，故而薛韵与叶韵韵尾混同，二者混并。

（4）屑韵与帖韵的分合问题

屑韵与帖韵存在 1 例混注情况，为以屑切帖。（由于帖韵非山摄韵，因而以帖韵字为被注字的情况在混注表中没有显示。）

被注字	《广韵》反切	董氏音注	音注出处
勰	胡颊切	胡结切	5—60

屑、帖混注共 1 例，所占比例为 1.64%，比例不大。我们再看二者音注中作者的自创反切情况。帖韵音注共 18 条，反切与《广韵》或《集韵》完全相同的有 14 条，作者自创反切只有 4 条；屑韵由上文可知，作者自创反切只有 6 条。那么帖、屑混注条数在其作者自创反切总数中所占的比例为 10%，比例数是很大的。故屑韵与咸摄帖韵混并。

根据对《唐书释音》山摄韵的系联及混注情况分析，我们得出

《释音》山摄桓、删合混并，寒、删开混并；三等重韵仙、元混并、仙、先混并；入声曷、末、月开韵混并；入声薛、屑、月合韵混并；仙韵系入声薛韵与咸摄盐韵系入声叶韵混并；先韵系入声屑韵与咸摄添韵系入声帖韵混并。

《唐书释音》音切所反映的山摄韵母系统

根据以上分析，山摄韵母系统当包含12个韵母，列表如下：

	开口		合口	
	舒声韵	入声韵	舒声韵	入声韵
一等	安	葛	官	末
二等	闲	辖	幻	滑
三等	虔	结	缘	穴

说明：1. 安，包含《广韵》寒、删开
2. 官，包含《广韵》桓、删合
3. 闲，包含《广韵》山开
4. 幻，包含《广韵》山合
5. 虔，包含《广韵》仙、元、先开口
6. 缘，包含《广韵》仙、元、先合口
7. 葛，包含《广韵》曷、月开
8. 末，包含《广韵》末
9. 辖，包含《广韵》辖、黠开口
10. 滑，包含《广韵》辖、黠合口
11. 结，包含《广韵》薛开、屑开、叶、叶、帖（叶、叶合并，详见咸摄）
12. 穴，包含《广韵》薛、屑、月合口

八、效摄

效摄各韵反切下字系联情况

（一）效摄平声各韵反切下字系联情况

1. 平声豪韵反切下字系联情况

平声豪韵自注反切下字共有9个，系联结果如下：

刀 28 羔 2【謷（五刀切，五劳切，五羔切）】劳 9○高 1【舠（都高切，都牢切）】牢 1○遭 1【艘（苏遭切，苏曹切）】曹 1○毛 2【莯（呼毛切）】○褒 1【襃（薄褒切）】

2. 平声肴韵反切下字系联情况

平声肴韵自注反切下字共有5个，系联结果如下：

包1肴3【艽(古肴切,居包切,古爻切)】爻4茅1【崤(胡爻切,胡茅切)】○交16【硗(口交切)】

3. 平声宵、萧韵之间根据系联情况,可分为两组

(1) 平声宵、萧韵反切下字可以系联

宵、萧韵自(互)注反切下字共有8个,系联结果如下:

苗1【蓧(他苗切,他箫切)】箫2萧2【蓧(田聊切,他箫切)】条5【镣(连条切,落萧切)】聊14【嶢(倪么切,五聊切)】幺1(于尧切)【鄡(苦幺切)】尧6么4【徼(坚尧切,古么切)】

(2) 平声宵、萧韵自注,反切下字不可以系联

宵、萧韵自注反切下字共有13个,系联结果如下:

遥9【翻(渠遥切)】○邀1【绡(思邀切)】○姚1【鉊(之姚切)】○焦2【嶕(昨焦切)】○消2【噍(即消切)】○乔3骄3【歊(许乔切,许骄切)】娇9【枵(虚骄切,许娇切)】嚣1(虚娇切)妖2【趫(起嚣切,丘妖切)】○招9【昭(时招切,市昭切)】昭7○雕5【恌(他雕切)】

(3) 宵、萧系联的同音异写情况

蓧:他苗切,他箫切

蓧作为被注字在《唐书释音》中出现过两次意义用法相同但不同的注音:"他苗切"(《释音》卷8,《新唐书》卷75上)、"他箫切"(《释音》卷4,《新唐书》卷39),苗为宵韵字,箫为萧韵字。宵韵系与萧韵系的接触共1例。

(二) 效摄上声各韵反切下字系联情况

1. 上声皓韵反切下字系联情况

上声皓韵自注反切下字共有5个,系联结果如下:

浩5皓6【獠(鲁浩切,鲁皓切,音老)】老11○抱6【堡(博抱切)】○道1【镐(胡道切)】

2. 上声巧韵反切下字系联情况

上声巧韵自注反切下字共有4个,系联结果如下:

狡1(古巧切,古卯切)【齩(五狡切)】卯1巧5○绞1【拗(于绞切)】

3. 上声小韵反切下字系联情况

上声小韵自注反切下字共有4个，系联结果如下：

小8 少1【慓（婢小切，婢少切）】○沼7【淼（弥沼切）】○表6【殍（平表切）】

4. 上声筱韵反切下字系联情况

上声筱韵自注反切下字共有3个，系联结果如下：

了13 鸟3【瞭（卢皎切，卢鸟切）】皎3/浩【缭（音了，卢皎切）媪（乌皎切，乌浩切）】

（三）效摄去声各韵反切下字系联情况

1. 去声号韵反切下字系联情况

去声号韵自注反切下字共有4个，系联结果如下：

报4 到16【鷔（五报切，五告切，五到切）】告2○号1【郜（居号切）】

2. 去声效韵反切下字系联情况

去声效韵自注反切下字共有3个，系联结果如下：

教8【棹（直教切）】○貌2【炮（匹貌切）】○孝2【窖（古孝切）】

3. 去声笑韵反切下字系联情况

去声笑韵自注反切下字共有6个，系联结果如下：

妙4【剽（匹妙切）】○召3【骠（匹召切）】○肖1【醮（子笑切，子肖切）】笑6 照3【鹞（弋照切，弋笑切）】○庙1【峤（渠庙切）】

4. 去声啸韵反切下字系联情况

去声啸韵自注反切下字共有3个，系联结果如下：

吊7 吊3【嗷（吉吊切，古吊切）】钓1【掉（徒吊切，徒钓切）】

根据对效摄反切下字的系联，得出《唐书释音》效摄细音平声宵、萧韵可系联。

效摄各韵系混注情况及反映的语音特征

效摄豪、肴、宵、萧四个韵系自注与混注情况列表如下：

被切字 切下字	豪	肴	宵	萧
豪	101			1
肴		47		
宵		1	98	1
萧	1			69
铎	1			
总计	103	48	98	71

（铎韵字非效摄字，但在《唐书释音》中作过效摄字的切下字，故在此列出。）

(一) 效摄各韵系混注情况

效摄字的注音共有 320 条，其中与《广韵》或《集韵》音韵地位相同的有 315 条，混注 5 条。具体情况如下：

1. 豪韵系字混注

豪韵系字的注音有 103 条，本韵自注 101 条，他韵混注 2 条。混注情况有：

(1) 以萧切豪，如：媪，乌皎切；

(2) 以铎切豪，如：搯，苦洛切。

2. 肴韵系字混注

肴韵系字的注音有 48 条，本韵自注 47 条，他韵混注 1 条。混注情况为以宵切肴，如：餑(餜)，方表切。

3. 宵韵系字混注

宵韵系字的注音有 98 条，本韵自注 98 条，他韵混注为零。

4. 萧韵系字混注

萧韵系字的注音有 71 条，本韵自注 69 条，他韵混注 2 条。混注情况有：

(1) 以豪切萧，如：徼，古保切；

(2) 以宵切萧，如：蓨，他苗切。

（二）效摄各韵系混注现象所反映的宵、萧分合问题

宵、萧存在混注现象，为以宵切萧，共计 1 例，列表如下：

被注字	《广韵》反切	董氏音注	音注出处
蓨	他雕切集	他苗切	8—75 上

宵、萧间的混注共 1 例，所占比例为 0.59%，比例很小。再看混注条数在作者自创音切中所占的比例。宵韵字的音注中作者自创反切有 33 条，萧韵字的音注中作者自创反切有 15 条，混注在其中所占的比例为 2.08%，比例数仍然不大。但是，宋代通语四等已并入三等，且《释音》整体音系是三、四等混的。所以，从整体结构与通语音系的发展趋势来看，宵、萧当混。

《唐书释音》音切所反映的效摄韵母系统

效摄韵母系统，包含 3 个韵母：

	开口		合口	
	舒声韵	入声韵	舒声韵	入声韵
一等	豪			
二等	肴			
三等	宵			

说明：宵，包含《广韵》宵、萧。

九、果摄

果摄各韵反切下字系联情况

（一）果摄平声各韵反切下字系联情况

1. 平声歌韵反切下字系联情况

平声歌韵自注反切下字共有 2 个，系联结果如下：

何 13【醝（才何切）】○河 3【鼍（徒河切）】

2. 平声戈$_{一}$韵反切下字系联情况

平声戈$_{一}$韵自注反切下字共有 4 个，系联结果如下：

禾 16【坡（普禾切，普和切）】和 6（户戈切）戈 9〇波 1【繁（薄波切）】

3. 平声戈$_{三}$韵反切下字系联情况

平声戈$_{三}$韵自注反切下字共有 1 个，系联结果如下：

伽 1【佉（丘伽切）】

（二）果摄上声各韵反切下字系联情况

1. 上声哿、果$_{一}$韵反切下字系联情况

上声哿、果$_{一}$韵自（互）注反切下字共有 4 个，系联结果如下：

可 5【哿（音可，口我切）妥（他可切，他果切）】我 5【叵（普我切，普火切）】果 11 火 4【妥（吐火切，他果切）】

2. 哿、果$_{一}$韵系联的同音异写情况

① 妥：他可切，他果切；② 叵：普我切，普火切

妥作为被注字在《唐书释音》中出现过两次意义用法相同但不同的注音："他可切"（《释音》卷 5，《新唐书》卷 57）、"他果切"（《释音》卷 1，《新唐书》卷 2）；叵作为被注字在《唐书释音》中出现过两次意义用法相同但不同的注音："普我切"（《释音》卷 13，《新唐书》卷 199）、"普火切"（《释音》卷 9，《新唐书》卷 77），可、我为哿韵字，果、火为果$_{一}$韵字。

（三）果摄去声各韵反切下字系联情况

1. 去声个韵反切下字系联情况

去声个韵自注反切下字共有 2 个，系联结果如下：

佐 2【逻（郎佐切）】〇个 1【些（苏个切）】

2. 去声过$_{一}$韵反切下字系联情况

去声过$_{一}$韵自注反切下字共有 2 个，系联结果如下：

过 3【譒（补过切）】〇卧 1【锉（鼊卧切）】

根据对果摄反切下字的系联，得出《唐书释音》果摄平、去声各韵间不可联，上声哿、果$_{一}$韵可联。

果摄各韵系混注情况及反映的语音特征

果摄歌、戈(戈$_{一}$、戈$_{三}$)两个韵系自注与混注情况列表如下：

被切字 / 切下字	歌	戈一	戈三
歌	30	2	
戈一		55	
戈三			3
总计	30	57	3

果摄字的注音共有 90 条，其中与《广韵》或《集韵》音韵地位相同的有 88 条，混注 2 条。分析如下：

1. 歌韵系混注情况

歌韵系字的注音有 30 条，本韵自注 30 条，他韵混注为零。

2. 戈$_{一}$韵系混注情况

戈$_{一}$韵系字的注音有 57 条，本韵自注 55 条，他韵混注 2 条。混注情况为以歌切戈$_{一}$，如：妥，他可切。

3. 戈$_{三}$韵系混注情况

戈$_{三}$韵系字的注音有 3 条，本韵自注 3 条，他韵混注为零。

果摄各韵混注比例较小，不影响其韵的独立。

由系联结果及混注情况看，《唐书释音》中，果摄各韵分立。

《唐书释音》音切所反映的果摄韵母系统

根据自(互)注以及混注情况，《唐书释音》果摄当包含 4 个韵母，列表如下：

	开口		合口	
	舒声韵	入声韵	舒声韵	入声韵
一等	歌		禾	

续表

	开口		合口	
	舒声韵	入声韵	舒声韵	入声韵
三等	伽		(戈三合)①	

说明:1. 歌,包含《广韵》歌
2. 禾,包含《广韵》戈韵合口一等
3. 伽,包含《广韵》戈韵开口三等
4. (戈三合),即《广韵》戈韵合口三等

十、假摄

假摄各韵反切下字系联情况

(一) 假摄平声各韵反切下字系联情况

1. 平声麻二开韵反切下字系联情况

平声麻二开韵自注反切下字共有4个,系联结果如下:

加16巴1【杷(蒲加切,蒲巴切)】霞1【蕸(谟加切,莫霞切)】○牙6【麚(古牙切)】

2. 平声麻二合韵反切下字系联情况

平声麻二合韵自注反切下字共有3个,系联结果如下:

瓜5花1【骅(胡瓜切,户花切)】○华4【騧(古华切)】

3. 平声麻三韵反切下字系联情况

平声麻三韵自注反切下字共有4个,系联结果如下:

邪2(余遮切)【罝(咨邪切)】遮3○嗟2【衺(徐嗟切)】○奢1【奓(正奢切)】

(二) 假摄上声各韵反切下字系联情况

1. 上声马二开韵反切下字系联情况

上声马二开韵自注反切下字共有3个,系联结果如下:

下9雅3【斝(古雅切,举下切)】马1【码(莫下切,莫马切)】

---

① 《释音》中未出现戈韵合口三等字。

2. 上声马二合韵反切下字系联情况

上声马二合韵自注反切下字共有 1 个,系联结果如下:

瓦 3【銙(苦瓦切)】

3. 上声马三韵反切下字系联情况

上声马三韵自注反切下字共有 2 个,系联结果如下:

也 2【赭(章也切)】○者 1【若(人者切)】

(三) 假摄去声各韵反切下字系联情况

1. 去声祃二开韵反切下字系联情况

去声祃二开韵自注反切下字共有 4 个,系联结果如下:

驾 11 嫁 3【娅(衣驾切,衣嫁切)】○亚 2【诧(丑亚切)】○讶 2【罅(呼讶切)】

2. 去声祃二合韵反切下字系联情况

去声祃二合韵自注反切下字共有 1 个,系联结果如下:

化 6【桦(胡化切)】

3. 去声祃三韵反切下字系联情况

去声祃三韵自注反切下字共有 2 个,系联结果如下:

夜 6【厍(始夜切)】○射 1【麝(音射)】

根据对假摄反切下字的系联,得出《唐书释音》假摄各韵皆独立。

假摄各韵系混注情况

假摄麻(麻二、麻三)一个韵系字的自注与混注情况列表如下:

被切字 / 切下字	麻二	麻三
麻二	75	1
麻三		18
总计	75	19

假摄字的注音共有 94 条,其中与《广韵》或《集韵》音韵地位相同的有 93 条。具体情况:

麻二韵系字的注音有 75 条,本韵自注 75 条,他韵混注为零。

麻三韵系字的注音有 19 条，本韵自注 18 条，他韵混注 1 条。混注情况是以麻二切麻三，如：苴，锄驾切。

假摄各韵字的音注，混注情况仅 1 例，所占比例非常小，不影响其韵部的独立。由系联及混注情况看，《唐书释音》中，假摄内韵部独立。

《唐书释音》音切所反映的假摄韵母系统

根据假摄反切下字的系联情况，假摄当包含 3 个韵母，列表如下：

	开口		合口	
	舒声韵	入声韵	舒声韵	入声韵
二等	加		瓜	
三等	遮			

说明：1. 加，为《广韵》麻韵开口二等
2. 瓜，为《广韵》麻韵合口二等
3. 遮，为《广韵》麻韵开口三等

十一、宕摄

宕摄各韵反切下字系联情况

(一) 阳韵系反切下字系联情况

1. 平声阳开韵反切下字系联

平声阳开韵自注反切下字共有 10 个，系联结果如下：

良 21 姜 1【僵（居良切，音姜）】将 1【緗（息良切，思将切）】○羊 9 阳 1【瀼（如羊切，汝阳切）】章 9【玚（音羊，余章切）】○庄 1【孀（色庄切）】○装 1【创（初装切）】○方 2【鲂（符方切）】○房 1【肪（分房切）】

2. 平声阳合韵反切下字系联

平声阳合韵自注反切下字共有 1 个，系联结果如下：

王 2【洭（去王切）】

3. 平声养开韵反切下字系联

平声养开韵自注反切下字共有6个,系联结果如下:

两11纺1【惘(文两切,文纺切)】○奖1养1【裲(良奖切,里养切)】○掌1【惝(尺掌切)】○丈1【强(其丈切)】

4. 上声养合韵反切下字系联

上声养合韵自注反切下字共有1个,系联结果如下:

往4【昉(方往切)】

5. 去声漾开韵反切下字系联

去声漾开韵自注反切下字共有4个,系联结果如下:

亮11向1【倞(其亮切,渠向切)】○放2【暀(于放切)】○妄1【舫(甫妄切)】

6. 去声漾合韵反切下字系联

去声漾合韵自注反切下字共有1个,系联结果如下:

况1【王(于况切)】

7. 入声药开韵反切下字系联

入声药开韵自注反切下字共有8个,系联结果如下:

略10若2【焯(之略切,之若切,之药切)】药2勺1【屩(讫药切,居勺切,讫约切)】约2○灼7【蒻(而灼切)】○虐3【醵(极虐切)】○雀1【鰿(七雀切)】

8. 入声药合韵反切下字系联

入声药合韵自注反切下字共有1个,系联结果如下:

缚7【彟(郁缚切)】

(二)唐韵系反切下字系联情况

1. 平声唐开韵反切下字系联

平声唐开韵自注反切下字共有4个,系联结果如下:

郎16唐1【牂(则郎切,子唐切)】刚4【航(胡郎切,胡刚切)】○当3【莨(鲁当切)】

2. 平声唐合韵反切下字系联

平声唐合韵自注反切下字共有2个,系联结果如下:

光14黄5【債(古黄切,胡光切)】

3. 上声荡开韵反切下字系联

上声荡开韵自注反切下字共有 5 个,系联结果如下:

沆 1(胡朗切,何党切)【砀(徒沆切)】党 5 朗 5 曩 4【党(多曩切,底朗切)】〇荡 1【宦(力荡切)】

4. 上声荡合韵反切下字系联

上声荡合韵自注反切下字共有 2 个,系联结果如下:

广 6 晃 1(乎广切)【廒(丘晃切)】

5. 去声宕开韵反切下字系联

去声宕开韵自注反切下字共有 4 个,系联结果如下:

浪 16 盎 1(乌浪切)宕 1【埌(力盎切,来宕切)】〇谤 2【纩(苦谤切)】

6. 去声宕合韵反切下字系联

去声宕合韵自注反切下字共有 1 个,系联结果如下:

旷 1【广(古旷切)】

7. 入声铎开、觉韵反切下字系联

(1) 铎开、觉韵反切下字系联情况

铎开、觉韵自(互)注反切下字共有 9 个,系联结果如下:

薄 1【魄(挞各切,音薄)】洛 2【垩(遏各切,遏洛切)】托 1【柝(他各切,音托)】各 40【鹫(逆各切,逆角切)】角 37 觉 2【岀(胡角切,辖觉切)】学 2【确(克角切,苦学切)】岳 11【榷(古学切,古岳切)】〇落 1【柞(则落切)】

(2) 铎开、觉韵系联的同音异写情况

鹫:逆各切,逆角切

鹫作为被注字在《唐书释音》中出现过两次意义用法相同但不同的注音:“逆各切”(《释音》卷 11,《新唐书》卷 98)、“逆角切”(《释音》卷 7,《新唐书》卷 73 上),各为铎韵字,角为觉韵字。宕摄唐韵系入声铎韵与江摄入声觉韵间的接触共 3 例。

8. 入声铎合韵反切下字系联

入声铎合韵自注反切下字共有 4 个,系联结果如下:

镬1郭6博2【彍(忽郭切,古博切,古镬切)】〇获1/获【蝈(古获切,古获切)】

根据对宕摄反切下字的系联,得出《唐书释音》宕摄阳声各韵间不联,入声铎开韵与江摄觉韵联拢。

宕摄各韵系混注情况及所反映的语音特征

(一) 阳声韵的混注情况

宕摄阳、唐两个韵系阳声韵母字的自注与混注情况列表如下:

被切字 切下字	阳	唐
阳	90	3
唐		91
总计	90	94

宕摄阳声韵字的注音共有184条,其中与《广韵》或《集韵》音韵地位相同的有181条,混注3条。具体情况如下。

1. 阳韵系混注情况

阳韵系阳声韵字的注音有90条,本韵自注90条,他韵混注为零;

2. 唐韵系混注情况

唐韵系阳声韵字的注音有94条,本韵自注91条,他韵混注3条。混注情况为以阳切唐,如:珖,古方切。

宕摄阳声韵皆分立不混。

(二) 入声韵的混注情况

宕摄入声药、铎两韵自注与混注情况列表如下:

被切字 切下字	药	铎
药	35	
铎		56

续表

切下字＼被切字	药	铎
虞	1	
总计	36	56

（虞韵字非宕摄入声韵字，但在《唐书释音》中作过宕摄入声韵字的切下字，故在此列出。）

宕摄入声韵字的注音共有 92 条，其中与《广韵》或《集韵》音韵地位相同的有 91 条，混注 1 条。具体情况如下。

1. 药韵字混注情况

药韵字的注音有 36 条，本韵自注 35 条，他韵混注 1 条。混注情况为以虞切药，如：籰，郁符切。

2. 铎韵字混注情况

铎韵字的注音有 56 条，本韵自注 56 条，他韵混注为零。

3. 铎、觉韵混注及合流问题

前文系联部分，铎韵与江摄入声觉韵可以系联。从混注情况来看，存在以铎切觉反切 3 例，列举如下：

被注字	《广韵》反切	董氏音注	音注出处
朴	匹角切	普各切	3—23 上
鷟	五角切	逆各切	11—98
鰐	于角切	于各切	13—120

铎、觉混注共 3 例，在其所有音注中所占比例为 2.65%，比例不达 3%。但我们看二者音注中作者的自创反切情况。铎韵音注共 56 条，反切与《广韵》或《集韵》完全相同的有 39 条，作者自创反切只有 17 条；觉韵音注共 57 条，反切与《广韵》或《集韵》完全相同的有 44 条，作者自创反切只有 13 条。那么铎、觉混注条数在其作者自创反切总数中所占的比例为 10%，比例数很大。故《释音》中铎、觉韵混并。

由系联结果并之混注情况看,《唐书释音》中入声铎韵与江摄入声觉韵混并。

《唐书释音》音切所反映的宕摄韵母系统

根据宕摄各韵系的系联及混注情况,《唐书释音》宕摄当包含8个韵母,列表如下:

	开口		合口	
	舒声韵	入声韵	舒声韵	入声韵
一等	郎	各	光	郭
三等	良	略	王	缚

说明:1. 郎,包含《广韵》唐开　　2. 光,包含《广韵》唐合
3. 良,包含《广韵》阳开　　4. 王,包含《广韵》阳合
5. 各,包含《广韵》铎开、觉　　6. 郭,包含《广韵》铎合
7. 略,包含《广韵》药开　　8. 缚,包含《广韵》药合

十二、梗摄

梗摄各韵反切下字系联情况

(一)梗摄平声各韵反切下字系联情况

平声庚二开、耕开韵之间可以系联,庚三、清、青韵之间可以系联。具体情况如下。

1. 平声庚二开、耕开韵反切下字系联情况

(1)庚二开、耕开韵自(互)注反切下字系联

庚二开、耕开韵自(互)注反切下字共有4个,系联结果如下:

庚19【硁(丘庚切,丘耕切)】耕10【儜(女耕切)】○衡2行1【秔(古衡切,古行切)】

(2)庚二开、耕开系联的同音异写情况

硁:丘庚切,丘耕切

硁作为被注字在《唐书释音》中出现过两次意义用法相同但不同的注音:"丘庚切"(《释音》卷18,《新唐书》卷167)、"丘耕切"(《释

音》卷 12,《新唐书》卷 108),庚为庚二韵字,耕为耕韵字。

2. 平声庚三、清、青韵之间自(互)注,反切下字系联,可分为四种情况

(1) 庚三开、清开韵自(互)注,反切下字可以系联

庚三开、清开韵自(互)注反切下字共有 3 个,系联结果如下:

惊 1【䕫(于京切,于惊切)】京 4【珵(除京切,驰成切)】成 3【钲(诸成切)】

(2) 清开、青开韵自(互)注,反切下字可以系联

清开、青开韵自(互)注反切下字共有 5 个,系联结果如下:

盈 8【郕(时征切,时盈切)】征 5 贞 2【柽(丑征切,丑贞切)】轻 3【嬴(余盈切,余轻切)邢(奚轻切,奚经切)】经 14【郱(蒲经切)】

(3) 庚三合、清合、青合韵自(互)注,反切下字可以系联

庚三合、清合、青合韵自(互)注反切下字共有 6 个,系联结果如下:

荣 2【驷(涓荣切,古荧切)】荧 3 萤 1【坰(古荧切,古萤切)】营 3【驷(古营切,古荧切)】○倾 1【茕(余倾切,惠扃切)】扃 1【茕(惠扃切)】

(4) 庚三、清、青韵自注,反切下字互不系联

庚三、清、青韵自注反切下字共有 7 个,列举如下:

卿 1【麖(举卿切)】○幷 2【瘿(丁并切)】○情 1【圊(七情切)】○名 1/登【翻(作名切,咨登切)】○丁 7【螟(忙丁切)】○廷 1【玎(都廷切)】○明 2/萌【泫(乎明切,乎萌切)】

3. 庚三、清、青韵同音异写情况

(1) 庚三开、清开韵系联的同音异写

珵:除京切,驰成切

珵作为被注字在《唐书释音》中出现过两次意义用法相同但不同的注音:"除京切"(《释音》卷 6,《新唐书》卷 70 下)、"驰成切"(《释音》卷 7,《新唐书》卷 72 上),京为庚三韵字,成为清韵字。

(2) 庚三合、青合韵系联的同音异写

驷:涓荣切,古荧切

驷作为被注字在《唐书释音》中出现过两次意义用法相同但不同

的注音:“涓荣切”(《释音》卷9,《新唐书》卷82)、“古荧切”(《释音》卷8,《新唐书》卷73下),荣为庚三韵字,荧为青韵字。庚三韵系和青韵系之间的接触共1例。

(3) 清开、青开韵系联的同音异写

邢(奚轻切,奚经切)

邢作为被注字在《唐书释音》中出现过两次意义用法相同但不同的注音:“奚轻切”(《释音》卷8,《新唐书》卷74上)、“奚经切”(《释音》卷1,《新唐书》卷10),轻为清韵字,经为青韵字。

(4) 清合、青合韵系联的同音异写

荥(余倾切,惠扃切),驷(古营切,古荧切)

荥作为被注字在《唐书释音》中出现过两次意义用法相同但不同的注音:“余倾切”(《释音》卷8,《新唐书》卷75上)、“惠扃切”(《释音》卷17,《新唐书》卷157);驷作为被注字在《唐书释音》中出现过两次不同的注音:“古营切”(《释音》卷8,《新唐书》卷75上)、“古荧切”(《释音》卷8,《新唐书》卷73下),倾、营为清韵字,扃、荧为青韵字。

4. 平声耕合韵反切下字系联

平声耕合韵自注反切下字共有2个,系联结果如下:

萌11 宏3【汯(乎萌切,音宏)】

(二) 梗摄上声各韵反切下字系联情况

上声各韵之间皆不系联,以自注为主。

1. 上声梗二开韵反切下字

上声梗二开韵自注反切下字共有3个,列举如下:

猛4【㼝(古猛切)】〇景1【瘖(所景切)】〇杏1【鲠(古杏切)】

2. 上声梗三开韵反切下字

上声梗三开韵自注反切下字共有2个,列举如下:

丙1【境(于丙切)】〇影3【璥(居影切)】

3. 上声梗三合韵反切下字

上声梗三合韵自注反切下字共有1个,列举如下:

永 15【煚(久永切)】

4. 上声耿开韵反切下字

上声耿开韵自注反切下字共有 1 个,列举如下:

耿 2【黾(眉耿切)】

5. 上声静开韵反切下字

上声静开韵自注反切下字共有 4 个,列举如下:

郢 3(以整切,以井切)井 1 整 1○领 2【聂(知领切)】

6. 上声迥开韵反切下字

上声迥开韵自注反切下字共有 3 个,列举如下:

顶 7 鼎 11【侹(他顶切,待鼎切)】○挺 3【綮(弃挺切)】

7. 上声迥合韵反切下字

上声迥合韵自注反切下字共有 1 个,列举如下:

迥 4【诇(火迥切)】

(三) 梗摄去声各韵反切下字系联情况

1. 去声映三开、劲开韵反切下字系联情况

去声映三开、劲开韵可以系联,根据系联情况可分为两组。

(1) 映三开、劲开韵自(互)注,反切下字可以系联

映三开、劲开韵自(互)注反切下字 6 个,系联结果如下:

庆 3【侦(耻庆切,丑郑切)】郑 1【侦(丑正切,丑郑切)】正 12 政 3【靓(疾政切,疾正切)】盛 2(是政切)【证(之盛切)】性 1【请(疾正切,才性切)】

(2) 映三开、劲开韵各自自注,反切下字互不系联

映三开、劲开韵自注反切下字共 4 个,系联结果如下:

镜 1【儆(渠镜切)】○命 3【禜(为命切)】○敬 1/**慎**【瞏(许敬切,许慎切)】○净 1/**诤**【迸(北净切,北诤切)】

(3) 映三开、劲开韵系联的同音异写情况

侦:耻庆切,丑郑切

侦作为被注字在《唐书释音》中出现过两次意义用法相同但不同的注音:“耻庆切”(《释音》卷 6,《新唐书》卷 70 下)、“丑郑切”(《释

音》卷 9,《新唐书》卷 82),庆为映三韵字,郑为劲韵字。

2. 去声映二开韵反切下字系联

去声映二开韵自注反切下字共有 2 个,系联结果如下:

孟 1【譁(许孟切)】〇更 1【盟(莫更切)】

3. 去声诤开韵反切下字系联

去声诤开韵自注反切下字共有 1 个,系联结果如下:

诤 1【迸(北诤切)】

4. 去声径开韵反切下字系联

去声径开韵自注反切下字共有 1 个,系联结果如下:

定 5【瞑(莫定切)】

(四) 梗摄入声各韵反切下字系联情况

1. 入声陌二、麦韵反切下字系联情况

入声陌二、麦韵反切下字可以系联,分为两种情况。

(1) 陌二开、麦开韵自(互)注,反切下字可以系联

陌二开、麦开韵自(互)注反切下字共有 9 个,系联结果如下:

革 13【迮(侧革切,侧格切)】厄 2【阸(于革切,音厄)】格 8【栅(侧格切,测革切)】伯 6【笮(侧格切,侧伯切)】額 1(五伯切,五陌切)陌 4 额 2【骼(各额切,各額切)】〇白 1【蹃(又白切)】〇百 1【貉(莫百切)】

(2) 陌二合、麦合韵自(互)注,反切下字可以系联

陌二合、麦合韵自(互)注反切下字共有 3 个,系联结果如下:

虢 1【擭(屋虢切)】伯 1【虢(郭获切,古伯切)】获 4

(3) 陌二开、麦开韵系联的同音异写情况

① 栅:侧格切,测革切

栅作为被注字在《唐书释音》中出现过两次意义用法相同但不同的注音:"侧格切"(《释音》卷 17,《新唐书》卷 155)、"测革切"(《释音》卷 1,《新唐书》卷 2),格为陌二韵字,革为麦韵字。

② 迮:侧革切,侧格切

迮作为被注字在《唐书释音》中出现过两次意义用法相同但不同

的注音："侧革切"（《释音》卷10，《新唐书》卷84）、"侧格切"（《释音》卷9，《新唐书》卷80），革为麦韵字，格为陌二韵字。

（4）陌二合、麦合韵系联的同音异写情况

虢：郭获切，古伯切

虢作为被注字在《唐书释音》中出现过两次意义用法相同但不同的注音："郭获切"（《释音》卷10，《新唐书》卷92）、"古伯切"（《释音》卷4，《新唐书》卷38），获为麦韵字，伯为陌二韵字。

2. 入声昔开、锡开韵反切下字系联情况

入声昔开、锡开韵反切下字系联，分为两种情况。

（1）昔开、锡开韵自（互）注，反切下字可以系联

昔开、锡开韵自（互）注反切下字共有12个，系联结果如下：

狄13【靮（都歷切，丁狄切，音的）】的1 击5【栎（狼狄切，郎击切）】激5【皗（徒激切，徒歷切）】歷24【碛（仓歷切，七迹切）】迹1【碛（七亦切，七迹切）】亦11 益10【射（羊益切，音亦）】石3【墌（之亦切，之石切）】昔3【瘠（慈亦切，秦昔切）】辟1（婢亦切，婢易切）易1/力【嶷（鱼歷切，鄂力切）】

（2）昔开、锡开韵各自自注，反切下字不可系联

昔开、锡开韵自注反切下字共5个，系联结果如下：

只3【祏（常只切）】○积1【舄（思积切）】○炙1【踯（直炙切）】○觅2【鸊（步觅切）】○嫡1【适（音嫡）】

（3）昔、锡韵系联的同音异写情况

碛：仓歷切，七迹切

碛作为被注字在《唐书释音》中出现过两次意义用法相同但不同的注音："仓歷切"（《释音》卷5，《新唐书》卷43下）、"七迹切"（《释音》卷1，《新唐书》卷5），歷为锡韵字，迹为昔韵字。青韵系入声锡韵与清韵系入声昔韵间的接触共1例。

3. 入声陌三开韵反切下字系联

入声陌三开韵自注反切下字共有2个，系联结果如下：

逆3 郄2【屐（奇逆切，竭郄切）】

根据对梗摄反切下字的系联，得出《唐书释音》梗摄平声庚二、耕韵间可系联，庚三、清、青韵间可系联；上声各韵间不可系联；去声映三、劲韵可系联；入声陌二、麦韵可系联，锡、昔韵可系联。

梗摄各韵系混注情况及所反映的语音特征

（一）阳声韵的混注情况及所反映的语音特征

梗摄庚（庚二、庚三）、耕、清、青四个韵系自注与混注情况列表如下：

被切字 切下字	庚二	庚三	耕	清	青
庚二	33		1		
庚三		33	1	4	1
耕	1		27		
清			1	58	4
青					58
总计	34	33	30	62	63

1. 阳声韵混注情况

梗摄阳声韵字的注音共有 222 条，其中与《广韵》或《集韵》音韵地位相同的有 209 条，混注 13 条。具体情况如下。

（1）庚二韵系混注

庚二韵系阳声韵字的注音有 34 条，本韵自注 33 条，他韵混注 1 条。混注情况为以耕切庚二，如：衡，胡萌切。

（2）庚三韵系混注

庚三韵系阳声韵字的注音有 33 条，本韵自注 33 条，他韵混注为零。

（3）耕韵系混注

耕韵系阳声韵字的注音有 30 条，本韵自注 27 条，他韵混注 3 条。混注情况有：

① 以庚二切耕,如:硁,丘庚切;

② 以庚三切耕,如:泓,乎明切;

③ 以清切耕,如:迸,北净切。

(4) 清韵系混注

清韵系阳声韵字的注音有 62 条,本韵自注 58 条,他韵混注 4 条。混注情况为以庚三切清,如:珵,除荆切。

(5) 青韵系混注

青韵系阳声韵字的注音有 63 条,本韵自注 58 条,他韵混注 5 条。混注情况有:

① 以庚三切青,如:駉,涓荣切;

② 以清切青,如:邢,奚轻切。

2. 阳声韵混注所反映的韵母特征

(1) 二等重韵庚二、耕合并

庚二、耕共有两种混注情况,列举如下:

① 以耕切庚二,1 例

被注字	《广韵》反切	董氏音注	音注出处
衡	户庚切	胡萌切	3—27 下

② 以庚二切耕,1 例

被注字	《广韵》反切	董氏音注	音注出处
硁	口茎切	丘庚切	18—167

庚二、耕之间的混注共 2 例,在其所有音注中所占比例为 3.13%,比例较大,庚二、耕合并。根据系联结果,庚二、耕亦可系联为一类。

(2) 三等重韵庚三、清合并

庚三、清的混注情况共有 4 例,均为以庚三切清,列举如下:

被注字	《广韵》反切	董氏音注	音注出处
珵	直贞切	除荆切	6—70 上
珵	直贞切	除京切	6—70 下
琼	渠营切	渠荣切	7—72 中
侦	丑郑切	耻庆切	6—70 下

庚三与清之间的混注共有 4 例,所占比例达到 4.21%,比例数较大,庚三与清合并。根据系联结果,庚三、清亦可系联为一类。

(3) 清、青合并

清、青韵的混注情况亦有 4 例,均为以清切青,列举如下:

被注字	《广韵》反切	董氏音注	音注出处
邢	户经切	奚轻切	8—74 上
荥	户扃切	余倾切	8—75 上
驷	古萤切	古营切	8—75 下
荥	户扃切	维琼切	25—223 上

清与青之间的混注共有 4 例,在其所有音注中所占比例为 3.2%,比例较大,且皆以清注青,说明纯四等青韵产生 i 介音,进而与三等清韵合并。根据系联结果,青、清亦可系联为一类。

(4) 二等耕韵与三等韵的分合

耕韵与三等韵之间的混注情况有两种:

① 以庚三切耕,1 例

被注字	《广韵》反切	董氏音注	音注出处
汯	乎萌切集	乎明切	6—71 上

② 以清切耕，1 例

被注字	《广韵》反切	董氏音注	音注出处
迸	北诤切	北净切	4—32

二等耕韵与三等韵产生混注，混注发生在喉音和唇音条件下。发生在喉音条件下为合口韵，二等耕韵已有产生 i 介音的现象，但混注只有 1 例，尚未和三等韵合并；在唇音条件下为开口韵，耕与三等清韵发生混注，说明耕韵唇音条件下与三等清韵有混同迹象。梗摄二等韵发生分化，一部分仍然维持二等韵的性质，一部分已并入到三等韵中。

（二）入声韵的混注情况及所反映的语音特征

梗摄入声韵陌（陌二、陌三）、麦、昔、锡四个韵自注与混注情况列表如下：

被切字 / 切下字	陌二	陌三	麦	昔	锡
陌二	25		2		
陌三		5			
麦	4		19		
昔				38	
锡				1	50
铎			1		
质				1	1
德					1
总计	29	5	22	40	52

（铎、质、德韵字非梗摄入声韵字，但在《唐书释音》中作过梗摄入声韵字的切下字，故在此列出。）

1. 入声韵混注情况

梗摄入声韵字的注音共有 148 条,其中与《广韵》或《集韵》音韵地位相同的有 137 条,混注 11 条。具体情况如下。

(1) 陌二韵字混注

陌二韵字的注音有 29 条,本韵自注 25 条,他韵混注 4 条。混注情况为以麦切陌二,如:齚,仕革切。

(2) 陌三韵字混注

陌三韵字的注音有 5 条,本韵自注 5 条,他韵混注为零。

(3) 麦韵字混注

麦韵字的注音有 22 条,本韵自注 19 条,他韵混注 3 条。混注情况有:

① 以陌二切麦,如:栅,侧格切;

② 以铎切麦,如:蝈,古获切。

(4) 昔韵字混注

昔韵字的注音有 40 条,本韵自注 38 条,他韵混注 2 条。混注情况有:

① 以锡切昔,如:碛,仓歷切;

② 以质切昔,如:奭,式质切。

(5) 锡韵字混注

锡韵字的注音有 52 条,本韵自注 50 条,他韵混注 2 条。混注情况有:

① 以德切锡,如:倜,他得切;

② 以质切锡,如:檄,刑吉切。

2. 入声韵混注所反映的韵母特征

(1) 陌二韵与麦韵的分合问题

陌二韵与麦韵共有 6 例混注情况,其中以麦切陌二 4 例,列举如下:

被注字	《广韵》反切	董氏音注	音注出处
峈(嵱)	乞格切集	苦厄切	9—79
齰	锄陌切	仕革切	9—80
迮	仄格切	侧革切	10—84
虢	古伯切	郭获切	10—92

以陌二切麦 2 例，列举如下：

被注字	《广韵》反切	董氏音注	音注出处
霡(霢)	莫获切	莫伯切	4—35
栅	楚革切	侧格切	17—155

陌二韵与麦韵间的接触共有 6 例，所占比例达 11.76%，这个比例很大，很明显庚二韵系入声陌二韵与耕韵系入声麦韵合并。由系联结果，陌二韵与麦韵亦可系联为一类。

（2）昔、锡韵的合并问题

上文系联部分指出昔、锡韵可联，从混注情况来看，亦有 1 例以锡切昔的反切，列举如下：

被注字	《广韵》反切	董氏音注	音注出处
碛	七迹切	仓歷切	5—43 下

昔、锡间的混注共 1 例，在其所有音注中所占比例为 1.09%，比例不大。我们再看二者音注作者自创反切的情况。昔韵音注共 40 条，反切与《广韵》或《集韵》完全相同的有 28 条，作者自创反切只有 12 条；锡韵音注共 52 条，反切与《广韵》或《集韵》完全相同的有 35 条，作者自创反切只有 17 条。那么锡、昔混注条数在其作者自创反切总数中所占的比例为 3.45%，比例较大。《释音》中昔、锡韵混并。

由对梗摄系联情况及混注分析来看,《唐书释音》中梗摄二等重韵庚二、耕合并,三等重韵庚三、清合并;四等韵青韵与三等韵清韵合并;入声陌二、麦韵合并,锡、昔韵合并。

《唐书释音》音切所反映的梗摄韵母系统

根据梗摄各韵的反切系联与混注情况,《唐书释音》梗摄当包含10个韵母,列表如下:

	开口		合口	
	舒声韵	入声韵	舒声韵	入声韵
二等	耕	革	萌	伯
三等	成	逆	荣	(陌三合)①
		迹		(昔合)②

说明:1. 耕,包含《广韵》庚二、耕开口
2. 萌,包含《广韵》庚二、耕合口
3. 成,包含《广韵》庚三、清、青、耕(部分唇音字)开口
4. 荣,包含《广韵》庚三、清、青、耕(部分喉音字)合口
5. 革,包含《广韵》陌二、麦开口
6. 伯,包含《广韵》陌二、麦合口
7. 逆,包含《广韵》陌三开口
8. (陌三合),即《广韵》陌三合口
9. 迹,包含《广韵》昔、锡开口
10. (昔合),包含《广韵》昔、锡合口

十三、曾摄

曾摄各韵反切下字系联情况

(一)曾摄蒸韵系反切下字系联情况

1. 平声蒸韵反切下字系联情况

平声蒸韵自注反切下字共有7个,系联结果如下:

① 《释音》中未由陌三合口字。

② 《释音》中未由昔、锡韵合口字。

冰3【砯(普冰切)】○承1【凌(闾承切)】○乘1【艿(如乘切)】○矜1【殑(其矜切)】○凌1【拼(之凌切)】○陵11【鄫(疾陵切)】○膺3【夌(力膺切)】

2. 去声证韵反切下字系联情况

去声证韵自注反切下字共有2个,系联结果如下:

孕2【称(昌孕切)】○证10【媵(以证切)】

3. 入声职开、缉韵反切下字系联情况

深摄入声与职韵互注,可以系联,故于此一起讨论。根据系联情况,可分为两组。

(1) 职开、缉韵自(互)注,可以系联

职开、缉韵自(互)注反切下字共有5个,系联结果如下:

及5【嶷(鱼及切,鄂力切)】力20【岌(鱼力切,鱼及切)】织3【杙(与职切,逸织切,余力切)】职8 恻1【崱(士力切,实恻切)】/日质【踬(竹力切,职日切)昵(昵力切,尼质切)】

(2) 职开、缉韵自注,互不系联

职开、缉韵自注反切下字共有9个,系联结果如下:

立3 入5【霫(先立切,似入切,音习)】习1○集1【鏶(音集)】○翼1 直1【仂(六翼切,林直切)】○逼6【愊(拍逼切)】○侧1【偪(彼侧切)】○即1【鄎(相即切)】

(3) 职开、缉韵系联的同音异写情况

① 嶷:鱼及切,鄂力切

嶷作为被注字在《唐书释音》中出现过两次意义用法相同但不同的注音:"鱼及切"(《释音》卷24,《新唐书》卷221上)、"鄂力切"(《释音》卷5,《新唐书》卷59),及为深摄入声缉韵字,力为职韵字,二者可系联为一类。

② 岌:鱼力切,鱼及切

岌作为被注字在《唐书释音》中出现过两次意义用法相同但不同的注音:"鱼力切"(《释音》卷8,《新唐书》卷75上)、"鱼及切"(《释音》卷1,《新唐书》卷8),力为职韵字,及为缉韵字。

(二) 曾摄登韵系反切下字系联情况

1. 平声登开韵反切下字系联情况

平声登开韵自注反切下字共有 4 个,系联结果如下:

登 9 滕 4【镫(音登,都滕切)】曾 1【倰(鲁登切,力曾切)】〇恒 1【緪(古恒切)】

2. 去声嶝开韵反切下字系联情况

去声嶝开韵自注反切下字共有 2 个,系联结果如下:

邓 14 亘 1(居邓切)【縢(唐亘切)】

3. 入声德开韵反切下字系联情况

入声德开韵自注反切下字共有 3 个,系联结果如下:

北 6 墨 4【僰(蒲墨切,蒲北切)】/力【愎(蒲北切,弼力切)】〇得 7/激【倜(他得切,他激切)】

根据对曾摄反切下字的系联,得出《唐书释音》曾摄舒声韵皆独立,蒸韵系入声职韵与深摄入声缉韵可系联为一类。

曾摄各韵系混注情况及所反映的语音特征

(一) 阳声韵混注情况

曾摄蒸、登两个韵系舒声韵母字的自注与混注情况列表如下:

切下字 \ 被切字	蒸	登
蒸	31	
登		30
侵	1	
清		1
总计	32	31

(侵、清韵字非曾摄字,但在《唐书释音》中作过曾摄字的切下字,故在此列出。)

曾摄阳声韵字的注音共有 63 条,其中与《广韵》或《集韵》音韵地位相同的有 61 条,混注 2 条。具体情况如下。

1. 蒸韵系混注情况

蒸韵系阳声韵字的注音有 32 条,本韵自注 31 条,他韵混注 1 条。混注情况为以侵切蒸,如:庱,丑林切。

2. 登韵系混注情况

登韵系阳声韵字的注音有 31 条,本韵自注 30 条,他韵混注 1 条。混注情况为以清切登,如:翸,作名切。

曾摄阳声韵字的音注,不存在内部混注情况。与其他摄混注情况也很少,所占比例非常小,不影响韵部的独立。

(二) 入声韵混注情况及所反映的语音特征

曾摄入声职、德两个韵自注与混注情况列表如下:

被切字 切下字	职	德
职	40	
德	1	17
质		1
锡	1	
缉	1	
海		1
总计	43	19

(质、锡、缉、海韵字非曾摄入声韵字,但在《唐书释音》中作过曾摄入声韵字的切下字,故在此列出。)

1. 入声韵混注情况

曾摄入声韵字的注音共有 62 条,其中与《广韵》或《集韵》音韵地位相同的有 57 条,混注 5 条。具体情况如下。

(1) 职韵字混注情况

职韵字的注音有 43 条,本韵自注 40 条,他韵混注 3 条。混注情况有:

① 以德切职,如:愎,蒲北切;

② 以锡切职,如:嶷,鱼歷切;

③ 以缉切职,如:嶷,鱼及切。

(2) 德韵字混注情况

德韵字的注音有 19 条,本韵自注 17 条,他韵混注 2 条。混注情况有:

① 以质切德,如:堿,七疾切;

② 以海切德,如:裓,古待切。

2. 混注所反映的植、缉韵的分合问题

曾摄入声韵字的音注,混注情况大多很少,所占比例也非常小。这里主要讨论职、缉韵的分合问题。首先看二者的混注情况:

以缉切职,1 例

被注字	《广韵》反切	董氏音注	音注出处
嶷	鱼力切	鱼及切	24—221 上

以职切缉,1 例

被注字	《广韵》反切	董氏音注	音注出处
岌	鱼及切	鱼力切	8—75 上

职、缉间的混注共 2 例,但在其所有音注中所占比例达 3.28%,比例较大,上文系联结果二者亦可系联为一类。可见,曾摄入声职韵与深摄入声缉韵韵尾混同,二者混并。

由对曾摄的系联结果及混注分析来看,《唐书释音》曾摄舒声韵皆独立,蒸韵系入声职韵与深摄入声缉韵合并。

《唐书释音》音切所反映的曾摄韵母系统

根据曾摄各韵的反切系联与混注情况,《唐书释音》曾摄当包含 7 个韵母,列表如下:

	开口		合口	
	舒声韵	入声韵	舒声韵	入声韵
一等	曾	北	(登合)①	(德合)②
三等	冰	力		(职合)③

说明:1. 曾,包含《广韵》登韵开口
2. (登合),包含《广韵》登韵合口
3. 冰,包含《广韵》蒸
4. 北,包含《广韵》德韵开口
5. (德合),包含《广韵》德韵合口
6. 力,包含《广韵》职开、缉
7. (职合),包含《广韵》职韵合口

十四、 流摄

流摄各韵反切下字系联情况

(一) 流摄平声各韵反切下字系联情况

1. 平声尤、幽韵反切下字系联情况

(1) 尤、幽韵自(互)注反切下字系联

尤、幽韵自(互)注反切下字共有17个,系联结果如下:

尤15【虬(渠尤切,渠幽切)】幽4 虬2(渠幽切)休1【彪(甫休切,悲虬切)】求13【絿(音求,渠尤切)】鸠9【璆(渠尤切,巨鸠切)】谋4【罘(房尤切,缚谋切)】○由14 周11(职由切)【酬(是周切)】秋3【酋(似由切,似秋切)】猷1【遒(自秋切,才猷切)】○流2 留5【盩(张留切,张流切)】○浮3【彝(莫浮切)】○抽1【紬(音抽)】○牛1【鹠(力牛切)】○舟1【櫾(余舟切)】

(2) 尤、幽韵系联的同音异写情况

① 虬:渠尤切,渠幽切;② 彪:甫休切,悲虬切

---

① 《释音》中未有登韵合口字。
② 《释音》中未有德韵合口字。
③ 《释音》中未有职韵合口字。

虯作为被注字在《唐书释音》中出现过两次意义用法相同但不同的注音："渠尤切"（《释音》卷5,《新唐书》卷60）、"渠幽切"（《释音》卷7,《新唐书》卷72下）；彪作为被注字在《唐书释音》中出现过两次意义用法相同但不同的注音："甫休切"（《释音》卷21,《新唐书》卷202）、"悲虯切"（《释音》卷7,《新唐书》卷72中），尤、休为尤韵字，幽、虯为幽韵字。

2. 平声侯韵反切下字系联情况

侯韵自注反切下字共有2个，系联结果如下：

侯30【緱（古侯切）】〇钩2【篌（户钩切）】

（二）流摄上声各韵反切下字系联情况

1. 上声厚韵反切下字系联情况

上声厚韵自注反切下字共有4个，系联结果如下：

口10后3【扣（音口，苦后切，去厚切）】厚2〇斗1【塿（郎斗切）】

2. 上声有韵反切下字系联情况

上声有韵自注反切下字共有3个，系联结果如下：

九8【莠（以九切）】〇久4【糗（去久切）】〇有1【韭（举有切）】

（三）流摄去声各韵反切下字系联情况

1. 去声候韵反切下字系联情况

去声候韵自注反切下字共有5个，系联结果如下：

候13漏1【诟（许候切，呼漏切）】〇遘2【詬（许遘切）】〇奏3【腠（仓奏切）】〇透1【逗（大透切）】

2. 去声宥韵反切下字系联情况

去声宥韵自注反切下字共有8个，系联结果如下：

救19【岫（似又切，似救切）】又5【伷（直佑切，直右切，直佑切，直又切）】右1佑1佑2〇就1僦1（即就切）【鹫（疾僦切）】〇咒1【售（承咒切）】

3. 去声幼韵反切下字系联情况

去声幼韵自注反切下字共有1个，系联结果如下：

幼2【缪（居幼切）】

根据对流摄反切下字的系联，得出《唐书释音》流摄平声尤、幽韵可联，上、去声各韵间不联。

流摄各韵系混注情况及所反映的语音特征

流摄侯、尤、幽三个韵系自注与混注情况列表如下：

被切字 切下字	侯	尤	幽
侯	67	2	
尤		129	4
幽		1	7
总计	67	132	11

（一）流摄各韵系混注情况

流摄字的注音共有210条，其中与《广韵》或《集韵》音韵地位相同的有204条，混注6条。具体情况如下。

1. 侯韵系字混注情况

侯韵系字的注音有67条，本韵自注67条，他韵混注为零。

2. 尤韵系字混注情况

尤韵系字的注音有132条，本韵自注129条，他韵混注3条。混注情况有：

① 以侯切尤，如：溲，苏后切；

② 以幽切尤，如：休，许虬切。

3. 幽韵系字混注情况

幽韵系字的注音有11条，本韵自注7条，他韵混注4条。混注情况为以尤切幽，如：镠，渠尤切。

（二）尤、幽韵系的归并问题

流摄存在重韵，即尤、幽韵。《释音》中流摄三等重韵尤、幽间存在混注现象，混注情况如下：

1. 以幽切尤,1 例

被注字	《广韵》反切	董氏音注	音注出处
休	许尤切	许虬切	4—40

2. 以尤切幽,4 例

被注字	《广韵》反切	董氏音注	音注出处
璆	渠幽切	渠尤切	5—50
虬	渠幽切	渠尤切	5—60
镠	渠幽切集	渠尤切	13—116
彪	甫烋切	甫休切	21—202

尤、幽韵的混注共 5 例,在其所有音注中所占比例仅为 3.49%,比例较大,前文系联部分二者亦可联拢。《唐书释音》中流摄三等重韵合并。

《唐书释音》音切所反映的流摄韵母系统

根据流摄各韵的反切系联与混注情况,《唐书释音》流摄当包含 2 个韵母,列表如下:

	开口		合口	
	舒声韵	入声韵	舒声韵	入声韵
一等	侯			
三等	尤			

说明:1. 侯,即《广韵》侯
2. 尤,包含《广韵》尤、幽

十五、深摄

深摄各韵反切下字系联情况

1. 平声侵韵反切下字系联情况

平声侵韵自注反切下字共有 13 个,系联结果如下:

淫 2【愔(挹淫切)】○金 9 音 2【崟(鱼金切,鱼音切)】簪 3【岑(鱼音切,锄簪切)】针 2【涔(锄簪切,锄针切)】针 1(诸深切)【霪(余针切,夷针切)】深 3 任 1(如深切)【谌(市任切)】○林 12 心 5【浔(徐林切,徐心切)】○寻 2【綅(千寻切)】○阴 1【闇(音阴)】○吟 1【衿(居吟切)】

2. 上声寝韵反切下字系联情况

上声寝韵自注反切下字共有 6 个,系联结果如下:

锦 2 稔 3【懔(力稔切,力锦切)】○审 1 枕 2【谂(式审切,式荏切,尸枕切)】荏 3 ○甚 5【衽(而甚切)】

3. 去声沁韵反切下字系联情况

去声沁韵自注反切下字共有 3 个,系联结果如下:

鸩 9(直禁切)禁 6 甚 1【纴(汝鸩切,忍甚切)】

深摄只包括侵韵系一个韵系。根据对其反切下字的系联,得出《唐书释音》深摄舒声韵皆独立。(入声缉韵与曾摄蒸韵系入声职韵合并。)

深摄阳声韵字的音注,混注情况很少,不影响韵类的独立;入声缉韵与曾摄蒸韵系入声职韵混注有 4 例,所占比例达 3.28%,比例较大,二者混并。前文曾摄处已有详细讨论,在此不再赘述。

《唐书释音》音切所反映的深摄韵母系统

《唐书释音》中深摄舒声韵独立;入声缉韵与曾摄蒸韵系入声职韵合并。深摄韵母系统,包含 1 个韵母,列表如下:

	开口		合口	
	舒声韵	入声韵	舒声韵	入声韵
三等	侵			

十六、咸摄

咸摄各韵反切下字系联情况

（一）咸摄平声各韵反切下字系联情况

1. 平声覃、谈韵反切下字系联情况

（1）平声覃、谈韵自（互）注反切下字系联

覃、谈韵自（互）注反切下字共有4个，系联结果如下：

南2【弇（古含切，古南切）】含17【儋（都含切，都甘切）】甘13 谈1【蚶（呼甘切，呼谈切）】

（2）覃、谈韵系联的同音异写情况

儋：都含切，都甘切

儋作为被注字在《唐书释音》中出现过两次意义用法相同但不同的注音："都含切"（《释音》卷11，《新唐书》卷103）、"都甘切"（《释音》卷1，《新唐书》卷4），含为覃韵字，甘为谈韵字。

2. 平声咸、衔韵反切下字系联情况

（1）平声咸、衔韵自（互）注反切下字系联

咸、衔韵自（互）注反切下字共有5个，系联结果如下：

衔7【礷（古衔切）】咸7【镵（锄咸切，锄衔切）】喦1（鱼咸切，吾缄切）缄1 谗1【諴（胡谗切，胡喦切）】

（2）咸、衔韵系联的同音异写情况

镵：锄咸切，锄衔切

镵作为被注字在《唐书释音》中出现过两次意义用法相同但不同的注音："锄咸切"（《释音》卷17，《新唐书》卷158）、"锄衔切"（《释音》卷9，《新唐书》卷80），咸为咸韵字，衔为衔韵字。

3. 平声盐韵反切下字系联情况

平声盐韵自注反切下字共有 5 个,系联结果如下:

廉 28 帘 1【签(千廉切,千帘切)】占 6【黏(女廉切,尼占切)】盐 5【奁(力占切,力盐切)】〇炎 1【庵(央炎切)】

4. 平声严韵反切下字系联情况

平声严韵自注反切下字共有 1 个,系联结果如下:

严 1【誗(直严切)】

5. 平声添韵反切下字系联情况

平声添韵自注反切下字共有 2 个,系联结果如下:

兼 1【鲇(奴兼切)】〇嫌 1【蒹(古嫌切)】

(二) 咸摄上声各韵反切下字系联情况

1. 上声豏、槛韵反切下字系联情况

上声豏、槛韵反切下字根据系联情况,分成两种情况。

(1) 豏、槛韵自(互)注,反切下字可以系联

豏、槛韵自(互)注反切下字共有 2 个,系联结果如下:

黯 1【舰(户黯切,户黤切)】黤 2【舰(户黤切)】

(2) 豏、槛韵自注,反切下字互不系联

豏、槛韵自注反切下字共有 3 个,系联结果如下:

斩 1【鬑(古斩切)】〇减 1【偡(丈减切)】〇槛 1【獥(荒槛切)】

(3) 豏、槛韵系联的同音异写情况

舰:户黯切,户黤切

舰作为被注字在《唐书释音》中出现过两次意义用法相同但不同的注音:"户黯切"(《释音》卷 9,《新唐书》卷 78)、"户黤切"(《释音》卷 1,《新唐书》卷 7),黯为豏韵字,黤为槛韵字。

2. 上声感韵反切下字系联情况

上声感韵自注反切下字共有 2 个,系联结果如下:

感 5【禫(徒感切)】〇坎 1【轗(音坎)】

3. 上声敢韵反切下字系联情况

上声敢韵自注反切下字共有 2 个，系联结果如下：

敢 10 览 1【憺(徒敢切，杜览切)】

4. 上声琰韵反切下字系联情况

上声琰韵自注反切下字共有 7 个，系联结果如下：

琰 3【黡(于琰切)】○检 5 险 2【獫(虚检切，音险)】○俭 2【嬐(衣俭切)】○奄 2【脸(居奄切)】○冉 5 染 1【剡(时冉切，时染切)】

5. 上声范韵反切下字系联情况

上声范韵自注反切下字共有 1 个，系联结果如下：

范 1【錽(亡范切)】

6. 上声忝韵反切下字系联情况

上声忝韵自注反切下字共有 2 个，系联结果如下：

忝 1【蕨(多忝切)】○簟 3【嗛(苦簟切)】

(三) 咸摄去声各韵反切下字系联情况

1. 去声艳、㮇韵反切下字系联情况

去声艳、㮇韵根据反切下字系联，可分为两种情况。

(1) 去声艳、㮇韵自(互)注，反切下字可以系联

艳、㮇韵自(互)注反切下字共有 2 个，系联结果如下：

艳 4【堑(七艳切)】念 5【壍(七念切，七艳切)】

(2) 去声艳、㮇韵自注，反切下字互不系联

艳、㮇韵自注反切下字共有 3 个，系联结果如下：

验 3【砭(陂验切)】○赡 5【焰(以赡切)】○店 1【扂(徒店切)】

(3) 艳、㮇韵系联的同音异写情况

壍：七念切，七艳切

壍作为被注字在《唐书释音》中出现过两次意义用法相同但不同的注音："七念切"(《释音》卷 15，《新唐书》卷 136)、"七艳切"(《释音》卷 15，《新唐书》卷 135)，念为㮇韵字，艳为艳韵字。

2. 去声勘韵反切下字系联情况

去声勘韵自注反切下字共有 2 个，系联结果如下：

暗 4 绀 4【赣（古暗切，古绀切）】

3. 去声阚韵反切下字系联情况

去声阚韵自注反切下字共有 1 个，系联结果如下：

滥 10【瞰（苦滥切）】

4. 去声陷韵反切下字系联情况

去声陷韵自注反切下字共有 1 个，系联结果如下：

陷 1【儳（仕陷切）】

5. 去声鉴韵反切下字系联情况

去声鉴韵自注反切下字共有 1 个，系联结果如下：

鉴 3【儳（楚鉴切）】

（四）咸摄入声各韵反切下字系联情况

1. 入声合、盍、洽韵反切下字系联情况

入声合、盍、洽韵反切下字根据系联情况，可分为两组。

（1）合、盍、洽韵自（互）注，反切下字可以系联

合、盍、洽韵自（互）注反切下字共有 6 个，系联结果如下：

合 21【郏（古合切，古洽切）阘（徒合切，徒盍切）】盍 5 腊 1【盖（古盍切，胡腊切）】洽 10【锸（楚洽切）】沓 2（徒合切）合 1【合（古沓切，曷合切）】

（2）合、盍、洽韵自注，反切下字互不系联

合、盍、洽韵自注反切下字共有 2 个，系联结果如下：

答 5【匝（作答切）】○夹 6【陿（侯夹切）】

（3）合、洽韵系联的同音异写情况

郏：古合切，古洽切

郏作为被注字在《唐书释音》中出现过两次意义用法相同但不同的注音："古合切"（《释音》卷 17，《新唐书》卷 155）、"古洽切"（《释音》卷 4，《新唐书》卷 38），合为合韵字，洽为洽韵字。

(4) 合、曷韵系联的同音异写情况

阘:徒合切,徒盍切

阘作为被注字在《唐书释音》中出现过两次意义用法相同但不同的注音:"徒合切"(《释音》卷4,《新唐书》卷34)、"徒盍切"(《释音》卷18,《新唐书》卷168),合为合韵字,盍为盍韵字。

2. 入声业、叶韵反切下字系联情况

入声业、叶韵反切下字根据系联情况,可分为两组。

(1) 业、叶韵自(互)注,反切下字可以系联

业、叶韵自(互)注反切下字共有2个,系联结果如下:

业 1【叶(式业切,失涉切)】涉 27【慹(之涉切,陟列切)】

(2) 业、叶韵自注,反切下字互不系联

业、叶韵自注反切下字共有3个,系联结果如下:

怯 1【郲(鱼怯切)】○辄 4【烨(域辄切)】○叶 2【婕(疾叶切)】

(3) 业、叶韵系联的同音异写情况

叶:式业切,失涉切

叶作为被注字在《唐书释音》中出现过两次意义用法相同但不同的注音:"式业切"(《释音》卷23,《新唐书》卷217上)、"失涉切"(《释音》卷1,《新唐书》卷3),业为业韵字,涉为叶韵字。

3. 入声狎韵反切下字系联情况

入声狎韵自注反切下字共有1个,系联结果如下:

甲 3【翜(所甲切)】

4. 入声乏韵反切下字系联情况

入声乏韵自注反切下字共有1个,系联结果如下:

法 1【乏(房法切)】

5. 入声帖韵反切下字系联情况

入声帖韵自注反切下字共有2个,系联结果如下:

协 14【捻(奴协切)】○颊 3【䫦(檄颊切)】

通过对咸摄反切下字的系联,我们得出《唐书释音》咸摄平声覃、

谈韵可联，咸、衔韵可联；上声豏、槛韵可联；去声艳、㮇韵可联；入声合、曷、洽韵可联，叶、业韵可联。

咸摄各韵系混注情况及所反映的语音特征

（一）阳声韵混注情况及所反映的语音特征

咸摄阳声韵谈、覃、衔、盐、咸、严、凡、添八个韵系自注与混注情况统计表：

被切字／切下字	谈	覃	衔	盐	咸	严	凡	添
谈	35	1						
覃	2	31						
衔			12		1			
盐		1		76				
咸			3		11			
严						1		1
凡							1	
添				1				12
鱼				1				
总计	37	33	15	78	12	1	1	13

（鱼韵字非咸摄字，但在《唐书释音》中作过咸摄字的切下字，故在此列出。）

1. 阳声韵混注情况

咸摄阳声韵字的注音共有190条，其中与《广韵》或《集韵》音韵地位相同的有179条，混注11条。具体情况如下。

（1）谈韵系混注情况

谈韵系阳声韵字的注音有37条，本韵自注35条，他韵混注2条。混注情况为以覃切谈，如：儋，都含切。

（2）覃韵系混注情况

覃韵系阳声韵字的注音有33条，本韵自注31条，他韵混注2

条。混注情况有：

① 以谈切覃，如：昙，徒甘切；

② 以盐切覃，如：唵，衣俭切。

(3) 衔韵系混注情况

衔韵系阳声韵字的注音有 15 条，本韵自注 12 条，他韵混注 3 条。混注情况为以咸切衔，如：镵，锄咸切。

(4) 盐韵系混注情况

盐韵系阳声韵字的注音有 78 条，本韵自注 76 条，他韵混注 2 条。混注情况有：

① 以添切盐，如：壍，七念切；

② 以鱼切盐，如：奄，衣于切。

(5) 咸韵系混注情况

咸韵系阳声韵字的注音有 12 条，本韵自注 11 条，他韵混注 1 条。混注情况为以衔切咸，如：臿，丑鉴切。

(6) 严韵系混注情况

严韵系阳声韵字的注音有 1 条，本韵自注 1 条，他韵混注为零。

(7) 凡韵系混注情况

凡韵系阳声韵字的注音有 1 条，本韵自注 1 条，他韵混注为零。

(8) 添韵系混注情况

添韵系阳声韵字的注音有 13 条，本韵自注 12 条，他韵混注 1 条。混注情况为以严切添，如：傔，去剑切。

2. 阳声韵系混注所反映的几个语音特征

(1) 一等重韵覃、谈韵的合并问题

覃、谈韵的混注情况列举如下：

① 以谈切覃，1 例

被注字	《广韵》反切	董氏音注	音注出处
昙	徒含切	徒甘切	21—204

② 以覃切谈,2 例

被注字	《广韵》反切	董氏音注	音注出处
舯	他酣切	他含切	8—74 上
儋	都甘切	都含切	11—103

覃、谈间的混注共 3 例,在其所有音注中所占比例为 4.29%,比例很大,在上文系联中,二者亦可联为一类。咸摄一等重韵覃、谈合并。

(2) 二等重韵咸、衔合并问题

咸、衔韵的混注情况列举如下:

① 以咸切衔,3 例

被注字	《广韵》反切	董氏音注	音注出处
镵	锄衔切	锄咸切	17—158
劖	锄衔切	锄咸切	18—163
舰	胡黤切	户黯切	9—78

② 以衔切咸,1 例

被注字	《广韵》反切	董氏音注	音注出处
臿	丑減切	丑鉴切	7—71 下

咸、衔间混注共有 4 例,所占比例达到 14.8%,比例很大,咸摄二等重韵咸、衔明显已合并。上文系联部分,二者亦可联为一类。

(3) 盐、严与添的分合问题

上文系联结果中,盐韵系及添韵系阳声韵可以系联,二者存在以添切盐的混注现象 1 例,列举如下:

被注字	《广韵》反切	董氏音注	音注出处
壍	七艳切	七念切	15—136

添、盐韵系之间的混注共1例，在其所有音注中所占比例为1.1%，比例较小。但我们看二者音注中作者的自创反切情况。盐韵系音注共78条，反切与《广韵》或《集韵》完全相同的有62条，作者自创反切只有16条；添韵系音注共13条，反切与《广韵》或《集韵》完全相同的有9条，作者自创反切只有4条。那么添、盐混注条数在其作者自创反切总数中所占的比例为5%，比例数较大。作者在为《释音》作注时多有抄韵书的现象，而自创反切才真正反映了实际语音中的现象。故《释音》中添、盐混并。

严、添韵之间亦存在以严切添的混注现象1例，列举如下：

被注字	《广韵》反切	董氏音注	音注出处
慊	苦念切	去剑切	24—222中

严、添韵系间的混注共1例，在其所有音注中所占比例为7.14%，比例很大，严、添韵混并。

（二）入声韵混注情况及所反映的语音特征

咸摄入声韵盍、合、狎、叶、洽、业、乏、帖八个韵自注与混注情况列表如下：

被切字 切下字	盍	合	狎	叶	洽	业	乏	帖
盍	6							
合	6	20			3			
狎			3					
叶				31				
洽					17			

续表

切下字＼被切字	盍	合	狎	叶	洽	业	乏	帖
业				1		1		
乏							1	
帖								17
薛				3				
屑								1
海				1				
总计	12	20	3	36	20	1	1	18

（薛、屑、海韵字非咸摄入声韵字，但在《唐书释音》中作过咸摄入声韵字的切下字，故在此列出。）

1. 入声韵混注情况

咸摄入声韵字的注音共有111条，其中与《广韵》或《集韵》音韵地位相同的有96条，混注15条。具体情况如下。

（1）盍韵字混注情况

盍韵字的注音有12条，本韵自注6条，他韵混注6条。混注情况为以合且盍，如：阘，徒合切。

（2）合韵字混注情况

合韵字的注音有20条，本韵自注20条，他韵混注为零。

（3）狎韵字混注情况

狎韵字的注音有3条，本韵自注3条，他韵混注为零。

（4）叶韵字混注情况

叶韵字的注音有36条，本韵自注31条，他韵混注5条。混注情况有：

① 以业切叶，如：叶，式业切；

② 以薛切叶，如：折，之舌切；

③ 以海切叶，如：躐，力海切。

(5) 洽韵字混注情况

洽韵字的注音有 20 条,本韵自注 17 条,他韵混注 3 条。混注情况为以合切洽,如:帢,苦合切。

(6) 业韵字混注情况

业韵字的注音有 1 条,本韵自注 1 条,他韵混注为零。

(7) 乏韵字混注情况

乏韵字的注音有 1 条,本韵自注 1 条,他韵混注为零。

(8) 帖韵字混注情况

帖韵字的注音有 18 条,本韵自注 17 条,他韵混注 1 条。混注情况为以屑切帖,如:䙝,胡结切。

2. 入声韵系混注所反映的几个语音问题

(1) 合、盍韵的合并

合、盍韵之间存在 6 例以合切盍的混注情况,列举如下:

被注字	《广韵》反切	董氏音注	音注出处
阘	徒盍切	徒合切	4—34
榻	吐盍切	托合切	5—54
盖	古盍切	古合切	12—110
榼	苦盍切	克合切	19—181
盖	古盍切	古沓切	20—187
磕	苦盍切	苦合切	25—222 下

合、盍韵之间的混注共 6 例,所占比例达到 18.75%,比例很大,上文系联部分二者亦可系联为一类。《释音》中合、盍韵合并。

(2) 合、洽韵的合并

合、洽韵之间存在 3 例以合切洽的混注情况,列举如下:

被注字	《广韵》反切	董氏音注	音注出处
帢	苦洽切	苦合切	3—24
锸	楚洽切	楚合切	13—125
郏	古洽切	古合切	17—155

合、洽之间的混注共 3 例,在其所有音注中所占比例为 7.5%,比例较大,上文系联部分二者亦可系联为一类。《释音》中覃韵系入声合韵与咸韵系入声洽韵合并。

(3) 叶、业韵的合并

业、叶韵之间存在 1 例以业切叶的混注情况,列举如下:

被注字	《广韵》反切	董氏音注	音注出处
叶	式涉切	式业切	23—217 上

叶、业之间的混注共 1 例,所占比例为 2.7%,比例不是很大。但二者音注中作者的自创反切情况。业韵字音注共 1 例,与广韵同;叶韵字音注,作者自创只有 12 条,那么叶、业之间的混注条数比上此二者总数,比例为 7.69%,比例较大。叶韵与业韵混并。

咸摄入声韵中还存在盐韵系入声叶韵与山摄仙韵系入声薛韵合并的现象。在山摄部分已有论及,此处不再赘述。

《唐书释音》音切所反映的深摄韵母系统

由咸摄反切下字系联以及混注分析来看,《唐书释音》咸摄一等重韵覃、谈韵无别;二等重韵咸、衔韵合并;盐、严、添韵混并;入声合、盍、洽韵合并,入声叶、叶合并;盐韵系入声叶韵与山摄仙韵系入声薛韵合并。咸摄当包含 7 个韵母,列表如下:

	开口		合口	
	舒声韵	入声韵	舒声韵	入声韵
一等	含	合		
二等	咸	狎		
三等	廉		凡	乏

说明：1. 含，包含《广韵》覃、谈
2. 咸，包含《广韵》咸、衔
3. 廉，包含《广韵》盐、严、添
4. 凡，即《广韵》凡
5. 合，包含《广韵》合、盍、洽
6. 狎，即《广韵》狎
7. 乏，即《广韵》乏

第二节 《唐书释音》音切的韵部系统及语音特征

一、《唐书释音》音切的韵部系统

通过对《唐书释音》反切下字的系联、统计、比较及其混注分析，我们得出《唐书释音》共 85 个韵类（不区分声调），现将其韵母系统总表列出如下：①

		开口		合口	
		舒声韵	入声韵	舒声韵	入声韵
通摄	一等			红	谷
	三等			中	六

① 括号中的表示《释音》未出现此韵类字，但根据音类系统对应规律，应当存在。

续表

		开口		合口	
		舒声韵	入声韵	舒声韵	入声韵
江摄	二等	江			
止摄	三等	知		为	
		希		归	
遇摄	一等			模	
	三等			鱼	
蟹摄	一等	太		外	
		哀		回	
	二等	皆		迈	
	三等	奚		圭	
		废		秽	
臻摄	一等	根	（没开）		骨
	三等	真	吉	文	勿
山摄	一等	安	葛	官	末
	二等	闲	辖	幻	滑
	三等	虔	结	缘	穴
效摄	一等	豪			
	二等	肴			
	三等	宵			
果摄	一等	歌		禾	
	三等	伽		（戈三合）	
假摄	二等	加		瓜	
	三等	遮			

续表

		开口		合口	
		舒声韵	入声韵	舒声韵	入声韵
宕摄	一等	郎	各	光	郭
	三等	良	略	王	缚
梗摄	二等	耕	革	萌	伯
	三等	成	逆	荣	(陌三合)
			迹		(昔合)
曾摄	一等	曾	北	(登合)	(德合)
	三等	冰	力		(职合)
流摄	一等	侯			
	三等	尤			
深摄	三等	侵			
咸摄	一等	含	合		
	二等	咸	狎		
	三等	廉		凡	乏

二、《唐书释音》韵母系统特征

该韵母系统与《切韵》系统相比,有如下主要变化:

1. 重纽合并:支、脂内部混注多有重三和重四的混注现象。

2. 重韵合并:一等重韵通摄东一冬、咸摄覃谈;二等重韵蟹摄佳皆夬、梗摄庚二耕、咸摄咸衔;三等重韵通摄东三钟、止摄支脂之、遇摄鱼虞、臻摄欣文与真谆、山摄仙元、梗摄庚三清、流摄尤幽、咸摄盐严等都已合并。

3. 三、四等合并:蟹摄祭、齐合并;山摄先、仙合并;效摄宵、萧合并;梗摄清、青合并;咸摄添、盐、严合并。

4. 二等韵部分并入同摄一等，部分并入同摄三等，部分仍独立：梗摄二等耕韵，部分唇音、喉音字并入三等，部分字仍独立；山摄二等删韵并入一等；蟹摄、效摄、咸摄等二等韵字仍独立。说明二等韵字刚刚处于分化的开始。

5. 大多入声韵合并，并且出现跨摄入声韵合并：屋一、沃合并，屋三、烛合并；质、迄合并；术、物合并；曷、月开合并，薛、屑、月合合并；陌二、麦合并；昔、锡合并；合、盍合并；合、洽合并；叶、业合并；江摄入声觉韵与宕摄唐韵系入声铎韵合并；山摄仙韵系入声薛韵与咸摄盐韵系入声叶韵合并；山摄先韵系入声屑韵与咸摄添韵系入声帖韵合并；曾摄蒸韵系入声职韵与深摄入声缉韵合并。

第三节 《唐书释音》音切声调系统分析

本节考查《唐书释音》的声调系统，我们采用反切比较法来考查《释音》的声调，比较的参照系仍然是《切韵》系统。具体操作是将《释音》中的被注字和反切下字的声调与《广韵》进行逐一比较，看两者是否相符合，如果绝大多数符合，我们就可以大致认定《释音》的声调系统是符合《切韵》系统的。对于少数与《切韵》系统声调不符合的切语我们再作具体分析。

一、声调系统总论

《唐书释音》平、上、去、入四声自注以及与其他声调混注的情况列表如下：

切下字＼被注字	平声	上声	去声	入声
平声	1867	2	5	1

续表

切下字＼被注字	平声	上声	去声	入声
上声	9	870	12	2
去声	4	24	979	1
入声	1		1	913
总计	1881	896	997	917

1. 平声自注与混注情况

《释音》中平声字音注共1881条,平声自注为1867条,与其他声调混注仅14条。混注情况有以上声切平声字,如"儋,徒敢切"(《释音》卷7,《新唐书》卷71下);以去声切平声字,如"璘,力刃切"(《释音》卷7,《新唐书》卷72下);以入声切平声字,如"搯,苦洛切"(《释音》卷20,《新唐书》卷195)。自注情况如:"洮,土刀切"(《释音》卷1,《新唐书》卷1)、"旒,力求切"(《释音》卷3,《新唐书》卷24)等。平声自注在其全部音注中占绝大多数,混注仅少数,平声是独立的。

2. 上声自注与混注情况

《释音》中上声字音注共896条,上声自注为870条,与其他声调混注仅26条。混注情况有以平声切上声字,如"傷,他郎切"(《释音》卷9,《新唐书》卷82);以去声切上声字,如"滈,胡告切"(《释音》卷6,《新唐书》卷70下)。自注情况如:"暠,古老切"(《释音》卷1,《新唐书》卷1)、"岘,胡典切"(《释音》卷1,《新唐书》卷6)等。上声自注在其全部音注中占绝大多数,混注仅少数,上声是独立的。

3. 去声自注与混注情况

《释音》中去声字音注共997条,上声自注为979条,与其他声调混注仅18条。混注情况有以平声切去声字,如"担,都甘切"(《释音》卷3,《新唐书》卷24);以上声切去声字,如"赆,徐忍切"(《释音》卷25,《新唐书》卷225上);以入声切去声字,如"蓆,才亦切"(《释音》卷 16,《新唐书》卷 150)。自注情况如:"鄯,时战切"(《释音》卷 1,《新唐书》卷 1)、"宕,徒浪切"(《释音》卷 6,《新唐书》卷 67)等。去声自注在其全部音注中占绝大多数,混注仅少数,去声是独立的。

4. 入声自注与混注情况

《释音》中入声字音注共 917 条,上声自注为 913 条,与其他声调混注仅 4 条。混注情况有以平声切入声字,如"篗,郁符切"(《释音》卷 20,《新唐书》卷 193);以上声切入声字,如"躐,力海切"(《释音》卷 14,《新唐书》卷 130);以去声切入声字,如"裓,古碍切"(《释音》卷 3,《新唐书》卷 217 下)。自注情况如:"孛,蒲没切"(《释音》卷 1,《新唐书》卷 2)、"矟,所角切"(《释音》卷 2,《新唐书》卷 16)等。入声自注在其全部音注中占绝大多数,混注仅少数,入声是独立的。

经过考查,《释音》的声调系统绝大多数符合《切韵》音系,只有少量的特殊混注,所以《释音》声调系统的框架基本同于《切韵》的四声系统。

二、平声内部清、浊音的混注

中古的平声在《中原音韵》中已经分化为阴平和阳平两个调类。但这种分化的起源较早,根据已有的研究,可知平声分为阴、阳两调的现象在唐代就已产生。那么宋代的《唐书释音》中的平声发展又如何?

《释音》的反切大致是被注字的声调与切下字的声调相同。假如这些切语反映了平声以清浊为条件区分为阴、阳两调,那么就一定会有被注字与切下字清、浊相应的表现,即:若被注字为浊声母字,则以浊音切下字为之作注,或是被注字为清声母字,则以清音切下字为之作注,所有的切语均遵循此原则,那么这种情况则表示平声已分阴阳;反之,则平声未分阴阳。我们将被注字和切下字的清浊与《广韵》进行了全面比较。通过比较,我们统计出《释音》平声字音注中被注字与反切下字阴阳混注共有 1201 条,即被注字为浊声母,切下字用清声母,或被注字为清声母,切下字用浊声母,两种情况在《释音》中都大量存在。列表如下。由于混例过多,受篇幅限制,此处无法全部列出,仅举其中几例。例中所注下标为被注字、反切下字的所属声母,末尾括号中两个数字为音注出处,前一个数字为音注在《释音》中的卷数,后一个数字为该被注字在《新唐书》中的出处。

1. 平声以清切浊现象:

酋(从),自秋(清)切(1—1)

岑(崇),锄簪(庄)切(1—4)

陉(匣),奚经(见)切(1—5)

巙(群),渠龟(见)切(1—7)

浔(邪),徐心(心)切(1—7)

丌(群),巨基(见)切(1—9)

抟(定),徒官(见)切(1—10)

餈(从),疾资(精)切(2—12)

颀(群),渠希(晓)切(2—13)

号(匣),胡刀(端)切(2—14)

孱(崇),鉏山(生)切(2—15)

磻(并),薄官(见)切(2—15)

鄦(匣),奚圭(见)切(2—19)

衺(邪),徐嗟(精)切(2—20)

鼗(定),徒刀(端)切(3—21)

2. 平声以浊切清现象:

嵕(精),子红(匣)切(1—1)

燕(影),于田(定)切(1—4)

莞(见),古丸(匣)切(1—4)

淄(庄),侧持(澄)切(1—4)

猜(清),仓才(从)切(1—7)

郸(端),都寒(匣)切(1—8)

戡(溪),苦含(匣)切(1—10)

衰(清),仓回(匣)切(2—13)

推(透),通回(匣)切(2—14)

绨(彻),抽迟(澄)切(2—17)

骢(清),仓红(匣)切(3—21)

铦(心),思廉(来)切(3—22)

枪(清),千羊(以)切(3—23 上)

鞲(见),古侯(匣)切(3—23 上)

鍮(透),他侯(匣)切(3—23 下)

搴(影),于寒(匣)切(3—23 下)

这种清、浊错杂的切语在其所有音注中所占比例高达 63.85%。不管是混切数或是混切所占比例数,都是相当大的,没有平分阴阳的迹象,我们认为《释音》中平声尚未分阴阳。

三、上声与去声的混注

上去情况混注比较复杂。其中有 16 条混注反映出浊上归去的趋势,其他还有 18 条不能反映这种趋势,并难以解释,暂且将其归入其他类,以待将来。

(一)反映浊上归去趋势的混注

《唐书释音》以去声字注全浊上声字的反切共计 13 例,列表如下:

被注字	《广韵》反切	董氏音注	音注出处
解	胡买切	胡介切	3—24
菌	渠殒切	渠殡切	4—34
鲏	扶板切	音贩直音	4—41
瓒	在坦切	徂旦切	5—43 下

续表

被注字	《广韵》反切	董氏音注	音注出处
滈	胡老切	胡告切	6—70 下
滉	胡广切	户旷切	6—71 上
彭	疾郢切	疾正切	8—74 上
𨐨(辩)	符蹇切	扶健切	2—108
辧(辨)	符蹇切	扶健切	14—133
揵	巨偃切	渠建切	17—157
芡	巨险切	巨验切	22—214
辮	薄泫切	薄面切	23—216 下
柁	徒可切	唐佐切	24—220

以全浊上声字注去声字的反切共计 3 例,列表如下:

被注字	《广韵》反切	董氏音注	音注出处
濲	苍案切	藏旱切	1—9
莞	古玩切集	古缓切	8—75 上
慊	苦念切	苦簟切	23—216 上

全浊上声变去声是中古以来发生的一项重要声调演变,指中古时期的全浊塞音、塞擦音、擦音声母的上声字变为去声。这一演变,开始于唐代。明确把中古全浊上声字和去声字相并而编排在一起的最早的文献,学术界公认为是《中原音韵》。《唐书释音》中存在这 16 条全浊上声与去声的混注现象,可以看作是浊上归去造成的。但由于它们数量很少,不成气候,尚未能达到整个全浊上声归入去声的地步。此外,由声调总论部分已知,《释音》中上声独立,上去声的混注所占比例仅为 0.95%。在《释音》上声字的音注中还存在大量被注字和切下字的清浊混注。如:噉定,徒敢见切(1—1)、滉匣,户广见切

(1—5)、懊影,乌皓匣切(3—22)等。这些混注都与浊上归去相左,这说明《释音》的上声未分阴阳两调。《释音》中的全浊上与去声的混注例只是说明了出现浊上归去的趋势,而从声调系统的角度来看,全浊并未归去。《释音》产生于北宋末年,时音已经存在浊上归去的现象,《释音》中二者的混注正是受到这一音变现象的影响,反映了这样的一种音变态势。

(二) 上声其他混注情况

《释音》中还存在次浊上声、清音上声与去声的混注现象。具体情况有:

1. 以清音上声字注去声字,共计5例,列表如下:

被注字	《广韵》反切	董氏音注	音注出处
踣	匹候切	薄口切	4—34
徼	古吊切	古保切	5—50
悆	羊洳切	勇主切	8—75 上
线	私箭切	私翦切	24—220
踣	匹候切	部口切	25—225 中

2. 以次浊上声字注去声字,共计3例,列表如下:

被注字	《广韵》反切	董氏音注	音注出处
瑱	陟刃切	之忍切	7—73 上
胯	苦化切	枯瓦切	11—93
赆	徐刃切	徐忍切	25—225 上

3. 以去声字注次浊上声字,共计1例,列表如下:

被注字	《广韵》反切	董氏音注	音注出处
晦	莫厚切	莫候切	11—99

4. 以去声字注清音上声字,共计 9 例,列表如下:

被注字	《广韵》反切	董氏音注	音注出处
盌	乌管切	乌贯切	4—34
丞	音蒸上声	常证切	4—38
诊	章忍切	章刃切	5—47
憻(坦)	他但切	他旦切	6—70
眕	章忍切	章刃切	7—71 下
臿	丑减切	丑鉴切	7—71 下
俒	于阮切	于玩切	8—74 上
党	多朗切	丁浪切	12—108
銙	苦瓦切	苦化切	15—142

四、 入声与舒声的混注

《释音》中入声与舒声的混注数量较少,共 6 例。入声字与平声字混注共 2 例,与上声字混注共 2 例,与去声字混注共 2 例。具体情况如下:

1. 入声与平声混注

(1) 以平切入,共计 1 例,列表如下:

被注字	《广韵》反切	董氏音注	音注出处
䉂	郁缚切集	郁符切	20—193

(2) 以入切平,共计 1 例,列表如下:

被注字	《广韵》反切	董氏音注	音注出处
搯	土刀切	苦洛切	20—195

2. 入声与上声混注

以上切入,共计 2 例,列表如下:

被注字	《广韵》反切	董氏音注	音注出处
躐	良涉切	力海切	14—130
裓	古得切	古待切	25—222 下

3. 入声与去声混注

(1) 以去切入,共计 1 例,列表如下:

被注字	《广韵》反切	董氏音注	音注出处
裓	古得切	古碍切	3—217 下

(2) 以入切去,共计 1 例,列表如下:

被注字	《广韵》反切	董氏音注	音注出处
葄	存故切集	才亦切	16—150

入派三声是由中古到近代的一项重要声调演变,即中古入声字发生舒声化音变,塞音韵尾脱落,入声调消失,所有的字读为阴声韵,而归入阴声韵之中。《中原音韵》明确提出将入声派入阴声。但从诗文用韵看,北宋时已有阴入通押,不过数量很少。以上为《释音》中很少的几例阴入混注,数量和所占比例皆很小,且我们上文已得出《释音》中入声独立。那么这几例阴入混注可能反映了《释音》中入声韵尾的模糊,随着韵尾的模糊,其声调可能也有所舒缓。

第四章 《唐书释音》特殊音注与宋代江西方音

《新唐书释音》中的特殊音注，是指与被切字在韵书中的反切语音特征不同，也与音注所反映的一般语音特征有别的音注。这些音注所占比例很小，不能据以判定声类或韵类的分混，但是，所反映的历史语音信息却是丰富的。从语音史和方音史的角度看，这些音注大多反映了通语或方音的实际状况或演变的趋势。对它们所包含的重大历史语音信息，要有充分的认识，要充分发掘蕴含于其中的宋代实际语音，以揭示汉语语音由中古向近代转变过程中的演变状态，为汉语语音史提供有价值的资料。

第一节 反映声母特征的特殊音注

一、反映通语音变的特殊混注

（一）反映浊音清化的特殊音注

第二章声母系统分析部分，我们对《唐书释音》中清、浊声母的混注现象进行了分析。现将《唐书释音》中浊声母与清声母混注的情况归纳如下：

全浊音声母	清音声母	平声	仄声
並母	帮母	3	3
	滂母	2	4
奉母	非母	1	0
	敷母	0	1
定母	端母	1	3
	透母	2	7
澄母	知母	0	0
	彻母	1	0
群母	见母	1	1
	溪母	2	0
从母	精母	3	1
	清母	1	4
	心母	1	1
邪母	心母	1	2
	精母	1	0
崇母	庄母	0	1
	初母	0	0
	生母	0	1
船母	章母	0	0
	昌母	0	0
禅母	书母	0	1
	章母	3	0
匣母	晓母	4	3

从上表清浊音声母的混注情况来看，全浊声母无论平仄均有同

时与不送气清母、送气清声母互注的情况。对比如下：

互注情况		不送气清声母	送气清声母
全浊声母	平声	12	15
	仄声	9	24

从《唐书释音》里清、浊声母的接触情况来看，其基本特征是：平声部分浊音与送气清音的混切数仅略高于不送气清音；仄声部分浊音与送气清音的混切数高于不送气清音。这些混注数量在《唐书释音》反切中，总体上所占比例不大，低于5%，但五音之中10个全浊声母与清声母的混注分布比较全，仅船母没有与清声母的混注，其余都有程度不同的混注。

《唐书释音》全浊音与全清（不送气清音）和次清（送气清音）无论平仄都有混注，具体来说，与全清混注21例，与次清混注39例，大的趋势是送气多于不送气。这种混注的方式非常奇特，与一般的浊音清化是有距离的。其全浊声母与清声母的互注接触关系非常特殊，与现代汉语方言中全浊清化送气的表现不太吻合。现代方言中浊音清化大致有四种情形：一是古浊塞音、古浊塞擦音声母今读不送气的清声母（少数说话音例外），如湘方言中的长沙话；二是古浊塞音、古浊塞擦音今读送气清声母，如赣方言（以南昌话为代表）和客家方言（以梅县话为代表）；三是古浊塞音、古浊塞擦音平声字今读送气清声母，仄声字今读不送气清声母，如北方方言区的大部分地区（以北京话为代表）和粤方言（以广州话为代表）；第四种是古浊塞音、古浊塞擦音今读不送气清声母的为多，但也有相当数量的字读送气清声母，尤其在平声字里读送气清音的字数接近于读不送气清音的字数，如闽方言中的闽南方音（以厦门话为代表）。[①]《唐书释音》中浊

① 见《浊音和浊音清化刍议》，周长楫，《音韵学研究》（第三辑），中华书局，1994年，页305—315。

音与清音混注与上述任何一种都不相当，这可能是反映了浊音刚刚清化之初的不稳定状态。如果这个推测成立，这也可以说明《释音》音系中浊辅音清化刚起步，离最后完成尚有距离。

我们前文已逐个分析了其混注的比例，认为清浊混注目前尚不足以影响声母系统中清浊声的混并，得出在《释音》作为一个声母的音类，全浊声母仍然存在的看法。但作者在注音中有意无意地出现了一部分清、浊声母的混注。古代读书人阶层，在语言应用观念方面的基本特征，即对书面音一般以权威韵书为准，注音讲求出处，追求与传统韵书的一致性。但在实际语音使用过程中，自然会受到实际语音的影响。部分特殊音注，不仅有通语的语音特征，也很大程度上会搀杂音注者自身方言语音特征。以上音注就反映了实际语音中全浊声母"浊"（振动声带）的音征正在发生模糊或消蚀的变化，以至于作者在一些场合，不经意间出现了一部分清浊误注。考虑到音释注音中有清浊同音异写的存在，或许已经有一部分全浊音字正在变读清声母，很有可能有的出现了清声母的异读，而造成清浊同音异写的出现。

《中原音韵》所反映的全浊声母清化规律是全浊声母清化，读塞音塞擦音者，平声读送气清声母，仄声读不送气清声母。《唐书释音》特殊音注所反映的全浊声母清化特征，部分与这一特征相符，但部分则反映了平仄皆送气的特征，与现在赣方言的语音特征非常相似。因此，《唐书释音》特殊音注所反映的全浊声母极可能同时反映了两种不同的语音特征，见下文分析。

（二）反映知照合流的特殊音注

《唐书释音》音注中，古庄组声母、章组声母以及知组声母一般不混，但少数音注中，则出现了这三组声母互注的现象。包括三种情况：（1）庄、章组声母互注；（2）知、章组声母互注；（3）知、庄组声母互注。分别列举如下：

1. 庄组与章组声母混注

庄组与章组声母混注共计 7 例,分别为:

(1) 以初$_{三}$切章 1 例

被注字	《广韵》反切	董氏音注	音注出处
棰	之累切	楚蘂切	5—56

(2) 以昌切初$_{三}$ 1 例

被注字	《广韵》反切	董氏音注	音注出处
䇲	叉宜切集	尺宜切	15—137

(3) 以昌切初$_{二}$ 1 例

被注字	《广韵》反切	董氏音注	音注出处
齪	测角切	赤角切	10—89

(4) 以禅切崇$_{三}$ 1 例

被注字	《广韵》反切	董氏音注	音注出处
孱	士连切	市连切	13—120

(5) 以船切崇$_{三}$ 1 例

被注字	《广韵》反切	董氏音注	音注出处
俟	床史切	实比切	7—71 下

(6) 以船切崇$_{二}$ 1 例

被注字	《广韵》反切	董氏音注	音注出处
鷟	士角切	食角切	7—73 上

(7) 以书切生三 1 例

被注字	《广韵》反切	董氏音注	音注出处
酾	所宜切	式施切	25—224 下

2. 知三组与章组混注

知三组与章组声母混注共计 10 例,分别为:

(1) 以章切知 6 例

被注字	《广韵》反切	董氏音注	音注出处
厔	陟栗切	职日切	1—6
聂	知领切集	之领切	6—71 上
鳣	张连切	之廉切	7—71 下
悊	陟列切	之舌切	7—72 上
瑱	陟刃切	之忍切	7—73 上
悊	陟列切	之涉切	14—126

(2) 以知切章 1 例

被注字	《广韵》反切	董氏音注	音注出处
踬	职日切集	竹力切	13—118

(3) 以章切彻 1 例

被注字	《广韵》反切	董氏音注	音注出处
輴	丑伦切	章伦切	2—20

(4) 以彻切昌 1 例

被注字	《广韵》反切	董氏音注	音注出处
掣	尺制切	丑曳切	17—157

（5）以禅切澄 1 例

被注字	《广韵》反切	董氏音注	音注出处
瑑	持兖切	时兖切	1—8

3. 知组与庄组混注

知组与庄组声母混注共计 7 例，分别为：

（1）以知切庄$_{二}$ 2 例

被注字	《广韵》反切	董氏音注	音注出处
笮	侧伯切	陟迫切	17—154
迮	侧伯切	陟格切	23—218

（2）以庄$_{三}$切知$_{三}$ 1 例

被注字	《广韵》反切	董氏音注	音注出处
盩	张流切	侧留切	4—37

（3）以彻$_{二}$切初 1 例

被注字	《广韵》反切	董氏音注	音注出处
栅	楚革切	敕革切	18—163

（4）以庄$_{三}$切澄$_{三}$ 2 例

被注字	《广韵》反切	董氏音注	音注出处
憕	直陵切	真陵切	19—177
籀	直佑切集	真又切	21—198

(5) 以澄切崇 1 例

被注字	《广韵》反切	董氏音注	音注出处
砦	犲夬切	持艾切	23—216 下

知、庄、章三组声母混注,有一个比较显著的特征,即以等为条件,产生互注关系,即:① 知组二等与庄组二等混注;② 用章组二等韵拼切庄组二等字;③ 知组三等与章组混注;④ 知组三等与庄组三等混注;⑤ 庄组三等与章组混注。

另外有一例较为特殊,用澄母一等韵字拼切崇母二等字。这些混注大致可以看作两个层次,首先表现出章、庄二组合流的发展,这是韵图三十六字母照组的雏形;其次舌上音知组与照组声母,大致依洪细音的不同而发生接触,形成知二与庄组、知三与章组合流的态势。其中,知组三等与章组合流,读音混同,是反映宋代通语音变的一大语音特征。

(三) 反映零声母正在扩大的特殊音注

影、云、以三母混并以及疑、微两母大部分并入,这形成了现代汉语零声母。这个音变,在通语语音史上,大约起于唐代。最初是云、以混并,形成三十六字母的喻母,后来喻母与影母合并;元代疑母开始逐渐脱落鼻音,明代初年完成零声母的转化;明代中期官话中微母并入零声母。

在董冲《唐书释音》中,出现了较多的影、云、以、疑、微诸母之间的混注。这从另一个侧面反映了通语音变的初始状态。影、云、以、疑、微母之间的混注共包括六种情况,分别列举如下。

1. 以云切以,共 2 例

被注字	《广韵》反切	董氏音注	音注出处
掾	以绢切	于眷切	8—74 上
轝(舆)	以诸切	于如切	20—195

2. 以影切以，共 1 例

被注字	《广韵》反切	董氏音注	音注出处
演	以浅切	于憶切	8—75 上

3. 疑影混注，共 2 例

① 以影切疑 1 例

被注字	《广韵》反切	董氏音注	音注出处
嗿	吾含切集	衣俭切	14—130

② 以疑切影 1 例

被注字	《广韵》反切	董氏音注	音注出处
畹	于阮切	五远切	8—74 下

4. 疑云混注，共 2 例

① 以云切疑 1 例

被注字	《广韵》反切	董氏音注	音注出处
聩	五怪切	王怪切	20—194

② 以疑切云 1 例

被注字	《广韵》反切	董氏音注	音注出处
澐	王分切	玉分切	7—73 上

5. 以疑切以，共 1 例

被注字	《广韵》反切	董氏音注	音注出处
釴	与职切	逆织切	19—177

6. 以微切云,共 1 例

被注字	《广韵》反切	董氏音注	音注出处
檝	王伐切	亡伐切	20—186

以上云、以、影母互注共计 3 例,疑母与云、以、影母互注共计 5 例。反映了疑母实际语音中当与影、喻母等合流为零声母。《中原音韵》中,“中古音系的疑母字,大部分都跟影、云、以的变化合流了”(杨耐思 1981:19)。这与以上特殊音注反映的情况一致,不过,部分语音条件下《中原音韵》仍保留疑母与影、云、以母的对立。《经史正音切韵指南》“交互歌”则明确指出:“知照非敷递互通,泥孃穿彻用时同。澄床疑喻相连属,六母交参一处穷。”反映了实际语音中疑母与零声母喻母合流的特点。

至于微母字,“在《中原音韵》里,仍然自成一类”(1981:19)。《唐书释音》“王”“亡”不分,说明董氏实际语音中微母当也已经读零声母。

二、反映方音的混注

董冲《唐书释音》有一些特殊音注所反映的语音特征,与通语语音史语音演变的一般规律不相吻合,但可以从相关赣方言历史文献及现代赣方音中找到对应规律,因此,这些特殊音注应当反映了宋代江西方音的语音特征。根据李军(2015)研究,系统反应江西赣方音的历史文献主要有《辨字摘要》《类字蒙求》等。[1]下文参考近代江西赣方言历史文献,对《唐书释音》特殊音注所反映的语音特征进行讨论。

(一)照二归精现象

如前所论,庄组声母在通语中与章组合并,形成现代汉语卷舌音

① 《江西赣方言历史文献与历史方音研究》,李军,商务印书馆,2015 年。

声母。但在南方包括赣方言在内的许多方言里,中古庄组声母大多不读卷舌音而读成舌尖塞擦音与擦音。清代《辨字摘要》中精组一等、知组、庄组与章组四组声母合流,[1]《类字蒙求》直音中精组与知、庄、章组声母互注现象较多,[2]《唐书释音》同样出现了一批庄组与精组声母的混注,应当就是这个方音现象在中古时期的历史痕迹,同样印证了这一语音现象属于赣方音的历史发展过程中比较早出现的语音特征。

《唐书释音》中,精组与庄组声母互注共计 13 例,分别列举如下。

1. 精庄混注,共计 3 例

被注字	《广韵》反切	董氏音注	音注出处
组	则古切	侧古切	2—17
鄮	则旰切	侧旰切	4—38
擉	侧角切	则角切	19—176

2. 清初混注,共计 1 例

被注字	《广韵》反切	董氏音注	音注出处
詧	初八切	粗八切	22—215 下

3. 清崇混注,共计 4 例

被注字	《广韵》反切	董氏音注	音注出处
崱	士力切	七力切	7—73 上
鉏	士鱼切	七鱼切	10—91
遳	七戈切	士禾切	18—170

① 见《江西赣方言历史文献与历史方音研究》,李军,商务印书馆,2015 年,页 48—51。

② 见《江西赣方言历史文献与历史方音研究》,页 118—122。

续表

被注字	《广韵》反切	董氏音注	音注出处
栈	士谏切	七谏切	11—96

4. 从崇混注,共计 2 例

被注字	《广韵》反切	董氏音注	音注出处
岨	状所切集	音咀直音	15—143
劖	锄衔切	徂衔切	25—222 下

5. 心生混注,共计 2 例

被注字	《广韵》反切	董氏音注	音注出处
搜	所鸠切	肃鸠切	3—24
溲	疎有切	苏后切	24—221 上

6. 以崇$_{二}$切邪$_{三}$,共计 1 例

被注字	《广韵》反切	董氏音注	音注出处
苴	徐嗟切集	锄驾切	5—43 下

精组与庄组混注有以下几个现象:(1) 庄组三等与精组三等混注;(2) 庄组二等与精组三等混注,如以“锄驾”切“苴”;(3) 庄组切上字配合一等韵切下字来注精组一等字,如用“侧古”切“组”;(4) 用精组切上字配合二等韵切下字拼切庄组二等字,如以“粗八”切“詧”。

这些切语类似于等韵门法中精照互用,反映了以上音注中庄组声母读舌尖音。现代南方诸方言中,普遍保留照$_{二}$归精的语音特征,同样,这也是现代江西赣方音的主要特征之一,精庄组声母在赣方言中逢今洪音韵混同。“精庄逢今洪音韵混同为 ts\ts^{h}\s 的点有永修、都昌、南昌、吉安、峡江、临川、湖口等大多数的赣方言点,奉新、广昌、

黎川等部分赣方言点精庄逢今洪音韵混同为 t\t^h\s。”①

庄精组声母在《唐书释音》中出现的数量不少,这应当是作者董冲方音的自然反映。董冲是饶州人,即今鄱阳人,是赣方言分布的主要区域。这反映了赣方言中精庄组声母合流,庄组声母读同精组声母的现象,宋代已经存在。

(二) 知、精混注现象

董氏《唐书释音》中有 2 例知组与精组的混注,分别列举如下:

1. 以清$_{三}$切彻$_{三}$ 1 例

被注字	《广韵》反切	董氏音注	音注出处
琛	丑林切	七金切	8—74 上

2. 以邪$_{三}$切澄$_{三}$ 1 例

被注字	《广韵》反切	董氏音注	音注出处
伫	直吕切	徐吕切	7—72 中

如果从知照合流的角度来看这两例混切,似乎可以解释为类似于照$_{二}$归精式的正齿音变读齿头音。不过这两例子都有存在校勘错误的可能,“琛,七金切”,“七”很可能就是“丑”之讹误。“伫,徐吕反”,“徐”很可能就是“除”之讹误,《宋本玉篇》“伫,除吕切”,《王三》亦为“除吕切”。

(三) 从、邪混注现象

《唐书释音》中出现一例从、邪混注的反切,列举如下:

被注字	《广韵》反切	董氏音注	音注出处
戕	在良切	徐羊切	17—154

① 见《江西赣方言语音的特点》,孙宜志,陈昌仪等,《南昌大学学报》(人社版),2001 年第 4 期,页 122—133。

《唐书释音》中，船、禅母合并，但从、邪母与其并不对应，是分立的。其混注情况仅 1 例，混注所占比例仅为 0.62%，还看不出从、邪合并的趋势。

我们认为这一例从、邪混注也应是方言现象。颜之推指出南方人从、邪不分。周祖谟先生根据《万象名义》推求原本《玉篇》音系是从、邪不分，而这个音系正是六朝时南方之音。① 在宋代赣方言中，存在从、邪相混的现象，很可能是承中古南音而来的。现代赣方言中，也普遍存在邪母与从母读音合流，读同送气清声母的现象。如“详”，彭泽、乐平音꜀tɕʰiɔŋ，铅山音꜀tɕʰiãŋ，余江音꜀tɕʰion꜀；“徐”，安义、新建、彭泽、铅山、贵溪、余江均音꜀tɕʰi。（参见陈倡仪等 2005《江西省志 · 江西省方言志》）

（四）齿音塞化现象

《唐书释音》中存在着部分舌上与舌头音的混注，如以定注澄：“憕，特陵切”（不排除“特”为“持”之讹误），单看这一部分语料，很容易会得出“古无舌上音”的看法。但董冲的注音中还有一批精章组与舌头音端组的混注，这就表明知组与舌头音的混注没有那么简单。前文已论定，在董氏音注中已经表现出来知照合流，那么在这里知组、精章组的与端组混注，可以看作都是在齿音的范围内的混注。这些现象，我们称之为“齿音塞化”现象。《唐书释音》“齿音塞化”现象表现如下。

1. 端组与知组混注

端组与知组混注共计 7 例，列举如下：

① 见《〈万象名义〉中之原本〈玉篇〉音系》，周祖谟，《问学集》，中华书局，1966 年，页 315—316。

(1) 透彻混注 2 例

被注字	《广韵》反切	董氏音注	音注出处
樗	通都切集	抽吾切	15—135
佻	吐雕切	敕聊切	6—70 下

(2) 定澄混注 2 例

被注字	《广韵》反切	董氏音注	音注出处
橦	徒红切	宅红切	15—136
憕	直陵切	特陵切	17—153

(3) 定彻混注 1 例

被注字	《广韵》反切	董氏音注	音注出处
笞	丑之切	田之切	5—56

(4) 透澄混注 2 例

被注字	《广韵》反切	董氏音注	音注出处
豸	池尔切	他尔切	13—122
縋	驰伪切	他伪切	17—152

2. 端组与精、章组混注

端组与精、章组混注共计 2 例,列举如下:

(1) 透昌混注 1 例

被注字	《广韵》反切	董氏音注	音注出处
俶	昌六切	天竹切	7—72 中

（2）以透切从 1 例

被注字	《广韵》反切	董氏音注	音注出处
摧	昨回切	他回切	21—203

此外，还有一例泥、书混注，以泥母字拼切书母三等字，其间音理不好解说，立此存疑，附于此。

被注字	《广韵》反切	董氏音注	音注出处
饟	式亮切	女亮切	22—214

以上知照合流的齿音与端组声母互注的现象，与现代赣方言齿音读为舌头音也是相对应的。现代赣方言中，有知、章、精组声母与端组声母合流，同读为 t、t^h 的现象。① 也就是说，《唐书释音》知、精章组与舌头音混注所反映的齿音塞化现象，在宋代江西方言中应当就开始出现了。

（五）日母的分化现象

董冲音注中有少量日母与影母、以母、娘母的混注现象，列举如下。

1. 以影切日，1 例

被注字	《广韵》反切	董氏音注	音注出处
然	如延切	燕山切	5—43 下

2. 以以切日，2 例

被注字	《广韵》反切	董氏音注	音注出处
汭	而锐切	余芮切	8—74 上

① 见《江西赣方言中古精庄知章组声母的今读研究》，孙宜志，《语言研究》，2002 年第 2 期，页 20—29。

续表

被注字	《广韵》反切	董氏音注	音注出处
瀼	汝阳切	攺(攺)阳切	23—217 上

以上 3 例日母字与影、以母混注，可看作日母在赣方言中有读为零声母的现象。《类字蒙求》直音中同样存在日母与影、娘母间的混注情况。[①] 在今赣方言中，还存在日母与影、喻母混读的现象。如今江西鄱阳等县市"让"(日母)、"养"(以母)声母混同，皆为零声母。[②] 所以，日母与影、以母的混注体现了赣方言的语音特征。

3. 以娘切日，3 例

被注字	《广韵》反切	董氏音注	音注出处
妊	汝鸩切	女鸩切	10—83
轜(輀)	如之切	女之切	12—104
纴(纴)	汝鸩切	女鸩切	16—149

以上 3 例娘日混注，亦可目为赣方言的特点。《唐书释音》日母与娘母的混注现象皆发生在三等细音条件下。在赣方言中，"日母读 n 或有 n 的白读，与泥母在细音前的今读相同"。[③]

又，董冲还有一例以书母切日母：

被注字	《广韵》反切	董氏音注	音注出处
汭	而锐切	输税切	6—70 下

日母是与章组配对的次浊声母，但在赣方言中日母字并不一定

---

① 见《江西赣方言历史文献与历史方音研究》，李军，商务印书馆，2015 年，页 124—126。

② 见《客赣方言比较研究》，刘纶鑫，中国社会科学出版社，1999 年。

③ 见《江西赣方言语音的特点》，孙宜志，陈昌仪等，《南昌大学学报》(人社版)，2001 年第 4 期，页 122—133。

读其相对应的浊擦音。在现代赣方言中,也存在日母与书母的混读现象。①

以上日母与影喻母、娘母的混注现象反映,日母在董氏实际语音中读音分化。现代赣方言中,古日母有读零声母、边音或舌尖前鼻音的不同分化现象。这种现象或许在宋代就已经开始。

（六）喉音合口轻唇化现象

董冲音注中出现了一例以匣母合口注轻唇音奉母的混注：

被注字	《广韵》反切	董氏音注	音注出处
坟	房吻切	户吻切	5—54

匣母在合口韵的条件下读音混入轻唇,这是明显的赣方言的特点。清《类字蒙求》中出现多例非组与晓匣母的混注情况,反映出晓匣母合口一、二等声母与非组声母合流的现象。② 如今“江西境内赣方言晓、匣母合口字和非组读 f 声母的确是一个覆盖面很大的语音特点。根据初步的调查,晓、匣母合口字和非组字基本上相混,不混的点只有湖口县一点。”③现代如此大面积的方音现象,在宋代可能刚刚萌发,故还较少见,偶然一例。

（七）牙音与知、章组混注现象

《唐书释音》中,知章字声母除与精组、端组声母互注外,还出现了 4 例与见组声母互注的现象,列举如下：

---

① 以上皆参考《江西赣方言语音研究》,孙宜志,语文出版社,2007 年。

② 见《江西赣方言历史文献与历史方音研究》,李军,商务印书馆,2015 年,页 123。

③ 见《江西赣方言语音的特点》,孙宜志,陈昌仪等,《南昌大学学报》(人社版),2001 年第 4 期,页 122—133。

1. 以见切章,1 例

被注字	《广韵》反切	董氏音注	音注出处
鄄	之人切集	吉因切	7—73 上

2. 以见切知,1 例

被注字	《广韵》反切	董氏音注	音注出处
啅	竹角切	救角切	9—79

3. 以溪切章,1 例

被注字	《广韵》反切	董氏音注	音注出处
麞	诸良切	丘良切	23—219

4. 以昌切群,1 例

被注字	《广韵》反切	董氏音注	音注出处
璚	渠营切	车营切	4—32

以上音注中,不排除部分校勘的错误,如“啅,救角切”有可能为“敕角切”之误。不过,知章组字与见系声母字读音相混的现象在江西赣方言文献中也有记录。如清《类字蒙求》中也存在大量见组与知、章组声母的互注现象。[①] 在现代赣方言中,也普遍存在古牙音声母与知、章组声母读音混同的现象。如:“茄”(群母)、“厨”(澄母)、“除”(澄母)在今江西鄱阳、横峰等县市声母皆读作“$tɕ^h$”,“去”(溪母)在今南昌、鄱阳、乐平等县市读作“$tɕ^h$”;又如:“句”(见母)、“朱”(章母)在今鄱阳、横峰等县市声母皆读作“tɕ”,放假的“假”(见母)、

① 见《江西赣方言历史文献与历史方音研究》,李军,商务印书馆,2015年,页 118—123。

“煮”(章母)在今江西湖口等县市声母皆读作“tɕ”。①

（八）喉擦音的弱化现象

董氏音注中出现了晓、匣母与云、以母混注的音切,共计 6 例。可能表现了少量喉擦音弱化的音变。这些音注共表现为以下几种形式。

1. 以匣切云,共计 2 例

被注字	《广韵》反切	董氏音注	音注出处
舃	韦委切	胡彼切	6—70 下
侑	于救切	奚救切	18—164

2. 以以切匣,共计 2 例

被注字	《广韵》反切	董氏音注	音注出处
荥	户扃切	余倾切	8—75 上
荥	户扃切	维琼切	25—223 上

3. 以晓切云,共计 1 例

被注字	《广韵》反切	董氏音注	音注出处
郧	王分切	许云切	7—73 上

4. 以以切晓,共计 1 例

被注字	《广韵》反切	董氏音注	音注出处
歙	许及切	逸及切	7—73 上

《释音》中匣母与云、以母的混注主要发生在合口条件下,其倾向是匣母合口与云、以母之间关系密切,即匣合口读为零声母。这

① 材料参见《客赣方言比较研究》,刘纶鑫,中国社会科学出版社,1999 年。

一特征在赣方言中分布比较广泛,江西历史方言文献中也多有反映。

（九）反映周边方言语音特征的特殊音注

《唐书释音》特殊音注除反映了现代江西赣方言的语音特征之外,部分音注所反映的语音特征虽然不是赣方言的普遍特征,但在周边方言中都能找到一定的证据。论述如下:

1. 喉、牙音混注现象

牙音见、溪、群母与喉音晓、匣、云母有较多混注,可分 3 类。

(1) 见溪、晓混注,共计 7 例。

① 以晓切见,1 例

被注字	《广韵》反切	董氏音注	音注出处
郏	古洽切	汔洽切	12—106

② 以见切晓,2 例

被注字	《广韵》反切	董氏音注	音注出处
珝	况羽切	九羽切	6—71 上
㧑	许为切	居为切	7—72 中

③ 以晓切溪,4 例

被注字	《广韵》反切	董氏音注	音注出处
绔	苦故切	荒故切	3—21
屺	墟里切	虚里切	7—71 下
屺	墟里切	嘘里切	8—74 上
瞰	苦滥切	荒滥切	17—155

(2) 见、溪母与匣母混注,共计 7 例。

① 以匣切见,1 例

被注字	《广韵》反切	董氏音注	音注出处
缑	古侯切	胡沟切	21—202

② 以见切匣,3 例

被注字	《广韵》反切	董氏音注	音注出处
鞨	胡葛切	居谒切	10—87
确	胡觉切	讫岳切	12—110
确	胡觉切	古岳切	23—216 下

③ 以匣切溪,3 例

被注字	《广韵》反切	董氏音注	音注出处
嵠	苦奚切	弦鸡切	5—43 下
诘	去吉切	奚吉切	7—72 中
觳	苦角切	胡勿切	16—149

(3) 见、群母与云母混注,共计 2 例。

① 以云切见,1 例

被注字	《广韵》反切	董氏音注	音注出处
穀	古岳切	友岳切	8—75 下

② 以云切群,1 例

被注字	《广韵》反切	董氏音注	音注出处
璩	强鱼切	永于切	9—79

牙喉互注与上古汉语通假中的牙喉通转现象具有非常相似的特点。从方言表现来看,现代闽音中有许多中古喉音晓匣字读牙音(舌根塞音),而南部吴语也有匣母读舌根塞音现象,李荣先生据此推断

匣母在上古读 g-(k-)。[①] 宋代江西饶州地区是江西方言与南部吴语的接触地带。现代江西德兴接壤的玉山等县市区仍属于吴语处衢片。牙喉音读音相混的现象在现代江西东北地区仍有反映。如铅山太源畲语中,溪母有少数读 f、x,横峰姚家福建话音系、玉山紫湖福建话中,都有匣母部分读 k 或零声母的特征,(参见胡松柏 2009:58,64,江西人民出版社)。宋代江西饶州地区文士董冲《唐书释音》出现 16 例牙喉音混注,很大程度上应该反映了吴闽方言与江西方言的接触,在宋代就已经存在并发展。

2. 明母与並母的互注现象

《唐书释音》中出现了 1 例以並母切明母的音注。

被注字	《广韵》反切	董氏音注	音注出处
詺	弥正切	弼正切	21—204

明母字读成唇塞浊音,分布在现代中国长江以南地区,是闽南话的一大特点。董冲将通语中读明母的字,注上並母,恰与闽方言中有並、明母混读的现象对应。董氏是北宋饶州人,饶州乃今江西鄱阳湖以东的上饶、鹰潭和景德镇一带。鹰潭和景德镇属赣方言区;现代上饶地区也有零星闽方言点分布,并保留有明母读 b 的语音特征,如横峰姚家福建话音系、玉山紫湖福建话中,"母"读 bu^{347},"面"读 $bi\tilde{e}n^{456}$、$b\tilde{e}n^{456}$。(参见胡松柏 2009)如果董冲所注这一並、明混切,确实是早期闽音的遗迹,那么上饶地区受闽方言影响的历史就可以上溯至北宋时代。

3. 敷、微母混注现象

《唐书释音》中存在 1 例敷、微混注的现象。

---

① 见《从现代方言论古群母有一二四等》,李荣,《音韵存稿》,商务印书馆,1982 年。

被注字	《广韵》反切	董氏音注	音注出处
庑	文甫切	芳武切	6—70 上

奉、微母合流是吴方言的普遍特征。董氏家乡当时地处今天的江西鄱阳湖以东的上饶、鹰潭和景德镇一带。以上敷母与微母的互注,可能董氏所在地区方言受到邻近地区方言的影响,存在其他方言的影子,这应该是一种方言交叉现象。

三、其他特殊音注

董冲音切中还有一部分,无论看作通语还是方音现象,都不大易于确定。它们中间很有可能是宋代饶州方音,但目前尚无有力证据论之。也有的可能是作者的错讹,甚至还有传抄中的错字,都需要有进一步的论定,故归于一起,略作铺陈,以待将来进一步研究。

(一)全清与次清声母的混注

在《释音》中,有不少全清与次清声母的混注,我们已经论定非敷两母已经合并(第二章中已有详细论述)。其他还存在的全清与次清的混注,可分两部分,其一是塞音中的不送气音与送气音的混注,这个方面有帮滂混注、见溪混注、精清混注、庄初混注。其二是齿音中的塞擦音与擦音混注,这个方面有章昌与书混注、精清与心的混注,分别举例如下。

1. 送气与不送气互注

(1) 以帮切滂,1 例

被注字	《广韵》反切	董氏音注	音注出处
劈	普击切	必歷切	25—224 下

(2) 以溪切见,3例

被注字	《广韵》反切	董氏音注	音注出处
嶂	古博切	去博切	1—2
襁	居两切	苦两切	14—126
駃	古穴切	苦决切	24—221上

(3) 以见切溪,3例

被注字	《广韵》反切	董氏音注	音注出处
褧	口迥切	古颖切	8—73下
汧	苦坚切	泾烟切	15—136
嶓	阔镬切	古博切	17—153

(4) 以清切精,1例

被注字	《广韵》反切	董氏音注	音注出处
朘	子泉切	此缘切	14—127

(5) 以庄切初,2例

被注字	《广韵》反切	董氏音注	音注出处
汊	楚嫁切	侧亚切	5—43下
栅	楚革切	侧格切	17—155

(6) 以初切庄,3例

被注字	《广韵》反切	董氏音注	音注出处
簀	侧革切	楚革切	2—14
禛	侧邻切	测邻切	9—82
髽	庄华切	测华切	25—222下

以上送气与不送气声母互注的现象,部分反映的是特殊音变现象,如"繦",本见母,现在汉语读送气声母。这反映这一规则音变在宋代读书音中就已经出现。还有一部分是受个别反切上字读音不规则音变的影响,如"侧"本庄母字,实际语音中当与现代汉语一致,读送气声母,故与送气清声母互注。

2. 塞擦音与擦音混注

(1) 以书切章,1 例

被注字	《广韵》反切	董氏音注	音注出处
忮	支义切	矢义切	18—168

(2) 以书切昌,2 例

被注字	《广韵》反切	董氏音注	音注出处
掣	尺制切	尸制切	9—77
湷	昌枕切	式荏切	24—222 中

(3) 以心切精,1 例

被注字	《广韵》反切	董氏音注	音注出处
卒	臧没切	苏骨切	3—216 上

(4) 以清切心,1 例

被注字	《广韵》反切	董氏音注	音注出处
鞘	私妙切	彩妙切	24—222 上

上述两种混注,均属于发音方法不同的互注,这些互注均极少,非常特殊,看不出有何规律,是否反映董冲的口音中上述这些字的读音有与通语音不同之处,目前尚难定夺。

（二）鼻音与口音声母混注

1. 以疑切见，3 例

被注字	《广韵》反切	董氏音注	音注出处
弇	古南切	吾含切	1—7
蓟	古诣切	鱼计切	8—74 上
攰	居伪切集	危瑞切	12—105

2. 以疑切晓，1 例

被注字	《广韵》反切	董氏音注	音注出处
阋	许激切	倪歷切	25—223 下

3. 以疑切祟，1 例

被注字	《广韵》反切	董氏音注	音注出处
孱	鉏山切集	银山切	10—86

4. 以疑切彻，1 例

被注字	《广韵》反切	董氏音注	音注出处
綝	丑林切	宜林切	6—71 上

5. 以娘切书，1 例

被注字	《广韵》反切	董氏音注	音注出处
饟	式亮切	女亮切	22—214

6. 以精切日，1 例

被注字	《广韵》反切	董氏音注	音注出处
轫	而振切	晋刃切	14—133

7. 以心切明,1 例

被注字	《广韵》反切	董氏音注	音注出处
愐	弥兖切	潚兖切	8—75 下

上述 7 种特殊音注现象,除以疑切见,都仅 1 例,非常罕见,既不属于通语音变,亦难以断为方音现象,暂且存疑。

(三) 喉、牙音与舌、齿音的混注

喉牙音与舌齿音的混切现象非常零散而杂乱,无法归纳其条例。故一总命之曰喉牙音与舌齿音的混注,其语音性质如何,亦有待将来。

1. 以溪切透,1 例

被注字	《广韵》反切	董氏音注	音注出处
掐	土刀切	苦洛切	20—195

2. 以定切群,1 例

被注字	《广韵》反切	董氏音注	音注出处
籧	其吕切	田许切	7—71 下

3. 以群切来,1 例

被注字	《广韵》反切	董氏音注	音注出处
秬	力举切	其吕切	17—158

4. 以影切清,1 例

被注字	《广韵》反切	董氏音注	音注出处
岨	七余切	乙余切	11—94

5. 以影切从,1 例

被注字	《广韵》反切	董氏音注	音注出处
蕞	才外切	乌外切	3—23 上

6. 以影切章,1 例

被注字	《广韵》反切	董氏音注	音注出处
鞨(鞨)	旨热切	音热直	23—218

7. 以清切晓,1 例

被注字	《广韵》反切	董氏音注	音注出处
翚	许归切	千韦切	10—83

8. 以晓切章,1 例

被注字	《广韵》反切	董氏音注	音注出处
彴	之若切	睧略切	10—83

9. 以云切精,3 例

被注字	《广韵》反切	董氏音注	音注出处
湔	子仙切	于仙切	11—98
鐫	子泉切	于泉切	14—130
璪	子皓切	于皓切	19—182

以上三例疑为“子”“于”形近讹误。但参校清乾隆写摛藻堂四库全书本、清光绪竹简斋影印武英殿本、中华书局排印四部备要本等,皆作“于”字,故列于此。

10. 以云切心,1 例

被注字	《广韵》反切	董氏音注	音注出处
愃	须缘切	员缘切	6—71 上

11. 以从切以,1 例

被注字	《广韵》反切	董氏音注	音注出处
沇	以转切	徂兖切	12—112

12. 以澄切以,1 例

被注字	《广韵》反切	董氏音注	音注出处
玚	与章切	长章切	6—71 上

13. 以以切邪,1 例

被注字	《广韵》反切	董氏音注	音注出处
漩(淀)	似宣切	以宣切	1—5

此例疑为“似”“以”形讹。但参校诸本,皆作“以宣切”,故列于此。

最后,声母混切还有 2 例唇音声母与群母、定母的混注。亦无法解释,暂且存疑。

14. 以滂切群,1 例

被注字	《广韵》反切	董氏音注	音注出处
佶	巨乙切	匹乙切	2—14

15. 以定切帮,1 例

被注字	《广韵》反切	董氏音注	音注出处
砭	方艳切	大验切	17—156

第二节 反映韵母特征的特殊音注

一、反映通语音变的特殊音注

宋代通语较之中古音系有了很大的变化，经过隋唐五代几百年的发展，宋代通语音系的韵母系统简化而为18部，较之《切韵》音系大致有如下变化：

1. 重纽、重韵合并；
2. 同摄一二等、三四等合韵；
3. 蟹摄细音逐渐分化出来归入止摄；
4. 江摄并入宕摄；
5. 梗、曾二摄合并；
6. 入声韵尾弱化；
7. 假摄洪、细音分立两部；
8. 某些音类或字类的变化，如：蟹摄合口一等向止摄靠拢，佳夬部分字归入麻韵，流摄唇音部分归入遇摄等。

这些演变在董冲《唐书释音》音释中同样有所体现。我们已经在前面列举了董氏音注中名目繁多的跨韵部混注，这些混注很多都与宋代通语音变情形相吻合，不同的只是程度差别。我们已经在第三章讨论了董氏音注中反映通语韵类音变的、成规律的混注，据以归纳了《唐书释音》的韵母系统。现在我们对其中一些出现数量很少，很难据以确定韵类分合的混注现象进行讨论。尽管这些音注不能据以判断韵类的分合，但混注所表现出来的语音变化趋势与宋代通语是相符的。

（一）反映重韵合流的特殊音注

1. 一等重韵混注

蟹摄一等泰韵开口与咍韵去声混注1例，泰韵合口与灰韵去声混注 1 例，列举如下。

以泰切灰，1 例

被注字	《广韵》反切	董氏音注	音注出处
缋	胡对切	黄外切	8—74 上

以咍切泰，1 例

被注字	《广韵》反切	董氏音注	音注出处
蹛	当盖切	当在切	5—43 下

2. 三等重韵混注

我们将通摄同等同开合的三等韵亦称之为重韵。其中止摄、臻摄、山摄三等重韵均有混注现象，列举如下。

(1) 止摄之、微混注，1 例

被注字	《广韵》反切	董氏音注	音注出处
颀	渠希切	音其直音	19—179

(2) 臻摄谆、文混注，2 例

被注字	《广韵》反切	董氏音注	音注出处
皲	居云切	居匀切	23—216 上
紃	食伦切	食云切	16—151

(3) 山摄仙、元混注，4 例

被注字	《广韵》反切	董氏音注	音注出处
瑄	须缘切	荀袁切	1—10
演	以浅切	于憶切	8—75 上
辯(辩)	符蹇切	扶健切	12—108

续表

被注字	《广韵》反切	董氏音注	音注出处
辧(辨)	符蹇切	扶健切	14—133

(二) 反映止、蟹摄合流的特殊音注

反映止、蟹摄合流的特殊音注主要有三种情况:(1) 灰韵与微韵合口混注;(2) 泰韵合口与脂韵混注;(3) 齐韵与之韵混注。前两种音注反映了蟹摄合口一等向止摄靠拢,后者表现了蟹摄细音归止摄的语音特征。

1. 以微合切灰,1 例

被注字	《广韵》反切	董氏音注	音注出处
嵬	五灰切	五非切	17—158

2. 以旨合切泰合,1 例

被注字	《广韵》反切	董氏音注	音注出处
会	古外切	古水切	5—46

3. 以之切齐开,1 例

被注字	《广韵》反切	董氏音注	音注出处
玭	騈迷齐集	符其齐	11—100

此外,董氏释音有一例泰韵合口一等字为祭韵三等细音切下字的混注:

被注字	《广韵》反切	董氏音注	音注出处
槥	于岁切	于翙切	11—96

这一混注同样反映了泰韵合口呼向止蟹摄合口呼靠拢的现象。

（三）反映同摄开合口韵合流的特殊音注

1. 山摄桓、寒混注

(1) 以寒切桓,3 例

被注字	《广韵》反切	董氏音注	音注出处
番	普官切	普安切	10—87
胖	蒲官切	普安切	16—149
幔	莫半切	莫旰切	15—138

(2) 以曷切末,1 例

被注字	《广韵》反切	董氏音注	音注出处
钹	蒲拨切	蒲割切	25—222 下

上述 4 例桓、寒韵系混注均发生在唇音帮组声母条件下,被注字为《广韵》山摄合口一等桓韵帮组字,董氏以开口一等寒韵系字作为反切下字,反映了山摄合口一等帮组读开口韵,与现代普通话读音一致。

2. 果摄戈一、歌混注

以开口一等歌韵切合口一等戈韵 2 例,其中唇音 1 例,舌音 1 例:

被注字	《广韵》反切	董氏音注	音注出处
妥	他果切	他可切	5—57
叵	普火切	普我切	13—119

果摄开口和一等唇音互注,反映了唇音条件下歌、戈韵系已经没有对立。以开口一等字做合口一等透母字的反切下字,则反映了果摄开合、口一等舌齿音读音合流的特点。与《中原音韵》中,果摄开、合口一等读音合流的特征一致,当同读合口韵。

3. 臻摄开合口韵混注

(1) 以没切迄,1 例

被注字	《广韵》反切	董氏音注	音注出处
吃	欺讫切	苦骨切	19—176

(2) 以质切术,1 例

被注字	《广韵》反切	董氏音注	音注出处
遹	余律切	余吉切	8—73 下

第一例当为误注“矻”之音,或以音明本字当为“矻”。第二例应当反映了实际语音汇总合口三等读开口细音的方言特征。例证太少,姑且存疑。

(四) 反映一、二等合流特征的特殊音注

1. 以哈切皆,1 例

被注字	《广韵》反切	董氏音注	音注出处
骇	五骇切	五该切	22—208

2. 以泰切夬,1 例

被注字	《广韵》反切	董氏音注	音注出处
啙	犲夬切	持艾切	23—216 下

(五) 反映二、三等韵混注的音注

1. 以宵切肴,1 例

被注字	《广韵》反切	董氏音注	音注出处
餑(餜)	博巧切	方表切	21—202

2. 以麻二切麻三,1 例

被注字	《广韵》反切	董氏音注	音注出处
苴	徐嗟切	锄驾切	5—43 下

3. 以山切仙,1 例

被注字	《广韵》反切	董氏音注	音注出处
然	如延切	燕山切	5—43 下

《唐书释音》中还有一例山摄二、三等轻唇音的混切:

被注字	《广韵》反切	董氏音注	音注出处
魬	扶板切	音贩直音	4—41

4. 以庚三切耕,1 例

被注字	《广韵》反切	董氏音注	音注出处
泓	乎萌切集	乎明切	6—71 上

5. 以清切耕,1 例

被注字	《广韵》反切	董氏音注	音注出处
迸	北诤切	北净切	4—32

董注中二等韵与三等韵发生这些接触,有可能暗示二等韵开始衍生出-i-介音来。但用来注三等韵的二等字并非纯牙喉音,这与中古开口二等牙喉音颚化还是有些距离的。

(六) 反映-t、-k、-p 尾入声韵尾混并的特殊反切

1. -t、-k 尾入声韵互注的特殊音注

(1) 以物切觉,1 例

被注字	《广韵》反切	董氏音注	音注出处
嗀	苦角切	胡勿切	16—149

(2) 质与昔、锡、职、德的混切,5 例

被注字	《广韵》反切	董氏音注	音注出处
奭	施只切	式质切	7—72 中
檄	胡狄切	刑吉切	1—3
堿	七则切	七疾切	19—181
蹢	职日切集	竹力切	13—118
昵	尼质切	昵力切	22—208

2. -t、-p 尾入声韵的混注

这一类混注表现为以缉韵切质韵的音注,共 1 例。

被注字	《广韵》反切	董氏音注	音注出处
昵	尼质切	尼立切	23—217 下

宋代通语 18 部的入声分四部,《广韵》臻、深、梗、曾四摄入声韵尾弱化合并为一部:质缉部,《唐书释音》曾、梗、臻、深摄入声之间的这些混注现象,与宋代通语特征一致,同样反映了四摄入声韵尾弱化现象。

此外,《唐书释音》中还有 2 例反映曾、梗两摄入声合流的混注,引述如下:

(1) 以锡切职,1 例

被注字	《广韵》反切	董氏音注	音注出处
嶷	鱼力切	鱼歷切	15—142

(2) 以德切锡,1 例

被注字	《广韵》反切	董氏音注	音注出处
倜	他历切	他得切	17—158

二、反映方音语音特征的特殊音注

除反映了通语语音特征的特殊音注之外,部分音注与通语语音特征有一定的举例,很大程度上应该是受实际语音,即董氏方言语音特征的影响。结合近代赣方言文献记载及现代赣方言语音特征,对这些音注所反映的语音特征与语音性质讨论如下。

(一) 蟹摄灰、咍混注

以灰切咍,2 例

被注字	《广韵》反切	董氏音注	音注出处
暧	乌代切	乌对切	6—70 上
埭	徒耐切	徒对切	9—82

在清《辨字摘要》《类字蒙求》中,皆存在古蟹摄合口一等灰韵与开口三四等韵失去开、合对立关系的现象,部分灰韵字与开口三四等字一样读开口细音。① 不过以上音注反映的是蟹摄开合口一等读音合流的特征,这一特征在现代赣方言中还部分保留。如德兴"开"音 k^hua,"海"音 xua。(陈昌仪 2005:195)

(二) 一、三等之间的混注

董冲音注中有一批一、三等字之间的混注,覆盖面很广,涉及 8 个摄。下面全部罗列这些混注。

① 见《江西赣方言历史文献与历史方音研究》,李军,商务印书馆,2015 年,页 70,131—132。

1. 通摄

(1) 以东一切东三,1 例

被注字	《广韵》反切	董氏音注	音注出处
酆	敷隆切	敷公切	7—71 下

(2) 以钟切冬,1 例

被注字	《广韵》反切	董氏音注	音注出处
侬	奴冬切	尼容切	3—22

第一例反映的是古通摄三等非组字丢失 i 介音,与一等洪音读音合流的特征,这在现代普通话中是普遍存在的。现在部分方言中与通语一样,通摄三等非组也是丢失 i 介音,读音并入一等洪音。如"冯"(冬韵)在今江西南昌、乐平、高安等县市韵母读作"uŋ",在今横峰等县市韵母读作"oŋ"。第二例存疑。

2. 山摄

(1) 桓、元混注,3 例

被注字	《广韵》反切	董氏音注	音注出处
观	古丸切	古元切	3—23 上
刓	五丸切	愚袁切	18—166
惋	于阮切	于玩切	8—74 上

(2) 以桓切仙,2 例

被注字	《广韵》反切	董氏音注	音注出处
喘	昌缘切集	吹官切	3—27 下
琁	似宣切	似宽切	5—57

以上第一、二例反映的是"丸""元"同音现象。在今赣方言中,

山摄合口一等字"丸"读同三等合口细音的现象比较普遍，如新干"丸"音꜀yen，广丰音꜀yẽ。（参见陈昌仪 2005）。"耑，吹官切"，则反映了山摄合口三等照组组字韵母与合口一等读音合流的特征。

其他几例不排除校勘的原因。

3. 效摄

(1) 以宵切豪，1 例

被注字	《广韵》反切	董氏音注	音注出处
媪	乌皓切	乌皎切	12—109

(2) 以豪切萧，1 例

被注字	《广韵》反切	董氏音注	音注出处
徼	古吊切	古保切	5—50

第一例"皎"有可能为"皓"之讹误，第二例"保"亦可能是"吊"之讹误，是否反映了方言特点，存疑。

4. 宕摄

以阳切唐，3 例

被注字	《广韵》反切	董氏音注	音注出处
珖	姑黄切集	古方切	6—71 上
滂	普郎切	普方切	7—72 中
锒	鲁当切	鲁常切	24—222 中

以上三例所涉及的是宕摄轻唇音"方"读洪音，与一等韵字互注，以及照组字"常"读开口洪音，与一等字互注的现象。这些特征既反映了方言特征，也应当与通语的特征一致。

5. 流摄

以侯切尤，2 例

被注字	《广韵》反切	董氏音注	音注出处
溲	疎有切	苏后切	24—221 上
捄	居又切集	古候切	19—178

以上第一例,反映了精组一等与庄组互注的方言特征,也反映了部分流摄一等字与三等韵字韵母读音相同的特点。在今赣方言中,仍然存在流摄一等与三等的混读现象。一般有两种情况:一是一等韵产生 i 介音,与三等韵读音混,如:"某"(厚韵)、"透"(候韵)、流(尤韵)在横峰等县市今韵母读作"iɔ",又如:"楼"(侯韵)、"绉"(宥韵)在今横峰等县市韵母读作"iu";另一种情况是三等韵丢失 i 介音,与一等韵读音混,如"浮"(尤韵)、"收"(尤韵)、"头"(侯韵)在今鄱阳等县市韵母读作"ou",在今高安等县市韵母读作"ɛu"。

6. 曾摄

以德切职,1 例

被注字	《广韵》反切	董氏音注	音注出处
愎	符逼切	蒲北切	17—159

在今赣方言中,仍然存在曾摄三等韵 i 介音丢失并且读作洪音的现象。如"直"(职韵)、"色"(职韵)、"墨"(德韵)在今江西鄱阳等县市韵母皆读作"ɜ",在今乐平、横峰等县市韵母皆读作"ɛʔ"。

7. 异摄一、三等混注:曾摄登韵、梗摄清韵混注

以清切登,1 例

被注字	《广韵》反切	董氏音注	音注出处
罾	作滕切	作名切	19—174

此例以开口三等字注曾摄开口一等,这一特征在现代赣方言中仍比较普遍,如高安、万载、樟树、分宜"肯"读 k^{h}iɛn,奉新读 k^{h}ien。

（三）反映-n、-ŋ、-m 尾阳声韵混注的特殊反切

从诗歌用韵可以得知，阳声韵尾之间的混注，这是宋代南方方言的共同特点，江西方言自然不会例外。董冲音注中的一部分不同阳声韵尾间的混切透露了这个方音信息。

1. -n、-ŋ 尾韵混注

（1）以庚三切真，1 例

被注字	《广韵》反切	董氏音注	音注出处
舋	许覲切	许敬切	14—133

（2）以蒸切真，1 例

被注字	《广韵》反切	董氏音注	音注出处
胤	羊晋切	以证切	7—72 下

臻摄与梗、曾摄韵字的混注，说明在《唐书释音》中，阳声韵尾-n、-ŋ 存在混同现象。-n、-ŋ 尾的混同，在今赣、客方言区及吴方言区等地还存在这样的现象。另外，臻摄与梗、曾摄韵字的混注还说明了董注中臻摄与梗、曾摄韵字的主元音有混同现象。中古曾、梗、臻摄字在今赣方言区鹰潭片，主元音相同，读为 e，韵尾皆并于-ŋ 尾。①

2. -n、-m 尾韵混注

这一混注主要表现在以臻韵三等字注深摄三等字，共计 1 例：

被注字	《广韵》反切	董氏音注	音注出处
郴	丑林切	丑真切	15—140

董氏以臻摄真韵字作深摄侵韵字的反切下字，说明其音深摄-m 尾已经出现演化为-n 尾的趋势，侵、真韵主元音发生混同迹象。宋元

① 材料参见《客赣方言比较研究》，刘纶鑫，中国社会科学出版社，1999 年。

江西(赣方言区)词人用韵多有侵、真通押的现象。在现代赣方言中也存在这样的现象。

3. -ŋ、-m 尾韵混注

这一混注主要表现在以深摄三等字注曾摄三等字,共计 1 例:

被注字	《广韵》反切	董氏音注	音注出处
庱	丑升切	丑林切	10—87

《唐书释音》阳声韵有-m、-ŋ 尾韵的混注现象,发生在曾摄蒸韵和深摄侵韵之间。说明董注曾、深摄主元音有发生混同的现象。-m、-ŋ 尾韵的混同现象在客赣方言和吴方言中还大量存在。清《辨字摘要》《类字蒙求》中即存在深摄-m 韵尾、曾梗摄-ŋ 韵尾和臻摄-n 韵尾合流的现象。① 鲁国尧先生在《宋元江西词人用韵》中就有论述,宋元江西词人用韵存在侵寻部、真文部、庚青部的通押情况。但是"从统计上看,侵寻、真文、庚青三部独用的多,合用的少,-m、-n、-ŋ 的分立是宋元语音的事实,因此三部应该分开"。② 可见,诗词押韵作者通常都遵从通语音,-m、-n、-ŋ 的分立为宋代通语音现象。而偶尔表现出的合用则透露了其方言现象。

(四) 反映入声韵混注的特殊音注

1. 江摄觉韵、通摄屋一韵混注

以屋一切觉,1 例

被注字	《广韵》反切	董氏音注	音注出处
襮	弼角切集	普木切	5—49 上

---

① 见《江西赣方言历史文献与历史方音研究》,李军,商务印书馆,2015 年,页 94,141—143。

② 见《宋元江西词人用韵研究》,鲁国尧,《语言学文集:考证、义理、辞章》,上海人民出版社,2008 年,页 172。

在今赣方言中,“宕江二摄合流”。① 在宋元词人用韵情况中也体现了这一特点,江宕摄入声“铎觉部内部互叶一百零一次。如袁去华《念奴娇·满城风雨》叶‘幕鹊薄酌学乐约落’,《解连环·塞鸿难托》叶‘托邈薄索药若角却萼落’。其中的‘学邈角’是《广韵》觉韵字,‘幕薄乐落萼索托’是铎韵字,其余是药韵字。”在宋元江西词人用韵中也存在铎觉部与屋烛部(通摄入声韵)情况:“赵长卿《瑞鹤仙·海棠》叶‘落扑阁幕着恶昨索却约着削’,其中‘扑’是屋烛部字”。② 可见,屋、觉间的混注现象,反映了赣方音的语音特征。

2. 梗摄麦韵、宕摄铎韵混注

以铎切麦,1 例

被注字	《广韵》反切	董氏音注	音注出处
蝈	古获切	古获切	3—24

在今赣方言中,还存在宕、梗摄入声韵字混读的现象。如“作”(宕摄)、“陌”(梗摄)在今永修、修水等县市韵母皆读作 ɔ(喉塞音符号)。③

3. 山摄屑韵、臻摄质韵混注

以质切屑,1 例

被注字	《广韵》反切	董氏音注	音注出处
镉	古穴切	古疋切	15—135

宋元江西词人用韵存在山、臻摄入声韵字互叶的情况。“at(山

① 见《江西赣方言语音的特点》,孙宜志,陈昌仪等,《南昌大学学报》(人社版),2001 年第 4 期,页 122—133。

② 见《宋元江西词人用韵研究》,鲁国尧,《语言学文集:考证、义理、辞章》,上海人民出版社,2008 年,页 176。

③ 材料参见《客赣方言比较研究》,刘纶鑫,中国社会科学出版社,1999 年。

入）·et（臻入）计八次。如石孝友《念奴娇·平湖阁上》叶‘发渤窟袜发阔骨月’，刘仙伦《念奴娇·一番春事》叶‘节月物发雪谒笏爇’，其中的‘渤窟骨物笏’都是 et 字。”①在今赣方言中，也存在山、臻摄入声韵字混读的现象。如“月”（山摄）、“出”（臻摄）在鄱阳县韵母皆读作 ʉɜ，“阔”（山摄）、“骨”（臻摄）在鄱阳县皆读作 uɜ。②

（五）反映阴声韵与入声韵混注的特殊音注

1. 蟹摄字与曾、咸摄入声韵字的混注

（1）以海切德，1 例

被注字	《广韵》反切	董氏音注	音注出处
祴	古得切	古待切	25—222 下

（2）以代切德，1 例

被注字	《广韵》反切	董氏音注	音注出处
祴	古得切	古碍切	3—217 下

（3）以海切叶，1 例

被注字	《广韵》反切	董氏音注	音注出处
躐	良涉切	力海切	14—130

《中原音韵》皆来部，有部分来自曾梗摄开口一、二等的入声字与以上第 1、2 例所反映的特征一致，这可能反映了江西方言与通语共同的特征。

---

① 见《宋元江西词人用韵研究》，鲁国尧，《语言学文集：考证、义理、辞章》，上海人民出版社，2008 年，页 181。

② 材料参见《客赣方言比较研究》，刘纶鑫，中国社会科学出版社，1999 年。

2. 遇摄字与宕、梗摄入声韵字的混注

以昔切暮,1 例

被注字	《广韵》反切	董氏音注	音注出处
葃	存故切集	才亦切	16—150

董注梗摄入声韵字作遇摄阴声韵字的切下字,说明其音梗摄入声韵韵尾发生弱化或脱落。中古入声昔韵字在今赣方言区鹰潭片及临近地方仍存在入声韵尾弱化为喉塞音或脱落的现象。

3. 宕摄药韵、遇摄虞韵混注

以虞切药,1 例

被注字	《广韵》反切	董氏音注	音注出处
獲	郁缚切集	郁符切	20—193

《唐书释音》以"符"代"缚",反映了宕摄入声韵与遇摄阴声韵互注的现象,说明宕摄入声韵尾出现弱化现象,逐渐与阴声韵读音合流。

4. 效摄字与宕摄入声韵字的混注

以铎切豪,1 例

被注字	《广韵》反切	董氏音注	音注出处
掐	土刀切	苦洛切	20—195

《唐书释音》效摄豪韵与宕摄入声铎韵发生混注,说明宕摄铎韵入声韵韵尾发生弱化或脱落。中古宕摄入声韵在今赣方言区鹰潭片及其临近地方存在入声韵尾弱化为喉塞音或脱落的现象。

三、其他特殊音注

部分其他特殊音注,所反映的语音特征与通语、方言均有一定的差距,可能有校勘方面的原因,兹附于此,以待进一步研究。

1. 阴声韵与阳声韵混注,主要发生在遇摄字和山、咸摄字的混注

(1) 以模切先,1 例

被注字	《广韵》反切	董氏音注	音注出处
岘	胡典切	胡墓切	14—126

(2) 以鱼切盐,1 例

被注字	《广韵》反切	董氏音注	音注出处
奄	衣廉切	衣于切	11—96

2. 蟹、果摄字混注,以歌切队 1 例

被注字	《广韵》反切	董氏音注	音注出处
颣	卢对切	卢阿切	17—162

3. 止摄字与咸摄入声韵字的混注

止摄之韵、咸摄入声洽韵混注,以洽切之 1 例

被注字	《广韵》反切	董氏音注	音注出处
綦	渠之切	巨夹切	22—209

我们通过对《新唐书》元刻明修本(《释音》附于其后)、清乾隆写摛藻堂四库全书本、清光绪竹简斋影印武英殿本、中华书局排印四部备要本等几个本子的比较对照,发现诸本皆作“巨夹切”。“巨夹切”疑为作者笔误亦或传抄错误。

第三节　反映声调特征的特殊音注

一、反映通语音变的特殊音注

《释音》中声调部分反映通语音变的混注有两点,一是上去混注,二是阴入混注。该二者皆反映了语音由中古向近代发展过程中声调的演变特征,即反映了浊上归去、入派三声的初始态势。这在第三章第二节声调系统部分已有详细阐释,此处不再赘述。

二、反映方音特征的音注

(一)平上混注

《释音》中存在平声与上声的混注现象。首先我们看二者的混注情况:

1. 以平声切上声,共计2例

被注字	《广韵》反切	董氏音注	音注出处
傥	他朗切	他郎切	9—82
骙	五骇切	五该切	22—208

2. 以上声切平声,共计9例

被注字	《广韵》反切	董氏音注	音注出处
儋	徒甘切	徒敢切	7—71下
僬	甫娇切	甫矫切	8—75上
孱	士山切	士简切	9—82
黔	巨淹切	巨奄切	10—92

续表

被注字	《广韵》反切	董氏音注	音注出处
赀	即移切	将此切	13—123
唵	吾含切集	衣俭切	14—130
黟	于脂切	于美切	16—146
眡	是支切	善旨切	18—164
蚍	房脂切	频指切	24—222 中

在《唐书释音》中,上声与平声存在混注现象。在现代赣方言中,也存在这样的现象。

20 世纪 50 年代和 70 年代,赵元任和桥本万太郎就曾指出:客家方言有次浊上声字归阴平的现象。台湾学者何大安引用桥本的观点说:"客方言有一个重要的特征,就是部分的次浊上声字如'马礼买晚领'等读成阴平调。这也是一个很好的分别标准,因为这些字在赣方言里並部读成阴平调。"80 年代末,黄雪贞根据广东、福建的客家方言,综合诸家的研究指出:客家方言"古次浊上声与全浊上声都有读阴平的现象",这是客家方言声调的特点。《中国语言地图集·客家话与赣语的异同》:"黄雪贞 1988 年与 1989 年指出,客家话声调的特点在于古次浊平声、古次浊上声与古全浊上声都有读阴平的。这才是客家方言的特点,当然也是客家话区别于赣语的特点。"此后,研究者们一般都把这一点看作是客家方言与汉语其他方言、特别是与赣方言相区别的重要特征。①

后刘纶鑫通过对江西境内方言点全面的调查研究,对以上观点进行了一些补充和修正。在赣方言中也存在这样的现象。"在江西的赣方言中,浊上读如阴平的主要分布在赣东和赣中,赣北也偶有所

---

① 以上转引自《客赣方言的声调系统综述》,刘纶鑫,《南昌大学学报》(人社版),2000 年第 4 期,页 100—106。

见。在这些地方,全浊上声字读阴平的现象很常见。其中,最典型的是黎川县方言。在黎川方言中古全浊上声字绝大部分都读为阴平,只有极少数字读阳去。除黎川以外,临川、南城、南丰、崇仁、乐安、广昌、宜黄、东乡、进贤、金溪、资溪、横峰、弋阳、铅山、余江、鄱阳、贵溪、鹰潭、永新、宁冈、万安、新干、吉水、永丰、井冈山市厦坪菖蒲村(属赣方言)等地都有这种现象。这些地方读阴平的浊上字与客家方言大致相当。"①在《释音》中存在浊上与平声混注的现象,这体现了赣方言的特征。至于清音上声与平声的混注,可能是作者作注的随意性。

(二) 平去混注

《释音》中存在平声与去声的混注现象。首先我们看二者的混注情况:

1. 以平声切去声,共计5例

被注字	《广韵》反切	董氏音注	音注出处
檐	都滥切	都甘切	3—24
窖	古孝切	居郊切	5—53
掾	以绢切	余篇切	8—75下
踣	匹候切	匹侯切	15—143
纇	卢对切	卢阿切	17—162

2. 以去声切平声,共计4例

被注字	《广韵》反切	董氏音注	音注出处
苴	徐嗟切集	锄驾切	5—43下
璘	力珍切	力刃切	7—72下

① 见《客赣方言的声调系统综述》,刘纶鑫,《南昌大学学报》(人社版),2000年第4期,页100—106。

续表

被注字	《广韵》反切	董氏音注	音注出处
裒	薄侯切	薄候切	10—85
俳	蒲枚切	备昧切	18—170

《唐书释音》部分去声与平声的混注,共9例,仅有3例发生在清音声母条件下,以浊音声母条件下的平、去声混注为主流。在今赣方言中,中古去声字的走向分几种不同的情况,其中一类情况为"中古去声字依声母清浊分流,但是只有一个去声调,没有阴去阳去两类去声调。其去声清、浊声母字各自的走向又有以下几种情况:(1)清声母去声字归阳平,浊声母去声字为去声。新余、分宜、万年、宜春、万载、宜丰、吉安、万安、峡江、永丰、吉水……属于这一种。(2)浊声母去声字归阴平,清声母去声字为去声。都昌、鄱阳、崇仁、贵溪、铅山、余江……属于这一种。(3)清声母去声字归上声,浊声母去声字为去声。石城属于这一种。(4)不送气去声清声母字归阳平,送气去声清声母字归上声,去声浊声母字为去声。南昌(塔城)、新建、安义属于这一种。"①《唐书释音》中平、去声混注的状况与第二种情况较为接近。且第二种情况的代表方言点正处于宋代江西饶州地区在今天所覆盖的县市一带。《释音》中的平、去混注正透露了作者的方音特征。

① 见《客赣方言的声调系统综述》,刘纶鑫,《南昌大学学报》(人社版),2000年第4期,页100—106。

结　语

通过对《唐书释音》音注全面、系统的研究，使我们对北宋末年饶州人董冲所著的这一部音释类著作的语音状况有了整体的了解。通过对音注反切的系联和与《广韵》《集韵》音系的比较，统计混注的比率，对照宋代通语已有的成果，我们得到《释音》的声、韵、调系统：声母 38 个，韵母 85 个（其中有 7 个韵母据音系推得），声调 4 个。

这个音系相对于通过诗词用韵以及宋代韵图考出的宋代通语语音而言，有许多共同之处。如：声母系统有非敷相混、泥娘相混等；韵母系统有重纽重韵分别合并、四等韵并入三等；声调系统平、上、去、入皆独立等等。但较之宋代中原通语，这个音系相对保守，也就是说，其语音演变发展的趋势同于中原通语，但发展速度则比较慢。比方说：通语的轻重唇分化在这里同样有表现，轻唇音作为一组声母已然具备，但仍有许多的轻重混注，反映了轻唇音的分化尚未最终完成。又如全浊声母与全清声母有一些混注，这是浊音清化的表现，但清、浊音的混注总体数量很少，且其混注的方式也看不出清化的规律，似乎反映了全浊清化的初始态势，等等。韵母方面也有这样的情况，如同摄二等韵与一等或三等的混注，其出现的数量在不同的摄中并不平衡，似乎表现出一些摄二等韵的演变不平衡，有的已分别并入一、三等，有的仍保持独立。重韵的情况亦然。

《释音》还有不少的特殊音注，它们表现的语音接触与宋代通语语音现象不相吻合。通过全面的比较考查，可以推知其中除小部分外，大多数都反映了宋代江西方音特征。声母部分如：1. 照二归精；2. 齿音塞化；3. 日母的分化；4. 喉音合口轻唇化；5. 牙音与知、章组混注。韵母部分如：1. 蟹摄灰、咍混注；2. 一、三等之间的混注；3. -n、-ŋ、-m 尾混注；4. 部分跨摄入声韵混注；5. 阴声韵与入声韵混注等等。声调部分入:1. 平声与上声的混注;2. 平声与去声的混注。我们运用文献考证和现代方言的比较,确定上述特异现象为宋代江西地区方音,从而获得许多宋代赣方言语音表现。由此,附带可以确认该书作者董冲的里籍。因为文献缺乏,过去我们对董冲的了解很少,虽然有记载说他为宋代饶州人,苦无旁证。现在我们可以运用方音这一内证来确认。北宋饶州在现代涵盖了今江西鄱阳湖以东的上饶、鹰潭、景德镇一带的诸多县市。其中大部分地区属赣方言区,又有上饶主要属吴方言区,还零星分布有闽方言点。[①] 书中方音表现也是主要呈现赣方言特色又显示出闽、吴方音的影响,与现代方言区的方音分布若合符契。从音注的方音特色来看,作者董冲应当确如王观国《学林》中所记,为"饶州老儒"。[②]

总之,《释音》一书有着丰富的宋代语音史料,要充分认识到其复杂性,认识到其内部包含了不同层次的语音现象。通过穷尽地系联、比较、统计、归纳,我们认为《唐书释音》的音系是这样一个复杂的系统:主流为宋代通语音系(但这个音系与北边邵雍等相比,显得发展速度稍慢),又夹杂了若干方音现象。

---

① 见《江西方言的分区》(稿),颜森,《方言》,1986 年第 1 期,页 19—38。

② 见绪论部分。

参考文献

一、古籍

（唐）陆德明　1983　《经典释文》，北京：中华书局。

（宋）陈彭年等　1982　《广韵》，北京：中国书店。

（宋）丁度　1989　《集韵》，北京：中华书局。

（宋）董冲　《唐书释音》，元大德刻明成化弘治递修本。

四部备要，清乾隆武英殿刻二十四史本。

四库全书，史276，清乾隆三十八年写摛藻堂本。

（宋）郭守正　《增修校正押韵释疑》，四库全书，经237，江苏巡抚采进本。

（宋）史照　2003　《资治通鉴释文》，北京：北京图书馆出版社。

（宋）王观国　1988　《学林》，北京：中华书局。

（宋）王应麟　1987　《玉海》，上海：上海书店。

（宋）朱熹　《通鉴纲目》，清嘉庆八年刻本。

（元）脱脱　1985　《辽史》，北京：中华书局。

1985　《宋史》，北京：中华书局。

（元）熊忠　2000　《古今韵会举要》，北京：中华书局。

（元）周德清　1980　《中原音韵》，《中国古典戏曲论著集成》，北京：中国戏剧出版社。

（明）柯维基　1936　《宋史新编》，上海：大光书局。

（明）张自烈　1996　《正字通》，北京：国际文化出版公司。

（清）陈熙晋　1985　《笺注骆临海集》，上海：上海古籍出版社。

(清)方以智 1988 《通雅》,上海:上海古籍出版社。

(清)顾炎武 1982 《音学五书》,北京:中华书局。

(清)桂馥 1958 《札朴》,北京:中华书局。

(清)莫友芝 2000 《宋元旧本书经眼录》,北京:北京图书馆出版社。

二、专著

昌彼得 1977 《宋人传记数据索引》,台北:鼎文书局。

陈昌仪 1991 《赣方言概要》,南昌:江西教育出版社。

董同龢 2004 《汉语音韵学》,北京:中华书局。

高本汉 2003 《中国音韵学研究》,北京:商务印书馆。

葛剑雄等 1993 《简明中国移民史》,福州:福建人民出版社。

耿振生 1992 《明清等韵学》,北京:语文出版社。

耿振生 2004 《20 世纪汉语音韵学方法论》,北京:北京大学出版社。

何耿镛 1984 《汉语方言研究小史》,山西:山西人民出版社。

何占涛 2009 《〈新唐书释音〉声类研究》,上海:学林出版社。

侯精一 2002 《现代汉语方言概论》,上海:上海教育出版社。

李方桂 1980 《上古音研究》,北京:商务印书馆。

李国玲 1994 《宋人传记数据索引补编》,四川:四川大学出版社。

李开 1993 《汉语语言研究史》,南京:江苏教育出版社。

李荣 1956 《切韵音系》,北京:科学出版社。

1982 《音韵存稿》,北京:商务印书馆。

李如龙 1992 《客赣方言调查报告》,厦门:厦门大学出版社。

李新魁 1983 《汉语等韵学》,北京:中华书局。

李无未 2005 《音韵文献与音韵学史》,长春:吉林文史出版社。

李无未　李红　2008　《宋元吉安方音研究》,北京:中华书局。

刘纶鑫　1999　《客赣方言比较研究》,北京:中国社会科学出版社。

刘晓南　1999　《宋代闽音考》,长沙:岳麓书社。

　　2007　《汉语音韵研究教程》,北京:北京大学出版社。

　　2008　《汉语历史方言研究》,上海:上海人民出版社。

刘晓南等　2002　《宋辽金用韵研究》,香港:香港文化教育出版社。

刘泽民　2005　《客赣方言历史层次研究》,兰州:甘肃民族出版社。

鲁国尧　1994　《鲁国尧自选集》,郑州:河南教育出版社。

　　2003　《鲁国尧语言学论文集》,南京:江苏教育出版社。

　　2008　《语言学文集:考证、义理、辞章》,上海:上海人民出版社。

罗常培　周祖谟　1958　《汉魏晋南北朝韵部演变研究》(第一分册),北京:科学出版社。

宁继福　1985　《中原音韵表稿》,吉林:吉林文史出版社。

桥本万太郎　1985　《语言地理类型学》,北京:北京大学出版社。

邱棨阳　1974　《集韵研究》,台北(稿本影印)。

邵荣芬　1982　《切韵研究》,北京:中国社会科学出版社。

　　1995　《〈经典释文〉音系》,台北:学海出版社。

　　1997　《邵荣芬音韵学论集》,北京:首都师范大学出版社。

沈建民　2006　《〈经典释文〉音切研究》,北京:中华书局。

孙宜志　2007　《江西赣方言语音研究》,北京:语文出版社。

王力　1980　《汉语史稿》(重排本),北京:中华书局,2005年第

10 版。

1998 《汉语语音史》,北京:中国社会科学出版社。

魏建功 1996 《古音系研究》,北京:中华书局。

谢留文 2003 《客家方言语音研究》,北京:中国社会科学出版社。

许怀林 1998 《江西史稿》,南昌:江西高校出版社。

杨耐思 1981 《中原音韵音系》,北京:中国社会科学出版社。

杨时逢 1969 《南昌音系》,台北:"史语所集刊"三十九本。

杨亦鸣 1992 《李氏音鉴音系研究》,西安:陕西人民教育出版社。

余乃永 2008 《新校互注宋本广韵》(定稿本),上海:上海人民出版社。

袁家骅 2001 《汉语方言概要》(第二版),北京:语文出版社。

詹伯慧 1981 《现代汉语方言》,武汉:湖北人民出版社。

周祖谟 1960 《广韵校本》,北京:中华书局。

1966 《问学集》,北京:中华书局。

朱士嘉 1986 《宋元方志传记索引》,上海:上海古籍出版社。

三、论文

曹洁 2004 《〈唐律音义〉与宋初语音》,《贵州大学学报》第4期。

陈昌仪 1997 《赣语止摄开口韵知章组字今读的历史层次》,《南昌大学学报(社会科学版)》第2期。

陈广忠 1999 《朱熹〈诗集传〉叶音考辨》,《安徽大学学报》第2期。

1999 《朱熹〈诗集传〉叶音考辨续》,《安徽大学学报》第3期。

陈鸿儒 2003 《〈诗本音〉所考古音与〈诗集传〉注音》,《语言研究》第 3 期。

陈敏燕　孙宜志　2001　《江西赣方言中古两呼四等今读四呼情况的考察》,《江西社会科学》第 10 期。

陈亚川　1986　《反切比较法例说》,《中国语文》第 2 期。

储泰松　2002　《唐五代关中文人的用韵特征》,《安徽师范大学学报》(社会科学版)第 3 期。

杜爱英　1998　《北宋江西诗人用韵研究》,南京大学博士论文。

1997　《清江三孔诗韵考》,《古汉语研究》第 1 期。

1998　《北宋诗僧德洪用韵考》,《山东师大学报》(哲社)第 1 期。

1998　《杨万里诗韵考》,《中国韵文学刊》第 2 期。

2001　《新喻三刘古体诗韵所反映的方音现象》,《语文研究》第 2 期。

2001　《北宋江西诗韵字中的一字异读及该韵字在现代普通话中的读音》,《徐州师大学报》(哲社)第 3 期。

杜季芳　2007　《〈群经音辨〉研究》,山东大学博士学位论文。

冯娟、杨超　2005　《陈景元道藏音注研究有关声母系统的研究》,《西华师范大学学报》第 2 期。

冯蒸　1994　《〈尔雅音图〉音注所反映的宋初非敷奉三母合流》,《云梦学刊》第 4 期。

1994　《〈尔雅音图〉音注所反映的宋代知庄章三组声母演变》,《汉字文化》第 3 期。

1995　《〈尔雅音图〉音注所反映的宋初三四等韵合流》,《汉字文化》第 4 期。

何大安　1987　《论赣方言》,《汉学研究》第 5 卷第 1 期。

何占涛　2006　《〈唐书释音〉的声类系统》,《贵州教育学院学报》第 5 期。

2007 《〈唐书释音〉声母系统性质》,《铜仁学院学报》第4期。

胡松柏 2003 《赣东北汉语方言接触研究》,暨南大学博士论文。

简启贤 2006 《反切比较法补说》,《音韵论集》,北京:中华书局。

1998 《〈字林〉音注声类考》,《汉语史研究集刊》第一辑(下),成都:巴蜀书社。

江灏 1985 《〈资治通鉴音注〉反切考》,《古汉语论集》,湖南:湖南教育出版社。

蒋平 谢留文 2004 《古入声在赣、客方言中的演变》,《语言研究》第4期。

金雪莱 2005 《慧琳〈一切经音义〉语音研究》,浙江大学博士学位论文。

赖江基 1986 《从〈诗集传〉的叶音看朱熹音的韵系》,《音韵学研究》第二辑,北京:中华书局。

黎新第 1999 《从量变看朱熹反切中的全浊清化》,《语言研究》第1期。

2001 《对朱熹反切中的全浊清化例证的再探讨》,《古汉语研究》第1期。

李菡幽 2002 《赣语泰和方言阴平分两调》,《方言》第3期。

李红 2005 《〈九经直音〉中所反映的知章庄精组声母读如t现象》,《延边大学学报》第4期。

李军 2003 《宋代韩柳文音注研究》,广西师范大学硕士论文。

2005 《韩醇〈诂训柳先生文集〉音释研究》,《古汉语研究》第4期。

李开 1987 《宋贾昌朝〈群经音辨〉及其在中国语言学史上的意义》,《淮北煤炭师院学报》第4期。

李荣　1989　《汉语方言的分区》,《方言》第4期。

李如龙　1995　《论汉语方音的区别特征》,《中国语言学报》第9期。

李如龙　辛世彪　1999　《晋南关中的全浊送气与唐宋西北方音》,《中国语文》第3期。

李如龙　张双庆　1995　《客赣方言的入声韵和入声调》,《吴语与闽语的比较研究》,上海教育出版社。

李新魁　1979　《论〈切韵〉系统中船禅的分合》,《中山大学学报》第1期。

李无未　1994　《〈九经直音〉反切与〈经典释文〉正读考异》,《语言研究》增刊。

1996　《南宋〈示儿编〉音注的浊音清化问题》,《古汉语研究》第1期。

1998　《南宋〈九经直音〉俗读"入注三声"问题》,《延边大学学报》第2期。

李无未、王晓坤　1995　《〈九经直音〉反切的来源及其相关问题》,《吉林大学社会科学学报》第1期。

李玉　1987　《客方言与赣方言之分野及其内部差异》,《广西师范学院学报》(哲社)第1期。

刘红花　2005　《〈诗缉〉音释研究》,南京大学博士学位论文。

刘纶鑫　1999　《客赣方言史简论》,《南昌大学学报》(人社版)第3期。

1999　《江西南丰方言的语音特点及其与赣方言的关系》,《中国语言学报》第9期。

2000　《客赣方言的声调系统综述》,《南昌大学学报》(人社版)第4期。

刘纶鑫　田志军　2003　《客赣方言研究的回顾与展望》,《南昌大学学报》(哲社)第2期。

刘琴勇 2007 《〈孟子音义〉中孙奭音注反映的宋初语音》,《湛江师范学院学报》第2期。

刘锡涛 2001 《宋代江西文化地理研究》 陕西师范大学博士论文。

刘晓南 1998 《宋代福建诗人用韵所反映的十到十三世纪的闽方言的若干特点》,《语言研究》第1期。

1998 《南宋崇安二刘诗文用韵与闽北方言》,《中国语文》第3期。

2001 《宋代文士用韵与宋代通语及方言》,《古汉语研究》第1期。

2002 《朱熹诗经楚辞叶音中的闽音声母》,《方言》第4期。

2005 《论朱熹〈诗集传〉叶音对吴〈毛诗补音〉的改订》,《浙江大学学报》第3期。

2005 《汉语历史方言语音研究的几个问题》,《励耘学刊》第1辑。

2005 《〈韵会〉贵字母韵考论》,《中国语文》第2期。

刘泽民 2004 《客赣方言历史层次研究》,上海师范大学博士论文。

罗常培 1937 《〈经典释文〉和原本〈玉篇〉中的匣于两纽》,《历史语言研究所集刊》第8本第1分册。

鲁国尧 1988 《〈南村辍耕录〉与元代吴方言》,《中国语言学报》第3期。

1992 《宋元江西词人用韵考》,《近代汉语研究》,北京:商务印书馆。

1992 《客、赣、通泰方言源于南朝通语说》,《鲁国尧自选集》,郑州:河南教育出版社。

1992 《〈卢宗迈切韵法〉述评(上)》,《中国语文》第

6 期。

1993 《〈卢宗迈切韵法〉述评(续)》,《中国语文》第1期。

2003 《论“历史文献考证法”与“历史比较法”的结合》,《古汉语研究》第1期。

陆华 2002 《〈资治通鉴释文三十卷〉音切研究》,广西师范大学硕士论文。

罗常培 1963 《汉语方言研究小史》,《罗常培语言学论文集》,北京:中华书局。

罗美珍 1998 《谈谈客赣语分立方言区的问题》,《客家方言研究》,广州:暨南大学出版社。

马君花 2008 《胡三省〈资治通鉴音注〉及其语音特点》,《图书馆理论与实践》第2期。

2008 《胡三省〈资治通鉴音注〉轻唇音的研究》,《宁夏大学学报》第2期。

彭馨 2002 《两宋医籍音注研究》,广西师范大学硕士论文。

邵百鸣 葛力力 2004 《略论赣方言的形成》,《江西科技师范学院学报》(哲社)第3期。

邵荣芬 1997 《匣母字上古一分为二试析》,《邵荣芬音韵学论集》,北京:首都师范大学出版社。

邵宜 1994 《论赣方言的音韵特征》,暨南大学博士论文。

孙建元 1996 《宋人音释研究》,南京大学博士学位论文。

1997 《论研究宋人音释的意义和方法》,《广西师范大学学报》第3期。

1998 《吕祖谦音注三种研究》,《广西师范大学学报》第4期。

2000 《宋人音释的几个问题》,《广西师范大学学报》第1期。

孙宜志 2002 《江西赣方言中古精庄知章组声母的今读研究》,《语言研究》第4期。

2003 《江西赣方言来母细音今读舌尖塞音现象的考察》,《南昌大学学报》(哲社)第1期。

孙宜志、陈昌仪、徐阳春 2001 《江西境内赣方言区评述及再分区》,《南昌大学学报》(哲社)第2期。

孙宜志、陈昌仪、徐阳春 2001 《江西赣方言语音的特点》,《南昌大学学报》(哲社)第4期。

万波 1998 《赣方言声母的历史层次研究》香港中文大学中国语言及文化部哲学博士论文。

王福堂 1998 《关于客家话和赣方言的分合问题》,《方言》第1期。

汪业全 2001 《〈道藏〉音释研究》,广西师范大学硕士论文。

2004 《〈上清大洞真经玉诀音义〉音注考》,《桂林师范高等专科学校学报》第1期。

王曦 2001 《宋代福建音释研究》,湖南师范大学硕士论文。

2007 《〈唐律音义〉音注再研究》,《湖南人文科技学院学报》第5期。

2009 《〈玄应音义〉音注新探》,南京大学博士学位论文。

谢留文 1998 《赣语古上声全浊声母今读阴平调现象》,《方言》第1期。

2006 《赣语的分区(稿)》,《方言》第3期。

辛世彪 1999 《赣方言声调的演变类型》,《暨南学报》第3期。

熊正辉 1979 《南昌方言的声调及其变化》,《方言》第4期。

1982 《南昌方言里曾摄三等读如一等的字》,《方言》第3期。

1982 《南昌方言的文白读》,《方言》第3期。

1982 《南昌方言字汇(上)》,《方言》第4期。

1983 《南昌方言字汇(下)》,《方言》第1期。

徐之明 1994 《〈文选〉李善音注声类考》,《贵州大学学报》第4期。

颜森 1986 《江西方言的分区(稿)》,《方言》第1期。

1995 《江西方言研究的历史与现状》,《江西师范大学学报》(哲社)第1期。

杨军 储泰松 2009 《今本〈释文〉引〈玉篇〉〈切韵〉考——兼论〈篆隶万象名义〉与顾野王〈玉篇〉之关系》,汉语言文字学与贵州文化高层论坛。

阳欣 2002 《〈大正藏〉音注研究》,广西师范大学硕士学位论文。

张渭毅 1997 《贾昌朝〈群经音辨〉改良反切的尝试对〈集韵〉的影响》,《语苑撷英》,北京:北京语言文化大学出版社。

2001 《论〈群经音辨〉对〈集韵〉的影响》,《语言学论丛》第23辑,北京:商务印书馆。

郑国火 1999 《从宋代闽赣词人用韵看-m尾韵的转化》,《吉安师专学报》(哲社版)第1期。

周长楫 1994 《浊音和浊音清化刍议》,《音韵学研究》(第三辑),北京:中华书局。

周静芳 1998 《赣方言的形成与发展初论》,《南昌大学学报》(哲社)第3期。

竺家宁 1979 《〈九经直音〉的浊音清化》,台北:《木铎》第8卷。

朱声琦 1997 《从古代注音及一字两读等看喉牙声转》,《聊城师范学院学报》(哲学社会科学版)第4期。

1998 《从古今字、通假字等看喉牙音转》,《徐州师范大学学报》(哲学社会科学版)第3期。

1998 《从汉字的谐声系统看喉牙声转——兼评“上古音晓匣归见溪群”说》,《南京师大学报》(社会科学版)第2期。

2000 《百音之极,必归喉牙》,《江苏教育学院学报》(社会科学版)第10期。

附录1 《唐书释音》同音字表

同音字表以摄为单位列表，每表按横声纵韵排列。表中所列字为《唐书释音》中的被注字。每韵后所加下标为该韵类在《广韵》中对应的韵类。

一、通摄

	舒声韵						入声韵	
	红东一、冬			中东三、钟			谷屋一、沃	六屋三、烛
	平声	上声	去声	平声	上声	去声		
帮								
滂							扑	
並	芃							
明	髳霿雺	懵				瞢	鹜霂	苜
非(敷)	枫沣酆豐丰豅				覂	赗		楅蝠
奉				渢芃		奉		栿輹馥蝮箙洑垘幞
微								
端					湩			
透	痌恫侗							

续表

	舒声韵						入声韵	
	红东一、冬			中东三、钟			谷屋一、沃	六屋三、烛
	平声	上声	去声	平声	上声	去声		
定	筩橦 餇穜 絧艑 冬彤 佟		峒				轒韣 椟韣 瓄	
泥(娘)	侬						傉	肭忸 衂恧
来	砻咙			笼	陇		驢盝 簏	僇稑 蓼逯
知						中衷		筑竺 瘃劚
彻								
澄				重				舳躅
见			赣	共	栱珙			踘鞠
溪	箜	倥	鞚				嚳	
群				邛蛬				
疑				鰅				
庄								
初								
崇								
生								
章				潨豵				柷瞩 瞩属 嘱

续表

	舒声韵						入声韵	
	红东一、冬			中东三、钟			谷屋一、沃	六屋三、烛
	平声	上声	去声	平声	上声	去声		
昌				憃艟				俶祝琡埱
船(禅)								塾襡襹
书				舂惷				儵儵
日				茙茸	軵			蓐褥
精	嵏峻嵸騣倧	傯		纵从			鏃镞	蹴蹵蹙
清	骢璁葱			枞鏦			蔟	趣
从	藂潨賨淙							
心			茱	嵩	怂竦		謷	磩橚鷫蓿涑
邪								
影		滃		澭饔		雍	鋈	燠澳彧栯噢燠隩
晓				忷恟殉				顼旭
匣	鉷讧	澒汞	哄閧				瀫槲	
云								

续表

	舒声韵						入声韵	
	红东一、冬			中东三、钟			谷屋一、沃	六屋三、烛
	平声	上声	去声	平声	上声	去声		
以				瀜墉傛佣	踊甬俑埇筩			淯錥毓昱

二、江摄

	江江		
	平声	上声	去声
帮			
滂			
並	逄	棒棓	
明	龙厖		
非(敷)			
奉			
微			
端			
透			
定			
泥(娘)			
来	泷		
知			戇
彻			
澄	橦		

续表

	江江		
	平声	上声	去声
见	杠釭		虹
溪			
群			
疑			
庄			
初			
崇	淙		
生			
章			
昌			
船(禅)			
书			
日			
精			
清			
从			
心			
邪			
影			
晓			
匣	降		閧衖
云			
以			

三、止摄

	知支、脂、之开口			为脂、支合口			希微开口			归微合口		
	平	上	去	平	上	去	平	上	去	平	上	去
帮	庳椑陂	鞞髀肶粃秕	泌柲									
滂	铍纰伾頙銔		濞									
並	郫陴埤裨伓邳	圮	笓痹糒									
明	縻醿糜郿楣嵋	渳										
非(敷)										騑蜚	朏篚榧悱菲	[illegible]
奉										肥淝腓		厞
微											亹	
端												
透												

续表

	知支、脂、之开口			为脂、支合口			希微开口			归微合口		
	平	上	去	平	上	去	平	上	去	平	上	去
定			埊									
泥(娘)		柅				诿						
来	骊漓纚丽籭蠡劙狸厘牦嫠嫠	俚哩		累	藟	禶						
知			智轾踬									
彻	螭摛絺郗		眙									
澄	篪坻	廌豸褫薙偫澁庤峙	致穉			缒膇怼						
见	掎觭羁奇期稘祺	庋掎掎庋	跽懻觊穊	妫	簋		禨玑矶虮					

续表

	知支、脂、之开口			为脂、支合口			希微开口			归微合口		
	平	上	去	平	上	去	平	上	去	平	上	去
溪	猗踦	跂跬绮玘	蚑倛记	岿	跬岿	喟						
群	衹俟綦璂骐丌棋	技伎跽	芰垍臮臮暨惎	戣鍨夔	湀	悸瘁蒉	颀圻					
疑	巇巇	锜舣齮儗拟	巇		頠		溰	顗蚁				
庄	淄鲻菑椔辎	笫	胾剚									
初	差				揣							
崇	茌漦	吧										
生	酾	屣纚縰驶	驶									
章	氏搘疻衼	轵厎砥畤芷茝厎	觶忮		棰棰							

续表

	知支、脂、之开口			为脂、支合口			希微开口			归微合口		
	平	上	去	平	上	去	平	上	去	平	上	去
昌		庈	帜饎憏	龡		吹						
船(禅)	旹	舐禔	耆莳	倕陲腄								
书	絁邿	阤	翅啻施									
日	輀胹耏轜	洱	佴珥毦刵	蕤緌								
精	觜貲呰嵫鼒镃	秭虸仔	积	剂								
清		玼										
从	玼嵫兹		嵫			顇萃						
心	厮罳	玺枲	儩肆柶笥偲	眭睢		嶲	祟谇					
邪		汜姒	食饲			彗璲襚檖隧穟						

续表

	知支、脂、之开口			为脂、支合口			希微开口			归微合口		
	平	上	去	平	上	去	平	上	去	平	上	去
影	椅漪黟黟		鷾	委逶	骩	恚		扆				
晓	戏巇㶛熺	嘻		鑴鑴		睢	欷豨	豨	饩塈	祎祎翚挥	虺	
匣												
云		洧痏			蔿薳蘬洧鲔痏					湋	玮暐韪椲	煟䑊猬媦
以	匜誃酏迤侇恞胰蛦眙诒饴	馳施迤苢苡	偒廙肄异诒	滩琟	壝唯	壝遗						

四、遇摄

	模模			鱼鱼、虞		
	平声	上声	去声	平声	上声	去声
帮	晡誧					
滂	痡					

续表

	模模			鱼鱼、虞		
	平声	上声	去声	平声	上声	去声
並	莆酺匍蒱		酺鯆哺			
明	謩摹	姆姥				
非(敷)				趺柎俘鄜枹鈇荸怤跗桴	簠俯俌弣父拊	仆讣
奉				苻	滏	袝鲋赙
微				毋莁	庑甒怃妩呒	骛霧
端					褚	
透	駼		菟			
定	駼酴峹					
泥(娘)	帑孥砮笯			袽帤挐		
来	泸舻栌颅髗	卤橹	辂簵璐	藘胪榈蒌	梠稆偻	滤
知				潴邾	拄	
彻				摴貙		絮
澄				屠蒢篨	苎杼	
见	觚鉱	贾盬	痼堌锢稒	涺琚崌颟	筥莽鄅	屦絇瞿
溪	刳鮬刳		绔胯	墟		
群				璩籧璖蘧瞿句朐礭戵癯氍	虡苣秬岠簴	勮颶
疑	珸	仵忤	寤晤遻迕牾捂	澞禺邑鄅	敔龉籞	
庄				葅菹	岨	诅

续表

	模模			鱼鱼、虞		
	平声	上声	去声	平声	上声	去声
初					础	
崇				鉏雏鶵	龃	
生				娖練		
章						翥澍霔注
昌				姝		
船(禅)				殳	墅	曙
书				纾		
日				駑茹臑襦嚅		洳
精		组		且苴蛆诹陬		沮足
清				雎胆狙沮岨		覰
从	徂		胙		咀	
心	稣		嗉泝遡	顉	谞湑稰	
邪					溆屿	
影	圬洿恶				伛	淤妪
晓	嘑滹		謼嘑呼	歔盱姁昫	珝栩昪诩煦姁	煦酗
匣	瑚醐	鄠岵昈楛	枑沍			
云				雩竽盂玗杅邗	祤瑀	芋
以				鸒与玙妤舁畲艅鄃覦歈嵛褕鷭瑜	予窳	悆与

五、蟹摄

	太泰韵开口	外泰韵合口	哀咍			回灰			皆佳、皆、夬开口			迈佳、皆、夬合口			奚齐、祭开口			圭齐、祭合口			废废韵开口	秽废韵合口
			平	上	去	平	上	去	平	上	去	平	上	去	平	上	去	平	上	去		
帮	沛									捭					蓖							
滂	浿							昢朏			浿				鵯		媲睥					
並						培蓓栝		琲	俳		惫惫			呗	鞞鼙	狴陛梐						
明						玫禖莓镅		瑁	霾	荚				劢								
非（敷）																						
奉																						
微																						
端	蹛														磾	坻抵诋						
透	汰忲		邰		贷	推	俀									醍缇						
定			骀炱	绐	埭玳瑇	墤魋隤		錞憝							騠鹈堤鞮荑绨醍虒		娣髢踶缔睇諦					

续表

	太泰韵开口	外泰韵合口	哀咍			回灰			皆佳、皆、夬开口			迈佳、皆、夬合口			奚齐、祭开口			圭齐、祭合口			废废韵开口	秽废韵合口
			平	上	去	平	上	去	平	上	去	平	上	去	平	上	去	平	上	去		
泥(娘)					能鼐耐											祢柅						
来	濑		涞鯠郲崃		徕	畾	磊	礧酹擂颣							邌	蠡澧鳢	俪隶捩盭綟沴丽荔					
知																						
彻											虿											
澄										豸廌												
见	丐匄	郐浍侩廥旝狯襘会概	剀陔			璝瓌瑰		愦			疥价戒介			诖絓	笄枅稽		髻猘罽蓟	邽袿				
溪			闿	铠暟垲	忾	悝		凷		锴				蒯	磎磎嵠	綮棨	憩	刲				
群																						
疑			敳嵦		阂	嵬	隗嵔	硙	厓崖		睚			聩	鲵郳猊		睨睨檕					
庄											瘵											

续表

	太泰韵开口	外泰韵合口	哀咍			回灰			皆佳、皆、夬开口			迈佳、皆、夬合口			奚齐、祭开口			圭齐、祭合口			废废韵开口	秽废韵合口
			平	上	去	平	上	去	平	上	去	平	上	去	平	上	去	平	上	去		
初																						
崇									豺		眦			砦								
生											杀											
章																	迣			赘		
昌																	掣			喙		
船(禅)																						
书																				帨涚		
日																				枘芮汭		
精					廌			睟睟睟							齑赍挤韲		穄					
清			猜		采	衰	漼璀	啐							郪					膬毳		
从		蕞			裁	漼										荠	癠眦哜剂					
心					簺	挼		谇							嘶							
邪																				篲槥		

续表

	太泰韵开口	外泰韵合口	哀咍			回灰			皆佳、皆、夬开口			迈佳、皆、夬合口			奚齐、祭开口			圭齐、祭合口			废废韵开口	秽废韵合口
			平	上	去	平	上	去	平	上	去	平	上	去	平	上	去	平	上	去		
影	藹𡒖	荟		毐	僾暧	椳					欬			嗄	黟黳		瘞殪殪瘗					獩
晓		翙鐬哕譏濊		醢		㷇		靧颒							醯							喙
匣		襘			劾	洄	廆	僓汇阓	鞵	嶰	瀣齘解						系禊禊	酅畦觿		潓蕙憓		
云																						
以																	⿰忄曳⿰王曳					

六、臻摄

	舒声韵									入声韵			
	根痕			真真、欣			文魂、文、谆			没没韵开口	骨没韵合口	吉迄、质	勿物、术
	平	上	去	平	上	去	平	上	去				
帮				玢邠		傧殡	贲	畚				鷩韠珌	
滂				缤			喷				咄		
並					膑髌		湓	体畚	坌		孛誖艴	苾泌佖邲弼	

续表

	舒声韵									入声韵			
	根痕			真真、欣			文魂、文、谆			没没韵开口	骨没韵合口	吉迄、质	勿物、术
	平	上	去	平	上	去	平	上	去				
明				忞	僶暋		扪亹		懑			宓蔤	
非(敷)									拚濆偾				绋沷祓袚袚
奉							濆蚡棼棻	蚡					佛剕茀
微							闅彣蚉	抆刎	免汶				
端									敦		咄龇		
透							焞暾						
定							臀炖沌				腯突		
泥(娘)				纫								昵昵	
来				璘潾鏻嶙瞵		蔺躏遴轥叅	抡崘惀				硉	篥溧	絉
知						瑱						厔	窋
彻						疢	輴					抶	怵绌

续表

	舒声韵									入声韵			
	根痕			真真、欣			文魂、文、谆			没没韵开口	骨没韵合口	吉迄、质	勿物、术
	平	上	去	平	上	去	平	上	去				
澄					纼							紩	
见				斤	巹堇	靳	鲲琨厜皸袀麏麐	绲鲧	攟		滑崛扢	暨吃	厥趉
溪						菣	困	壸悃			窟	契诘	屈
群				慬	菌	殣廑鄞	裠					佶佶姞	崛倔
疑				誾嚚狺龂		憖	痽	辵	顐诨			屹	
庄				禛甄									
初						齓							
崇													
生													
章				振侲	稹缜畛疹鬒	侲挋	肫	纯				侄晊锧蛭踬郅	
昌								偆				叱	

续表

	舒声韵									入声韵			
	根痕			真真、欣			文魂、文、淳			没没韵开口	骨没韵合口	吉迄、质	勿物、术
	平	上	去	平	上	去	平	上	去				
船(禅)						蜃脣	錞鶉	楯盾吮					
书				娠									
日					涊	牣韧						叾驲苩	
精				琎		缙搢琎嶜瑨鄑	僎	撙剸	晙畯馂睃俊		稡		
清							逡竣悛				猝		
从							郁		鐏		捽崒		崒
心						迅讯汛	飧郇珣栒	簨笋栒	鵔愻		窣		訹
邪						賐賮	纠						
影				堙諲婣骃闉湮緸溵		轀	韫煴缊赟頵	恽韫			嗢		尉蔚

续表

	舒声韵									入声韵			
	根痕			真真、欣			文魂、文、谆			没没韵开口	骨没韵合口	吉迄、质	勿物、术
	平	上	去	平	上	去	平	上	去				
晓				忻昕欣		舋	惛纁獯荤焄					釳汔肸	
匣	报						⿰犭軍	焜	圂溷慁		纥龁籺鹘		
云					霣		澐沄郧		员郓晕餫			⿵风日	
以						酳	昀	狁				镒轶佾泆	遹潏繘鹬

七、山摄[①]

舒声韵表：

	安寒、删开			官桓、删合			闲山韵开口			幻山韵合口			虔仙、元、先开口			缘仙、元、先合口		
	平	上	去	平	上	去	平	上	去	平	上	去	平	上	去	平	上	去
帮				扳									蝙					
滂				潘番		胖頖泮襻扳			盼					鶣	骗			

① 山摄受内容篇幅限制，分舒声韵和入声韵两张表格。

续表

	安寒、删开			官桓、删合			闲山韵开口			幻山韵合口			虔仙、元、先开口			缘仙、元、先合口		
	平	上	去	平	上	去	平	上	去	平	上	去	平	上	去	平	上	去
並				磻鞶瘢胖柈					办				玭軿蠙便梗	鳊習			扁辮	笲昪玶緶
明			嫚	瞞鬘		幔縵漫謾								愌俛			澠愐黾	
非(敷)																鐇	坂阪	汳
奉																璠膰旛	畚	
微																	挽輓	
端	郸		狚	褍端剬		腶									殿			
透	瘫			煓	畽譀								兲	腆琠淟腼		瑱		
定	縄	潬	澶	抟									钿滇寘填	殄	阗鎮			
泥(娘)			难			愞							乑		晛碾			
来	谰	孏		滦峦栾			斓						链	健琏	炼湅	挛	脔	

续表

	安寒、删开			官桓、删合			闲山韵开口			幻山韵合口			虔仙、元、先开口			缘仙、元、先合口		
	平	上	去	平	上	去	平	上	去	平	上	去	平	上	去	平	上	去
知													鱣				瑑瑑	传
彻													辿挻	蒇				
澄									䘺				瀍				縳沌	
见	玕菅	秆笴	旰榦杆磵锏	雚莞	盥筦管輨悺	鹳盥丱串	囏	暕	繝裥				鞬犍飦	襺謇搴		䝯	狷甽	鄄狷
溪		侃											汧		俔	卷		
群													揵犍	键揵楗		蜷鬈	圈	圈勌䙭
疑			犴	岏抏刓豲		薍							琂	巘谳	研	謜嵃沅		傆
庄								醆										
初								刬羼铲										
崇			栈				孱僝	栈					孱					篹譔䐪
生	潸							浐										孪
章													旃鹯饘䭫			砖剸鄟	剸	

续表

	安寒、删开			官桓、删合			闲山韵开口			幻山韵合口			虔仙、元、先开口			缘仙、元、先合口		
	平	上	去	平	上	去	平	上	去	平	上	去	平	上	去	平	上	去
昌														譂繟			舛	
船(禅)													单澶鋋	单墠	鄯禅缮			
书													埏梴					
日																壖擩瑌堧	软蠕	
精			酇攢讚		穳攒穳	鑽							韉湔	擶籛揃劗		鐫镌	隽	
清						爨㸑							芊千		輤	佺悛荃譔诠		
从		瓒		劗										諓	洊		吮	
心	姗珊	伞		狻	算篹	蒜								铣洗跣鍌尠燹	霰线	瑄愃朘		
邪																璇还檈琁		

续表

	安寒、删开			官桓、删合			闲山韵开口			幻山韵合口			虔仙、元、先开口			缘仙、元、先合口		
	平	上	去	平	上	去	平	上	去	平	上	去	平	上	去	平	上	去
影	窐侒				盌绾	腕惋䯛							燕蝘阏鄢	郾匽鶠	堰	鹓蜿冤宛娟	畹	
晓		罕䍐熯	暵	欢									祆掀仚	幰		鋗埍諠谖萱翾	咺烜儇	楦
匣	邯汗邗	悍旱僩撊	闬駻扞焊骭	峘洹瓛寏锾轘圜	澣睆皖睅	逭轘擐	憪					幻	舷	蚬睍俔晛	现玹衒炫	县	琄鞙泫缳	
云																垣洹		媛
以													郔綖	演戭	羡	蝝沿鸢	沇	掾缘

入声韵表：

	葛曷、月开	末末	辖辖、黠开口	滑辖、黠合口	结薛开、屑开、叶、叶、帖	穴薛、屑、月合口
帮		般茇			鷩别	
滂		鏺			撆	
并		軷钹魃			苾	

续表

	葛曷、月开	末末	辖辖、黠开口	滑辖、黠合口	结薛开、屑开、叶、叶、帖	穴薛、屑、月合口
明		末靺袜秣			蔑	
非(敷)						
奉						筏戉栰
微						
端	笪呾	鵽掇剟			鲇	
透		侻	獭		餮	
定		敚			绖昳跌侄咥蹀堞氎谍喋	
泥(娘)	捺			豽	涅湼捻	
来	糲				茢迾栵洌躐鬣䉶	埒
知					嚞悊	啜惙剟畷
彻					艓撤	
澄						
见	羯讦	栝	秸	劀		驶玦鐍觖鴂槩撅
溪			劼		锲愜	缺阕
群	楬				榤碣	
疑	枿				闑鼿啮郳	囝
庄						
初			詧			
崇						
生			蔱铩			

续表

	葛曷、月开	末末	辖辖、黠开口	滑辖、黠合口	结薛开、屑开、叶、叶、帖	穴薛、屑、月合口
章					襵砻慑慑慹	棁
昌					呫	
船(禅)					揲	
书					叶韘滠	
日					苶嗫	
精					啙婕	蕝
清						
从					巀崨	
心	撒				楔屑媟绁绁	
邪						
影	阏暍		揠轧		噎厌擫嚈	抉抉
晓		豁	瞎			泬
匣	鞨鹖蝎毼堨		黠辖		跌籺颉撷缬侠勰	
云					�烨馌晔曅	粤樾
以						

八、效摄

	豪豪			肴肴			宵宵、萧		
	平	上	去	平	上	去	平	上	去
帮		堡葆珤褓堢					熛飙儦镳	褾	
滂						炮窌			剽慓骠
並	褒							慓殍㐤	
明			媢旄瑁瑁					淼杪	
非(敷)									
奉									
微									
端	舠						貂鵰琱刁鵰	茑钌	
透	洮绦绦绸槄慆弢饕						佻恌	朓	眺朓
定	鼗鼗騊		櫜翿				蜩苕迢蓨跳	窕	掉
泥(娘)	猱	碯		铙呶	挠	淖			
来	簩	獠	劳痨涝				膋撩镣璙嶛寮	缭瞭	燎镣

续表

	豪豪			肴肴			宵宵、萧		
	平	上	去	平	上	去	平	上	去
知									
彻									
澄						棹棹	晁		
见	嵲橐篙	槀暠缟	郜	佼鵁艽鲛	佼姣狡	窖觉	枭骁儌	璬晈皦	嘂徼噭
溪			犒	硗硗			趫鄡		
群							翘荍蟜嶠鐈侨蹻		峤
疑	嚣謷嶅蔜		骜謷鳌	聱	齩鱙		嶢侥		
庄									
初				抄钞		钞			
崇				巢漅					
生						稍			
章							钊昭鉊		曌
昌							怊	麨	
船(禅)							佋招磬		
书									
日								娆	
精		璪					噍	剿剿湫	釂

续表

	豪豪			肴肴			宵宵、萧		
	平	上	去	平	上	去	平	上	去
清	糓		慥					愀	峭
从	艚						嶕谯顦		噍
心	艘		噪				绡		咲
邪									
影	麀	媪懊	燠	坳	抝		要么	窅窈	
晓	茠薅			髇唬哮			歊枵嚣哓		
匣	壕号嘷	滈鄗暤镐		崤		斆		皛	
云									
以							轺褕陶瑶珧铫祅	鮹	耀鹞

九、果摄

	歌歌			禾戈韵合口一等			伽戈韵开口三等			戈戈韵合口三等		
	平	上	去	平	上	去	平	上	去	平	上	去
帮				嶓	跛	譒簸						
滂				坡颇	叵							
並				繁								

续表

	歌歌			禾戈韵合口一等			伽戈韵开口三等			戈戈韵合口三等		
	平	上	去	平	上	去	平	上	去	平	上	去
明												
非(敷)												
奉												
微												
端					揣							
透					妥							
定	柁鼍	拕拖	驮									
泥(娘)	傩			挼								
来	啰		逻	覼螺骡蠡	臝倮裸蓏							
知												
彻												
澄												
见	牱	哿舸		埚檛涡	粿							
溪	珂	轲岢		稞			佉					
群												
疑												
庄												
初												

续表

	歌歌			禾戈韵合口一等			伽戈韵开口三等			戈戈韵合口三等		
	平	上	去	平	上	去	平	上	去	平	上	去
崇												
生												
章												
昌												
船(禅)												
书												
日												
精						侳						
清	溠			遳	脞	锉						
从	嵯醝			痤矬								
心	牺挲		些	梭								
邪												
影	疴痾	娿		涡萵[illegible]倭								
晓												
匣				和龢	伙							
云												
以												

十、假摄

	加麻韵开口二等			瓜麻韵合口二等			遮麻韵开口三等		
	平	上	去	平	上	去	平	上	去
帮			靶坝灞						
滂			帊						
並	杷								
明	蟇	码	祃						
非(敷)									
奉									
微									
端									
透									
定									
泥(娘)									
来									
知	吒奓		吒	挝檛					
彻	哆	土奼	诧						
澄									
见	笳麚葭䴥瘕	檟斝夏		娲蜗騧䯄					
溪					銙骻	胯			
群									
疑	齖呀								

续表

	加麻韵开口二等			瓜麻韵合口二等			遮麻韵开口三等		
	平	上	去	平	上	去	平	上	去
庄		鲝							
初			汊						
崇	苴		蜡						
生									
章							奢	赭	
昌							车		
船(禅)									贳麝
书									厍
日								若	
精							罝		唶
清									笡
从									藉
心							些		
邪							衺		
影	鸦	哑	娅	攨洼					
晓	岈		罅						
匣	虾瑕			骅	踝	华桦			
云									
以							邪椰		

十一、宕摄

	舒声韵												入声韵			
	郎唐开			光唐合			良阳开			王阳合			各铎开、觉	郭铎合	略药开	缚药合
	平	上	去	平	上	去	平	上	去	平	上	去				
帮		榜	并	房彷篣									鎛簙膊襮欂			
滂													胉			
並			旁	旁									亳雹襮			
明	邙宋	蟒莽											鄚摸膜镆			
非(敷)							蚄邡鴋枋肪	纺	舫		仿昉					
奉							鲂									
微							邙	惘辋								
端	珰	党														
透		帑傥											魄柝			
定	常瑭	砀	砀宕										⿰革睪			
泥(娘)									酿							
来	浪莨	㝗	埌				辌	裲					雒烙酪荦		⿱召石	

续表

	舒声韵												入声韵			
	郎唐开			光唐合			良阳开			王阳合			各铎开、觉	郭铎合	略药开	缚药合
	平	上	去	平	上	去	平	上	去	平	上	去				
知							粻						晫涿倬啅椓		着	
彻								衵					踔		臭臭	
澄							苌						镯		着	
见	掆钢冈	骯		洸茪僙		广	僵	襁襁					胳榷瑴较珏	彍崞	屩	矍镢攫
溪	穅		炕闶伉纩圹		懬					洭恇			礭觳确	廓鞹		
群								强	倞						醵噱	
疑	卬												咢遌愕萼锷鳄崿鸑			
庄															斮	
初							创									
崇													镯鷟浞			

续表

	舒声韵												入声韵			
	郎唐开			光唐合			良阳开			王阳合			各铎开、觉	郭铎合	略药开	缚药合
	平	上	去	平	上	去	平	上	去	平	上	去				
生							孀						数稍槊			
章							鄣樟麞		嶂						彴焯	
昌							琩猖	氅惝								
船(禅)							鋿								汋	
书							殇		向							
日							瀼镶								蒻箬楉都	
精	牂												柞			
清							枪								碏鯌	
从		奘					戕樯嫱						笮莋			
心							缃		相				索蘇			
邪								橡襐								
影			盎	尫			泱		怏				垩偓幄龌剭	臒		擭矆

续表

	舒声韵												入声韵			
	郎唐开			光唐合			良阳开			王阳合			各铎开、觉	郭铎合	略药开	缚药合
	平	上	去	平	上	去	平	上	去	平	上	去				
晓	炕			肓邙			麘		珦		怳					
匣	颃吭航	沆	行	煌瑝锽湟艎篁	滉晄洸愰晃								涸睢峃	镬		
云									暀迋			王				
以							玚钖旸扬炀扬佯		炀						瀹	

十二、梗摄

	舒声韵												入声韵					
	耕庚二、耕开口			萌庚二、耕合口			成庚三、清、青开口			荣庚三、清、青合口			革陌二、麦开口	伯陌二、麦合口	逆陌三开口	陌陌三合口	迹昔、锡开口	昔昔、锡合口
	平	上	去	平	上	去	平	上	去	平	上	去						
帮			迸					鞞	并		昞昺眪						躄襞鼊鷿	
滂	亨怦砰																癖	

续表

	舒声韵												入声韵					
	耕庚二、耕开口			萌庚二、耕合口			成庚三、清、青开口			荣庚三、清、青合口			革陌二、麦开口	伯陌二、麦合口	逆陌三开口	陌陌三合口	迹昔、锡开口	昔昔、锡合口
	平	上	去	平	上	去	平	上	去	平	上	去						
並	輣棚						苹郱		坪				舶				擗辟甓	
明		黾	盟				洺螟		詺瞑		皿		貊				幂塓	
非(敷)																		
奉																		
微																		
端							玎		定订矴								玓靮适	
透							鞓	圢侹颋脡									惖逷蓚倜趯逖剔	
定							渟鼮	铤梃艇									岻翟荻	
泥(娘)	狞儜							泞										
来							㢄鸰笭										郦栎砾轹鬲跞	

续表

	舒声韵												入声韵					
	耕庚二、耕开口			萌庚二、耕合口			成庚三、清、青开口			荣庚三、清、青合口			革陌二、麦开口	伯陌二、麦合口	逆陌三开口	陌陌三合口	迹昔、锡开口	昔昔、锡合口
	平	上	去	平	上	去	平	上	去	平	上	去						
知							浈桢郎	晸					磔					
彻	撑						柽侦赪	逞	侦									
澄	瞪橙						珵						檡翟				踯	
见	秔郉	鉚奣矿犷鲠					麖	璥儆憼	劲	坰駉	璟憬熲冏炅炯		骼虢	聝蝈帼			鶪	
溪	坑硁							綮							綌郤屐郄			
群							勍鲸		曔儆	惸茕								
疑									迎				额				鹢	
庄	筝												迮笮箦帻啧					
初	铛枪												栅愤					
崇	伧												咋					

续表

	舒声韵												入声韵					
	耕庚二、耕开口			萌庚二、耕合口			成庚三、清、青开口			荣庚三、清、青合口			革陌二、麦开口	伯陌二、麦合口	逆陌三开口	陌陌三合口	迹昔、锡开口	昔昔、锡合口
	平	上	去	平	上	去	平	上	去	平	上	去						
生	猩	㾪																
章							钲		证玊								墌跖摭	
昌																		
船(禅)							盛宬郕		晠								祏	
书																	螫	
日																		
精							晶鶄										鵲	
清							圊										碛	
从								彭	靓穽请								瘠塉	
心							○䴖		箵								舄裼淅	
邪																	夕	
影				泓			謍瓔瘿	境瘿	暎				哑擭搤阸					
晓			諱	轰					夐诇		诇		划				阒	

续表

	舒声韵												入声韵					
	耕庚二、耕开口			萌庚二、耕合口			成庚三、清、青开口			荣庚三、清、青合口			革陌二、麦开口	伯陌二、麦合口	逆陌三开口	陌陌三合口	迹昔、锡开口	昔昔、锡合口
	平	上	去	平	上	去	平	上	去	平	上	去						
匣	珩锽黉	悻		翃嵘嶝纮浤			陉邢钘铏硎侀	婞悻		荥			翮				觋檄	
云									禜				踖					
以							嬴赢籯	郢		蓥							帟射峄睪斁蜴垼	

十三、曾摄

	舒声韵									入声韵			
	曾登韵开口			登登韵合口			冰蒸			北德韵开口	德德韵合口	力职开、缉	职职韵合口
	平	上	去	平	上	去	平	上	去				
帮			堋									偪	
滂							砯					愊	
並	棚						冯			僰匐卜踣		愎	
明										万纆			
非(敷)												䮠	

续表

	舒声韵									入声韵			
	曾登韵开口			登登韵合口			冰蒸			北德韵开口	德德韵合口	力职开、缉	职职韵合口
	平	上	去	平	上	去	平	上	去				
奉													
微													
端	鐙㽅䔲		蹬鐙隥磴										
透										貣			
定	螣滕		幐							貣			
泥(娘)													
来	倰楞						夌倰菱凌					仂	
知													
彻												鷘鳶	
澄							憕澄澄						
见	絙		暅絙亘							裓		棘殛	
溪													
群							殑						
疑												嶷	
庄													
初													

续表

	舒声韵									入声韵			
	曾登韵开口			登登韵合口			冰蒸			北德韵开口	德德韵合口	力职开、缉	职职韵合口
	平	上	去	平	上	去	平	上	去				
崇												崱	
生												薔	
章							抍		氶				
昌									称				
船(禅)									嵊剩			埴寔蚀湜	
书												拭	
日							艿		芿				
精	⿰曾羽								甑			鲫	
清													
从							鄫缯						
心												鄎	
邪													
影												薏	
晓												赩阈	
匣													
云												蜮	
以									媵剩賸			黓杙釴翊	

十四、流摄

	侯侯			尤尤、幽		
	平声	上声	去声	平声	上声	去声
帮				彪		
滂			踣			
並	裒掊抔	蔀瓿				
明	鍪麰袤蝥	晦	鄮袤贸瞀	麰鍪		
非(敷)					殕	
奉				涪罘琈蜉芣		
微						
端						
透	鍮偷	黈				
定			逗			
泥(娘)					狃	
来	蝼髅	塿		镠骝旒鶹浏漻飂沶瘤鹠		溜溜僇留遛
知				盩辀		咮
彻				紬	杻	
澄				绸儵稠裯		詘伷籀
见	缑句韝褠篝鞲	笱	雊句购	龟樛	韭	僇
溪	抠彄	扣	滱		糗	
群				絿赇俅璆銶鯄馗虬		柩玌

续表

	侯侯			尤尤、幽		
	平声	上声	去声	平声	上声	去声
疑		腢				
庄						皱
初				搊		簉
崇						
生				廋搜		
章				赒周		
昌				犨犨		
船（禅）				酬		售
书						守
日				蹂睬	輮	
精	緅诹陬掫			湫揫		僦
清			腠嗾	楸鹙秋		
从				酋遒鰌		鹫
心	涑	瞍				琇锈宿
邪						岫褎
影					黝	
晓		吼	诟詬	鸺庥髹		
匣	篌	郈				
云				疣优	鸸	侑
以				逌輶莸冘斿櫾	琇莠	狖

十五、深摄

	侵侵		
	平声	上声	去声
帮			
滂			
並			
明			
非(敷)			
奉			
微			
端			
透			
定			
泥(娘)			
来		懔菻	临
知	砧		揕
彻	郴𧹞䌹琛		
澄			鸩酖
见	衿		
溪	嵚		
群			齽
疑	唫崟岑		
庄			
初	椮		
崇	涔		
生	参		渗

续表

	侵侵		
	平声	上声	去声
章	针		
昌		瀋	
船(禅)	愖	椹	
书		谂	深
日	任纴	衽恁饪	妊纴
精	梫		濅
清	綅骎		沁
从			
心		伈	
邪	鄩鲟浔灊镡鬻		
影	愔瘖喑闇		饮
晓	廞		
匣			
云			
以	霪		

十六、咸摄

	舒声韵												入声韵		
	含覃、谈			咸咸、衔			廉盐、严、添			凡凡			合合、盍、洽	狎狎	乏乏
	平	上	去	平	上	去	平	上	去	平	上	去			
帮									砭窆						
滂															

续表

	舒声韵												入声韵		
	含覃、谈			咸咸、衔			廉盐、严、添			凡凡			合合、盍、洽	狎狎	乏乏
	平	上	去	平	上	去	平	上	去	平	上	去			
並						湴									
明															
非(敷)															
奉															乏
微											鋄				
端	酖儋	紞							坫垫阽						
透	舑	毯菼	倓賧赕					蔵					鞜濕蹋		
定	昙镡蟫郯惔倓锬	禫噉啖啖憺	憺啖惔啖					鳒	澹店				蹹謀阘沓		
泥(娘)	枏						黏鲇						内		
来	岚婪惏	擥					奁奁鎌		瀲				拉		
知							沾								
彻							觇	諂	觇						
澄					偡		誗							霅	

续表

	舒声韵												入声韵		
	含覃、谈			咸咸、衔			廉盐、严、添			凡凡			合合、盍、洽	狎狎	乏乏
	平	上	去	平	上	去	平	上	去	平	上	去			
见	弇		绀灨淦赣	瑊玪譼	鬑		蒹	脸脸					蛤合盖袷夹鸽郏跲		
溪	戡龛勘坩	埳轗	阚瞰					嗛歉慊					匼溘廅榼		
群							箝钳	芡							
疑				喦				隒							
庄															
初				搀									锸扱唼		
崇				巉镵		儳									
生													歃	翜	
章															
昌							幨襜								
船(禅)															
书							苫痁	睒							
日							髯蚺								

续表

	舒声韵												入声韵		
	含覃、谈			咸咸、衔			廉盐、严、添			凡凡			合合、盍、洽	狎狎	乏乏
	平	上	去	平	上	去	平	上	去	平	上	去			
精		昝					歼渐熸						匝帀		
清	傪	惨					签		堑壍						
从															
心		糁					暹铦憸孅						馺		
邪							燖								
影	庵						庵	厌黡崦㤿媕							
晓	蚶				豃			憸猃							
匣	涵甝邯甝		唅浛琀	諴	舰								䢔硖峡陿	柙	
云															
以							檐阎阽	剡掞	焰滟焱						

欽定唐書

釋音

唐書釋音卷第一

宋將仕郎前權書學博士董衝進

唐書卷一　本紀第一

暠古老切 昞補永切 煬餘亮切 毋端上音无 突厥下九勿切夏曰獯鬻殷曰鬼方周曰獫狁漢曰匈奴魏曰突厥下並同 甄之人切 遜蘇困切 綦渠之切 洮土刀切 酋自秋切長也 虎賁下逋昆切勇士 檄刑狄切三尺書也 燉煌上徒渾下胡光切郡名 掾俞絹切官屬 堡博抱切堡障小城 屈突上區勿切虜複姓 鄠侯古切縣名在京兆府 郿旻悲切縣名 盩厔上張流下陟栗切縣名在京兆山曲曰盩水曲曰厔 向式亮切 邽古攜切下邽縣名 籞魚呂切禁苑 侑于救切 銑蘇典切 葆博抱切 鼓吹下尺僞切 璹神玉切 莬湯故切 璽斯氏切王者印 侗徒紅切 酅戶圭切地名在東平 郯徒甘切 弻房密

乾隆四年校刊

切古文 庳賓彌切 陂彼爲切書傳曰澤障曰陂 勞郎到切 鄯時戰切 鄜芳無切漢鄜縣 隋改曰州 窆方驗切 酆敷空切 瓚在旱切 瘞於蒯切幽理 詿古賣切誤也 靺鞨上莫撥下何葛切狄種 噉徒敢切 鄃羊朱切地名在涿郡 㚇子紅切山名 巂息委切越巂郡名 党多曩切 祏常隻切 闞苦濫切

唐書卷二

本紀第二

鉦諸成切鐃聲 崞去博切縣名 可汗下胡安切下並同 坂蒲遠切陂也 雍州上於用切 墌之石切基址 栅測革切編木爲之 馳傳下株戀切驛遞 勞郎到切 尉遲上紆勿切虜復姓 邙莫郎切 鼓吹下尺僞切 阬丘庚切 食其上音嗣 酺蒲故切會飲食 鄶古外切 愔挹淫切 高麗下呂支切 獠魯浩切 孛蒲沒切色惡 且末上子余切 党多曩切 惲紆粉切 潬徒旱切木中沙堆 厎職雉切 偘口旱切下同 妥他果切

焯之藥切炫胡絢切惸渠營切憂也鄠侯古切契丹上欺訖切下並同契苾上欺訖下毗必切虜複姓龜茲上祛尤下牆之切

唐書卷三　本紀第三

檄刑吉切偘口旱切獠魯浩切鶻戶骨切鷹屬仵疑古切朱邪下余遮切酺酉故切愔挹淫切幻胡覓切邏郎佐切龜茲上祛尤下牆之切郇相倫切地名在河東滍直理切高麗下力支切葉護上失涉切俟斤上育其虜複姓磚征緣切契苾上欺訖下毗必切浿普蓋切浿水名樂颶于筆切大風巂息委切彗徐醉切妖星又音歲瑋于鬼切闐堂練切西域國名邙莫郎切禪時戰切涪房尤切水名雹蒲角切雨冰簺先代切行綦相塞圈渠篆切養畜閑也惲紆粉切洮土刀切晫竹角切咄當沒切嵐盧含切滹荒烏切水名戕慈良切

乾隆四年校刊

唐書卷四　本紀第四

曌之少切彠鬱縛切岑鉏簪切詧初八切燕然上於田切酺蒲故切匭居委
切爨取亂切氾詳里切河南水名虺許偉切莞古丸切東莞郡名汶文運切璹
神玉切巂息委切璥居影切儋都甘切璟居永切鄅王矩切鄅子國在琅琊璉
力展切瓚才贊切瑒余章切幟昌志切璿旬緣切淄側持切水名隋淄州佺此緣
切獠魯皓切鄜芳無切洮土刀切禪時戰切翽呼會切綦渠之切譒補過
切勮其據切璆巨鳩切硤胡夾切緱古侯切緱氏縣在河南府衵丑兩切嶠渠廟
切雹蒲角切鄮莫候切縣名在會稽瀧呂江切州名在嶺南彗徐醉切孛蒲沒切愔
挹淫切澧盧啓切水名在武陵剡以冉切

唐書卷五　本紀第五

岑鋤簪切璟俱永切愔挹淫切酺蒲故切佺此緣切陘奚經切山絕次彗徐醉
切郯徒甘切淄側持切籤千簾切巂息委切驪鄰支切磧七迹切水渚有石者
縚土刀切劍衣灤落官切水名鄑疾陵切琅邪國名鄄吉掾切邏郎佐切駿祖峻
切郿彌悲切嵒魚咸切蓋古盍切頲他鼎切祔符遇切合食於先祖瀍呈延切水
名璽斯氏切邦古攜切滉戶廣切涺九魚切濰以追切澐王分切禪時戰
切酋自秋切獠魯皓切暹息廉切臭丑畧切澠彌兗切澠池縣名屬河南瀧呂江
切孛蒲沒切穭力舉切自生稻薊古詣切開元中改漁陽縣爲州韎鞨上莫撥切下何葛切
漼七罪切潓胡桂切漩以宣切惸渠營切璥居影切捺奴葛切璵以諸切
堡博抱切倕是爲切誗直廉切鋜士角切鎖足釗之遙切洱而止切水名出罷谷
山銲侯干切鉷戶工切葉失涉切宓美必切翽呼外切憕直陵切單父

乾隆四年校刊

上常演切下音甫 瑱陟刃切 湚直里切 嵬吾回切 堝古禾切 琯古滿切

唐書卷六

本紀第六

璹神玉切 璵與諸切 辦蒲莧切 琩尺良切 瑴古岳切 琯古緩切 埭徒耐切以土過水 巂息委切 獠魯皓切 雎千余切 瘞於計切 俶昌六切 灃敷東切 閭魚巾切 瑱陟刃切 鈿亭年切金華飾也 時諸市切 酺蒲故切 僩下赧切 侹待鼎切 僙胡光切 倕是爲切 佋時招切 侗徒冬切 能元上奴代切 淄側持切 祔符遇切 峘胡官切 滏扶雨切 峴胡典切 翽呼外切 彗徐醉切 怈餘制切 邙莫郎切 崿五各切 鷂弋笑切 沁七鴆切 鄜芳無切 茙如融切 盩厔上張流下職日切 舶薄陌切 縉卽刃切 蜮雨逼切短狐虫 璲徐醉切 穭力舉切 邛渠容切 倓吐濫切 岵侯古切 翃戶萌切 絅居莧切 雹蒲角切 瑝胡光切 璿旬緣切

郴丑林切暹思廉切遹余律切綰烏版切匭居委切

唐書卷七　本紀第七

鷂弋照切迅思晉切榷古岳切蒻而灼切滹火吳切芃蒲紅切雹蒲角切

鎰夷質切巙渠龜切洧于軌切洹胡官切璬古了切鄜芳無切朏敷尾切

玼雌氏切覦容朱切玢府巾切怦普耕切灞必嫁切水名滻所簡切水名二水在

京兆賙之由切振贍泌兵媚切畤諸市切汧輕煙切弇吾含切堡博抱切謜

愚袁切巂息委切儣古黃切郴丑林切憬居永切灉於容切潯徐心切暹

思廉切雩雲俱切祈雨祭倕是爲切鍠胡盲切涚舒芮切頔徒歷切栅測革

切溵於斤切潁川水名愔挹淫切錡魚倚切郜居號切艦戶黤切戰船櫂直敎切亦

作棹瘖於金切不能言諴胡嵒切郯徒甘切漵徐呂切紓傷魚切郇須倫切緗

思將切綵渠尤切緄古本切緷徒于切祔符遇切柵測革切編木爲之綢直由

切埴巨至切璀取猥切酈狼狄切晦莫后切隗五罪切訾郎移切鄢於幰

切郗丑饑切彗徐醉切嵖岈上側加下火加切鎛伯各切异羊吏切猜倉才

切悍侯旱切

唐書卷八　本紀第八

惲紆粉切俳蒲皆切戲也觝典禮切觸也雹蒲角切孛蒲沒切涿竹角切憬

俱永切鄜芳無切愔挹淫切憺徒濫切忼昌中切彗徐醉切岌魚及切玫

謨杯切稹止忍切夰古拜切瘞於罽切緗思將切獠魯皓切渼無鄙切緄

古本切丌居之切璠孚袁切撩連條切雟息委切邛渠容切諴胡嵒切紓

傷魚切綵渠尤切滹火吳切溆徐呂切鄲都寒切柵測革切嗢烏沒切嵐

盧含切峴胡典切嵯昨何切釗之遙切鄠侯古切鼞莫胡切汭而銳切灉於容切瑑時兗切

唐書卷九　本紀第九

灌取猥切丌巨基切愐彌遣切鄠侯古切諴胡喦切綰烏版切雋息委切佶極乙切幘楚革切繟徒干切瘞於計切彗徐醉切璩丘於切鷁弋笑切邳符悲切痼古慕切勛許云切譔此緣仕兗二切儇呼緣切汭而銳切鐐連條切宛句上音宛下音衢瓚藏旱切瑑柱兗切沆胡朗切雹蒲角切岢嵐上音可下盧含切軍名近太原濽藏旱切裼先歷切冣知領切翥章庶切郴丑林切鼞莫胡切忻許斤切隋置州幘楚革切岌魚及切諗式荏切坡普和切陂也玫謨杯切苾蒲必切鄮莫候切會稽縣名潯徐林切鄜芳無切邛渠容切

仔祖似切 潏以律切 勍渠京切 澞元俱切 瑄荀緣切 鎰弋質切 燁域輒切

熅於云切 孛蒲沒切 鏐力求切 諲伊眞切

唐書卷十 本紀第十

汭而銳切 諲之神切 瑄荀袁切 縕於云切 璠孚袁切 鏐力求切 邢奚經切

鍠胡光切 員于間切 戡苦含切 卭渠容切 彗徐醉切 瓚在早切 孛蒲沒切

鐬呼外切 諥竹用切 綮康禮切 鐇附袁切 勛許云切 磎苦奚切 祤況羽切

禊胡計切 珂丘何切 摶徒官切 偓於角切 郜居號切 岌魚及切 矍居縛切

璉力展切 璘離珍切 禛側鄰切 沁七鴆切 郴丑林切 鄠戶圭切 鄜芳無切

鄩徐林切 頵居筠切 㢋尺氏切 祝昌六切

唐書釋音卷第一

唐書釋音卷第二

唐書卷十一　　禮樂志第一

搢郎刃切搢笏而垂紳又插也冠婚上古患切束也男子幼娶必冠縚土刀切雩雲俱切祈
雨祭蜡鋤駕切年終祭名夏曰清祀殷曰嘉平周曰大蜡秦曰臘士王于況切闑五結切門闑中
也閾況逼切門限韇徒谷切箭也齊側皆切下同幄於角切二禮圖在上曰帟四旁及上
曰帷上下四旁悉周曰幄褶實入切小袴辨蒲莧切壝以水切壇也酅戶圭切幔莫半
切帷幔樂縣下胡涓切說文繫也下同著尊上直畧切犧尊上素何切下同概古會切
篚府尾切竹器員曰篚坫都念切以木爲之晡博孤切申時食稾古老切禾稈秸古黠切
莞古丸切草可以爲席昭穆上市昭切父昭子穆昭明也穆敬也昭南向穆北向孫從父坐下並同
斝舉下切王爵記曰夏后氏以醆商以斝周以爵簋居洧切內員外方曰簋盛受斗二升鈃戶經切酒

器似鐘而長頸簠方矩切扆於豈切戶牖間也禮疏云如綈素屛風畫斧文也紛純下之尹切
緣也下同腯徒骨切說文曰牛曰肥豕曰腯匝作答切輅洛故切釋名曰天子乘玉輅以玉飾車也
輅亦車也謂之輅者言行於道路敔魚巨切所以止樂藉慈夜切埳苦感切柷之六切合
樂之時投推其中而撞之匜弋支切杯匜似桸有柄可以注水又音移爾切帨舒芮切佩巾也瓚才旱
切膋落簫切腸間脂也

唐書卷十二　禮樂志第二

壝以水切壝也齊才詣切和也下同坫都念切啐七內切嘗入口胙昨誤切祭餘盎
烏浪切盆也燎力照切照也篚府尾切擩而宣切擩也靁力救切神名土王下于
況切埳苦感切簠方矩切簋居洧切觚古胡切縱即容切直也蜡鋤駕切瘞
於計切雩羽俱切請雨祭名句芒上古侯切蓐而蜀切畯子峻切詩傳曰田大夫也嬴

郎果切畷陟劣切田間也稾秸上古老下古黠切莞古丸切著尊上直畧切醍齊上他禮切酒赤色犧素何切蜃時刃切斝古雅切㽅都滕切瓦豆鉶奚經切榛側詵切亲栗芡巨險切說文云雞頭糗去久切乾飯屑餈疾資切飯餅韭舉有切醓醢上馨奚下呼海切菹臻魚切酢菜胉䬦上普各切脅也下移爾切棰主蘂切柎府無切欄足亨普庚切胖普半切牲之半體臑人朱切嫩耎貌肫胳上之春切面頯也下公洛切腋下也頯音逵脡他鼎切脯朐楸七由切木名

唐書卷十三

禮樂志第三

雩羽俱切迭王下于況切縚他刀切嚳苦沃切高辛氏頎渠希切數色角切疾也下同瘞於計切惲紆粉切嶠渠廟切韣徒谷切弓衣禖莫杯切禖求子祭磔陟格切祭風日磔帟羊益切小幕三昭下時招切下同祔符遇切合食於太祖璟居永切禰

奴禮切嶸戶萌切墠常演切除壇地名棋居悚切杙大者謂之棋簠方矩切簋居洧切瓾都滕切鉼奚經切坫都念切篚府尾切胙昨誤切亨牲上普庚切餘同殤尸羊切夭也齊衰上郎夷下倉回切衰衣長六寸博四寸

唐書卷十四　禮樂志第四

禪時戰切下同彗徐醉切壝以水切⿰石感古禪切石篋秸古黠切褥而蜀切氈也帟羊益切縚土刀切幔莫半切瘞於計切埳苦感切篚府尾切鈒色立切鋌也帊普駕切衣襆纊苦謗切絮也又細綿賈公土切推通回切排也進也下同酅戶圭切粢盛下是征切受黍稷在器五齊下才細切褶似入切幘側革切髮有巾曰幘鍤楚洽切鍫也坫都念切繖蘇旱切繖蓋軷蒲撥切道祭抆武粉切拭也簀楚革切牀簀廡文甫切堂至鈿亭年切軺餘招切小車薙直几切芟草汛息進切洒也擗

踊上毗亦切撫也下余隴切跳也 拜號下胡刀切下同 墠常演切 壖而緣切廟垣 佶匹乙
切

唐書卷十五

禮樂志第五

鈿亭年切 壝以水切 瘞於計切 堷苦感切 篚府尾切 坫都念切 冪莫狄切覆
食巾 相者上息亮切助也 繖蘇旱切 匜弋支切 帨舒芮切 醴齊下才細切下同 啐
七內切 婕妤上即葉切下以諸切婦人官也 鎛補各切鬵具 霤力救切 中春上直眾切
中也 郯徒甘切 郥五稽切郥城在東海 共伯居容切 任伯上如深切 鄫慈陵切 鱣
張連切 郈狠口切魯邑 邳符悲切下邳縣名 鄡苦么切 鞮都奚切 句井上古侯切
欬於犗切 邽消畦切 葴多忝切通作點 昕許斤切 臏婢忍切 尉遲上紆物切 弇
古舍切 孱鉏山切 偘空旱切 鄖正分切國名 涚輸芮切 磻薄官切

唐書卷十六　禮樂志第六

勞郎到切慰也儐卑刃切導也戒古拜切鈒色立切觶支義切酒器受四升坫都念
切篚府尾切幘側革切褶似入切禷力遂切帥祭壝以水切俘芳無切囚也
馘古獲切截耳禡莫駕切師旋所止地祭也矟所角切寻丈八者爲矟犧虛伊切瘞於計
切軷蒲撥切埳苦感切刳苦胡切剖破幦莫狄切巾也肆息利切陳也軹諸氏
切車輪之穿爲道墠常演切鉦諸成切楯食尹切通作干盾鞞補鼎切刀室腢牛口
切肩前髀補爾切股也髾以沼切肩骨饁域輒切餉田乏房法切楅方六切奉
弓上父勇切下同弣芳武切弓把中中日上竹仲切下中者同貍里之切塾殊六切門側室
纘作管切繼也儺諾何切驅疫侲章刃切童子磔陟格切寺伯上時吏切寺人⿰歹囟
虛顋切吉凶字胇房密切拉落合切折也⿰骨畐芳逼切藉慈夜切

唐書卷十七　禮樂志第七

莞胡官切草可爲席　紛純下之尹切緣也下同　纚所綺切韜髮者　櫛阻瑟切梳也　坫都念切　觶支義切酒器受四升　柶息利切七也　幘側革切　擩而宣切　嚌才詣切嘗也　帨輸芮切佩巾　啐七內切嘗也　幡孚袁切　褾俾小切軸端也　襈渠眷切重繒　甒文甫切盛五升小甖也　組側古切綬也　褶似入切　洗馬上蘇典切先也　扱楚洽切舉也引也　冪莫狄切巾也　霤力救切中廷　篚府尾切　湑私呂切　涗輸芮切財溫水　鷩并列切雉屬似山雞而小冠　毳此芮切細毛　絺抽遲切

唐書卷十八　禮樂志第八

幡孚袁切　納采下七在切采擇也　昕許斤切明也　莞胡宮切　紛純下之尹切下同　甒文甫切　冪莫狄切　坫都念切　觶支義切　柶息利切　擩而宣切　扱楚洽切

躐良涉切踐也崒七內切篚府尾切匵徒谷切匱也重翟上直龍切褘吁韋切蔽膝姆莫補切女師衿居吟切衣系帨輸芮切佩巾霤力救切巹居隱切破瓢爲酒器菹側魚切酢菜湆乞及切膜也涚輸芮切嚌才細切酳羊晉切酒嗽口餕祖峻切熟食褕羊昭切厭翟上於涉切餔前上薄孤切申時鞶薄官切大帶鈃奚經切褶似入切纁許云切三染絳親迎下魚慶切迓也儷郎計切鷩井列切毳此芮切絺抽遲切笲皮變切又音煩以葦若竹爲之其形如莒衣之以青繪以盛棗栗之屬腶丁貫切鍛脯

唐書卷十九

禮樂志第九

酅奚圭切舄思積切以木置履下乾腊不畏泥溼坫都念切冪莫狄切觶支義切褶似入切伎渠倚切鐃尼交切似鈴無舌有秉帊普駕切土王下于況切完胡官切純之尹切緣也衿居吟切衣系攝齊下津夷切裳緝酳羊晉切逡七倫切復也退也

篚府尾切楣旻悲切屋楣擩而宣切晬七內切陔柯開切截側吏切大臠

唐書卷二十　禮樂志第十

衰倉回切下同朝晡下薄孤切絰徒結切縗絰薊艮薛切劣也禮注桃薊可以爲帚除不祥

幘側革切禫徒感切除服祭名齊衰上卽夷切下同殤式羊切說文曰不成人也人年十九至十六死爲長殤十五以至十二死爲中殤十一至八歲死爲下殤姒詳里切長婦曰姒幼婦曰娣爨七亂切炊爨屨九遇切闕西謂之屨履屬棻符分切適子上音嫡纊苦謗切絮也跣蘇典切踊余隴切跣也尊行下戶浪切衺徐嗟切日普駕亦作邪中切霤力救切楔先結切櫼也柶思利切腢牛口切埳苦感切垼營隻切喪家塊竈鬲郎擊切鼎款足者謂之鬲綌去逆切笲皮變切又音煩櫛側瑟切淅先擊切沐米潘普官切淅米汁挋章刃切爾雅挋拭刷淨也衽而甚切稱昌孕切下同舄思積切纁許云切襚徐醉切贈

終衣哈胡紺切哺哈杠古雙切蓞美畢切荷本下白殯必刃切甒文甫切觶支義
切盥古滿切洗也篚府尾切冪莫狄切巾也霤力救切帟羊益切小幕苫失廉
切凶者爲覆廣甶苦對切土塊堊烏各切白土不緣下俞絹切衣純相者上息亮切下同
鈃奚經切翣所甲切形如扇以木爲匡禮天子八諸侯六卿大夫四士二紼分物切大索葬者引
車轟徒到切左轟以犛牛尾爲之繫馬軛上輴章倫切載柩車輀如之切喪車賵撫鳳切贈
終物壙苦謗切墓穴祔符遇切合食於太祖匵徒谷切匵也

唐書釋音卷第二

唐書釋音卷第三

唐書卷二十一　　禮樂志第十一

妥他果切　璡郎刃切又音津　啞倚下切瘖也　礐徒昆切　剡時冉切　鎛補各切鍾磬上
横　卭五剛切高也　拊斐父切　𡏖以水切　虡其呂切鐘鼓之柎飾爲猛獸横曰栒從曰虡
柷之六切狀如漆筩而有椎合樂之時投椎其中而撞之　敔偶許切狀如伏虎背上有二十七鉏鋙唐
用竹長二尺七寸破爲十莖於敔背横櫟之　筑張六切似箏十三絃　葆博抱切　錞常倫切樂器鳴
之所以節　笳古牙切卷蘆葉吹之　篪直離切以竹爲之長尺四寸小者尺二寸七孔　塤況袁切以
和鼓　上爲之六　簨思尹切所以懸鼓者簨峻也上高　鐃女交
孔亦作壎　峻也從曰虡虡也在旁舉簨也　切
鐲直角切　鉊古吊切　鼗徒刀切小　拊斐父切　相息亮切以
似鈴　鼓著柄　擊也　韋爲之實
之以糠猶輔　竽禹俱切　巢鉏交切二　和戶戈切　雩羽俱切　姑
相於樂也　十六簧　十三管

洗下蘇典切下同禪社上時戰切祭也⿰豕圭如佳切蜡助駕切臘祭名無射下羊益切纛
徒到切褎似救切亦作袖絝荒故切脛衣幘側革切鞾許茄切墟丘於切丘也獫
虛檢切狁余準切矍居縛切魚麗下力知切陣名下高麗音同鸛古玩切腕鳥貫
切縢徒登切褶似入切屣所爾切履不躡跟紼分物切磬市昭切伎巨綺切
箜篌上苦紅下戶鉤切師延所作靡靡之音搊楚鳩切手搊觱卑吉切鈸蒲撥切鈴鈸
檐余廉切曇徒含切楸此由切龜茲上祛尤下牆之切袜莫撥切袜肚袷古洽
切複衣無絮襦汝朱切短衣絛土刀切編絲繩璫都郎切耳珠驄倉紅切馬青白色雜驃
毗名切馬黃白色鼗徒刀切鼓有小柄栔如士角切

唐書卷二十二　禮樂志第十二

箜篌上苦紅下胡鉤切觱篥上卑吉下力質切觱篥羌人所吹以驚馬也鞚苦貢切龜茲

袪尤下牆之切鞅苦穴切鞞薄迷切騎上鼓懊烏皓切儂尼容切歔虛金切伎巨綺

切鉦諸成切鐃似鈴縚土刀切鐃奴交切鈸蒲撥切鼗徒刀切褏似救切笙

張六切殺色界切削也酺蒲故切頔徒歷切虡巨許切鐘鼓柎筑張六切篪陳知

切樂器唫魚金切古吟字緹他禮切蹹徒合切驃毗召切襦汝朱切簸補過切

邏郎佐切銛思廉切利也臉居奄切

唐書卷二十三上 儀衛志第十三上

葆博抱切鹵郎古切鶡胡葛切鳥似雞袷古洽切複衣絁式支切繒似布裲里養切博

雅裲襠謂之袹腹劾戶槩切佽七四切漢武官名褶似入切槍千羊切木兩頭銳

榦居案切撲普各切鼜徒宗切鼓聲矟色角切捻奴協切鍪莫侯切首鎧蕞

烏外切擐胡貫切擐甲襻普患切衣襻繖蘇旱切氅昌兩切鶩鳥尾鶩莫卜切鳥屬

幡孚袁切　楯食尹切　鋋以然切小矛　毦仍吏切氅毦羽毛飾　鎧苦亥切甲別名　韝古侯切附臂決　穳作管切鋋也　縚他刀切　絝與袴同　幘側革切　駃騠上古冗下田黎切馬生七日超其母　鵔鸃上思俊下牛奇切鳥狀如鷩赤足直喙黃文　騼騳上盧谷下徒谷切野馬　鈒色立切　殳市朱切長一丈二尺無刃　䙰彌角切衞仗名　廡罔甫切堂下周屋　兩觀下古元切　纛徒刀切黃屋左纛　霚武賦切亦作霧　轝羊茹切舁食者　㧏古郎切舉也　鉦諸成切　蹬丁鄧切履也　纁許云切淺絳色　綟郎計切綠色　綦渠之切青黑文　鞵如佳切　柷昌六切

唐書卷二十三下　儀衛志第十三下

䙰彌角切　佽七四切　氅昌兩切　綦渠之切　旛孚袁切旐也　鍮他侯切色似金　幘側革切　絝袴同　裲里養切　褏似救切　襦而朱切　蹬丁鄧切　轝羊諸羊茹二切　重

翟下徒歷切 纖蘇旱切 饜翟上一涉切 殳市朱切 鹵郎古切 軺餘招切小車 稍色角切 洗蘇典切洗也 纁許云切 綟郎計切 鋋以然切 毦仍吏切 楯食尹切 幰虛偃切帛張車上爲幰 褶似入切 棒步項切杖也 翅施智切 婕妤上卽涉下羊諸切 掆古郎切 鉦諸成切 鐃奴交切 笳居牙切卷蘆葉吹之 觱篥上卑吉下力質切 葆博抱切 鈒色立切 蹀徒協切躞蹀 邏郎佐切 彪補休切 鞌於寒切 馘古獲切截耳 闋傾雪切

唐書卷二十四 車服志第十四

儗魚止切僭也 巡守下書又切 鞔亡阮切 蒐肅鳩切春獵曰蒐 翅施智切 苣其呂切 纛徒刀切以犛牛尾爲之繫於左騑上 輈張流切車轅 綢他刀切纏也 杠古厖切爾雅素錦綢杠以白地錦韜旗竿 闟許及切戟名 緌儒佳切緌纓 鍐亡范切馬首飾 鈗許訖切乘輿馬

上插翟尾者鈂鐵也廣三寸翟徒歷切山雉錫與章切馬額飾鞶薄官切大帶纁許云切淺
絳色幰虛偃切帛張車上騮力求切赤馬黑鬣曰騮鹵郎古切厭翟上一涉切婕好
上卽涉下羊猪切重較下古岳切車轉上曲銅軺餘招切小車旜諸延切爾雅因章爲旜謂
以練帛爲旒因其文章不畫也旒力求切王九旒至地諸侯九旒至軫大夫七旒至轂士三旒至肩珂
苦何切馬腦組則古切綬也黈天口切冕前纊纊苦謗切絮也繒慈陵切帛也緣俞絹
切衣純褾俾小切軸端襈雛戀切衣緣舄思積切履也鏢撫招切刀劍鞘下飾純之尹
切緣也𧣴丑列切斂也韠卑吉切紱也所以蔽前下廣二尺上廣一尺其頸五尺韍甫勿切韠
也上古衣以蔽前而已芾以象之鷩必列切毳此芮切絺丑知切蜡鋤駕切幘側革
切裠裙同襦而朱切短衣禡莫駕切師祭璂渠之切弁飾褶似入切鈿亭年切金
華飾鞾呼茄切帢苦合切士服狀如弁缺四角褘吁韋切蔽膝翬許歸切雉五色備也緅

子侯切青赤色再染曰緅三入成纁瑜羊朱切玉名紺古暗切青赤色釦音口金飾器口絝袴同
褕餘招切后服緱郎計切褭似救切䙡苦盍切䙡襠褠古侯切單衣璫都郎切充
耳縢徒登切貂丁聊切鼠屬珥仍吏切瑱也解廌上胡介下宅買切獸似牛而一角古
者決訟令觸不直者裲良獎切襠也膊補各切胷膊縵莫半切繒無文觶支義切辮薄泫
切交也襻普患切衣系屩居勺切草履笄堅兮切簪也璽想氏切轝羊茹切螭
丑知切無角如龍而黃菟土故切幡孚袁切赭章也切赤土搢卽刃切銙苦瓦切帶
飾梭蘇禾切紃詳遵切環綵條鍮他侯切帨輸芮也絁式支切繒似布苧直呂切草
可以爲繩骻苦瓦切腰骻缺苦穴切襵之涉切襞也趺方俱切趺足上雩羽俱切硩
他歷切又丑列切石中矢蔟千谷切蟈古獲切袷古洽切踣匹候切倒也䪁的協切韜
韘帶具韘失涉悉協二切射決也苾薄必切噦呼外切騑甫微切驂旁馬鐙都鄧切鞍

乾隆四年校刊

鐙
禂古莧切裙禂　鳭丁聊切鴨屬　冪莫狄切　䍦呂支切接䍦白帽　裙渠云切　襜
都甘切住也　舁以諸切　輂扶晩切車輂　纈胡絜切　栱居悚切大杙　栿房六切梁栿

唐書卷二十五　　歷志第十五

蝕乘力切日月稍小侵虧如虫食草木之葉　朓土了切月行疾出西方　蔀薄口切　土王下于
況切

唐書卷二十六　　歷志第十六

蔀薄口切　焯職畧切　瞿曇上權俱下徒含切　朒女六切望而月見東方謂之縮朒　嶲
郎移切　鸍劉規切　奇居宜切不偶

唐書卷二十七上　　歷志第十七上

朓土了切　揲食列切揲著　蔀薄口切　朒女六切　逶迤上於危下余知切　蝕乘力

切 泓烏宏切 訢許斤切 劀苦郭切 焯職畧切 秒亡沼切禾芒 扐盧則切筮者著

著指間 炫熒絹切 枵許嬌切虛危之次玄枵 焞他昆切明也 陬子瑜切 闕阿葛切

朏敷尾切又傍佩切月初出 雩羽俱切 觜觿上即移下翾規切 定丁定切營室 袧居匀

切戍衣 振振之人切 賁逋昆切 晡時上薄胡切申時 禺中上麌俱切 岌魚及切

軀古鄧切

唐書卷二十七下　歷志第十七下

焯職畧切 爗乙六切 朓土了切 朒女六切 句股上古侯切算法有句股注短面曰句

長面曰股 劀苦郭切 朏敷尾切 璣居希切 枵虛驕切 帑農都切 從衡上子容下

胡萌切 贏餘輕切 耑吹官切 觜觿上即移下翾規切 秒亡沼切 閼烏葛切 陬

訾上子瑜下音咨 嶠巨嬌切 大宛下於元切夷狄國名

乾隆四年校刊

唐書卷二十八上　歷志第十八上

敦都困切　杪亡沼切　鴽人諸切鴿也　蟈古獲切蛙別名　鵙古闃切伯勞　蜩徒聊切大蟬　培簿回切治也又蒲口切　蜃時忍切大蛤　朓土了切　朒女六切　觜即移切　觿翾規切

唐書卷二十八下　歷志第十八下

杪亡沼切　朓朒上土了下女六切　曇徒含切

唐書釋音卷第三

唐書釋音卷第四

唐書卷二十九　歷志第十九

杪亡沼切　朓朒上土了下女六切

唐書卷三十上　歷志第二十上

蔀薄口切　杪亡沼切　朓朒上土了下女六切

唐書卷三十下　歷志第二十下

朓朒上土了下女六切　蔀薄口切　杪亡沼切

唐書卷三十一　天文志第二十一

髀井弭切　筩徒紅切斷竹　瓚才旰切　朓朒上土了下女六切　縱子容切下同　銅居郎切堅鐵　觜觿上即移下戶規切　嗉桑故切鳥嗉　囷去倫切　堰於建切堰埭　嘳

杜回切下墜鉞職深切土深下式禁切腧如之切鼇里之切十毫秒亡沼切楯
食尹切衮莫候切東西曰廣南北曰衮濊呼會切嶓補禾切徼吉吊切境也伾敷悲
切陬訾上子瑜下即移切枵虛驕切茌仕之切濟北有茌平縣或作茬胙昨誤切邪
胡安切邾陟輸切國名鄫慈陵切鄅俱雨切邳符悲切下邳縣名邿書之切郇
須倫切坻直尼切犍渠焉切巂息委切牂則郎切駘徒哀切杠古雙切髳
莫紅切宛於元切葉書涉切鄶古外切沅愚袁切鄖王分切鄀如灼切咮
陟救切郕時盈切郜居號切偪彼側切浪魯當切麗力知切渤蒲没切

唐書卷三十二　天文志第二十二

枵虛驕切赭止也切赤土霾莫皆切風雨土為霾玦古穴切珥而志切璚車營
切朓土了切觜觿上即移下翾規切彗徐醉切攙初銜切亘古鄧切杠古雙

切佺且緣切迸北淨切雒古侯切雉鳴棓步項切瞢莫鳳切日不明

唐書卷三十三　天文志第二十三

嬴餘盈切高麗下力知切囷去倫切句古侯切僇力竹切觜觿上即移下翾規切餤以贍切

唐書卷三十四　五行志第二十四

沴郎計切水不利螟忙丁切痾於何切病也鶂五歷切水鳥眭息爲切仆芳遇切頓也檉丑貞切暘余章切日出禜爲命切祭名輴丑倫切喪車澮古外切羃䍦上莫狄下鄰知切白帽韉則前切瞭盧鳥切目睛明踣薄卩切愔挹淫切闒茸上徒合下而隴切不肖也幘側革切袤莫候切亘古鄧切璹神玉切酺蒲故切暾他昆切艘蘇遭切幔莫半切荑杜奚切郿旻悲切蕒莫解切蒜蘇貫切菌渠殞

切砲皮教切機名鵽丁括切蝙布田切蝠方六切鴝匹迷切鳲古洽切嗛
苦簟切鷘七由切紺古暗切鵂許尤切鷚力牛切閿無分切仵疑古切鴉
於加切鳥別名崞古博切祏食亦切盌烏貫切惋烏貫切棧士限切奩力鹽切

唐書卷三十五　五行志第二十五

霿莫紅切羸郎果切痾於何切眣徒結切蹂人九切踐也躒郎擊切霾謨皆
切風雨土堞徒協切城上垣噴普魂切潠也沁七鴆切螟忙丁切虸即里切蚄府良
切沴郎計切巂息委切噎一結切剡時冉切贅朱芮切疣羽求切結病坡
普和切隗五罪切坌蒲悶切亘古鄧切鬣力涉切鬣毛霢霂上莫伯下莫卜切
閿無分切媧古華切葉書涉切郾於幰切暘余章切矟色角切譂齒善切妄
言靺鞨上莫葛下何葛切韄鬱縛切礧盧對切嘶先稽切嗄於邁切炕苦浪

切暍於歇切傷熱殍平表切殕方九切腐也抝於絞切手拉鐮力鹽切刀鐮紖直引切鞵戶佳切屩也胆千余切蝦蟆上胡加下莫霞切徠音夷嵐盧念切嗥胡刀切鄮莫候切

唐書卷三十六　五行志第二十六

痾於何切沴郎計切潬徒旱切水中沙爲潬又音灘沁七鴆切滹火吳切鄜芳無切澍之戍切艘蘇遭切嵐盧含切隗五罪切圯符鄙切鮎奴兼切鰋也蟇謨加切螟忙丁切殣渠吝切瘞尸圂胡困切豕所居又廁也媯居爲切亘古鄧切邳符悲切霪餘淫切久雨禺中上元俱切佺且緣切瀦張如切水所停鬉子無切毛亂咤涉駕切篲祥歲切掃帚魃蒲撥切神也涪符尤切螫施隻切虫毒脽視隹切尻也齓初覲切毀齒

唐書卷三十七　地理志第二十七

雍於用切雍擁也東崤西漢南商北居庸四山之所擁翳也　華胡化切後魏置雍州改爲華州　邠府巾切　鄜芳無切　單市連切　嵕子紅切　麰莫浮切大麥　鄠侯古切　邽涓畦切　櫟狼狄切　皺側救切　盩厔上側留下職日切　汧輕煙切　菴蔄上央炎下刀居切　枲想里切麻也　樺胡化切　楮止也切　檉丑征切　鄯常演切　堡博抱切　延山於　薺祖禮切甘菜　斌府巾切　契欺訖切　胯杷化切　犛鄰知切

唐書卷三十八　地理志第二十八

沛博蓋切　虢古伯切周封虢叔　鄆王問切　枵虛嬌切　娵訾上子秋下郎移切　絁戎支切粗繒　埏式連切和也　埴常職切棃土　緱古侯切　郟古洽切　葉失涉切　麰莫侯切　閿無分切　藨甫嬌切萑葦秀　胙存故切　鄢於乾切　郾於幰切　鷙耻力切

雎息遺切水名 碭徒浪切 單常演切 亳傍合切 鄚側耵切 邳符悲切 盱況于切 眙與之切 苻防無切 虹古巷切 宛句上於袁下其俱切 鄄吉掾切 貲郎移切 蛤古合切 厭次上一涉切 朐權俱切 承常證切

唐書卷三十九

地理志第二十九

沁七鴆切 嵐盧含切 繭古典切纊著衣 鞹苦郭切皮去毛 麲圭玄切麥莖 鉚古伍切 蓡所金切 礜羊茹切毒石 盂雲俱切 莁荑上武夫下以支切 崞古博切 犛里之切 蔚紆物切春秋時屬晉後入趙秦滅趙爲代郡東魏置北靈丘郡周宣帝置蔚州 鞮田黎切 涿竹角切 娵子侯切 訾即移切 枵虛嬌切 媯俱爲切 薊吉詣切 陘戶經切 鮭側下切 汜詳里切 絁式支切 洹胡官切 鄴魚怯切 邢戶經切 洺彌并切 滏扶雨切 邯鄲上胡安下都寒切 槀古浩切 欒盧丸切 蓚他簫切 鱧盧啓切 鱴

也鮬苦胡切婢妾魚名淶落哀切水名鄭慕各切樺胡化切髐虛文切鳴鏑⿰骨出都骨切酋似由切長也

唐書卷四十

地理志第三十

峽胡夾切泌毗必切又兵媚切涪符尤切峴胡典切淯余六切水出攻離山橙除耕切椑賓彌切芮儒稅切秭將几切練所葅切疎葛縛持兗切墊都念切又徒協切舂書容切鄖王分切䶉力求切鼠食竹根郢以整切鄀而灼切蒜蘇貫切葷菜椶蘇禾切鯄巨鳩切堡博抱切芣苢音浮以坪皮命切地平潾力珍切水名坻陳尼切小渚洮他刀切休屠上許蚪下陳如切邽涓畦切枹罕上風無下呼旱切艽古爻切鄣止良切湟胡光切夌力膺切毯上敢切毛席鞓他丁切皮帶也⿰革延氎徒協切細毛布皺側救切葉護上書涉切龜茲上祛尤下牆之切澮古暗

切

唐書卷四十一　地理志第三十一

瀠徐心切 邘胡安切 莞胡官切 稑力竹切後種先熟曰稑 鯆蒲故切鱖歸 練所菹

切 絁式支切粗繒 梭蘇禾切 蝱武庚切 會稽堅奚切 牂子唐切 郴丑林切

縉郎刃切 灨古暗切章貢二水合流因其處立縣遂以爲名 沅愚袁切 鮫古爻切魚皮有文可

飾刀 鱘徐林切 溧力質切 秔古行切秔稻 鞵戶佳切屩也 鯔側持切 魬音販 䱜

七雀切 剡時冉切 鄮莫侯切 祏常隻切 莆薄胡切 澳於六切 毯吐敢切 黟

於夷切 埭徒耐切 潯徐林切 汊楚嫁切水歧流 雩羽俱切 淦古暗切 苹符兵切

瀏力求切又音柳 笴古旱切箭笴 漵徐呂切水浦 卬五剛切 涪符尤切 僰蒲北切

唐書卷四十二　地理志第三十二

犍渠延切嶲息委切牂兹郎切涪符尤切犛離支切杼直吕切鄜符羈切梭蘇禾切紃食倫切環綵絛邡府良切邛渠容切靶必駕切轡革瀘落胡切汶文運切[illegible]蒲化切郪七稽切箸橙宅耕切龕苦含切研吾甸切

唐書釋音卷第四

唐書釋音卷第五

唐書卷四十三上　地理志第三十三上

儋都甘切　鼊北激切鼊似黿而漫胡無指爪其甲有黑朱　蚺汝鹽切大蛇　番普官切　禺麌俱切　洊在甸切　莞古完切　浛胡紺切　洭去王切　湞陟盈切　鮫古爻切　荃此緣切　瀧閭江切　鞵戶皆切　杷蒲巴切　玳瑁上徒耐下莫佩切如黿生南海背上有鱗鱗大如扇有文章　潯徐林切　巒落官切小山而銳　鐔徒含切劒口　粵王伐切　獠魯浩切西南夷　麖舉卿切獸一角似麋　徼古吊切　翃呼萌切　鉚古猛切

唐書卷四十三下　地理志第三十三下

羈居宜切馬絆　縻靡爲切繫也　突厥下九勿切　回紇下戶沒切　党項上多曩切　契丹上欺紇切　靺鞨上莫撥下胡葛切蕃人出北土　高麗下鄰知切　龜茲上袪尤下牆之切

闐堂練切 叱昌栗切 邏郎佐切 䟣跌上奚結下徒結切 單于上時連切 燕然
上因肩切下燕山切 嵠弦雞切 窴亭年切 嶂之亮切 嵯昨何切 匐蒲北切 嗢烏没
切 蹛當在切 洮土刀切 崌九魚切 忋公在切 瓚徂旦切 酋似秋切 嬀俱爲
切 忸女六切 大汗下胡安切可汗同 罽居例切 盼匹莧切 崦嵫上衣檢下子之
切日入處 翕許及切 嶰胡買切 笮側伯切 鞮田黎切 巂息委切 楇古禾切 磊
魯隈切 嵐盧含切 橛其月切 胣䏗上移爾下波美切 柞則落切 坡普和切 髳
莫紅切 裒蒲侯切 誃戈支切 滈胡老切 牱居何切 淯余六切 牂兹郎切 蔿
韋委切 犍渠焉切 巋丘軌切 儋都甘切 爨七亂切 陘奚經切 汋市若切 淤
依倨切 壖而緣切河邊地 舫甫妄切並兩船 剗初限切 栅楚革切 磧倉歷切 汊側亞
切 咄當没切 鸊鵜上步覔下徒兮切 麚古牙切牡鹿 鞬居言切 樺胡化切 裓

古得切　姪徒結切　祅呼煙切　堡博抱切　跬丘弭切舉一足　苴鋤駕切　咩迷遮切　驃毗召切　漦俟甾切順流　笪當割切　硤胡夾切　舶市伯切　颮于筆切大風　涅乃結切

唐書卷四十四　選舉志第三十四

髀并弭切　囏古閑切　侑爰救切　鍇苦駭切　廙羊冀切　蝸古華切蝸牛小螺　稍所教切　垛他果切均也

唐書卷四十五　選舉志第三十五

期居之切　袒免下七連切袒袒為去冠代之以免免者以布廣一寸從項中而前交於額上却向後繞於髻　汰他蓋切　愔挹淫切　璟居永切　殿最上都練切功曰最負曰殿　刓五丸切　軼夷質切

唐書卷四十六　百官志第三十六

媵以證切從女送嫁　獠魯皓切　句檢上居侯切下同　蓋藏上胡臘切　一緞下都練切

嫺於眞切　賻芳遇切　齊衰上卽夷下七雷切　繒慈陵切　積七迹切　祅呼煙切

帟羊益切小幕　鐍古穴切　轝羊如切　胙昨誤切　猝且沒切倉卒　會之上古水切

酅奚圭切　褶似入切　乘傳下知戀切郵馬也下同　貿莫侯切交易　馘古獲切　苜莫六切

蓿音宿　蹲徂尊切　庋過綺切　纛徒到切黃屋左纛　稍色角切　讞魚蹇切議獄

騙匹扇切　軬扶晚切車軬　閧胡降切　壝以水切埒也　艫落胡切舟後　堰於建切壅水

磑五對切　隶徒耐切

唐書卷四十七　百官志第三十七

匜弋支切　齊在詣切下同　瓚徂贊切　帨輸芮切　傳驛上張戀切　匭居委切匣也

殿最上都練切 螭抽知切 坳於交切地不平 璹神玉切 凱還下似宣切 纖蘇旱切

診章刃切視也 汛息進切 騊駼上徒刀下同都切野之良馬 駃騠上古穴下田黎切

秸古黠切 儺諾何切 寺人上時吏切又如字 酋似由切 枲胥里切麻有子曰枲 徛

直理切待也 饎昌志切熟食 酏弋支切酒也 娣特計切 紉女鄰切 皿眉永切飯食器

唐書卷四十八

百官志第三十八

褶似入切 珂丘何切石次玉 纁許云切淺絳色 匭居委切 豸宅買切 俘芳無切軍所獲

馘古獲切 傳驛上張戀切 殿最上丁練切下同 昭穆上時昭切 簠府尾切 坫丁念

切 鉶胡經切 伎巨綺切 塾神玉切門側室 掆居郎切 鉦諸成切 儺奴何切 侲

之人切童子 祓敷勿切 楯食尹切 磔陟格切 五齊下才細切 芡巨險切 酴醾

上同都下靡爲切 帟羊益切小幕 檠遺禰切 罽居例切 袒免下亡運切 句居侯切

鄐奚圭切 酋似秋切 委積上於爲下子智切牢米又芻之總名 盾食尹切 秸古黠切
藺良刃切草名莞屬 堰於建切 徛直理切 蝝與專切蝗子 貿莫候切 榷訖岳切
迣征例切度也 髀并弭切 襦汝朱切 矟色角切 幘側革切 鈿亭年切 繖蘇旱切
紝忍甚切 絁式支切 絇九遇切 綟郎計切 杼直呂切 簨簴上思尹下其呂切
堊烏各切白土 匽於幰切隱也 秣莫撥切馬食穀 磑五對切 綅千尋切絳綫 鮍敷羈切
拚方門切掃除 袽女余切 籋力協切竹笪

唐書卷四十九上

百官志第三十九

䩞苦穴切 句居候切 鎧可亥切甲也 廡文甫切 驍古堯切武也 佽士賜切便利也
襆普木切 矟色角切 彍忽郭切弩也 謼火故切 撾陟瓜切棰也 繖蘇旱切 洗馬上蘇典切先也 汛先進切 儺奴和切 軺餘招切小車 瘠慈亦切 皿眉永切 旅

賁下博昆切勇也 爲殿下丁練切軍在前曰啓後曰殿 弨芳武切弓把中 中否上陟仲切

唐書卷四十九下 百官志第三十九下

句居候切 籤子廉切 帑他曩切 纛徒到切左纛 珂丘何切 鉦諸成切 刓五丸切

唐書卷五十 兵志第四十

彍忽郭切張弩 驃毗召切勁疾 鍤楚洽切 钁居縛切大鉏 鎌力鹽切刀也 鑽子算切錐鑽 觿奚圭切可解結 穳與鑽同鋋也 矟色角切 鉦諸成切 掤方隥切 糗去久切熬米麥也 繒慈陵切 觝丁禮切 岢嵐上口我下盧含切 洮土刀切 犍渠延切 韉則前切 徼古保切 璆渠幽切 暹思廉切 鎧可亥切甲也 句居候切 薳韋委切 鐬呼會切 諥竹用切 騊駼上徒刀下同都切 駃騠上古穴下田黎切 硤胡夾

切

唐書卷五十一　食貨志第四十一

絁式支切粗繒　秔古衡切　獠魯浩切　羨田上延面切餘也下同　憬居永切　朘子泉切　句居候切　鉷戶工切　粃胡結切眉米

唐書卷五十二　食貨志第四十二

惸渠營切　地著下直略切　楨陟盈切　僦即就切僦債　貿莫候切　譐荒故切　囷區倫切員廩　繒慈陵切粗帛　纊苦謗切絮也　榷訖岳切　畬羊諸切　殿亦上丁練切負也　紓商居切緩也　歉苦簟切　牣而振切滿也　襦而朱切　絝苦故切　剔亭歷切　錡魚倚切　羨餘上羊面切饒也　垍巨至切　澣戶管切　頔徒歷切　喟丘媿切大息　餫王問切野餉　儵式竹切　异羊吏切　唅胡紺切哺唅　蘭若下人者切　祆呼煙切胡

神蠢子兮切

唐書卷五十三　食貨志第四十三

馱唐佐切負馱。厎音止砥音輓與武遠切引也棧閣道也鈲攻平切檣慈良切颿

柱邢奚經切窖居郊切竝渭上陟涙切坡普禾切栿房六切棵仗体蒲本切

屩訖藥切闋苦穴切靚疾政切裝飾也艘蘇遭切轃才奏切堰於建切艎胡光

切艅艎枲思里切涸曷各切渦烏禾切水坳搤於革切持也培薄回切洧于軌

切琇以九切榷訖岳切餫王問切野餉泌薄必切埭徒耐切壅水剸朱緣切

掊薄侯切裒莫侯切南北日裒堡博抱切障也柵楚革切編木爲之党多曩切諴

胡品切龜茲上祛尤下牆之切躪良刃切

唐書卷五十四　食貨志第四十四

乾隆四年校刊

巂息委切榷訖岳切鹵郎古切暵呼旱切溜力救切水溜墳戶吻切甬余隴
切堰於建切壅水埭徒耐切佶巨乙切瑇瑁上徒耐下莫佩切錡魚倚切儈
古外切合市鹻古斬切鹵也壕胡刀切城壕剽匹妙切刼也餫王問切野餉帑他曩
切榻託合切綫私箭切細絲筏房越切大曰柢小曰桴乘之渡水郴丑林切璟居永
切缺苦穴切抄楚交切貿莫候切穽疾正切窳以主切器空中亦病也磑五內
切繒疾陵切墊都念切下也謼荒故切

唐書卷五十五　食貨志第四十五

貿莫候切鐍古穴切泌毗必切絁式支切粗繒墊都念切朘荀緣切縮也鴘
披免切鷹鷂二年色

唐書卷五十六　刑法志第四十六

刑辟下毗亦切法也下同 笞田之切捶也 扑蒲卜切 梟古堯切 轘胡慣切車裂人 賕渠尤切 箠楚蘂切 瞀莫侯切瞀瞀 撤丑列切 瘞於計切 讞魚蹇切議罪 杻敕久切械也 訊息晉切問也 姙汝鴆切 嬉昌志切 矍居縛切 党丁曩切 酋自秋切 獠魯皓切 啞烏下切不言 璟居永切 驀莫胡切 戣渠追切 憸思廉切詖也 訐居謁切 摺之古切摺疊 籤七廉切銳也 峴胡典切 璵羊諸切 啗徒敢切 頔徒歷切

唐書卷五十七 藝文志第四十七

璟居永切 籤七廉切 尠息淺切 廙羊至切 妥他可切 瓛胡官切 甝胡甘切 焯之略切 璵羊諸切 伷直佑切 緱古侯切 逡七旬切 佟徒冬切 瑒余章切 郗丑飢切 璡將鄰即刃二切 暕古限切 肓呼光切心上鬲下 玢府巾切 脊食刃

琁似寛切 埤符支切 魴符方切 愔挹淫切 鉌戶戈切 昶丑兩切 愐彌兗切

智知義切 七文知

唐書卷五十八 藝文志第四十八

駰於眞切 璠附袁切 璩強魚切 翽呼會切 颯力入切 愔挹淫切 貟王問切

璫都郎切 玭部田切 薈烏外切 逡七旬切 璹神玉切 峘胡官切 綝丑林切

郗丑飢切 棻符分切 琯古緩切 圈白萬切 峞五丸切 璊母官切 妥他果切

脊食刃切 朏府尾切 翃乎萌切 鷟士角切 摶徒官切 瑒余章切 惲紆粉切

鋈蘇典切 炯戶頂切 茝諸市切 謩莫胡切 戣渠追切 鉌戶戈切 臾久丞切

璟居永切 闞苦濫切 酈郎狄切 嵕祖紅切 鵂許尤切

唐書卷五十九 藝文志第四十九

負俶上王問下昌六切鄤於憓切邢戶經切暹思廉切臮巨至切烝與氣切
愔挹淫切笥思嗣切惲紆粉切般若上北末下人者切奘徂朗切炅久永切
嬾落旱切嶷鄂力切雋祖峻切邯鄲上胡安下都寒切繚乃小切蕤如隹切
汜符咸切懍力稔切烜況晚切遴良刃切犴羽俱切湇符尤切玫謨杯切
簵洛故切畬以朱切璩強魚切饌士戀切嵐盧含切萱況袁切鉶戶經切
髀部禮切晅古鄧切劇苦郭切焯之略切瞿曇上權俱下徒含切蔿羽委切
鐈巨喬切沌徒悶切湴蒲鑒切釗止遙切鋈烏篤切妥他可切縠七刀切
鞦韆上七由下七然切北方山戎戲以習輕趫者鷗於憓切郃曷閤切鍼諸深切璡
資辛郎刃二切

唐書卷六十　藝文志第五十

駒駼上徒刀下同都切 酈郎狄切 繁欽上薄波切 邯鄲上胡安下都寒切 虡羊至切 昶丑兩切 暨居乙切 袤莫侯切 偘口旱切 頠魚毀切 儵除留切 敳五來切 腆宅典切 闓丘哀切 壼苦本切 郗丑飢切 悛此緣切 惔徒甘切 逌以周切 愔挹淫切 龢胡戈切 暕古限切 曇徒含切 冏俱永切 洗馬上蘇典切先也 瑱陟刃切 邢戶經切 懍力錦切 烱戶頂切 妥他可切 芊綿婢切 貟王問切 棻符分切 璟居永切 璹神玉切 泌毗必切 迅息晉切 匳力鹽切 珦許亮切 暮莫胡切 諴胡嵒切 賨藏宗切 涪符尤切 贅之芮切 翃乎萌切 峒徒冬 濆符分切 蠙部田切 摶徒官切 鄾於𢡟切 葆博抱切 珝況羽切 虯渠尤 茗徒聊切 鋌徒鼎切 逭胡玩切 璩強魚切 竣七倫切 杼直呂切 勰胡結切 嶸乎萌切 郃曷閤切

乾隆四年校刊

唐書釋音卷二十

唐書釋音卷第五

唐書釋音卷第六

唐書卷六十一　宰相表第一

浿普拜切 嶲息委切 洮土刀切 詧初八切 邢胡經切 儋都甘切 璹神玉切
璟居永切 瀧閭江切 愔挹淫切

唐書卷六十二　宰相表第二

晙祖峻切 磧七迹切 暹思廉切 琯古滿切 俶昌六切 嶼徐呂切 峴胡典切
縉郎刃切 邛渠容切 泌毗必切 郴丑林切 憬俱永切 頔徒歷切 垍巨至切
鄘餘封切 鏄伯各切 异羊吏切

唐書卷六十三　宰相表第三

權訖岳切 鄲都寒切 稹止忍切 珏古岳切 党底朗切 謩莫胡切 諴胡嵒切

璩强魚切　幘楚革切　綮弃挺切　摶從官切

唐書卷六十四　方鎮表第四

鄜芳無切漢鄜縣隋改爲州　洮土刀切　党多曩切

唐書卷六十五　方鎮表第五

嵐盧含切　溵於斤切說文水出潁川陽城少室山東入潁

唐書卷六十六　方鎮表第六

沁七鴆切　嬀居爲切　薊吉詣切　邢戸經切　鄚末各切　澶市連切

唐書卷六十七　方鎮表第七

嶲息委切　宕徒浪切　邛渠容切　峽胡夾切　漵徐呂切　涪符尤切　郴丑林切

洮土刀切

唐書卷六十八　方鎮表第八無音

唐書卷六十九　方鎮表第九

禺麌俱切　瀼汝羊切　籠力鍾切又力董切　儋都甘切　郴丑林切　涪符尤切　潡徐呂切　潯徐林切

唐書卷七十上　宗室世系表第十上

系胡計切聯屬　嬴餘輕切　皐陶下餘招切　墟丘於切丘也　彤徒宗切　采邑上倉代切臣下之邑　曇徒含切　莞古丸切　弇吾含切　昶丑兩切　暠古浩切　愔挹淫切

洗馬上蘇典切先也　郇須倫切　樅祖紅切　朏芳尾切　璡資辛切即刃二切　沇以轉切

嵒元俱切　嶨胡角切　岌魚及切　崟魚金切　嶷魚力切　岕古拜切　瑄荀緣切

珵除荆切　鉼戶經切　曖烏對切　茸而隴切　漻力求切　諝私呂切　顩魚毀切

鍭渠追切胙存故切璵以諸切琡昌六切鄾於憾切鄲都寒切鄠候古切
瑊古咸切璝古回切玢府巾切邢戶經切憺杜覽切鈒色立切勍渠京切
鉊之姚切盩厔上張留下之日切涪符尤切郟訖洽切涵胡南切鮪羽軌切
鯤古渾切鰅魚容切郱蒲經切滻所簡切洸姑黃切烱音迥塤許元切冏
居永切檟舉下切斌府巾切嶼象呂切崒昨律切嵃愚袁切岠其呂切巙
渠龜切窨初入切銛思廉切璩強魚切璥居影切犨赤周切磵古晏切䃤
思六切蚡房吻切蠙步田切硎戶經切俶昌六切暹思廉切虯渠尤切暕
古限切鴧云久切鷾於記切璟居永切鴋府良切鷫息逐切廡芳武切檕
遺爾切昺補永切蛬渠容居竦二切璥居影切椅於宜切樟止良切栝古活切
邛渠容切槮楚簪切梫子心切椯朱緣切枵虛嬌切偘口旱切鄼則旰切地

名在南陽橦徒紅切樅七容切檡直格切棹直教切隯陵上於虔切汧源上輕

煙切稠除留切轇居虬切杠古雙切鼟都滕切招市招切晊之日切橡似兩

切橾千遙切栒聳尹切檈似宣切焜胡本切瑰余制切昈侯古切暵虛旰

切猱奴刀切踔竹角切傷以豉切璹神玉切瓚徂幹切璬吉了切

唐書卷七十下　宗室世系表第十下

璩強魚切睍古限切璥居影切鬮呑登切鏻力珍切鉊之姚切瓚徂幹

縝上刃切珩戶庚切胙昨故切鄫慈陵切筦古滿切鍊郎甸切諦大計

誻達合切鄏俱羽切踔竹角切珂古回切滈胡告切琀胡紺切奃魚吻

䩗如佳切訔平免切鄖于分切莆田上薄胡切郃曷閤切遒職由切瓀而兗

切蓯徂紅切昕許斤切暹思廉切曇徒含切珌卑密切瑀王矩切邳符悲

切 珽補抱切 珵除荆切 琈縛謀切 琂語軒切 愔挹淫切 惲紆粉切 伷直又切 㢋羊吏切 霅直甲切 昶丑兩切 郕時征切 峒徒冬切 峘胡官切 峴胡典切 嵒宜咸切 耑多官切 崌九魚切 巘魚偃切 袿古攜切 璄於丙切 襘黃外切 侗徒冬切 璹神玉切 璠符袁切 焯之若切 逷託歷切古文逖 烱戸頂切 珙居悚切 珂丘何切 潯徐林切 硤胡夾切 嶷魚力切 芊倉先切 鄮莫候切 稹之忍切 掄盧昆切 稛古護切 樅七容切 鼐乃代切 宬是征切 纁許云切 詧初入切 騣子紅切 甡所臻切 輨古緩切 軺餘招切 輹房六切 睍胡典切 較直降切古陳字 轞於近切 愻蘇困切 愖市任切 崟魚音切 寷孚雄切 愜苦協切 盩厔上張留下之日切 悛七全切 巂息委切 鐇孚袁切 鐬呼外切 頠魚毀切 迾旅結切 冏居永切 翃乎萌切 珝況羽切 邯鄲上乎甘下都寒切 暀于放

璵他典切 璝古回切 㝗力蕩切 昀羊倫切 昵尼質切 嶕昨焦切 嶜即刃切

戉房越切 嶠巨嬌切 耑多官切 䂂其俱切 藂祖紅切 玔祁幼切 玫謨杯切

玎都廷切 餕祖峻切 玕古寒切 邟古衡切 郁祖尊切 𩛡力谷切 鄭知盈切

邢戶經切 珸五湖切 餇徒紅切 鎌良冉切 璡資辛即刃二切 玥莫到切 害五故切

賨祖宗切 宧於鳥切本作窔 窫於細切 㝜於田切 㝏古拜切 寪胡彼切 賓

戶官切 櫾余舟切 榧府尾切 槄他刀切 杙余力切 梠力舉切 枵盧嬌切 楓

方中切 邽涓畦切 黝於久切 栩況羽切 櫇符真切 漵徐呂切 珦許亮切 楊

其謁切 柲兵媚切 桋以時切 琄胡犬切 宓彌泌切 璪子皓切 俅渠尤切 偆

尺尹切 儆居影切 僎蹤輪切 侒烏寒切 僾烏代切 俌芳輔切 傆牛萬切 儥

胡對切 侁疏臻切 僆里翦切 璬吉了切 僝仕山切 俔胡典切 偒以豉切 儹

偵子管切 儇恥慶切 琩呼緣切 伓尺良切 倛貧悲切 倬欺忌切 倞知角切

佴渠向切 珵如志切 佟除京切 倜大冬切 玭他激切 僇部田切 居分力竹二切

俗余封切 佼古爻切 仿芳往切 佻敕聊切 佽七四切 仂六異切 侳子過切

逌夷周切 迨胡答切 倓徒甘切 僩下赧切 儣姑黃切 倕是爲切 汭輸稅

証之盛切 遹以律切 悺古緩切 緗思將切 絿渠尤切 慬渠斤切 繟昌善

憸於檢切 潓胡桂切 憺杜覽切 㤝昌中切 憻他旦切 憒古對切 嵯昨何

渼無鄙切 灉於容切 禰況羽切 禊胡計切 禛側隣

唐書卷七十一上

宰相世系表第十一上

皐陶下餘招切 嬴餘輕切 潏以律切 惡來上音烏 汧輕煙切 䓓步回切 鍼

職深切 傕古岳切 𦕒古鄧切 郕時征切 溤王矩切 洗馬上蘇典切先也 昶丑兩

切伷直又切朏府尾切鶠於幰切虬渠尤切璟居永切謩莫胡切茙如融
切敭余章切奣古猛烏二切眘時刃切酇則旰切潨職戎切汯乎明切磵
古晏切邳符悲切漼取偎切邢戶經切昕許斤切涚輸稅切淙徂宗切滉
戶曠切璩强魚切瓚徂幹切腆它典切湀求癸切稹止忍切郇須倫切鉷
戶工切鋗火玄切鐈巨嬌切儆居影切塤許元切鐇芳煩切蜷巨員切鄜
方無切鄖于分切涪符尤切鄅俱雨切賝丑林切墠常演切岫似又切鄢
於幰切瑒長章切瞿曇上權俱切下徒含切眰之日切璆渠尤切珖古方切玲
古咸切頎渠希切郴丑林切弢土至切俅渠尤切撙茲損切譒補過切怦
普耕切垍巨至切坰古熒切愻蘇困切臩俱永切綒況羽切匯胡對切茝
昌止切漵徐呂切澠池上彌衮切諗式荏切佋時招切諴胡品切蔿羽軌
切

乾隆四年校刊

煓他端切 囂虛嬌切 晸之領切 綝宜林切 賷徐刃切 煟于貴切 璠孚袁切

朐權俱切 堌古慕切 暹思廉切 珝九羽切 犨赤周切 愃負緣切 雋祖峻切

玗有俱切

唐書釋音卷第六

唐書釋音卷第七

唐書卷七十一下　宰相世系表第十一下

礐苦沃切 鄭則肝切 蟜巨嬌切 鍇下瞎切 洮土刀切 洗馬上蘇典切先也 儋徒敢切 憬俱永切 嶰胡買切 翥章庶切 䜕呼外切 諼許元切 謷先斛切古文 警古衘切 詧初八切 歸丘追切 環居永切 俶昌六切 瑀王矩切 釴逸織切 岌逆及切 瓚徂幹切 琩尺良切 娠升人切 杼直呂切 甝胡甘切 睓古限切 瑨即刃切 儆居影切 佼古巧切 萱許元切 渟特丁切 釗之遙切 銛思廉切 漼取猥切 泌毗必切 璠孚袁切 眘時刃切 玢悲巾切 琇息救切 璁倉紅切 郯徒甘切 鄾於憍切 辿丑連切 暠古老切 暹思廉切 劗兹損切 涔鋤針切 璬吉了切 銑蘇典切 瑊古咸切 玴余制切 㞑丑鑒切 繽匹賓切 縯以淺切

㹫所臻切瞹烏代切袓丑兩切靚疾正切覦容朱切璡資辛卽刃二切嶷魚力
切惲紆粉切彧於六切紃松倫切嫣俱爲切崱實側切眕章刃切盱眙
上凶于下盈之切曇徒含切酆敷公切邢戶經切萇直良切盩厔上張流下職日
切翿大到切胙昨故切蓨他歷切暅泥晚切挫則臥切悛且緣切愔挹淫
切鞮田黎切肸黑乙切鮒符遇切食我上祥吏切儵式竹切鸇諸延切魋
杜回切馥房六切馗巨鳩切煬余亮切酅奚圭切倓徒甘切侗徒紅切綝
丑林切崟魚音切憼居影切廙羊至切慫息勇切蕙胡桂切涺九魚切詘
直祐切澂直陵切黓與職切罡音剛朏府尾切榤渠列切鏻力珍切郴丑林
切异羊吏切磻薄官切瑄荀緣切珂丘何切蘧强魚切籅田許切峴胡典
切嶓博禾切迢田聊切頔徒歷切鱣之廉切技渠綺切拭賞職切莞古丸

切僉余廉切勷莫敗切璩强魚切琁似宣切嵊實證切崘盧昆切嶸呼萌

切郢以井切悝枯回切瑄古滿切嵒五咸切俟汾上實比切單于上時連切

昵尼日切紇下沒切弻旁密切古文巘語蹇切屺虛里切

唐書卷七十二上

宰相世系表第十二上

犍渠馬切紇下沒切万俟上莫北下渠之切虜複姓焜胡本切鄗疾陵切釗之遙

切沍胡故切潊徐呂切瓚徂幹切珩戶庚切悊之舌切吒陟駕切倬竹角

切儋都甘切斌府巾切峽胡夾切綝丑林切鄜方無切弇古含切邢戶經

切嗛魚檢切佋市昭切惲紆粉切憓胡桂切慆土刀切潾力珍切洹胡官

切廙羊至切暹思廉切璡資辛卽刃二切璵羊諸切璹神玉切辿丑連切廛

切於并切稹止忍切沇以轉切溠七何切岫似救切愔挹淫切涗輸芮切虯

渠尤切异羊吏切嚞陟列切昕許斤切翥章庶切剬多官切曣胡貫切裒
蒲侯切汜詳里切緄古本切璥居影切鋋市連切俠檄頰切䝟如佳切賽
九輦切沅愚袁切鉷戶工切洮土刀切愻蘇困切璩強魚切𤥭他胡切琟
弋佳切惎渠記切嵐盧含切曇徒含切涿竹角切哆敕加切駼同都切脊
時刃切塤許袁切郪七稽切畬羊諸切齍子之切峴胡典切郴丑林切衫
亡分切彧乙六切紓商居切緦檄頰切怦普耕切瑱陟刃切琡昌六切珂
丘何切咺況晚切籤千廉切鍰胡關切衵丑兩切恁如甚切憼居影切鎧
可亥切悛七全切暕古限切䎘侯古切睃祖峻切濞匹備切倜他歷切俌
方矩切忛符咸切暠五老切岫似救切玴余制切琇息救切溧力質切鄙
於憶切峹同都切嵒轄覺切緄古本切嶅五勞切屳許延切岊子結切𡶴

音剛嵤戶萌切嶷魚力切岧徒聊切逷他歷切古文縝之忍切泱於良切璆

渠尤切琚九魚切漵徐呂切繟昌善切璬古了切鄼則旰切撙祖本切憬

俱永切釭古雙切晈古了切鏦七容切鋗火玄切錥余六切錞徒對切銛

思廉切洧于軌切渢房戎切遻五各切逌夷周切侶戶旱切晄乎廣切泌

剛必切朏府尾切璟居永切鉽餘力切銶渠尤切胙昨故切㥓去奇切瓀

而宣切㒰逵員切縯以淺切苕徒聊切郯徒甘切鎣余傾切玢府巾切朐

權俱切瑅大兮切珵馳成切晫竹角切俅渠尤切弨蚩招切弣方武切懻

凡利切紇下沒切珏古岳切萱呼元切宓彌必切絙居鄧胡登二切紩直質切

鄄吉掾切

唐書卷七十二中　宰相世系表第十二中

峕市之切古文　薈烏外切　曇徒含切　齋津之切　卬渠容切　洧于軌切　斌府巾切

眉旻悲切　璆渠尤切　瓚徂幹切　滖職戎切　逷他歷切古文　愔挹淫切　綝丑林切

俌方武切　昶丑兩切　釴餘力切　䢀丘紀切古文　嵒吾緘切　愖市任切

憬九永切　柷之六切　懽呼官切　侁所臻切　曒吉了切　璵羊諸切　鐬呼外切

倜他歷切　倓徒甘切　鍼諸深切　莓莫杯切　晊之日切　溧力質切　寰胡絹胡關切

韡爲軓切　儇子緣切　晙子峻切　份彼陳切　畤諸以切　佾餘質切　侗吐公切敕動切

䁗苦亥切　俶天竹切　現胡甸切　奭式質切　灩以贍切　䎣許斤切　佺且泉切

佋時昭切　湜是力切　佖皮筆頻必二切　佶其吉切　緄古本切　寔常職切

諝息呂切　眘市刃切古文慎　雒力各切　隴力冢切　廙羊吏切　曠苦浪切　彬彼陳切

彪悲蚪切　繕市扇切　纊苦浪切　瑜弋珠切　瑤余招切　撝居爲切　莘所臻

䄸丑兩切 坦禹煩切 瓊渠縈切 翊余力切 鎬胡道切 鍇古諸器駭切 翽呼外切 藹於蓋切 佇徐呂切 嶔綺金切 嶷魚力切 彧於六切 禔承紙切 滂普方切 頊許王切 釗之遙切 暹思廉切 曙市據切 暐于鬼切 晛奴見切又戶顯切 鎡子辭切 愔挹淫切 慥七到切 詰溪吉切 隗五罪切 冏俱永切 顗牛豈切 旭呼玉切 頍丘婢切 岧徒聊切 崟宜金切 晃乎廣切 曔巨命切 𢒉余章切 鐐力弔力彫切 犨赤周切 紞丁敢切 儵式竹切 礭苦角切 郄啓戟切 栒相倫切

唐書卷七十二下　宰相世系表第十二下

揮許歸切 趯他歷切 骼柯額切 嵩息弓切 讃子旦切 肩以證切 犍居言切 褘許歸切 韙于鬼切 漪於離切 异余吏切 嶧羊益切 岯符悲切 嵍亡力切

垍巨至切 琡齒育切 塏五來切 吒知加陟嫁二切 諗尸枕切 昱由鞠切 郯徒甘
切 搢子信切 綺袪彼切 綝治林切 玓典歷切 珣思旬切 璘力刃切 掞以冉
切 璟俱永切 翊余力切 沆何黨切 翽呼外切 堲側六切 塾神六切 涗輸芮
切 嬴餘輕切 邯鄲上胡甘切又音寒下都寒切 縳持兗切 岫似救切 敭與章切
茌平上仕之切縣在濟北 覬几利切 䂮離灼切 頠五詭切 裒蒲侯切 郇須倫切
杼直呂切 歈羊朱切 顗語豈切 瓚才贊切 靚疾正切 伷直又切 郃曷閤切
憬俱永切 鄢於焉切 彧於六切 錡魚倚切 湫即由切 侑于救切 邽涓畦切
緄古本切 諲伊眞切 繟齒善切 璙連條切 勛許云切 嶷魚力切 廞虛金切
潯徐林切 崳羊朱切 澠彌兗切 嶙力珍切 嶚連條切 弢他刀切 璵羊諸切
虬渠幽切 蠡里弟切 柅女履切 艤魚倚切 勍渠京切 盩厔上張留下之日切

詧初八切 斌府巾切 逞丑郢切 侁所臻切 倰力膺切 堙伊眞切 摶徒官切
澂直陵切 愻蘇困切 昕許斤切 晊之日切 扈侯古切 彭疾郢切 暠古老切
穜徒紅切 峴胡典切 稹止忍切 禊胡計切 沌持兗徒混二切 郕食征切 酆芳容
切 頎渠希切 郾於幰切 鄜芳無切 漵私呂切 瀣下介切 鄠侯古切 郔與旃
切 珏古岳切 怦披耕切 揣都果切 鏐力幽切 鯢研奚切 曅筠輒切 鐔徒含
切 筥居許切 泌薄必切 汜詳里切 侃口旱切 璩強魚切 碣巨列切 戣渠追
切 穊居致切 曇徒含切 圢他頂切 釬何旦切 恁忍甚切 倜他歷切 沁七鴆
切 俠檄頰切 儆居影切 涿竹角切 鉶戶經切 鍇口駭切 琨公渾切 頔徒歷
切 琯古緩切 璪子晧切 頨薄變切 哿古我切 証之盛切 倰力曾切 璥居影
切 椲于鬼切 璡資辛切 巘魚蹇切 淙徂宗切 栯於六切 崨疾葉切 昶丑兩

切淼彌沼切挐女豬切觖古穴切卭渠容切洮土刀切邗禹俱切郯徒甘切磾都奚切惲紆粉切郫符支切頵居筠切頎渠希切翬吁韋切夐勦正切又音絢䫠普眉切盂雲俱切軺餘招切盾食尹切濆符分切訢許斤切梲朱劣切琄胡犬切

唐書卷七十三上　宰相世系表第十三上

解縣上胡懈切縣名在蒲州隗五罪切璩強魚切鷟食角切虯渠尤切鸑逆角切惲紆粉切逖他歷切卭渠容切纁許云切嫣居爲切憬九永切璟上同斌府巾切瑊古咸切玭部田切昶丑兩切惔徒甘切昞補永切偡丈減切彧於六切潰扶弟切蟣居稀切虱所乙切隤杜回切額五陌切赭止也切畯祖峻切岌魚及切僎蹤倫切暈于問切郔夷然切邲蒲必切鐔徐心切

鄅五俱切鄟諸緣徒桓二切鉶戸經切摳恪侯切汯乎萌切銶渠尤切玫謨杯
切泂許亮切玹黃練切㱿訖岳切巘魚蹇切郇須倫切丕敷悲切邠悲巾
切翥章庶切份府巾切郲里該切歙逸及切崱七力切嶷魚力切峴胡典
切姒詳里切陘奚經切豁呼括切諝私呂切暠古老切任如深切邳符悲
切涿水上竹角切鋶余六切瀓直陵切嵒五咸切邑元俱切偣挹淫切睞
古限切畯祖峻切頠魚毀切銶時橋切鍇戸駭切憺杜覽切璬古了切鄖
許云切侑于救切澐玉分切佋時招切偘口旱切俶昌六切璥居影切玢
府巾切戣渠追切戡苦含切珏古岳切瀻許羈切眺他弔切涗輸芮切瀜
音融珵馳成切璵羊諸切晶子盈切誧博孤切愻蘇困切暹思廉切晊之日
切瑀王矩切庥許由切峽胡夾切憼居影切澶時連切盩厔上張留下之日

切⿰舟胃于貴切橚息六切廙羊吏切俌方矩切倬竹角切郅吉因切韺於京切鄢陵上於虔切烜許遠切佶極乙切晫竹角切沇以轉切皛胡了切釗之遙切謩莫胡切躅廚玉切璆渠尤切鶠於幰切鵔須閏切潯徐林切瓚才贊切銛思廉切瑱之忍切

唐書釋音卷第七

唐書釋音卷第八

唐書卷七十三下　宰相世系表第十三下

芊綿婢切　邽涓畦切　淯余六切　瑋羽鬼切　紇下沒切　鰌此由切　蚡符分切　蔿羽軌切　羸餘輕切　嫣居爲切　髕蒲忍切　騏渠之切　嵐盧含切　夐翾正切　郟訖洽切　侑于救切　儌居影切　儵式竹切　顗語豈切　迆余紙切　逌夷周切　僎蹤倫切　籛七廉切　逖他歷切　郃曷閤切　紓商居切　絿音求　虯上同　褧古穎切　棨肯禮切　侀戶經切　遹余吉切　轂古岳切　璵羊諸切　瓄徒谷切　璩強魚切　盱眙上凶于下與之下　伾符悲切　汧輕煙切　洹胡官切　咺火遠切　邛渠容切　瑨即刃切　悊陟列切　愔挹淫切　颯力入切　贇於倫切　瑁莫到切　圻渠希切　俶昌六切　汜詳里切　駉古熒切　潨職戎切　眺他弔切　鄮莫候切　珝況羽

乾隆四年校刊

切峴胡典切惎渠記切沇以轉切倜他歷切玭部田切璪子浩切潯徐林切泌薄必切蟬常演切諠兄袁切憬九永切驊胡瓜切傪倉含切佶巨乙切閻余廉切牂兹郎切鄘芳無切邳符悲切虺許偉切畛止忍切鄢於虔切朏府尾切璡將鄰切邢戶經切嶷鄂力切岌逆及切珂丘何切郯徒甘切勍渠京切戡苦含切涪符尤切瀵方問切迟丘紀切古文瞹於代切鐧古鴈切埍許袁切洿汪胡切鈂餘力切鈹普皮切釗之遙切錡魚倚切沁七鴆切砅普氷切洸姑黃切崟魚音切儋都甘切鍨渠追切鍇口駭切鍘戶經切鑣彼苗切嶕七消切袤莫候切銚弋昭切昶丑兩切瑊古咸切縚土刀切怤方無切鏽息救切㥏余制切謩莫胡切馥房六切敖五勞切麻許尤切暠古老切縯以淺切鍰胡官切玨古岳切怦披耕切庈魯丁切愐

彌兗切 嘻許己切

唐書卷七十四上 宰相世系表第十四上

赧乃版切 愔挹淫切 瑱止忍切 屺墟里切 薊魚計切 僰蒲北切 謇九輦切

璆渠尤切 訢許斤切 玢府巾切 愃須緣切 轂千刀切 謩莫胡切 皛胡子切

郃曷閤切 昉方往切 鑛古猛切 晛胡典切 璠孚袁切 釴餘力切 鍵巨偃切

琇息救切 銛思廉切 俌方武切 鐬呼外切 縝之忍切 繢黃外切 暕古限切

暟戶亥切 朘祖峻切 証之盛切 敻翾正切 憬俱永切 彭疾正切 琛七金切

纁許云切 汭餘芮切 籯餘輕切 洸姑黃切 晤五故切 憼居影切 儹作管切

嶼象呂切 彧於足切 駇余章切 郯徒甘切 逖他歷切 錡魚倚切 汎符咸切

跮之日切 堡博抱切 塾神六切 鄖王分切 廙羊至切 廌宅買丈爾二切 憺杜覽

切冏吉永切璥昌六切斌府巾切渢符中切尃方無切磻蒲官切雒歷各
切瓚才贊切胙昨故切鐔徒含切崟魚金切倜他歷切顗語豈切儇呼緣
切翃呼萌切沇以轉切佶巨乙切堤大兮切鷫息逐切邢奚經切驃毗召
切昶丑兩切迢田聊切珩何庚切掾于眷切勛許云切沁七鴆切鏈力仙
切璹神玉切汜詳里切軺餘招切⿰王余他胡切瑑柱兗切緄古本切紘乎萌
切旴凶于切鉷戶工切銶渠尤切鏶音集鑲汝羊切朏府尾切鋿時羊
切鋗呼玄切釬何旦切鉟匹眉切鐈渠嬌切鐙音登鐇芳煩切錟大甘切鋂
謨杯切曖於代切釗之遥切暎於慶切鏃作木切晛戶典切旼武巾切昈
侯古切晊之日切⿰目成是政切暅古鄧切晫竹角切瑊古咸切昚食刃切酇
則肝切曄于涉切護鬱縛切惲紆粉切鄶古外切彄驅侯切⿰身冉他合切葉

失涉切悰作冬切酆敷容切邳符悲切烱戶頂切韙羽鬼切經敷悲切伷

直叉切份府巾切倇於玩切偡丈減切郴丑林切鶉殊倫切鶉觚縣名翽呼外

切岌魚及切剡以冉切

唐書卷七十四下　　宰相世系表第十四下

姒詳里切會稽上古外切涿竹角切顩魚毀切紇下沒切顗語豈切昶丑兩

切璟俱永切鄠侯古切郴丑林切禨居希切郙府良切璀弋佳切嫣居爲

切惛呼昆切隗五罪切倜他歷切覬九利切烱火迥切斌府巾切黟烏奚

切縣名在新安郡泌薄必切憕持陵切壔神玉切栵力蘗切惲紆粉切畹五遠

切瞵力珍切闉丘哀切郫頻彌切闉伊真切侑于救切伾符悲切閔卩涙

切异羊吏切怦披耕切憺杜覽切愐彌兖切弇古含切算損管切鄢於虔

切魔胡罪切部湯來切篨落哀切窋竹律切曹掾下俞絹切官屬潯徐林切
譒補過切儵式竹切姞極乙切俠胡頰切邾追朱切邳符悲切愔挹淫切
傪倉含切坷丘何切悛七全切洹胡官切戡苦含切朏府尾切寮連條切
⿺辶資資辛切暹思廉切璠孚袁切頎渠希切僎蹤倫切涔鋤簪切邛渠容切
瑁莫報切沁七鴆切贇於倫切詮此緣切謩莫胡切眘食刃切昕許斤切
瑊古咸切鶉觚上殊倫切邑名籯餘輕切眕之忍切邽消畦切暠古老切詡
況羽切諿七入切恞以脂切

唐書卷七十五上　宰相世系表第十五上

媯居爲切枹罕上防無下音漢縣名悱敷尾切昶丑兩切謇九輦切昕許斤切
沇以轉切溧力質切晤五故切眰之日切檖徐醉切魋杜回切郇須倫切

綝丑林切　峽胡夾切　邽涓畦切　洧于軌切　榮陽上余傾切　穉除至切　贛古送切　豫俞絹切　遹以律切　琇息救切　岧田聊切　岌魚力切　閺無分切　廌丈爾切　翾許元切　鷫息六切　眘食刃切　萱況袁切　鵙古覓切　諗式荏切　峘胡官切　峴胡典切　郟古洽切　偘戶旱切　伾敷悲切　惲紆粉切　荃且緣切　亘古鄧切　怦披耕切　縯於幰切　紃私倫切　緱古侯切　玘墟里切　弇古含切　釗之遙切　璬古了切　駼同都切　騊徒刀切　駉古營切　騏巨基切　璡即刃資辛二切　逌以周切　肥符非切　傪倉含切　沁七鴆切　踔竹角切　魴符方切　暠古老切　暹思廉切　蓨尉上他苗切　迟丘紀切古文　瑱之忍切　璆渠尤切　璵羊諸切　憬俱永切　郿旻悲切　璠孚袁切　郾於幰切　荣蘇綜切　顗語豈切　炯音迥　燿弋照切　泌薄必切　熺虛其切　洊才甸切　璬古了切　玢府中切　焯之若切　邢戶經切

泬古穴切鉷戶工切錞徒對切鋗呼玄切崟魚金切悆勇主切麈渠吝
巇魚羈切琁似宣切暅古鄧切蒹古嫌切薳爲彼切斕力閑切巉鋤銜切
佋時招切侄之栗切莞胡官切又古緩切泓烏宏切洿汪胡切山茌下仕之切
縣名盱眙上凶于下與之切縣名倜他歷切璩強魚切虯渠尤切洮土刀切嶷
鄂力切詧初入切涿竹角切眺土吊切儹作管切儦甫嬌切倓徒甘切仁
郫下符羈切縣名逷他歷切騧古華切漵私呂切鄠侯古切紞都敢切頎渠希
切汭輸稅切緄古本切絧徒紅切儋都甘切愔挹淫切嶼象呂切嶸乎萌
切卭渠容切櫟狠狄切璟古永切佶極乙切冏俱永切詰欺訖切傉奴篤
切邯胡甘切又音寒鶉觚上殊倫切縣名鄖許云切藂徂紅切芊綿婢切棼符分
切軹縣上諸氏切縣名繘以律切溰魚衣切共工上居容切傆魚怨切儹則肝

切俾轄甲切

唐書卷七十五下

宰相世系表第十五下

龍逢下皮江切瑊古咸切鐬呼外切玘墟里切暕古限切䎖作滕切翾許元切詡況羽切翽渠遙切飂力求切璠孚袁切惲紆粉切負翾正切汭儒稅切邳符悲切詡況羽切璣居希切暹思廉切皋古勞切巘語蹇切沁七鴆切侁所臻切洮土刀切潊徐呂切睬耳由切椲于鬼切岧魚力切岧田聊切嶷鄂力切鄜芳無切涪符尤切倕是爲切缺傾雪切憬俱永切愔挹淫切穌戶戈切璥居影切珧餘招切异羊吏切犨赤周切龜兹上祛尤下牆之瑒音羊瑿烏計切虬渠尤切邽涓畦切滈下老切渢方中切棻符分切恒胡官切峘胡笱切邛渠容切瓚才幹切昶丑兩切悃苦本切犍渠焉切

閼烏前切紇下沒切咄當切慜蘇困切伾敷悲切稹之忍切怤方俱
蓼力竹切溧力質切坰古熒切鉌符悲切銶渠尤切栩況羽切諴胡嵒
邾追殊切嬴餘輕切掾余篇切下空掾同莞古緩切戭以淺切碏七約切緄
古木切鄑子仞切昕許斤切琇息救切縯以淺切縝之忍切玭部田切掄
才屯切殼友岳切豐孚雄切愃須緣切摶徒官切沇以轉切盩厔上張留下
之日切湣眉頻美嗔二切睪羊益切紇下沒切斌府巾切萱況袁切眰之日
脊食刃切戣葵追切纁許云切戡苦含切戵其俱切庾羊吏切谷蠡上盧
谷切下音離澄直陵切剡時冉切嶼象呂切鄠侯古切勛許云切汜詳里
㥏余制切愐瀰兗切契丹上欺訖切酋自秋切高麗下鄰知切洧于軌切佶
極乙切薊古例切縉即刃切嬀居為切璟俱永切盱眙上凶于下與之切玭

雎氏切

唐書釋音卷第八

唐書釋音卷第九

唐書卷七十六　后妃列傳上第一

媛于眷切 婕妤上即涉下羊諸切婦官 內諾答切下同 彤徒冬切丹飾 第莊仕切牀簀 禂除留切單被 憸思廉切詖也 惎渠記切告也謀也 潸師姦切涕流貌 趫丘妖切捷也 闐馨激切狼也 櫛側琴切梳也 嶲息委切越嶲 媼烏浩切女老稱 祓敷勿切除也 朝請下才性切 嵕祖紅切 荃且緣切 罷蒲縻切倦也 僦即就切賃也 剴古哀切摩也 蟒母黨切大蛇 梟堅堯切不孝鳥 嫗於遇切老女稱 韄鬱縛切 遺以醉切贈也 斃毗祭切頓也 媢莫報切忌也 訾即移切毀也 狙七預切 譟先到切擾也 扳布還切引也 趣七玉切 恚於避切怒也 怫符勿切鬱怫 蝮芳福切蛇也 酇則旰切地名在南陽 葆博抱切 吹尺僞切 齊即移切 衰倉回切喪衣長六寸博四寸 砭陂驗切以石刺病又

悲廉切 盱眙 上句于切下與之切縣名在泗州 并力 上必政切 唯唯 以水切諾也 輕傳
下張戀切驛遞 疣 于求切 贅 之芮切 鄠 侯古切縣名在京兆府本夏之扈國秦爲鄠縣 毐 烏改
切說文云人無行也 汜 詳里切水名 曌 之笑切自此至𠙺皆武后所製 𠀑 他年切 埊 徒二切
(乙) 入質切 囝 魚厥切 〇 桑經切 𠺞 拘云切 𢘑 丞眞切 𡔈 楚居切 𡕀 作代切
𠡦 寧顛切 𠙺 之盛切 鈇 風無切莝斫刀也 狴 部禮切狴犴獄 奩 力鹽切鏡奩又盛香器
幟 昌志切旗也 璹 神玉切 裒 薄侯切聚也 畚 布忖切草器 槲 胡谷切木名 杪 彌沼
切木末 躪 良刃切踐也 訹 雪律切誘也 蕆 丑展切救也 笥 相吏切竹器 葉 書涉切
愔 挹淫切 埒 龍輟切等也 衺 似嗟切不止也 妊 汝鴆切懷孕 啞 烏格切 邽 消畦切下
邽舊在馮翊 嶷 鄂力切小兒有知 娠 升人切孕也 劑 才細切分劑 銛 思廉切 錡 魚倚
切 釗 之遙切 瑑 柱兗切圭璧起文 鑕 職日切斧也 鈿 亭年切金華飾 琲 蒲昧切珠百枚

䀢滂佩切向明色 靚七正切明也 嫫莫補切女師 阽余廉切臨危 挻尸連切取也

唐書卷七十七 后妃列傳下第二

倓徒甘切 泌兵媚切 佋市昭切 郫符支切縣名舊在蜀 汛思晉切洒也 愀七小切色變 叵普火切不可也 寢厭下於琰切 攣閭緣切係也 嫫莫補切女師 窆陂驗切下棺 赭止也切赤色 娼莫報切夫妬婦 欷香衣切 歔休居切 哺薄故切食在口 廞虛金切周禮廞衣 臨良鴆切哭臨 郕是征切地名舊在東平 壼苦本切宮中道 瞹於代切 掣尸制切曳也 釗之遙切 鏦七容切 錡魚倚切 鄜芳無切漢鄜縣隋改鄜州 輭乳兗切柔也 紿蕩亥切欺也 郇須倫切 儋都甘切 鐙都滕切 靚七政切明也 嶬宜寄切 邯鄲上河干下都寒切邯鄲縣名 頎渠希切 散遺下以醉切 鄆王問切

唐書卷七十八 宗室列傳第三

剡以冉切銳利 賁博昆切 弇古含切 闉伊眞切城內重門 砭陂驗切 紿蕩亥切欺

也 㢋尺氏切廣地 廥古外切芻藁藏 癯權俱切瘠也 鰅魚容切又音偶 汜詳里切水名

坂甫遠切坡坂 蝟于貴切虫似毫猪 濘乃挺切淖也 啗徒濫切食也 鄆王問切 舶

賈上薄陌切大舟下音古 婞下頂切狠也 訐居謁切斥人以言 郇須倫切地名在河東 墲

之亦切地名 斌府巾切 悛七全切改也 瑊古咸切 璹神玉切 贈遺下以醉切 澮

古外切 阬丘庚切 銑蘇典切 艦戶黯切戰船 肄羊至切習也 艫舠上龍都下都高

切小船 覘癡廉切闚也 祏常隻切 桮布回切匵也 誖蒲沒切言亂 鄠侯古切縣名在

京兆 棻符分切 扳布還切引也 堞達協切城上垣 詬許候切怒也 謍初入切 弆居許

切藏也 党多曩切 剽匹妙切強取 歃色洽切歠也 嬀居爲切武德初置北燕州貞觀改嬀

州因水名 沁七鴆切武德初置州因水為名 畚布兗切草器 鍤楚洽切爾雅云斛謂之疀郭云皆古

鍬鍤字 錡魚倚切 暠古老切 暈王問切 觜疾智切 笥相吏切竹器 砥職雉切

鏵戸梵切誤鍪 暕古限切 喟丘媿切太息 胙昨誤切

唐書卷七十九　高祖子列傳第四

婕妤上即涉下羊諸切 俠徼頰切任俠 仚虚延切 鄜芳無切 馘古獲切截耳 鏖於刀切死殺人 帑他曩切金帑所藏 恚於避切怒也 捽昨沒切手捽 雟息委切 眤尼乙切 賂遺下以醉切贈也 謩莫胡切 䴚苦厄切 鬩馨激切訟也 茝諸市切 媼烏老切女老稱 創初裝切傷也 拉落合切折也 罝咨邪切免罔 蹂忍九切踐也 敓他活切強取古奪字 紿蕩亥切欺也 籤千廉切驗也 眰之日切 愔挹淫切 惲安粉切 醆阻限切小杯 璀取猥切 璩求於切 暕古限切 璥居影切 䎖咨登切 筈苦活切箭末 幟昌志切旗也 貿莫候切易也 訹雪律切誘也 嫚莫晏切侮易 沁七鴆切 瑱

他甸切 鄶古外切國名 鄅工矩切鄅子國在琅邪 遴良刃切 儋都甘切 晫救角切

曇徒含切 莞古丸切郡名

唐書卷八十

太宗子列傳第五

愔挹淫切 惲委粉切 諒闇下音陰默也又如字 棻符分切 悛七全切改也 俳蒲皆切戲也 懟直類切怨也 橦徒紅切木名 鞞并弭切劍削 燖徐鹽切湯中爚肉 纛徒到切左纛以犛牛尾爲之繫於左騑 𠢂里之切剺也 啗徒敢切食也 臨良鳩切哭臨 襞必益切 幟昌志切 抶丑栗切打也 鑱鋤銜切銳也 喢楚治切 郇須倫切 媼烏晧切 簺先代切博簺 瑋于鬼切 璄於丙切 遺以醉切下同 蝮芳六切 禜熒絹切 堡博抱切堡障 諏將侯切咨事也 迮側格切迫也 峘胡官切 峴胡典切 飧蘇昆切 巘語偃切 賻符遇切助也 不會下古外切 憮罔甫切失意貌 鄖于分切 憸思廉切詖也

昝子感切 昵尼乙切 見勞下郎到切 堞達協切城上垣 縋馳僞切繩有所縋 惝怳上尺掌下吁往切失志貌 悸其季切心動 䴚各黨切鹽澤 齚仕革切齧也 郯徒甘切 捽昨沒切手捽 涪房尤切 璠孚袁切 褕容朱切 虺許偉切蛇也 嶲息委切 紿蕩亥切欺也 殤式羊切夭也 眙丑吏切直視 艦胡黯切禦敵船 裒蒲侯切聚也 柵測革切編木爲之 厓宜佳切山邊 泝桑故切逆水流上 佶極乙切 艚財勞切舟也 大別下筆列切山名 賵撫鳳切贍終物 髹許尤切赤黑漆 瓻玫乎切飲器受三升 泌兵媚切 便佞上毗連切

唐書卷八十一　三宗子列傳第六

鄜芳無切州名 潓胡桂切 丱古患切束髮貌 郇須倫切地名在河東 賕渠尤切以財枉法相謝 璆巨鳩切 喟丘媿切太息 廡罔甫切堂下周室 眙五吏切直視 彿符物切鬱彿

酖直禁切瘵側界切病也緱古侯切河南府有緱氏縣犍渠焉切犍爲郡懣莫困切煩也
殤式羊切夭也愔挹淫切馹入質切磔陟格切裂也璬公了切蹴踘上子六下
居六切蹋也昵尼乙切近也恚於避切恨也憩去例切息也璟俱永切鶺鴒上資
昔下郎丁切遺以醉切贈也縚土刀切璡資辛切璹神玉切茌仕之切魄他各
切落魄貧無業襘黃外切除殃祭瑒與章切琄胡犬切

唐書卷八十二　十一宗子列傳第七

璲徐醉切瑒尺良切婕妤上郎涉下以諸切璬公了切璘離真切玢府申切
瑝胡光切玼雌氏切瑱他甸切璥居影切郯徒甘切慹之舌切臨送上良
鴆切俅渠鳩切滉胡廣切縚土刀切蹀達協切城上垣揠乙黠切拔也祟雖遂切神
禍鄫慈陵切鄄吉掾切僎蹤倫切僑渠嬌切侒烏蘭切僾乙賚切傆魚怨

切僨胡對切浯九魚切澐王分切漼取猥切潓胡桂切漎所蓊切又色講切
侁所臻切俥里翦切偫直里切具也槊色角切矛屬僝士簡切俔苦見切晬
子對切周年子駉涓滎切傷他郎切埭徒對切壅水幟昌志切旗也陴頻眉切城士垣
絓古賣切罥也覘癡廉切窺覘也紿蕩亥切欺也儹作管切偵丑鄭切儇馨緣切
郕是征切地名在東平妊汝鴆切懷孕伓敷悲切偡丈減切倬知角切侹他頂切
倞其亮切优羽求切俛美辨切佟徒冬切倜他歷切僇力竹切又力救切佼
古肴切佻吐彫切仂林直切瀘落胡切水名倓徒甘切佖薄必切僩下赧切
僙姑黃切倕是爲切佋市昭切侗徒冬切鄆王問切漢武帝爲大河郡隋爲鄆州薊
吉詣切開元中以漢陽縣爲薊州遒余周切豎公士切不堅固泌兵媚切鬩馨激切狠也
爲行下浪切次第輴丑倫切載柩車酹盧對切餟祭熅於云切玫璩求於切辟

眦亦切法也郴丑林切縣名舊在桂陽鄜芳無切州名暹思廉切謜魚袁切奉稍上房用下所教切褶似入切袴褶愔挹淫切岧徒聊切諴胡岩切緄古本切激象呂切郇須倫切紓音舒緗息良切絿渠尤切祏常隻切廟主覦音俞惲委粉切璀取猥切憬居永切憺徒濫切悅昌中切憻他旦切幘楚革切慭魚僅切閑也俳蒲皆切戲也橦徒紅切木名哯胡典切嵯昨何切渼無鄙切洏而銳切汶文運切灉於容切佶巨乙切偘空旱切恚於避切恨也祤王矩切禊胡計切禛測鄰切輊竹利切前頓曰輊後頓曰軒

唐書釋音卷第九

唐書釋音卷第十

唐書卷八十三　諸帝公主列傳第八

媦于貴切楚人呼妹　姆莫補切女師　鄠侯古切縣名在京兆　戲許宜切漢書或作麾　盩厔上張流下涉栗切縣名舊在京兆水曲曰盩山曲曰厔　剽匹妙切劫也　並南上步浪切　葆博抱切羽葆　惷書容切愚也　槊所角切矛屬矛丈八者謂之槊　祏常隻切　駬人質切驛傳也　籀直又切史籀周宣王大史名造大篆　褓博抱切小兒衣　悊陟列切　禨居希切　癯權俱切瘠也　巂息委切越巂　褎薄褒切長襦　樾王伐切樹陰　軋烏轄切　嫗衣遇切　奉稍上房用下所教切　媼烏皓切女老稱　恚於避切怒恨也　璟俱永切　畯子峻切　珤博抱切古文寶字　祓禊上敷勿下胡計切祓除不祥　刵仍吏切截耳　銛思廉切　頫方矩切又他弔切低頭聽也　蜚甫微切　瀦陟魚切水所停　埒龍輟切等也　郕是征切地名　賕渠尤切以財相

謝鐬呼外切箝其廉切籋也緻直利切密也豙莫候切南北曰豙隥丁鄧切隥道
礿瞃略切木渡水瀵方問切涌也璩強魚切耳環餔蒲故切會飲食鄎相即切儆
居影切鏽息救切郜居號切朏敷尾切錡魚倚切玪古咸切嫠里之切無夫
貿莫候切澹音贍紉女鄰切單繩綻丈莧切衣縫解妊女鴆切惲委粉切磑五對
切磨也釗之遙切鏦七恭切忸女六切翬千韋切潯徐心切巇宜寄切麋
靡爲切翃戶萌切貂丁聊切鑌堂練切寶飾器以壼苦本切鐐連條切白金釦
苦后切金飾遺以醉切廞許錦切大喪囊汏他蓋切沙汏俑余隴切侃空旱切

唐書卷八十四　列傳第九

緱古侯切河南府有緱氏縣韉則前切鞍韉咄當沒切呵也閿無分切弘農湖縣有閿鄉讋
之涉切怖也薊吉詣切檄胡狄切說文曰三尺書也崤胡交切崤函崤山名在弘農紿湯亥切歎

也邏郎佐切游兵娟于貴切楚人呼妹剽匹妙切强取甽姑泫切水小流也深尺廣尺曰
甽繦居兩切孟康曰錢貫也槊色角切矛屬迮側革切迫也前士力切歃色洽切歡
也旝古外切木置石投敵礮匹貌切軍戰石洹雨元切水名在相州又音桓鎧可亥切甲也
确胡覺切票撫招切輕也盾食尹切干盾穳作營切鋋也殪於計切殪死僵音姜
仆也輜側持切庫車輮忍九切踐也邙無方切偒斯義切盡也仆芳遇切頓也礫
狼狄切小石馹人質切驛傳羃莫歷切蓋食巾䍦力之切羃䍦婦人所戴傳舍上張戀切
驛遞峴胡典切峻嶺

唐書卷八十五　列傳第十

昵尼乙切近也剽匹妙切强取盱眙上況于下與之切縣名今在泗州⿰鹵亢各朗切鹽澤
裒薄侯切聚也紿蕩亥切欺也惲委粉切秣莫撥切馬食穀蓐而蜀切草蓐綟郎計

切染邑罕呼旱切瓚才贊切轘胡關切邙無方切攢作管切礫狼狄切小石

嫚莫晏切侮易刓五丸切袤莫候切南北曰袤葭薍上居牙切葦之未秀者下五患切菼

亂敚徒活切強取鄃羊朱切地名在涿郡又音輸蓨徒聊切輜側持切庫車胔疾智

切肉腐曰胔跬犬樂切半步大臨亘良鴆切哭臨徽纆下莫北切皆索名三股曰徽兩股曰

纆暕古限切鄖王分切斌府巾切覘丑廉切窺覘也啗徒敢切滏扶雨切水名在

鄴汜詳里切水名亘古鄧切幟昌志切旗也蝟于貴切似毫豬而小螫施隻切虫行毒

殲子廉切盡也

唐書卷八十六　列傳第十一

剽匹妙切枹罕上音扶下音漢縣名舊在何州澍之戍切時雨贇於倫切汧苦堅切水

名說文曰水出扶風西北入渭咄當沒切愻蘇困切墌之亦切基趾祟雖遂切神禍斮

側略切磔陟格切開也栻與職切衄奴六切敗也佡許延切孱銀山切弱也葆博抱切羽葆焱弋贍切火華詧初八切陴頻眉切城上女牆娠升人切懷身纛大到切黃尾左纛恚於避切恨也遺以醉切贈也澮古外切輜側持切齩五狡切趫丘妖切捷也曇徒含切矟與槊同色角切擐胡貫切貫也挻式連切取也嬀居爲切水名武德初爲北燕州正觀中改嬀州覘丑廉切窺也洺武并切水名在易陽秦爲邯鄲郡周置洺州因水爲名斌府巾切俟斤上音其虜複姓

唐書卷八十七　列傳第十二

傭餘封切賃也瓚才贊切祊甫盲切門傍祭痌他紅切痛也徼古幺切求也艦胡黯切禦敵船艘蘇遭切船總名陴音脾城上女牆祏常隻切殿都甸切軍在前曰啓後曰殿鬫苦濫切紿蕩亥切芊音千庱丑林切亭名在吳與孫權射虎處承杜祐通典字作承漢

書承音證溧力質切縣名在金陵裒薄侯切聚也噍才笑切嚼也廥古外切芻藁藏也悸
其季切心動番禺上普安下虞俱切方與下音輿縣名詿古賣切誤也遺以醉切贈
也纛六到切黃屋左纛馘古獲切截耳堡博抱切堡障咄當沒切霫音習靺鞨
上音末下居謁切蕃人出北土滏扶雨切水名仚許延切蹂忍九切踐也獠音老

唐書卷八十八　列傳第十三

倜他歷切倜儻不羈邏郎佐切堞達協切城上垣吒陟嫁切叱怒姁況于切蜉縛謀
切蜉蝣大螘䇓音須待也槸魚制切木相摩詬呼漏切怒也幟昌志切旗也斌府巾切
昵尼乙切近也掎居綺切引也埭徒對切壅水贅之芮切聚也婭衣嫁切兩壻相謂曰
婭妥吐火切安也恚於避切恨也護鬱縛切惲於粉切覘丑廉切窺也詗火迥
切夘也邽涓畦切上邽縣舊在隴西籀直又切史籀周宣王太史名造大篆党多曩切帑他曩

切金幣所藏也僕倶永切綦音其劇渠據切鄃須倫切地名在河東解縣輜側持切郟陟輸切咄當沒切賻符遇切助也贈死也獪古外切狡獪雩音蒙天氣下地不應曰雩又音茂滃烏孔切踔敕角切串古患切習也

唐書卷八十九　列傳第十四

叱昌栗切呵也勁居正切健也詰去吉切問也纍力追切纍索詮此緣切尉遲上紆物切澮古外切說文曰水流澮澮也亦州名慓匹妙切急疾稍色角切皿武永切婞胡頂切狼也鄜芳無切州名洧榮美切水名在鄭昵尼乙切近也郯徒甘切悱敷尾切襚徐醉切襚贈邳符悲切幟昌志切齩五狡切嫗衣遇切女老稱啖徒敢切鏖於刀切盡死殺人鄖王分切傳張戀切驛遞殪於計切殪死鐙都鄧切鞍鐙畯子峻切票撫招切輕齷齪上於角下測角切齷齪相近禬古外切禬祭遺以醉切襚

司醉切

唐書卷九十　列傳第十五

雍於用切九州名雍擁也東崤西漢南商北居庸四山之所擁翳也　鄠侯古切縣名　驁五到切馬名
枵許驕切　墌之石切基址　鄖王分切　胙音祚昨城　邢戶經切項羽爲襄國隋爲邢州取國以名之
鷟士角切　瑒與章切　鐫子泉切　玫謨杯切　邌郎奚切　剽匹妙切强取
唯唯以水切　艑步殄切船小也　熅於云切　磎苦奚切　憸七廉切詖也　絁式支切繒也
慘七感切　訾即移切毀也　恚於避切恨怒　臨良鴆切臨哭　艦胡黤切禦敵船
遡桑故切逆流而上　嫚莫肝切侮易也　賕渠尤切以財相謝　廋疎鳩切隱也　齩五狡切
稍色角切矛屬　邡無方切　搴凡輦切取也　趫丘妖切捷也　覘丑廉切窺也　繚音了
党多曩切　嵐盧含切州名近太原因岢嵐山爲名　郃曷閤切水名支縣名　鄢於虔切地名　祏

常隻切邗音干地名在河内郿武悲切屬岐州腆他典切厚也憬俱永切遠也番禺上普安下虞俱切遺以醉切贈也埒龍輟切等也嶠巨肖切山銳而高岨七金切又音阻璡即刃切又音津鏃作木切

唐書卷九十一　列傳第十六

菟同都切汰他蓋切沙汰棋居之切周年佶巨乙切邳符悲切縣名馹人質切驛遞櫜古勞切韜也一日車上囊鞬居言切馬上弓矢器矍居縛切遽貌豸直爾切無足屬廡芳武切堂下周屋蠡里弟切恚於避切恨怒也郃曷閤切郃陽地名枋府良切堰於建切壅水帑他囊切金幣所藏鉏七魚切慴之舌切懼也諴胡讒切滈胡老切眤尼乙切近也邏郎佐切斿兵紿蕩亥切欺也訃芳遇切告也淯余六切水名憸思廉切詖也璡即刃切又音津悸其季切心動臨良鴆切哭臨祏常隻切螘語豈切蚍蜉

謩莫胡切 邽涓畦切上郡縣名在隴西 籞魚巨切禁苑 趫丘妖切捷也 郕是征切地名舊在東平 鄠侯古切地名 譆古閑切 璟俱永切 嶠渠廟切 晬子對切周年子 玲古咸切 諉女恚切累也 賕渠尤切以財相謝 傴於武切僂也 蹂忍尤切踐也 𡙇傾雪切

唐書卷九十二 列傳第十七

祏常隻切 剽匹妙切劫也 殿都甸切軍後日殿 邳貧悲切縣名 貽敕吏切直視 遺以醉切贈也 姥莫補切女老稱 賕渠尤切以財相謝 給蕩亥切欺也 闞苦濫切 鍪莫浮切兜鍪首鎧 裒薄侯切聚也 溧力質切溧水縣名 崦衣檢切 虢郭獲切國名周封虢仲於西虢武德初爲鼎州又爲虢州 郕是征切地名 邏郎佐切遊兵 黔巨奄切古蠻夷之國漢初亦置黔州 趫丘妖切捷也 衿居吟切衣小帶 愎符逼切狠也 槊色角切矛屬 庤直里切具也 羨延面切餘也 暠古老切 馘古獲切截耳 疻章移切毀傷也 岌魚及切 梟堅堯切

駔子胡切會兩家買賣如今之度算也儈古外切合市也晉令儈賣者皆當著巾白貼額言所儈賣及姓名一足白履一足黑履笱古厚切取魚竹器轘戶關切轘轅地名緱古侯切緱氏縣名艘蘇遭切船名柁徒可切正船木眥才詣切目際

唐書釋音卷第十

唐書釋音卷第十一

唐書卷九十三　列傳第十八

傳張戀切驛遞　瀨落蓋切湍瀨　艘蘇遭切船名　祏常隻切　袤莫候切東西曰廣南北曰袤　掎舉綺切偏引　柵楚革切編木爲之　肓呼光切心上鬲下　諜達協切間也　惎渠記切謀也說文毒也　磧七迹切水渚有石者　蹀達協切履也　邏郎佐切　酺蒲故切會飲食　僡蒲拜切病也　甑子孕切　褓博抱切襁褓　澧里弟切　刲傾畦切割也　嫗威遇切　弢他刀切　闐堂練切于闐國名　胯枯瓦切　刓五官切圓削　鑴環規切可以解結　剽匹妙切劫也　艦胡艦切禦敵船　鞬居言切地名　咄當沒切　啗徒敢切　訾郎移切毀也　裠渠云切　黟音伊縣名　盩厔上張流下日職切縣名　荻徒歷切萑也　蒜蘇亂切　殲子廉切盡也　禨居希切祥也

乾隆四年校刊

唐書卷九十四　列傳第十九

磧七迹切常演切大漢之破羌縣地屬金乙余切
水有石鄯城郡後魏孝昌二年置鄯州岨又音阻
賫牋西切武移切冐也郎古切達協切陟
持遺罙周行也深也鹵鹹地堞上女牆吒駕
切嘖王矩切芳無切王分胡狄切男曰郎
也鄅鄅子國鄜鄜州名鄖切覡巫女曰覡讕旰
切逸言也竹角切市若切又女乙切毗必色
又落干切豖切汋士角切昵近也苾切槊角
切矛色洽切常隻切雨非切蕩亥切之石切
屬歃歃也祏切湋水名紿欺也摭基趾
測革切編神玉古博芳遇切侯古切丑
柵木爲之璹切崞切仆頓也鄠縣名詫亞
切誇
也

唐書卷九十五　列傳第二十

蒲故文運息移良鳩切羊洳切符分
哺切汶切廝切臨哭臨轝舁食者棻切晙

祖峻切　檟古雅切木名　酅戶圭切地名舊在東平　郾於幰切　矚之欲切視也　鄪則盱切縣名在南陽　殿令上丁練切　党多曩切　癯其俱切瘠也　逴敕角切遠也　俟斤上音其　朝請下才性切　璡即刃切又音津　餉遺下以醉切　綦音其　鏟初簡切　咤陟嫁切歎也　馮扶冰切依也

唐書卷九十六　列傳第二十一

闃許激切切也　跬犬蘂切舉一足　邗胡安切　裒薄侯切聚也　辮薄泫切交也　槥于歲切小棺　惙株劣切憂也　褓博抱切羽葆　媢莫報切妬也　汛思晉切洒也　馹人質切傳遞　滏扶雨切縣名在鄴因水爲名　剴古哀切動也　汖力求切　裁昨再切製裁　鷔五到切　恚於避切恨也　諗式荏切告也諶也　巂息委切　訂丁定切平議也　愎弼力切狠也　徼古吊切小道　覘丑廉切窺視　掎舉綺切偏引　靮丁狄切韁也所以繫制馬　玫謨杯切

棧 七諫切木棧道 熅 於云切 奄 衣於切 嫚 莫旰切侮易也 鐬 呼會切 盩屋 上張流下職日切縣名 仆 芳遇切頓也 瞭 盧皎切明也

唐書卷九十七　列傳第二十二

魄 他各切落魄貧無業 頲 他鼎切 馹 人質切 闃 許激切昊也 剴 古哀切動也 訊 思晉切問也 矍 居縛切視遽貌 异 音異 嫵 文甫切 鑛 古猛切僕石 眊 莫報切目少睛 啻 施智切 瘢 薄官切 鍥 口結切刻也 恚 於避切狠也 憺 杜覽切安也 呴 況羽切吹也 昵 尼乙切近也 襁 居兩切錢貫 熯 呼旱切乾也 遺 以醉切贈也 拕 徒我切引也 懣 莫困切煩也 嫠 里之切無夫 臨哭 上良鴆切 葆 博抱切羽葆 幨 處古切牀前帷曰幨 賁育 上音奔 湮 於眞切落也 斁 夷益切厭也 媢 莫報切忌也 孅 息廉切細也 仆 芳遇切也 靺鞨 上莫葛下何葛切狄種 謩 莫胡切 潊 徐呂切 慊 苦念切從也 嶢 五聊切

唐書卷九十八　列傳第二十三

郿武悲切縣名在岐州 裁昨代切製裁 巂息委切 笲皮變切罰屬 盥古玩切澡手 臨良鳩切 遺以醉切贈也 絜抽慮切調和食 劑在詣切分劑 房步光切阿房秦宮名 籞偶許切禁苑 繚力小切遶也 薈烏外切草盛 磴都鄧切岩磴 橜居月切杙也 喑於金切 鸑鷟上逆各下食角切 鵷鶵上於袁下仕于切鵷鶵似鳳 遒才由切追也 茌士之切茌平縣在濟北 堞達協切城上牆 黶於琰切 纚所綺切 鼛徒宗切鼓聲 湔子仙切洗也 貂丁聊切鼠屬 艫落胡切舟後 廥古外切芻藁藏 傳張戀切驛遞 繯胡畎切繫也 琇息救切又音酉

唐書卷九十九　列傳第二十四

蓨田聊切縣名 鄠侯古切縣名 惎音忌謀也 嫠里之切無夫 祏常隻切 訂丁定切平

議 磧七迹切水中有石者 晦莫侯切 爲含下胡紺切 遺以醉切 襚徐醉切贈終衣 汰他蓋切沙汰 呰鄭移切 帑他曩切金帑所藏 詫丑亞切誇也 嫗威遇切 迮側格切迫也 榷古岳切 瑋羽鬼切 媢莫報切忌也 瀋昌枕切汁也 汋市若切 愔挹淫切

豗呼回切豗擊 悛此緣切改也 蠆丑犗切毒虫 昵尼乙切近也

唐書卷一百

列傳第二十五

誶雖遂切言也罵也 鬩馨激切戾也 趫丘妖切捷也 眘食刃切古文愼 蓨田聊切縣名 掊薄侯切聚也 勌逵眷切 頡頏上奚結下胡郎切 憸七廉切詖也 菻力稔切菻蒿 龜茲上祛尤切下音慈 鏺普活切 闐堂練切 啗徒敢切食也 罽居例切氈類織毛爲之說文曰西胡毳布 珥仍吏切飾也 琲蒲昧切珠百枚曰琲 胾側吏切大臠 貿莫侯切 貂丁聊切鼠屬 賕渠尤切以財相謝 紿蕩亥切欺也 璹神玉切 掎居宜切偏引也又舉綺切

馹人質切驛傳倖胡耿切訂丁定切平議圕七情切圖也埒龍輟切等也玢府巾切愔挹淫切塏苦亥切爽塏高地爽明塏燥也睍五計切睥睍燠烏到切熱在中航胡剛切方舟艘蘇遭切船名淖奴教切泥也吮食尹切吮舐也訾即移切毀也玼符其切又步田切蕞徂外切小也豻五旰切獄也詒盈之切唯唯以水切諾也濼落官切水名阸於革切塞也隧徐醉切墓道撙祖本切節也仆芳遇切頓也誃弋支切薊吉詣切竝海上步浪切廥古外切芻藁藏閼烏葛切塞也榷古岳切橫木度水暍於歇切傷暑

唐書卷一百一　列傳第二十六

肓呼光切心上鬲下鑴許規切又戶規切擫益涉切紿蕩亥切欺也鏬呼訝切孔鏬跬犬蘂切半步怵勑律切誘也勁居正切健也懵母總切心亂堞達協切城上垣遺

以醉切贈也 輩行下浪切 邏郎佐切 奐丑略切 陴頻彌切城上女牆 憺杜覽切安也 晡奔謨切申時 帉敷文切巾也 闇音蔭又如字 𡝩伊真切古文姻字林云婚婦家姻壻家 汏他蓋切 孀色莊切寡婦 庳音卑 叵普火切不可也 阽都念切下也 匼苦合切

貽丑吏切直視 諗式荏切謀也告也 忮支義切狠也 訾即移切毀也 俶昌六切 挻尸連切取也 薏苡上於力下余以切亦連心 讋之步切懼也 峽侯夾切秦將白起攻楚燒夷陵 卽其地 怳詡往切懼也 踣部口切仆也 漼取猥切深也 玫謨杯切 掣尺制切曳也 熅於云切 蘧強魚切 愎弼力切狠也 沇以轉切

唐書卷一百二 列傳第二十七

岑鋤簪切 邯鄲上胡安下都寒切縣名 敓徒活切古文奪 剽匹妙切劫也 麏居筠切鹿屬 祏常隻切 帟羊益切幕曰帟 奉稍上房用下所教切 郴丑林切 溧力質切 氾

詳里切諉女恚切累也愔把淫切荔郎計切縵莫半切說文曰繒無文孛蒲沒切色惡彗徐醉切妖星斮側略切斬也昶丑兩切鄅王矩切鄅子國侻音脫輕也媟私列切狎也癯瘠上其俱切瘠也下所景切瘦也訾卽移切毀也湮伊眞切璹神玉切轟呼宏切孱鉏山切弱也虓許交切虎聲褫敕豸切媦于貴切楚人呼妹裒薄侯切聚也酺蒲故切會飲食扈侯古切文采狀又明也綈杜奚切厚繒棻符分切髻古詣切縮髻購居候切以財求也璡卽刃切又音津諏子于切諫也烙盧各切峘胡官切帑他曩切金帑所藏觳胡谷切又苦角切泌簿必切愎弼力切狠也袜莫撥切淟他典切垢濁也

唐書卷一百三　列傳第二十八

彤徒宗切宕徒浪切州名禹貢梁州之域周爲宕州勍渠京切彊也詫丑亞切誇也鄜

旻悲切縣名在岐州饋遺下以醉切悸其季切心動詧初八切待直里切具也紿蕩亥
切欺也紓商居切埒龍輟切等也訾即移切毀也盩厔上張流下職日切剽匹妙
切劫也妥吐火切安也掣尺制切曳也儋都含切跬犬蘂切半步鷂弋笑切襦
人朱切說文云短衣也殲子廉切盡也蹠之石切盜蹠橦徒紅切木名挻戶連切取也
阿房下步光切秦宮名檛陟瓜切馬捶狙七余切又七預切悛此緣切改也庳音卑
下也贇於倫切亹無匪切

唐書釋音卷第十一

唐書釋音卷第十二

唐書卷一百四　列傳第二十九

礱盧紅切　轢郎狄切踐也　紇下沒切　笄堅奚切簪也　註之諭切疏也解也　詺彌正切詺目　慓婢小切急也　婪盧含切貪也　趹傾雪切　遻五故切逆也　魄他各切　蓨田聊切縣名　昵尼乙切近也　輶夷周切輕車　劑才詣切分劑　轜女之切喪車　炫黃練切　劼恪八切　頎渠希切長貌　員半上王問切　璟俱永切　韙羽鬼切　梟堅堯切　揕知鴆切史右手揕其胷

唐書卷一百五　列傳第三十

籤七廉切驗也　歃色洽切歠也　昵尼乙切　挻尸連切　鄖王分切國名　婭衣嫁切爾雅兩壻相謂為婭　汓力求切占文流字　捫莫奔切撫持也　繯胡畎切環也　籞偶宇切禁也

乾隆四年校刊

賕巨尤切以財相謝釃所綺切分也見漢志溜力救切水溜嶲息委切邳符悲切鎧苦亥切甲之別名彗徐醉切妖星尪危瑞切疲極侲之人切童子俟斤上音其酋自秋切長也纛大到切黃屋左纛旝古外切機石輣蒲庚切兵車撅居越切說文曰手有所把虓呼交切虎聲淖奴教切泥也菟同都切湯故切郚居號切地名篚府尾切篚也第壯仕切牀簀螻螘上落侯下魚豈切窆陂驗切下棺祔符遇切合食於太祖轜如之切喪車昶丑兩切璡將隣切又即刃切簉初救切齊也恚於避切恨也撓女巧切擾也咮陟救切鳥口訾即移切毀也

唐書卷一百六　列傳第三十一

洹胡官切縣名婭衣嫁切兩壻相謂曰婭黟於脂切縣名屬歙州牂則郎切鄢於乾切縣名党多曩切敳五來切躓陟利切跲也[illegible]直嚴切賻符遇切助也馺蘇合切

龜茲上袪尤下牆之切 闐堂練切 屬之欲切 黠胡八切慧也 涿竹角切 䙷丑兩切 盩厔上張流下職日切 汰他蓋切 捜疏鳩切求也 歔欷音虛希 亳蒲各切 殿累上丁練切 鏖於刀切盡死殺人 淖奴教切泥也 郫符羈切縣名在蜀 暕古限切 綦渠之切 郟汔洽切縣名 佺此緣切 酺薄胡切會飲食 硎戶經切地名 紿蕩亥切 揫即由切聚也 邢戶經切 悸其季切心動 莞古丸切東莞郡名

唐書卷一百七 列傳第三十二

鄡魚怯切縣名 虀祖稽切 訿即移切毀也 嫱在良切嬪嫱婦人官名 訹雪律切誘也 倮力果切赤體 剟陟列切刻文刊也 郕是征切地名在東平 郇相論切地名在河東 叵普火切不可 勦子小切 尩烏光切弱也 銼才戈切短矮 頎渠希切長貌 貿莫候切易也 堋補鄧切下棺 擗毗亦切撫也 塏可亥切高爽也 癯其俱切瘠也 抶直乙切 噍才笑

切嚼也嘷荒故切邙謨郎切北邙山名墟丘於切丘也廥古外切芻藁藏抔薄侯切手

掬物也瘵側界切病也輶夷周切輕車狃女九切鄚慕各切縣名在河間磧七迹切水

中有石掎舉綺切偏引蹻渠嬌切鏬呼訝切孔也餫音運野餉枵許嬌切蹂恐九

切踐也獪古外切狡也喙許穢切阪甫遠切坡阪孱鉏山切弱也龜茲上袪尤下

牆之切榷古岳切蕕夷周切草也諄許孟切瞋語焯之若切璩強魚切

唐書卷一百八　列傳第三十三

澍朱戍切時雨贅朱芮切峴胡典切扳普患切引也堞達協切城上垣倭烏禾切國

名艘蘇遭切船名糒平祕切糗糧堰於建切壅水儜女耕切困弱儋都甘切湨

普蓋切水名在樂湨拉落合切折也涅乃結切磧七迹切水中有石者礫郎狄切小石晛

丑廉切闞晛暕古限切陘戶經切連山中絕勮其據切炯戶頂切詟扶健切俗辨字

党丁浪切 傔苦念切傔從 碼碯上莫下下奴皓切寶石 厙始夜切 琩尺良切 硜丘耕切硜小人貌 郇相倫切 諉女恚切累也 瞿九遇切瞿瞿視貌

唐書卷一百九　列傳第三十四

矟色角切矛屬 堡博抱切城障 堞達協切城上垣 璟俱永切 哄胡貢切唱聲 棨遣禮切 匼苦合切 足恭上子遇切益也又如字 沴郎計切水不利也 濘乃挺切泥也 恚於避切 唯唯以水切諾也 媼烏皎切女老稱 奢正奢切吳人呼父 鍌私典切 郪七兮切又取私切縣名在梓州 岌魚及切 鄠侯古切縣名 蒜蘇貫切葷菜 倜他歷切 邽古攜切上邽縣在隴西 昵尼乙切近也 葉書涉切 綝丑林切 惲委粉切 褕餘招切褕翟王后之服 鷩必列切赤雉 訂丁定切平議 舂書容切 玉齊下音咨 掎舉綺切偏引 掣尺制切曳也 睆戶板切大目 祓敷勿切絜也 簀側革切牀棧 璵以諸切 覡胡狄切

切女曰覡傳張戀切驛遞遺以醉切贈也憸思廉切詖也鐍古穴切環有舌者媧古華切湫即由切水名糈私呂切糧也摶徒官切

唐書卷一百十　列傳第三十五

可汗下胡安切飲馬上於禁切盎於浪切番禺上普安下虞俱切縣在南海洗氏上如字儋都甘切藺良刃切斃毗祭切頓仆勞郎到切下同舸嘉我切舟名遺以醉切磧七迹切水中有石者葉書涉切咄當沒切鈿亭年切金華飾揠乙黠切拔也苾薄必切又蒲結切龜茲上祛尤下牆之切西域國闐堂練切葱倉紅切邏郎佐切磾都黎切确訖岳切與平上音預下同嶲息委切暍於竒切傷暑洮土刀切呼荒故切叵普火切不可親迎下魚慶切逆也矟色角切燕上於虔切朱邪下余遮切單常演切俟斤上音其虜復姓浿普拜切水名在樂浪蓋蘇上古合切詿古賣切

貰神夜切貸也 靺鞨上莫撥下胡葛切蕃人名 夥胡果切楚人云多也 鞬居言切 儈古外
切芻櫜藏 擐胡貫切貫也 爨七亂切 要功上於遥切 繯胡畎切繫也 釦音口金飾器物
廷于放切 玄菟下湯故切故真番朝鮮胡國 鑽之日切斧也 檉丑征切 踥奚結切
跌徒結切 尉遲上紆物切 玢府巾切 慊苦念切慊從

唐書卷一百十一　列傳第三十六

翟直格切翟縣名 汜詳里切水名 磧七迹切水中有名 龜茲上袪尤下牆之切 賻
芳遇切助也 晥乎綰切 殍被表切餓死曰殍 霤似入切 靺鞨上莫撥下何葛切狄種
昣之忍切昣陌 墅承與切田盧 埌力盎切冢也 墍許既切仰塗 仆芳遇切頓也 骼
古伯切 堞達協切城上垣 邏郎佐切游兵 磑五對切磑也 瘵側界切病也 謼荒故切
鍵巨偃切陳楚謂鑰曰鍵 檜古外切機石 柵測革切編木 璵羊諸切 璟俱永切 鋗

火田切輜莊持切庫車癯權俱切瘠也俟斤上音其嬾魯旱切咥徒結切矟
色角切矛屬鏖於刀切盡死殺人胔疾智切骨有肉舳音逐艫力胡切舳艫在舟後縋直僞
切懸索湏普拜切水名邛渠容切懾之舌切懼也鞬居言切戢弓矢器虓呼交切虎
名賕遺上巨尤下以醉切偘音侃衄女六切馘古獲切截耳鍪莫侯切兜鍪首鎧也
轝羊茹切舁車灤落官切坌蒲悶切剽匹妙切劫也掎舉綺切偏引堡博抱切堡
障薊吉詣切州名咢五各切蹴踘上子六下居六切鋼古郎切釃所綺切分也
壖而緣切河邊地帑他曩切金幣藏濾良預切濾水櫟音桀暕古限切斌府巾切闐
堂練切覘丑廉切窺也邽涓畦切下邽縣舊在馮翊厓五佳切山邊忸女六切鄠侯古
切縣名晙子峻切埭徒耐切壅水癠在細切病也鏬胡化切孔也啗徒敢切食也
䟕跌部上奚結下徒結切褘許歸切

唐書卷一百十二　列傳第三十七

遺以醉切悊陟列切拄知庾切撐也跽巨九切長跪也洹胡官切諉女恚切累也狶許豈切逄薄江切員王問切丱古患切總角也葭莩上居牙切葦之未秀者下芳無切草也榷古學切勮其據切洱而止切水名出罷谷山又而志切邡府良切什邡縣在漢州惲紆粉切落魄下他各切觶支義切酒器受四升窳以主切器空中亦病也橦徒紅切木名諒闇下音陰默也又如字髀部禮切股也覘丑廉切窺也汰他蓋切沙汰黌胡盲切學舍罽吉詣切毛布磧七迹切中有石磾都黎切琱丁聊切治玉鷟五角切艧屋郭切舟也璹神王切僨方問切僵也齟齬上壯所下魚巨切齒不正曰齟齬卭渠容切璟俱永切闤胡官切市垣闠胡對切市門溷胡困切亂也覡刑狄切男巫舶布伯切大舟窆陂驗切下棺秒亡沼切禾芒沇祖兗切盩厔上張流下職日切

乾隆四年校刊

切僜持陵切鄅王矩切

唐書卷一百十三　列傳第三十八

賕渠尤切以財相謝涿竹角切地名吼虛口切俑余隴切偶人纛大到切黃屋左纛

冘以周切冘豫不定帑他曩切金幣所藏廥古外切芻藁藏莞括丸切殲子廉切盡也

巀昨結切諉女恚切累也囑之欲切託也昶丑兩切惀力迍切襞必益切棚

蒲庚切棧也票撫招切輕也乘傳下張戀切驛遞

唐書釋音卷第十二

唐書釋音卷第十三

唐書卷一百十四　列傳第三十九

碣渠列切特立之石　僦即就切賃也　橡徐兩切櫟實　邛渠容切　賕渠尤切　脩尸視切　輴丑倫切柩車　鄜芳無切　党多曩切　遺以醉切贈也　貿莫候切易也　刲傾畦切割也　儋都甘切　瑑持轉切　陴頻彌切城上牆　剽匹妙切劫也　俳皮皆切俳優雜戲也　紿蕩亥切欺也　廥古外切蒭藁藏　艘蘇遭切船名　潴陟魚切水所停也　嵐盧含切州在太原　璐洛故切　梲朱劣切　亘古鄧切　欒落官切縣名　摸稜上慕各切　觖古穴切觖望也　溧力質切縣名

唐書卷一百十五　列傳第四十

抔薄侯切以手掬物　剽匹妙切劫也　縋馳僞切繩有所縋　磽确上口交下胡覺切　躓

陟利切跉也 攱支義切跉也 剔他歷切 觖古穴切 晛胡典切 甑子孕切 賵撫鳳

切贈終物 湨普拜切水名 胖蒲官切大也 糒平祕切糗也 蘤爲詭切華榮 析音託漢書

日宮中衛城門擊刀斗也 棻符分切 酺薄胡切會飲食 俳皮皆切雜戲 賻符遇切助也 阽

余廉切臨危 諉女恚切累也 磔陟格切裂也 洹胡官切 涪房尤切 冏居永切 惲

紆粉切 貟半上王問切 胔疾智切骨有肉

唐書卷一百十六　列傳第四十一

綝丑林切 舶傍陌切海中大船 琲蒲昧切珠百枚 沓徒合切 隥都鄧切梯隥 曇徒含

切 俌房矩切 璵羊諸切 摶度官切 扑普卜切打也 鏐渠尤切 負殿下丁練切

下同 慴之古切懼也 狷古犬切 臨艮鴆切哭臨 艅弋諸切艅艎船名 艎胡光切 瞭

盧皎切明也 璟俱永切 帑他曩切金幣所藏 貿莫候切 汰池蓋切沙汰 桮布回切匳

也碭徒浪切碭山縣名在梁郡蓋古盍切鄄古掾切圂胡困切憂也讞魚戰切議罪

柙轄甲切匱也憸思廉切詖也刓五丸切削也唶子夜切歎聲党多曩切逖他歷

切璪子皓切澠彌兗切彍虛郭切說文云滿弩也又郭廓二音邯鄲上河干切下音丹

愕五各切剽匹妙切劫也勦子小切鬩馨激切訟也佺此緣切

唐書卷一百十七　列傳第四十二

澣胡管切灌垢也媼烏老切女老稱詧初入切儋都甘切任也媢莫報切忌也嶲息委

切伷直右切瀼如羊切詷火迥切造言姍蘇干切誹也冋俱永切鄃式朱切縣

名在恩州昵尼乙切近也淙士江切又才宗切水流貌矍居縛切遽貌愔挹淫切愎弼力

切很也讞魚戰切議罪逢弘上薄江切璹神玉切賕巨尤切以財相謝虺許偉切

蝥莫侯切食穀蟲諉女恚切累也員半上王問切棘紀力切

唐書卷一百十八　列傳第四十三

坂府遠切坡坂　疹之忍切脣瘍　汎思晉切酒也　蹴子六切躡也　惸渠營切無弟兄也
墊都念切下也　磧七迹切水中有石　鍇巳駭切九江謂鐵爲鍇　蜃時忍切大蛤　躓竹力
切跲也　䞘丑兩切　蚑去鼓切蚑行喙息　賕渠尤切以財相謝　琯古滿切　鄠侯古切縣
名　埍巨至切　鄜芳無切　鏟初簡切平鐵　僎蹤倫切　峴胡典切峻嶺　暍於歇切傷
暑　匯胡對切水回合　鉷戶工切　佽七四切　霪夷鍼切久雨　沴郎計切水不利　僶彌盡
切　覂方勇切　孀色莊切寡婦　媟私列切　獯許云切匈奴號　帑他曩切金幣所藏　籞
偶許切禁苑　擐胡貫切　喋達協切便語　郗王飢切姓出高平　閿無分切在弘農湖縣　茀
符勿切草多　昵尼乙切近也　祓敷勿切　翬吁韋切　仆芳遇切頓也　捽昨沒切　灕
呂支切　廞虛金切　艘蘇遭切船也　釃所綺切分也　悻胡耿切　潾力珍切　泌毗必

切劑才詣切分劑訹雪律切誘也裒薄侯切聚也菣去刃切香蒿筦古滿切主當也
榷古岳切以木渡水恚於避切恨也儋都甘切皸舉云切足拆瘃株玉切寒瘍胜
傍禮切殿也賻芳遇切助也

唐書卷一百十九　列傳第四十四

噍才笑切拫胡根切急引鬩許激切鬭也婭衣嫁切爾雅兩壻相謂爲婭媼烏皓切老
稱媟私列切昶丑兩切璟俱永切頲待鼎切票撫招切輕也侶古侃字苾
簿必切又蒲結切遴力刃切炅古迥切邽涓畦切下邽縣舊在馮翊盩厔上張流下職日
切縣名沴郎計切陰陽氣反曰沴頔徒激切瘵側界切病也裒薄侯切聚也璹神王
切錡魚倚切閿無分切弘農湖縣有閿鄉璀取猥切帑他曩切藏也忸女六切慙也
偵丑鄭切偵候叵普我切不可箝其廉切籋也橛居月切匄古太切求也湔子仙

切洗也抉於決切出也敃武巾切姆莫補切女師漼徂回切又取猥切苶如列切疲役貌訾即移切毀也党多曩切並河上步浪切

唐書卷一百二十　列傳第四十五

璟俱永切廡文甫切堂下周屋輈張留切轅也孱市連鉏山二切弱也狃奴九切恚於避切恨也恨把淫切瀧呂江切州在嶺南衊莫結切說文汗血也昶丑兩切番禺上普安下虞俱切縣名髢大計切髮也亦作鬄儋都甘切閿無分切弘縣有閿鄉舳落胡切舳艫叵普我切不可鬣力涉切髮毛邽涓畦切下邽縣名璩強魚切琯古滿切撙祖本切撙節閈侯肝切閭也賕渠尤切以財相謝棻符分切岨七余切石山戴土滇徒年切笮在各切竹索西南夷用之以渡水罽吉諸切毛布賨徂宗切說文南蠻布也剽匹妙切劫也噍才笑切爨七亂切嶲息秀切齷齪上於各下測角切抔蒲侯切手

粷物 祏常隻切廟主 疣痏上羽求下榮美切瘡也 茀敷勿切草多 憬俱永切 蓦莫胡
切

唐書卷一百二十一 列傳第四十六

胙存故切祭福肉 郴丑郴切州名 恚於避切恨也 贛古暗切縣名 璟俱永切 縞古老
切鮮色 鞮都奚切銅鞮縣名在上黨 饋遺下以醉切 馹入質切驛傳 箙房六切盛弓矢器
惘文兩切失志貌 伷直祐切 娩亡辨切又音挽 苜莫六切苜蓿漢書罽賓國多苜蓿宛馬所嗜本
作目宿 稸私六切 僰蒲北切僰道縣在犍為郡 誶雖遂切讓也告也

唐書卷一百二十二 列傳第四十七

盭屋上張留下職日切 鄢於虔切鄢陵縣名 觖古穴切望也 揠於黠切拔也 顱落胡
切 恚於避切恨也 䵷烏瓜切蝦蟇 隸郎計切附著 廡罔甫切堂下周屋 涪縛謀切水

名在巴西鄖于分切郇須倫切矍居縛切遽貌斌府巾切璟俱永切裁昨代切制
也公羊辨而裁謷五勞切負王問切豸他爾切饋遺下以醉切瑱他甸切緸伊眞
切縚土力切惲紆粉切𤮏都滕切瓦器芰奇寄切菱也桮晡枚切鉶奚經切羹
器免音問袒謂去冠代之以免免者以布廣一寸從項中而前交於額上郤向後繞於髻槥相銳切小
棺倕是爲切又音瑞覘丑廉切窺也俟斤上音其廣古曠切東西爲廣南北曰輪磧
七迹切水中有石廥古外切芻藁藏闐堂練切俀吐猥切⿱𠩺力力之切剝也纛大到切黃
屋左纛揕如鴆切擊也

唐書卷一百二十三　列傳第四十八

嶠渠廟切獠盧皓切南夷名紓商居切緩也坂府遠切大坂不平𠬪平表切物落貌屖
初限切懵母總切汜詳里切丞或作承字音證諗式審切切也朘手泉切又音宣縮也

賁將此切說文奇也諉女恚切累也鞘胡犬切逡七倫切復也退也酇則旰切屬南陽

環俱永切遺以醉切贈也璥居影切彷步光切鼮特丁切豹文鼠漢武帝得此鼠終軍識之

鼨職戎切亦豹文鼠也鄖于分切愔挹淫切飪忍甚切熟食

唐書卷一百二十四　列傳第四十九

嶲息委切倜他歷切倜儻不羈環俱永切惎渠記切說文毒也憬俱永切汰他蓋切沙汰

蜮越逼切短狐虫蟊莫侯切虫食苗根噉徒敢切食也蛭之日切水蛭博物志曰水蛭三斷成三物

諉女恚切累也痁始廉切瘧疾賕渠尤切以財相謝磑五內切䃺也饋遺下以醉切

异羊吏切剟竹劣切削也璹神王切唯唯以水切諾也庳音卑下也

愔挹淫切頲特鼎切齌即夷切緣也免音問馳傳下張戀切驛遞狚得案切佺此緣切

俳蒲皆切戲也

乾隆四年校刊　唐書釋音卷二十三　十二

唐書卷一百二十五　列傳第五十

雍州上於用切　廋疎鳩切匿也　柅女履切土也　誅雪律切誘也　璟俱永切　賕渠尤切以財相謝　頲特鼎切　蚉蝱上無分下武庚切　虓許交切虎聲　蒯苦怪切　阪府遠切　砧知林切擣繒石　窖古孝切倉窖　尯危瑞切疲極　叵普火切不可　巂息委切　苴鋤加切　蕢求位切　崿五各切崖崿　鐏徂悶切說文祕下銅　鍤楚合切　惸渠營切無弟兄　堨何葛切壅水　巇許羈切山險　覰七慮切伺視　捩郎計切　愔挹淫切　蜚甫微切飛翔　党多曩切　堰於建切壅水　彍古博切弩滿也　脽視佳切汾脽巨靈所坐也　詷火迥切告言　憮文甫切失意貌　㚟丑略切　垍巨至切　埱昌六切　觖古穴切怨望　滻所簡切　坡普禾切坂也　拫戶恩切急引

唐書釋音卷第十三

唐書釋音卷第十四

唐書卷一百二十六　列傳第五十一

璟俱永切洹胡官切慹之涉切丱音貫總角盭郎計切暵呼時切日氣乾沴郎計切水不利賕渠尤切以財相謝磧七迹切水中有石掊薄侯切聚也悛七緣切改也簀側革切牀簀憸思廉切險也鄠侯古切地名庳音卑下也舶薄陌切大舟磑五內切磨也瀦張如切停水堨何葛切壅水瑒余章切一稱下昌孕切暹思廉切暕古限切贐徐刃切贈也闐堂練切朓土了切廥古外切芻藁藏壝以醉切堳埒夔渠追切邛渠容切麝音射獸名殿最上丁練切貧也韍分物切韠也搢即刃切插也蠆丑犗切毒虫胔疾智切骨有肉骼古伯切痡普胡切病也艘蘇遭切船名葆博抱切羽葆髗力胡切頭髗笮側格切迫也刓五丸切削也汯音宏深馮無舟涉水鉷戶工切

乾隆四年校刊

唐書釋音卷第十四　一

璵羊諸切緻直利切密也帑他曩切金帑所藏拫戶恩切掊薄侯切聚也峴胡墓
切山名涔鋤簪切艦胡黯切禦敵船柁徒可切正舟木繈若兩切錢貫也或從金剽匹妙
切執也琇息救切愎弼力切狠也廡文甫切堂下周屋圮符鄙切岸毀又覆也澶徒案
切

唐書卷一百二十七　列傳第五十二

吒陟駕切叱也侶音侶瞍蘇口切無眸子璟俱永切衊莫結切汙血伷直右切媢
莫報切忌也訹雪律切誘也貟王問切艫落胡切舳艫朏敷尾切朝請下才性切
訾即移切毀也迕五故切朘此緣切縮也拫戶根切侻他活切輕也薊吉詣切開
元中以漁陽縣為薊州螭丑知切無角如龍而黃珂丘何切馬腦祓敷勿切除惡祭絓古賣
切骨也暹思廉切唯唯以水切諾也僦即就切賃也窖古孝切倉窖旁河上步

淚切　泝蘇故切逆流而上　呶凡交切讙聲　胖蒲官切大也　佶極乙切　撤王列切去也

忮支義切狠也

唐書卷一百二十八　列傳第五十三

珦虛亮切　雍於用切　鄠侯古切縣名在京兆府本夏之扈國秦爲鄠縣　諉女恚切累也　璟俱永切　愻蘇困切　柅女履切止也　襁褓上居兩下博抱切織縷爲之以約小兒於背上　栩況羽切　炕呼郎切又苦郎切　坰古螢切　滏扶雨切水名在鄴　埭徒耐切壅水　听許斤切　婭衣駕切兩壻相謂爲婭　愔挹淫切　讋之涉切慴也　踶特計切蹋也　馯侯肝切馬高六尺說文曰馬突也　腠倉奏切　悸其季切心動　愜苦協切心服也　舫甫妄切並兩船　迾良薛切遮遏　謼荒故切　鵁居肴切似鳧不能行　鶬倉經切鶬鳥　鳿恥力切　籞魚巨切禁苑　絀敕律切貶也　澣胡管切　媟私列切　棚薄庚切棧也　帟夷益切小幕　犨羊茹

切昇車暹思廉切佻土彫切郴丑林切匯胡對切木回合也裒薄侯切聚也遺以醉切憸思廉切詖也琇息救切

唐書卷一百二十九　列傳第五十四

眘時刃切瓚才贊切癯權俱切瘠也鄠侯古切京兆縣名沁七鴆切訾郎移切毀也縚土刀切袒免下音問鈃戶經切酒器似鍾而長頸嗛苦簟切齊斬上音咨縗也租五兩切儈古外切芻藁藏愔挹淫切瘠秦昔切劣也⿰甚夬傾雪切槥于劌切小棺眰之日切餽遺下以醉切勌渠眷切餔薄胡切飲食也醵極虐切會飲貿莫候切易也暹思廉切譙才召切諉女恚切記也紿蕩亥切吒陟駕切歎也衰服上倉回切喪衣長六寸博四寸或作縗琯古滿切掊薄侯切聚也儋都甘切漵徐呂切閺無分切湖縣有閺鄉悸其季切心動瘖於金切瘂也鵜杜奚切縋馳僞切繩有所

絶

唐書卷一百三十　列傳第五十五

漼七罪切鑴于泉切瑑鑿也唯唯以水切諾也愔挹淫切暵呼肝切乾也鸛古玩

切雀鳥酋才由切長也諝私呂切榷古岳切以木渡水蕆敕展切敕也屹魚乞切山

貌貟寓上音王問切帑他曩切金幣所藏剺里之切剝也翽呼外切璟俱永切

廥古外切芻藁藏瑒余章切姆莫補切女師沓徒合切合也弇衣儉切苴鋤加切

漸漬上子廉切眊莫報切衰殺下色界切削也矴丁定切錘舟石儦悲驕切邛渠容

切鶵崇芻切貰神夜切貸也佺且緣切絀敕律切貶也棧助諫切棚也邽涓畦

切下邽縣屬馮翊軋乙黠切蓨丁聊切縣名舊屬沂州褏似救切解下懈切躐力涉

切踐也禮曰學不躐等

乾隆四年校刊

唐書卷一百三十一　列傳第五十六

焜胡本切焜煌　晛胡典切　鎣余傾切　叱昌栗切　撤丑列切去也　鈇甫無切莝斫刀

砧知林切石也　殲將廉切盡也　齪測角切　峘胡官切　庬莫江切厚也　崛衢物切

菅古顏切　睟祖對切　番禺上普安下虞俱切縣名　翃胡萌切　舶薄陌切大舟　柁

徒河切正舟木　抆武粉切飾也　璟俱永切　汧輕煙切水爲名　輜莊持切輜庫車　裒薄侯

切聚也　遺以醉切　鷔五報切　侻他活切輕也　巂息委切　頔徒歷切　矍居縛切視

遽貌　孏落旱切　翮下革切　恧女六切慙也　喟丘媿切太息　沴郎計切水不利　狙千豫

切密伺之也　鄲都寒切　党多曩切　橐姑勞切車上大橐　鞬居言切戢弓矢器

唐書卷一百三十二　列傳第五十七

杷蒲巴切　功殿下丁練切負也　逡七倫切　毰蒲口切毰[illegible]小[illegible]　鄮牛刀切　騑芳微

切驂旁馬鐙都鄧切鞍鐙璟俱永切楩旁連切木名柟那含切木名迅思晉切瀸
將廉切盡也廙羊至切瘠才亦切鄠侯古切縣名媼烏皓切女老稱滉戶廣切琯
古滿切麋忙皮切常棣上徒郎切豁呼括切刓五丸切圓削龍逢下薄江切鉗
其廉切勦子小切黏尼古切著也賕渠尤切以財相謝釀女亮切僂隴主切尩僂
牾五故切侻他活切輕也摹莫胡切棻符分切剽匹妙切劫也逌夷周切鍪
郎計切戾也堊遏各切白涂錡魚倚切垍巨至切佶極乙切噍才笑切覬几利
切幸也澳於六切渢符中切攟俱運切拾也郴丑林切狷古犬切狷者有所不爲
溘口答切奄也閡牛代切外閉杼直呂切機杼峘胡官切帑他曩切金帑所藏刳
空胡切拏女余切持也裒薄侯切聚也愾口漑切怒也閧胡貢切

唐書卷一百三十三　列傳第五十八

乾隆四年校刊

突厥下九勿切狙千豫切下同會才由切長也饔於容切熟食亘古鄧切磧七迹
切水中有石諉女恚切記也可汗下何干切邏郎佐切暹思廉切坌蒲悶切掎
舉綺切偏引⿰足夾跌上奚結下徒結切犛陵之切牛名臭丑略切契丹上音乞⿰火韱
慈鹽切又音尖汧苦堅切水名殿于上丁練切軍後殿汰他蓋切沙汰鈿亭年切金華飾
靳居掀切靳固陴頻彌切城土垣苾蒲結切噍才笑切儳仕陷切塉秦昔切薄也
瀦陟魚切水所停堨烏葛切擁也堰於建切擁水酺薄胡切會飲捺奴葛切蹂忍九
切踐也塹七豔切堡博抱切堡障茺古黃切媢莫報切忌也蠭敷容切說文曰螫人
飛虫也庱尺氏切廣也諜達協切間也弢土刀切弓衣牣晉刃切滿也袤莫候切南
北曰袤疊許敬切瑕疊吒陟嫁切噴也鶉觚縣名後魏置天寶中改靈臺縣洮土刀切
馳傳下張戀切驛遞唯唯以水切諾也庋居綺切又過委切閣也⿱功言扶健切俗辨字恚

於避切怒也

唐書卷一百三十四　列傳第五十九

弢皮密切古文弼字　刓五丸切削也　羨羊面切餘也　厙始夜切　瑒余章切　馳傳下張戀切驛遞　頲待鼎切　賕渠尤切以財相謝　訾即移切毀也　堰於建切壅水　璟俱永切　紿蕩亥切欺也　夏楚上舉下切　庳音卑下也　汔許訖切　滻所簡切　篙姑勞切刺船竹　柁徒可切正舟木　瑇瑁上徒耐下莫佩切如龜生南海背上有鱗有文章　琲蒲昧切珠百枚

鐺楚庚切鼎類　蚺如古切大蛇　檣慈良切颿柱　櫓郎古切所以進船　体蒲本切　舿苦故切　艫落胡切舳艫　褠古侯切襌衣　昵尼乙切近也　鉷戶工切　縉即刃切縉雲以山爲名　鄠侯古切縣名　琄胡犬切　祼郎果切赤體　暕古限切　炅古迥切　瑄須緣切　万俟上音墨下音其虜複姓　煢渠營切獨也　瑨即刃切　帑他曩切金帑所藏　賜

遺下以醉切 岫似救切 遻五故切逆也 銲侯旰切 璹神王切 吪昌栗切 鈿亭年切金華飾 霤力救切屋水流 裒薄侯切聚也 媢莫報切忌也

唐書釋音卷第十四

唐書釋音卷第十五

唐書卷一百三十五　列傳第六十

酋才由切長也　倕是爲切　施弓上施智切下音與　差池上楚宜切次也不齊等也　鏖於刀切盡死殺人　剔他歷切　襆房玉切　堡博抱切堡障　捽昨沒切　瀹以灼切漬也　闐堂練切　嗥尸羔切　耆酒上音嗜　痺必至切令疾　朝請下疾正切　昕許斤切　鉗其廉切　菅古顏切　蕚五各切　苾蒲結切　亘古鄧切　痼古慕切久疾　邏郎佐切　滻所簡切　後殿下丁練切下同　梟古堯切　仆芳遇切頓也　覘五廉切窺也　岨側呂切　掎舉綺切　熛卑遙切火飛貌　猋以贍切火華　艘蘇遭切船名　盾堅尹切所以蔽身　塹七豔切　蹴子六切　迮側伯切迫也　紿蕩亥切欺也　瑱他甸切　炅古迥切　啗徒敢切食也　椹食荏切桑實　樗抽吾切　籺胡結切籺糒米　鐍古疋切　殪於計切殺

也斃毗祭切仆也柵測革切編木甬余隴切輜側持切庫車峘胡官切崿五各切帊虛里切蓋古合切詧初八切玼雌氏切糒平秘切糗也韉則前切菻力稔切蒿也懾章涉切懼也嫚莫晏切侮易彍古博切弩滿朘此緣切縮也蘧蒢上求於切下陳如切竹席慊苦念切褠古侯切禪衣瘠秦昔切劣也跛補火切行不正靮音的韁也馘古獲切截耳秣莫撥切秣肚朓他吊切詮此緣切叱昌栗切耐乃代切箠主蘂切馬策馹入質切馹遞裒蒲侯切聚也

唐書卷一百三十六　列傳第六十一

酋自由切薊吉詣切屬幽州胔疾智切酹盧對切滴酒焱以贍切火華堞達協切城上女牆滹荒烏切諜達協切間也陘奚經切山絕坎譙門上昨焦切前漢陳勝傳戰譙門中師古曰謂門上爲高樓以望敵揠乙黠切拔也培蒲枚切擂盧對切幔莫半切幕也

隧徐醉切 陴頻彌切城上垣 么於堯切小也 剽匹妙切劫也 汜詳里切 崿五各切

閈侯旰切閭也 騎殿下丁練切軍後曰殿 並城上步浪切 塹七念切 潬大亶切江南人

呼水中沙堆爲潬 紿蕩亥切欺也 荔非上郎計切虜復姓 [illegible]牛刀切 俘芳無切軍所獲

鞾吁戈切鞋也 刎武粉切 唫古吟字 媢莫報切忌也 邙謨郎切山名 殲子廉切

岑鋤簪切 鄆王問切 瑱他甸切 晁馳遙切 分遺下以醉切 琯古滿切 橦宅紅

切木名 柵測革切編木 抉一決切挑也 汧涇煙切水名 鬣力涉切鬣毛 嫚莫晏切侮

也 便辟上婢緜下婢亦切 拏女余切持也 睢胥維切 櫛側瑟切梳也 諄荒故切

獰乃庚切惡也 玼雌氏切 捺奴葛切 湔則前切

唐書卷一百三十七　列傳第六十二

陘奚經切山絕坎 璆渠尤切 琯古滿切 邏郎佐切 陴頻彌切城上垣 旰古旦切下同

潏以律切又水流貌　灃敷中切　亘古鄧切　幟昌志切旗也　鉦諸成切鐃也　坌蒲悶切並也　僵居良切仆也　灞必駕切水名　炅古迥切　跬丘蘂切半步　輜側持切庫車　航胡郎切　鄜芳無切　菅居顏切　邙莫郎切　戕慈良切殺也　沁七鴆切　瞑莫定切目閉　裒蒲侯切聚也　詒羊吏切遺也　訾即移切毀也　並南上步浪切　滻所簡切水名　給蕩亥切欺也　俠檄頰切　崤胡茅切崤函山在弘農　馮皮冰切下同　彷步光切　墟丘於切丘也　嘷胡刀切　餼許既切客饔餼饋　阸音厄塞也　剽匹妙切劫也　蹂忍九切踐也　瑒余章切　党多曩切　慓婢小切急也　訹雪律切誘也　帟夷益切小幕　躪良刃切蹂也　盩厔上張留切下職日切　戡苦含切勝也　憝徒對切怨也　酋自秋切長也　遺以醉切贈也　獫狁上音險下音允　痍延知切　朏普沒切　曖於代切　鐇甫煩切　昇羊諸切　瘖於金切　稍入上所教切　釗之遙切　鏦七容切　銛思廉切　篪尺宜

切塏可亥切爽塏昪皮變切昕許斤切訌胡公切饋也胙昨故切贅朱芮切
斿夷周切旒也惎渠記切毒也洎巨至切

唐書卷一百三十八　列傳第六十三

詧初八切罙民悲切深也輜側持切庫車梃待鼎切木片鏖於刀切盡死殺人斃
毗祭切仆也仆芳遇切頓也阤施氏切壞也蕝祖悅切茆表位皿眉永切飯食器掎
舉綺切偏引棓步項切曹操為北部都尉門左右懸五色棓各十枚酋自秋切長也蹂忍九切踐
也睍五廉切窺也炅古迥切瑱他甸切轝羊茹切舁車臨良鳩切哭臨邙謨郎
切北邙山名冘以周切疑不定撤直列切去也裒薄侯切聚也幔莫旰切帷幔欒落官
切邢奚經切剽匹妙切劫也隧徐醉切道也盩屋上張留下職日切坻陳尼切小
渚刓五官切刓也洹胡官切鄆王問切薊吉詣切諉女恚切記也肪分房切脂

也嘸罔甫切嘸然陽應舶薄陌切大舟賕渠尤切贛古暗切水名泌兵媚切錡
魚倚切鄜芳無切

唐書卷一百三十九　列傳第六十四

琯古滿切剔他歷切箝其廉切悊之舌切髀并弭切股也裒薄侯切聚也詫
丑亞切昵尼乙切近也賕渠尤切叱昌栗切訾即移切臨良鳩切哭臨姆莫補
切女師娼莫報切瘞於罽切幽薶也贅朱芮切宿上息救切下力救切紿蕩亥切欺
也饋遺下以醉切唄蒲邁切梵音愎弼力切很也獪古外切剽匹妙切劫也泌
薄必切負王問切俶昌六切逡七倫切棋渠之切陘奚經切山絕坎掎居綺切謂
從後引之也積七迹切水中有石瘵側界切病也饟古餉字鄜芳無切璵羊諸
切禬黃外切除殃祭轀烏渾切轀輬車玭符眞切又步田切蠡里弟切亘居鄧切

唐書卷一百四十　列傳第六十五

炅古迥切　羨延面切餘也　琯古滿切　剽匹妙切　釂子肖切飲酒盡　檟舉下切　鉷戶工切　逡七倫切　烜況晚切　昵尼乙切近也　瘵側界切病也　訾卽移切　紓商居切　櫟狼狄切　瀧閭江切　諲伊眞切　平反下孚袁切　璵羊諸切　暱尼質切近也

郴丑眞切　涪房尤切　酋自秋切長也　訹雪律切誘也　裒薄侯切聚也

唐書卷一百四十一　列傳第六十六

樗丑居切樗蒱戲　僑渠嬌切　剽匹妙切　狙千豫切伺也　噭古弔切吼也　酋自秋切　崟魚音切　能元上奴代切　愔挹淫切　堡博抱切堡障　党多曩切　鼉徒河切水虫也似蜥蜴而長大　檜古外切芻藁藏　菅居顏切　叱昌栗切　帟夷益切小幕　幟昌志切旗也

坂府遠切大陂不平　艽居包切　蔪居𤎼切固也　磧七迹切水中有石　縋馳僞切　溊

於斤切水名浽輸芮切訾卽移切沮洳上將預下人恕切漸溼也獪古外切校也唯

唯以水切諾也璀取猥切沓徒合切捽昨没切柵測革切編木詺彌正切詺自

唐書卷一百四十二　列傳第六十七

琯古滿切恚於避切綰烏版切品裁下昨再切汰他蓋切沙汰痼古暮切賻

符遇切助也憸思廉切又音險斬衰下七雷切入臨下良鴆切苴子余切遺以醉切

鐍古穴切璟俱永切丱古患切總角綈杜奚切厚繒舃思積切履也薊古詣切

躓竹二切跲也倰魯登切貿莫候切緤私列切几繫牛馬皆曰緤韁也惔徒濫切瘖

於金切衒黃練切自媒銙苦化切讞語蹇切議罪滉戶廣切狷古犬切褫池爾

切奪也愀七小切色變詛壯助切呪詛豁呼括切朝請下疾正切迅思晉切垍

巨至切掇丁括切拾也袚敷勿切除也襁褓上居兩下博抱切小兒子鉥時橘切矍

居縛切遽貌　刳苦胡切　剔他歷切　仆芳遇切頓也　嶷魚歷切　泌薄必切　錡魚倚切　訾即移切毀也　雋祖兗切

唐書卷一百四十三　列傳第六十八

魄音薄落魄失業無次　踣匹候切倒也　簺先代切說文云行棊相塞故曰簺也　糲郎葛切脫粟　炅古迥切　瑱陟刃切　邛渠容切　痏于軌切　紡妃兩切績也　貿莫候切　枘而銳切木耑所以入鑿　抶丑栗切抨也　隧徐醉切道也　婭衣駕切兩壻相謂曰婭　哇奚圭切　慁胡困切　鉏牀魚切亦作鋤　昕許斤切明也　顤五困切弄言　瘞於罽切埋也　胔疾智切骨有肉　宛葉上於元切下式涉切南陽二縣　諲伊眞切　玗雲俱切玉名　聱牛交切語不入也　笭郎丁切　箵蘇挺切笭箵簺籠　齖五加切齇齖齒不平正　覎丑廉切窺也　堰於建切壅水　塉秦昔切　玢符巾切　憯杜覽切　箠主蘂切馬策　党多曩切　郴丑林切

珏訖岳切 峽胡夾切 彤徒宗切 殿最上丁練切負也 翃乎萌切 挻尸連切取也

酋自秋切 琇自救切 鏖於刀切盡死殺人 滻所簡切 訾即移切毀也 羨延面切餘

也 幟昌志切旗也 閈侯旰切閭也 詿古賣切 瑇瑁上徒耐切下莫背切 膌石證切益

也 爨七亂切 郗丑飢切姓出高平 岨音咀 剽匹妙切劫也 訃芳遇切告也 錡魚倚

切

唐書釋音卷第十五

唐書釋音卷第十六

唐書卷一百四十四　列傳第六十九

瑱陟刃切　邠悲巾切　磧七迹切水中有石者　垍巨至切　埤頻彌切城上垣　仆芳遇切頓也　炅古迥切　恂許容切　翽呼外切　莪如融切　旁南上步浿切　鄠侯古切京兆縣

釭古雙切　鄆王問切　剔他歷切　窌匹貌切說文曰窖也　賻符遇切助也　歙與章切　确苦學切　魄音薄又撻各切落魄不撿也　宓美畢切　務力之切剺也　諜達協切告也間也

轝羊茹切舁車　邛渠容切　肝古旦切　郲落哀切地名　鄜芳無切　翃乎萌切　党多曩切　潸師姦切涕流貌　盩厔上張流下職日切　歔欷上音虛下音希　沿余專切

峽胡夾切　蠡里弟切　侻他括切輕也　髯如占切頰須也　便侒上平綿切安也　沓徒合切　勛許云切　稹之忍切

乾隆四年校刊

唐書卷一百四十五　列傳第七十

締特計切結也　昵尼質切近也　啖徒敢切　恚於避切怒也　舛尺兖切錯也　縉卽刃切　裒薄侯切聚也　杪亡沼切末也　堡博抱切　塹七念切　峽胡夾切　畚布忖切草器　鍤楚洽切鍫也　帟羊益切小幕　畛章忍切田間道　謷五羔切　悛此緣切改也　橦徒紅傳江二切　昕許斤切　傪倉含切　沓徒合切　叵普火切不可　慆他刀切　佶極乙切　縯以淺切　珽待鼎切　郇須倫切　笥息嗣切竹器　蘄居焮切　葷許云切臭菜　唄北邁切梵音　箠主蘂切馬策　馮皮冰切依也　踣部口切　鏐力幽切紫磨金也　琲蒲昧切珠百枚　鐃尼交切　堙伊眞切塞也　姏武酣切女老稱　沾知廉切　頎渠希切　礐苦谷切　鯀古本切　邰土來切地名在始平　汛思晉切洒也　訂丁定切平議　䑼徒紅切舟名　覡胡狄切男曰巫女曰覡　霔朱戍切時雨　碾女箭切　磑五對切磨也　礫狼狄切小

弼揞薄倰切克也扤五九切挫也鉷戶工切僥五聊切煬與章切么伊堯切小也倔衢勿切僫自秩切賕渠尤切財相謝羡以延面切餘也忮支義切狠也賘睚上土懈切下五懈切怨也戣渠龜切諲伊真切幻胡辨切詐惑吡昌栗切沓徒合切僦即就切賃也哺蒲故切讞語蹇切議獄啻施智切悻胡頂切譙才笑切鱴莫結切汗也昪皮變切訶火過切告言輊陟利切抵也郴丑林切媢莫報切忌也殛訖力切誅也剭乙角切

唐書卷一百四十六　列傳第七十一

迅息進切疾也峴胡典切諲伊真切舛尺兗切錯也綰烏管切廙羊至切磑五對切磨也廝息移切羨延面切羨地名殍被表切餓死曰殍黟於美切縣名骾古杏切眙敕吏切直視怤芳無切顐五困切弄言⿰垂夬傾雪切泌薄必切郴丑林切

切菑莊持切錡魚倚切滉戸廣切峽胡夾切三峽岨壯所切愔挹淫切渦
古禾切水名出淮陽陷徒敢切掎舉綺切從後引之也殿最上丁練切負也訊思晉切問也
垍巨至切庳音卑閼烏葛切止也堰於建切壅水灉於容切党多囊切鄜芳無
切悛此緣切改也賻符遇切助也臨良鴆切哭臨忮支義切狠也旰古旦切日晚
紿蕩亥切欺也鄆王問切馹人質切驛遞璀取猥切拭設職切磎苦奚切昵
尼質切賕渠尤切以財相謝沇以轉切

唐書卷一百四十七　列傳第七十二

麗力計切佖簿必切跛補火切行不正釁許愼切隙罅纛大到切琯古滿切孥
農都切子也沁七鴆切炅古迥切薊吉詣切堡博抱切滍直里切水出普陽縣揫
卽由切斂也瑱陟刃切剽匹妙切趫丘妖切捷也鈿亭年切金華飾駷息拱切何休云

馬搖銜走也　蠛莫結切汗也　馘古獲切截耳　滏扶雨切水名在鄭　鈔楚教切略取也　陘
奚經切山絕坎　諜達協切間也　訹雪律切誘也　稍所教切　芃符中切　邽涓畦切縣名
饟古餉字　汜詳里切　洹胡官切　鋋時連切小矛　盱古旦切　邛渠容切　峽胡夾
切　昪皮變切　斅夷益切　帑女余切幡巾　郜居號切　繈居兩切錢貫　妥吐火切安
也　帑他曩切　涫羽軌切　邢奚經切　錡魚倚切　玫謨杯切　鄚木各切

唐書卷一百四十八　列傳第七十三

濞匹秘切　岌逆及切　墟邱於切　擬魚紀切　忮支義切狠也　且　殿下丁練切軍後
日殿　膾古外切芻藁藏　柵測革切編木爲之　塹七念切　酋自秋切　僇力竹切　稹章忍
切　締特計切結也　啖徒敢切　踖又白切磨豆　嫚莫肝切侮易　入臨下良鴆切哭臨
擐胡貫切　駰入質切驛遞　骫於詭切曲也　婞下頂切狠也　馳傳下張戀切下同　晬

取內切嘗也孱市連切弱也巀莫結切汗也邢奚經切堞達協切城上垣給蕩亥切欺
也趫邱妖切趧也党多曩切謷五到切縋馳僞切婣伊眞切古姻字昵尼質切
佶極乙切裒薄侯切聚也艚財勞切禡莫駕切師祭纛大到切邏郎佐切游兵
覘丑廉切蕝祖悅切茅表位剸側吏切幟昌志切旗也璐洛故切艘蘇曹切
陬將侯切殲將廉切盡也邳貧悲切虹古巷切鄆王問切亘居鄧切極也鼙
騈迷切騎上鼓碭徒沆切單父上常演下芳矩切鄜芳無切絙居鄧切又古登切大索
邌憐題切盱眙上況于下與之切今泗州縣名躪良刃切踐也襦人朱切短衣也謼荒故
切湑羽軌切灉於容切怦普耕切愾口溉切怒也悛此緣切改也汰他蓋切沙
汰痺痼上必至切冷疾下古慕切久病鐫子泉切謂琢鑿也惸其營切無兄弟墟邱於切邱
也蹴子六切追也觝都禮切盱凶于切張目狠狽下博蓋切酉陽雜俎云或言狠狽是

兩物狽前足絕短每行常駕兩狼失狼則不能動故世言事乖者稱狼狽倰盧登切扶丑栗切擊也

畹於阮切鄎於巘切沱唐何切堊過各切白涂鐬呼會切褚丁呂切絮裝衣衺

莫候切南北日衺汧苦堅切水名敓他活切恚於避切怒也鈔楚敎切略取挻尸連

切取也諜達協切問也湩觀勇切沓徒合切覘丑廉切窺也

唐書卷一百四十九　列傳第七十四

琯古滿切挼奴和切擊也硤侯夾切縣名魏武於此置臨江郡堰於建切壅水廝息移

切使也航胡剛切方舟嶠渠廟切山道欿虛金切淤依據切澱滓澠彌兗切水名

邏郎佐切坂府遠切亘居鄧切極也纊苦謗切絮也鄼則旰切南陽縣名最殿

下丁練切負也慴之涉切懼也以羨下延面切餘也下同權古岳切賀莫侯切駃夾士

切疾也澣胡管切灌垢庳賓彌切下也軋乙黠切媢莫報切忌也啖徒敢切訾

郎移切毀也琇息救切腆他典切佶極乙切晁馳遙切紝女鴆切機縷歉苦簟切食不飽沴郎計切疐方腫切滉戶廣切憬俱永切觳胡勿切芃符容切党多曩切暹思廉切頎渠希切翽呼外切昵尼質切仆芳遇切剽匹妙切塡陟刃切定也獻遺下以醉切胖普安切大也愎弼力切狠也珏古岳切儳楚鑒切雜言愔挹淫切鄠侯古切縣名紿蕩亥切欺也朘子泉切縮也郴丑林切挐女居切牽也僨方問切僵也

唐書卷一百五十　列傳第七十五

蓓才亦切褫丑豸切奪也諲伊眞切慁胡困切酋自秋切紿蕩亥切欺也狷古泫切綰烏管切滉戶廣切惎渠記切䵬他合切憬俱永切泌薄必切殿最上丁練切負也証之盛切峘胡官切儆居影切琇息救切権古岳切慓撫招

切急也踶徒計切蹋也臚力居切陳序賓客恟許容切懼也糗去久切麨米麥恚於避
切怒也掊蒲侯切亘居鄧切散齊下側皆切下同眩熒絹切目無常主邽涓畦切縣
名嫺古嫺字迟古起字媢莫報切忌也

唐書卷一百五十一　列傳第七十六

蝟于貴切虫似豪豬綰烏管切峒徒弄切磵深剽匹妙切刦也刓五丸切削也喑
於金切不能言愻蘇困切髯如古切頰須嫚莫肝切侮易詫丑亞切誇也剡時冉切縣
名屬會稽确克角切琇息救切滉戶廣切笮側格切迫也傔苦念切縶陟立切
愞奴亂切弱也佻吐彫切輕也侻他括切輕狡絁式支切繒似布縵莫半切繒無文仆
芳遇切頓也汰徒蓋切帑他曩切詧初八切酖丁含切惲紆粉切驊戶花切
儇呼圓切慁胡困切殿最上下練切佋市昭切朝請下才性切賕渠尤切以財相

謝古拜切

芥納食雲切

糾又音巡

唐書釋音卷第十六

唐書釋音卷第十七

唐書卷一百五十二　列傳第七十七

鎰弋質切　樅七容切　譙責上才笑切　綰烏管切　蕞祖外切小貌　紿蕩亥切欺也

縋他僞切繩有所縋　溆象呂切　怫符弗切　甓蒲歷切瓴甓　售承呪切賣也　錡魚倚切

帟羊益切小幕　吒昌栗切　顱落胡切首骨　邏郎佐切游兵　恂虛容切懼也　訾卽移切

稹章恐切　垍巨至切　裒蒲侯切　璀取猥切　嶧羊益切山名在魯　憸思廉切又虛檢切詖也

邢奚經切　啗徒敢切　帑他曩切金幣所藏　廥古外切芻稾藏　劑遵爲切券書

羨餘上延面切　瞿俱遇切　訌胡公切讀也　酴醾上同都切下無悲切酒名　璟俱永切又音影

堞達協切城上垣　覘丑廉切　璠孚袁切　陴頻彌切城上女牆　賻芳遇切助也

剟都括切削也　跂邱弭切　琯古滿切　鉏牀魚切　賕渠尤切

唐書卷一百五十三　列傳第七十八

汧苦堅切詧初八切邏郎佐切廋疎鳩切隱也熸子廉切火滅輜側其切衣車

覂方勇切荔非上郎計切虜複姓剽匹妙切劫也嗛苦簟切食不滿鬲狠狄切鼎屬

槊色角切矛屬躄必益切不能行眙丑吏切直視叱昌栗切餔博孤切晚食柝他各

切擊刁斗也赭章也切赤土頔徒歷切夂臨下艮鳩切磔陟格切車裂人鱴莫結切汗

也匍匐上薄胡下蒲比切贈遺下以醉切賻芳遇切助也襚徐醉切贈終衣嶷魚力

切俠檄頰切紿蕩亥切欺也璟俱永切陴頻彌切城上垣旝古外切芻稾藏憕特陵

切崞古博切山名馥房六切梐枑上部禮下胡誤切門外行馬菅古顏切峘胡官

切党多曩切裒蒲侯切聚也挻尸連切取也痏于軌切瘨也傪倉含切舐甚爾

切矍居縛切視遽貌杅侯旰切晛胡典切詬許候切阬邱庚切頵於倫切遒

自秋切　姁况羽切樂也　哮許交切

唐書卷一百五十四　列傳第七十九

洮他刀切水名　殪於計切　党多曩切　堡博抱切　洹胡官切水名　笮陟迫切迫也

遺以醉切　襮布各切衣表　崒昨没切　靮都歷切馬韁　陴頻彌切城上垣　軋乙黠切

儈古外切芻豪藏　覂方勇切　鄜芳無切　邏郎佐切　閈侯旰切里閈　柵測格切編木爲之

鏖於刀切盡死殺人　佖薄必切　蹙子六切迫也　馘古獲切截耳　伷伷直又切

懟徒對切怨也　殄徒典切盡也　戕徐羊切　斌府巾切　覬几利切幸也　沓徒合切

酋才由切長也　汧苦堅切　滉戶廣切　祔符遇切食於先祖　茀敷物切草多也　祏常隻切廟主

訂丁定切平議　臨送上良鴆切　嵐盧含切州名在太原　驁五告切　縋馳爲切

夰古拜切　悛此緣切　頔徒歷切　訹雪律切誘也　証之盛切　嵖側加切　岈許加

切汶文連切水出瑯邪𥄂撫招切急也軍殿下丁練切軍後日殿殲子廉切盡也鶩

莫卜切鳧屬柝他各切擊刁斗櫜鞬上姑勞切車上大櫜下居言切戢弓矢器揃子踐切滅也

沮七余切堰於建切壅水朐權俱切歛虛金切丌巨基切摭之石切摎郎由

切束也蹀達協切履也猘居例切狂犬訌戶工切潰也汳芳萬切水出浚儀縣北

唐書卷一百五十五　列傳第八十

郟古合切倜儻上他歷下他朗切不羈也嵐盧含切恣睢上如字下香萃切剽匹妙

切劫也瑒余章切佻他彫切輕也茀敷勿切草多瘞於計切幽理胔疾智切骨有肉

稆力舉切禾自生分作穭櫓郎古切城上守禦望樓幟昌志切旗也狻猊上先丸下午兮

切師子屬伾攀悲切崞古博切山名邯鄲上河干切下音丹輜側其切衣車柵側格

切編木餔博孤切申時裒薄侯切聚也洹胡官切芃符中切駘徒哀切殲子廉

切盡也鉥時橘切瀦張如切停水陴頻彌切城上短垣釃所綺切分也⿰牛先所臻切
堡博抱切冏俱永切弇古南切朝請下才性切仆芳遇切頓也厺亘良刃切琙
古咸切媼烏皓切女老稱掎舉綺切從後引之也諜達協切間也縋馳僞切繩有所縋瞰
荒濫切隧徐醉切道也盬古戸切不固也揠乙黠切拔也跽暨几切長跪磾都奚切
鐬呼會切儈古外切

唐書卷一百五十六　列傳第八十一

昕許斤切縶陟立切紿蕩亥切欺也堡博抱切障也党多曩切眙丑吏切直視
趫丘妖切捷也鄜芳無切眥才詣切目際暠古老切髯如占切罽居例切毛布
剡以冉切銳利滻所簡切水名鏖於刀切盡死殺人嫚莫肝切侮易詬許候切恥也
堞達協切城上垣圮部鄙切毁也椔側其切不忘死偵丑貞丑鄭二切偵候伷直又切盩

厔上張留下職日切 邏郎佐切游兵 鼙部迷切騎上鼓 旝古外切木置石投敵 棚薄庚切棧也 岌魚力切 玫模杯切 邌郎奚切 傪倉含切 砭之大驗切以石刺病 薊吉詣切

馘古獲切截耳也

唐書卷一百五十七 列傳第八十二

串古患切穿也 罷蒲糜切 瘵側界切病也 滎惠扃切水名在鄭 艽古肴切 榷古岳切 帑他曩切金幣藏 棼符分切 諉女恚切累也 憸思廉虛檢二切詖也 噎一結切食窒 紿蕩亥切欺也 虺許偉切 吝良刃切 奓陟加切張也 衒黃練切自媒也 愎弼力切狠也 憝徒對切怨也 訂丁定切平議 廡罔甫切堂下周屋 觖古穴切望也 撤敕列切抽也 詫丑亞切誇也 掎舉綺切偏引 狙千豫切密伺 馳傳下張戀切驛遞 賵撫鳳切贈終物 遺以醉切 柅女履切止也 憬俱永切 鐏祖悶切柄下銅 覘五廉切窺也 剽匹妙

切劫也也忲蓋切奢也僨方問切僵也懃質涉切不動貌尪烏光切掔丑曳切鏄

虛詡切孔隙郿芳無切揵渠建切遴良刃切輩行下戶淚切剴古哀切佛符勿

切鬱也

唐書卷一百五十八　列傳第八十三

洴輕煙切廡罔甫切下周屋弇古南切坻典禮切柵測革切編木狙千豫切伺

也峞五非切卭渠容切些蘇箇切倜他得切鑱鋤咸切舶薄陌切大舟掎

舉綺切偏引鄜切狠狄縋馳僞切縄有所縋恚於避切怒也陴頻彌切城上垣票撫招

切急也衄女六切蹙子六切埇余隴黑各二切愔挹淫切鄖王分切遺以醉切

盩厔上張流切下職日切擐胡貫切稆其呂切黑黍諓此緣切賕渠尤切以財相謝

鄜芳無切璀取猥切訹雪律切誘也夰古拜切胔疾智切骨有肉

唐書卷一百五十九　列傳第八十四

沴郎計切水不利　愐彌兗切　吒陟駕切叱怒　昕許斤切　能元上奴代切　傪倉含切

搤於革切捉也　儳楚監切　瑱陟刃切　淖奴教切泥也　确克角切　票撫招切急也

剽匹妙切劫也　訃芳遇切告也　撤丑列切去也　滉胡廣切　裒薄侯切聚也　漵徐呂切

愎蒲北切狠也　佶極乙切　痺必至切冷疾　售承咒切賣也　彍忽郭切張弩　叵普火切不可

樾王代切木陰　朝請下才性切　昪以朱切　亘居鄧切　坌蒲問切並也

磧七迹切水中有石　墝口交切土堅　瘠秦昔切薄土　榷古岳切　芋王遇切　傳張戀切驛遞

恚於避切恨也

唐書卷一百六十　列傳第八十五

倕是爲切　猊五稽切師子屬　昵尼質切近也　悻胡頂切　閼於葛切　傂尸祝切　噱

其虐切嗢噱幘側革切說文曰髮有巾曰幘忲他蓋切奢也痼古暮切久疾癖普辟切
父行下戶浪切儆居影切党多曩切蠛莫結切汚也蹴子六切剽匹妙切劫也
沆下黨切訃芳遇切告也鑱鋤咸切刺也頔徒歷切

唐書卷一百六十一　列傳第八十六

鸑五角切鷟食角切鸑鷟鳳屬員半上王問切鍠胡盲切峴胡典切孱市連切弱
也恚於避切恨也頵於倫切鄖於⿰巾慮切滉戶廣切齪測角切滎惠坰切郈
侯古切剽匹妙切劫也謷五勞切楯食尹切兵器所以蔽身榷古岳切伉口浪切
嚚語巾切愚也倬竹角切秭蔣兕切

唐書卷一百六十二　列傳第八十七

邽涓畦切下邽邽縣名滉戶廣切峘胡官切亘居鄧切剽匹妙切劫也齩五巧切齧

也沴郎計切水不利也徼堅堯切求也番禺上普安切南海縣名屝父沸切履也權古岳
切鄠侯古切縣名汜詳里切穽疾正切頎渠希切蕆丑展切敕也愔挹淫切
牾五故切逆也賕渠尤切以財相謝棚薄庶切棧也閣也趫丘妖切捷也諉女恚切記
也歉苦簟切食不滿鄜芳無切郵傳下張戀切驛遞羼初限切說文曰羊相厠賂遺
下以醉切頔徒歷切佀古侃字纇盧阿切絲節猡馬和切犬名

唐書釋音卷第十七

唐書釋音卷第十八

唐書卷一百六十三　列傳第八十八

徂昨胡切徂來山名在魯　鏟初限切　戣渠隹切　榷古岳切　賕渠尤切以財相謝　蚶呼甘切蚶蚌屬　舶薄陌切大舟　碇丁定切錘舟石　琲薄昧切珠百枚　玫謨杯切　盩厔上張流切下職日切　剽匹妙切劫也　敓他活切　阨於革切塞也　鄜芳無切　澍朱戍切時雨　埇余隴切　邏郎佐切　唶子夜切嘆聲　佋市昭切　郴丑林切　酪歷各切　醍杜奚切　醐戶吳切酥屬　倕是為切　鄾於懮切　郇須倫切　鄲多寒切　鉽與職切　艚昨勞切舟也　駛疎吏切疾也　庳賓彌切　廡罔甫切堂下周屋　淖奴教切泥也　屐奇逆切屩也　瘠七亦切土薄　鞬居言切弓矢器　馹入質切驛遽　薊吉詣切　撙兹損切　耒邪下余遮切　柵敕革切編木　朝請下才性切　諉女恚切託也　璵羊諸切　貿莫候

切易也鈸蒲撥切梟其冀切鈔楚交切玭部田切埒力輟切等也滉戶廣切
琯古滿切縰所綺切冠織笄居奚切女十有五而笄胾側吏切大臠齕下沒切蔔
蒲北切旼武巾切珙居悚切既遺下以醉切叵普火切不可鐍古穴切拼之麥
切救也翛尸六切劖鋤咸切刺也掉徒弔切獷古猛切汰他蓋切沙汰倥康董
切傯作孔切倥傯事多

唐書卷一百六十四　列傳第八十九

褶似入切袴褶舸古我切楚人大船曰舸貿莫候切交易繚盧皎切繞也栒聳允切架
鐘磬橫曰栒亦作簨簨簴其呂切說文曰鐘鼓之柎也飾爲猛獸釋名曰從曰簴亦作虡給傳下知
戀切郵馬腶丁貫切鍛脯裁昨代切制裁斞舉朱切挹也酌也摳恪侯切挈衣晡博孤
切申時眂善旨切聽也檟古雅切山楸踶徒計切踶趹也紿蕩亥切欺也賕渠尤切財

相謝瘠七亦切土薄赽傾雪切奉稍上扶用下所教切遺以醉切恚於避切底
職雉切邏郎佐切蕆敕展切備也崒昨律切剟陟劣切刊也苹蒲萌切殼苦角
切朝請下才性切迋于放切往也証之盛切頔徒歷切党多曩切舶薄陌切大
舟亘居鄧切剽匹妙切劫也溵於斤切釂子笑切飲酒盡櫟郎擊切跗風無切足
也嫗烏皓切女老稱癯權俱切瘠也惙陟劣切磊落猥切箝其廉切籥也介古拜
切玼疾移切玉病痺必至切脚冷溼病噭吉吊切吼也滏扶雨切劵渠眷切侑
奚救切廥古外切芻槀藏鄠侯古切地名袤莫侯切南北曰袤廡罔甫切堂下周屋揵
其偃切柅乃履切止也句龍上古侯切

唐書卷一百六十五　列傳第九十

⿰丕頁敷悲切郴丑林切訂丁定切平議郾於幰切衷陟仲切折衷賵芳鳳切贈終物

襚徐醉切贈終衣　澣胡管切　稡臧沒切秭稡　釗之遙切　剽匹妙切劫也　敓徒活切

廋疎鳩切隱也　狡古卯切　隃式朱切　嵐盧含切　竝河上步浪切　僦即就切賃也

沴力計切水不利　恚於避切恨也　饔於容切熟食　昵尼質切近也　璠孚袁切　佻他彫切

斳居焮切　諓慈演切　懟直類切　串古患切　刓五丸切　螭丑知切無角似龍而黃

勦子小切勞也　祏常隻切　懍力稔切　屝父沸切草屨　噢於六切　榷古學切

挻尸連切取也　曇徒含切　琟以追切　姏武酣切　罅呼訝切孔隙　父行下下浪切次第

軋乙黠切　霪餘針切久雨　勞徠上郎到下洛代切　售承呪切賣也　擥盧敢切

踣蒲北切　掊薄侯切　抆武粉切　溘口答切淹也　頔徒歷切　璩求於切　佽七四切

儆居影切　璟俱永切　施施宜之切喜悅　扁簿泫切

唐書卷一百六十六　列傳第九十一

廡罔甫切 岨七居切 傳張戀切 剡時冉切縣名屬會稽 剸止兗切 冏俱永切 帑他曩切 瘵側界切病也 閈侯旰切里門曰閈 愔挹淫切 舠艦上都牢切小船下胡黤切禦敵船四方施板以禦矢 闇下音陰默也又如字 湅郎甸切 党多曩切 獫狁上虛檢切下音允 突厥下九勿切 佺此緣切 璟俱永切 坡普禾切 芿而證切草不翦 朝請下才性切 痼音固 矍居縛切 銶巨鳩切 慆土刀切 蒯苦怪切 鄗胡老切 澒胡孔切 盟津上莫更切 陴頻彌切 郗丑知切 齪測角切 邧愚袁切 躓陟利切 棻扶云切 潬徒旱切水中沙堆爲潬 翬許歸切 榷古岳切 蹀達協切 沴郎計切妖氣 欂于劇切小棺 霣于敏切 頎渠希切長也 痺必至切 剽匹妙切 票撫招切 艚昨勞切 滈下老切 渢房戎切 碈武巾切美石次玉

唐書卷一百六十七 列傳第九十二

乾隆四年校刊

琇以九切 硜丘庚切硜硜小人貌 汜詳里切縣名在河南 賕渠尤切 賸以證切增益 藋音弔 艿如乘切謂陳草不芟新草又生相因仍也 觖苦穴切 帑他曩切 飱思渾切餔也 嵐盧含切 媢莫報切 掊蒲侯切 銛思廉切 憸思廉切詖也 嫚莫晏切 憬俱永切 齪測角切 滉戶廣切 恌他彫切 芊七年切 伉口浪切 惲委粉切 甲 行下戶浪切 捽昨沒切 縋馳僞切 愎蒲北切 俳音排 謷五勞切 貣宅得切 裒薄侯 韌而振切堅柔 鉌戶戈切 盩張流切 厔職日切 頔徒歷切 鞬居言切戢弓矢器 剽匹妙切 讞語蹇切議罪也 馳傳下張戀切 夵音介 儈古外切 堰於建切壅水 諉女恚切累也 鐐連條切 璵羊諸切 柵測革切 旝古外切機石 泬呼決切

唐書卷一百六十八 列傳第九十三

埒力輟切等也 茝音齒 伾音丕 悸其季切 訂丁定切平議 遺以醉切 憪戶閒切愉

也褎似救切亦作袖恟許容切闟徒盍切茸而隴切莛七禾切賕渠尤切傖助庚切儜女耕切困也弱也沅愚袁切水名在象郡落魄下捷各切不檢也忮矢義切狖余救切鼠屬善旋圮部鄙切頖普半切諸侯學名籑士卷切飯食也亦作饌稍所敎切緻直利切密也輩行下戶浪切臲倪結切鼿五忽切臲鼿危也岌魚及切娟莫報切膇馳僞切慘懍上七感切下力錦切鴂古穴切鷤鴂啅竹角切衆口嘵許公切懼也喙許穢切瘖於金切枿五割切伐木餘枿菌巨隕切地蕈霿武賦切地氣發天下應也亦作霧煢渠營切困疾陬將侯切陬隅僇音六檛陟瓜切箠也痤徂和切癤也蒯苦怪切鑕職日切斧也恇去王切怯也淟他典切涊而軫切痼古慕切覼落戈切覼縷委曲也觝都禮切缺傾雪切敓他活切軋乙黠切漻力求切水清貌亦作劉掎舉綺切躑躅上直炙下直錄切行不進也濤方未切湯濤呴呼句切糗

粻上去久切㸌火麥也下中良切糧也儆居影切呀虛加切張口麔居筠切鹿屬麢古牙切牝鹿沄王分切轉流也霾謨皆切風雨土窣蘇骨切攢則旰切棼符分切貿莫候切呀五加切劃忽麥切轗軻上音坎下音可郴丑林切抆武粉切抆拭沾張廉切

唐書卷一百六十九　列傳第九十四

憸思廉切脧此緣切縮也刓五官切剸也斌府巾切垍巨至切落魄下攄各切不檢也懵莫孔切崖宜佳切矍厥縛切遽貌痺必至切冷疾痼古慕切俳音排廋疎鳩切匿也郗丑知切糜靡爲切糜粥遺以醉切澳於六切眙丑利切直視墅承與切田廬玭部田切霿武賦切鏬虛訝切孔鏬仆芳遇切頓也謷五勞切嶤倪幺切高貌

唐書卷一百七十　列傳第九十五

扳甫還切引也柵測革切瞰苦濫切視也絺他曩切鄖於幰切荍祈遙切荊葵夰音介駃疎吏切疾也桴芳無切窴亭年切塞也遺以醉切剴古哀切涚輸銳切堞達協切城上垣陴頻彌切党多曩切邏郎佐切紿蕩亥切突厥下九勿切鍔逆各切潯徐林切榷古學切埒力輟切等也裒薄侯切舶薄陌切箬而灼切屩訖約切屐也傪倉含切鄜芳無切慴質涉切堡博抱切妥吐火切槥祥歲切小棺臨之上良鴆切捽昨沒切陬將侯切可汗下河干切父行下戸浪切塉奏昔切薄土釂子笑切盡也鮥若厄切覂芳勇切糲郎葛切剽匹妙切埇余隴切地名在淮西渦烏咼切水回慁胡困切媪烏老切玼雌氏切陲是爲切糗去久切遳士禾切艘蘇遭切俳備昧切迋于放切迎也翃乎萌切

乾隆四年校刊

唐書釋音卷第十八　十一

唐書釋音卷第十八

唐書釋音卷第十九

唐書卷一百七十一

唐書卷一百七十六 列傳第九十六

瑒與章切 覂撫招切 柵測格切 蝟于貴切虫似豪豬 堡博抱切 鄔於憶切 巇

莫結切 襡市玉切長襦連腰衣 琲蒲昧切 遺以醉切 沲達何切江別流也又作沱 党多曩

切 忷許容切恐也 夰音介 乘傳下張戀切 掎舉綺切 刲傾畦切 獷古猛切 厺

音杳 圬哀都切 觖古穴切 憸思廉切 翃乎萌切 埤頻彌切增也 堞達協切 馘

古獲切 貸他代切 廡罔甫切 驁魚到切 蓨他歷切 貣他得切人求物 突厥下九

勿切 滹火吳切 罽居例切織毛爲之說文曰西胡毳布 可汗下河干切

唐書卷一百七十二 列傳第九十七

頔徒歷切 廞虛金切 閼於葛切 秔古衡切 庳賓彌切 櫃巨救切 撊下赧切忿

貌　牾五故切　髹虛尤切赤黑漆　紿蕩亥切　涸胡困切　鉽與職切　倔渠勿切倔強梗

戾　駛疏吏切疾也　埇余隴切　揫即由切束也　夰古拜切　党多曩切　廙羊至切

裒薄侯切　媼烏老切　憒古對切心亂　珂丘何切　箠主蘂切　帑他曩切　缺傾雪

切　噱其虐切笑不止　颿符戎切風吹船進　詫丑亞切　痺必至切　囷去倫切倉圓日囷

窖古孝切　惀力迍切

唐書卷一百七十三　列傳第九十八

跽暨几切跽曲拳　邽涓畦切　恚於避切　刜符弗切斫也擊也　哄胡貢切唱聲　諒

闇下音陰默也又如字　冒遺下以醉切　鄢於幰切縣名　鏬呼訏切孔鏬　畛章忍切田間道

賈音古　讕落干切逸言又力誕切　憸思廉切　拫戶恩切引也　糗去久切　圮部鄙切毀

也　哮虛交切　閼於葛切　媢莫報切　婭衣嫁切爾雅曰兩壻相謂爲婭　燠於六切熱也

璠孚袁切䁢芳鳳切諗式荏切堡博抱切鹵郎古切鹹地奩力鹽切盛香器又鏡奩也鐫子泉切訿將此切毀也

唐書卷一百七十四　列傳第九十九

錮古慕切久疾憸思廉切挻尸連切取也迮側格切迫也夰古拜切昵尼乙切伾音丕讕落于切涪房尤切眊莫報切目少睛聵五怪切聾也傪倉含切埒力掇切厭益涉切伏也訹雪律切誘也蚶呼談切蚌屬賕渠尤切圮部鄙切鼊蒲歷切鼊鼊契丹上音乞鏬呼訝切孔鏬泫胡畎切泫涕流柅乃禮切止也饘諸延切儈古外切邛渠容切崍落哀切齰作名切軋乙黠切筍聳尹切巇宜寄切雺莫紅切天氣下地氣不應也郴五林切瓚才贊切滉戶廣切洿注胡切璹神玉切憬俱永切粃補履切不穀俗作秕鄲多寒切斆戶教切煚俱永切撆匹篾切擊

也孱市連切弱也

唐書卷一百七十五　列傳第一百

悻胡耿切怨也頔徒歷切忮支義切狠也囁而涉切口動嚅人朱切囁嚅多言嗾倉奏切巇虛宜切儈古外切合市伾音丕鳶以專切痏于軌切賨徂宗切鈛逸織切輊竹利切前頓曰輊後頓曰軒遺以醉切郴丑林切惎渠記切攅則肝切訟也纚所綺切

唐書卷一百七十六　列傳第一百一

杷蒲加切抉於決切抉出鋻古吟字吃苦骨切觝典禮切觸也苴鋤加切鋪呼訝切咀慈呂切咀嚼佶極乙切正也聱牛交切語不入躓陟利切跲也宋莫郎切大梁欂補各切欂櫨枅也櫨龍都切櫨柱上柎椳烏回切門樞扂徒店切閉戶楔先結

切門兩傍木犖力角切庳府移切下也栿與職切檿也豨香衣切豕也膜唄上慕
各下薄邁切梵音昪以諸切孌力轉切葪亘薛切說文劣也祟雖遂切估五故切
戇陟降切愚也瀧閭江切颶衢遇切越人謂其四方之風曰颶鱷五各切魚名倖其季
切心動迿亘薛切遮遏擉則角切刺也睅戶版切伈斯甚切恐皃睍下顯切鯨
渠京切溧力質切猏古犬切簺先代切格五戲說文云行棊相塞故曰簺嘵馨幺切懼也
漫莫半切螫施隻切虫毒謼荒故切亦作呼俠胡頰切任俠屐竭戟切屫也[illegible]胡[illegible]
切亦作哇刓吾官切婾他侯切巧黠咲仙妙切跲訖洽切躓也

唐書卷一百七十七　列傳第一百二

噲古外切諉女恚切累也仆芳遇切頓也珝况羽切拫戶恩切囁嚅上而涉切
卩動下人朱切斬七減切高峻皃涗輪芮切擶即淺切丌巨基切痼古慕切釴逆織

切憸思廉切彗徐醉切妖星愔挹淫切鍇口駭切涪房尤切頔徒歷切遺

以醉切鄠侯古切怫符勿切煟于貴切葉縣上失涉切玫謨柸切党多曩切

艿如乘切蓨他歷切榷古學切覂芳勇切皞何老切郈侯古切憕直陵切

塡陟刃切又音田栯於六切艴蒲沒切不悅子行下戶浪切斸株玉切斫也騸匹戰

切躍上馬

唐書卷一百七十八　列傳第一百三

捄古候切梴尸連切掣尺制切曳也懜莫孔切心亂祅於喬切饕上刀切貪財

餮他結切貪食櫜古勞切韜也朝請下才性切紲息列切系也僇音六逄皮江切

眦睚上士懈切下牛懈切怒恨視也齪測角切郃曷閤切齮疾移切紓傷魚切緩也

唐書卷一百七十九　列傳第一百四

齪測角切 翊況羽切 憸思廉切詖也 猜倉才切 慴質涉切懼也 埒龍輟切 璠孚袁切 廡罔甫切堂下周屋 罘罳上縛謀下息茲切罘罳屏 躓職日切 郗丑知切 揕知鴆切 仆芳遇切 嘖側革切 鐬呼外切 証之盛切 剽匹妙切 儆居影切戒也 侉苦故切 恚於避切 盩厔上張流下職日切 疢丑刃切 廋疎鳩切 遺以醉切 彗徐醉切妖星 骫於詭切曲也 榷古學切 佻他彫切 鄜芳無切 菌巨隕切地蕈 冏居永切 傳張戀切 柵測革切 頎音其 奩力鹽切 鐇附員切 紃詳遵切 痼古慕切久疾 紿蕩亥切 叵普我切 笥息嗣切 鄠侯古切 軋乙黠切 軿蒲眠切 崟魚金切 躨創舉切 訵直廉切

唐書卷一百八十　列傳第一百五

犖力角切 詗火迥切了知也 訹雪律切誘也 禨居希切祥也 所廋下疎鳩切 盝盧谷

切苹蒲明切榷古學切鵁鶄上居肴下子盈切筩余隴切箭室綈田黎切厚紿
蕩亥切擷奚結切笮側格切僦即就切邏郎佐切馹入質切淖奴教切泥也
釗音昭瘢蒲官切餫音運訂丁定切平議獰尼庚切惡也掎舉綺切邛渠容
崍郎才切猱奴刀切埴承職切蔦丁了切璟俱永切可汗下河干切党多曩
切嗢烏沒切杷步加切磧七亦切輓武遠切媕衣儉切娿於可切漅鋤交
切湖也偵丑正切問也挼素回切擊也穟徐醉切禾成秀哺蒲故切軋乙黠切滈
下老切票撫招切汰他蓋切遴良刃切行難鉶奚經切閧胡貢切鬭聲

唐書卷一百八十一　列傳第一百六

鐏徂悶切戟柄下銅璟俱永切薳羽委切邧虞袁切輤倉甸切載柩車臠力兗
切瀨落蓋切媼烏老切擷奚結切穽疾正切陷也蠛莫結切軋乙黠切俶昌六

切媮他侯切褖徐兩切未笄冠者首飾闋苦穴切止也榼克合切瑑持兗切蔚
紆物切唄蒲賣切髹虛尤切蘤韋委切花也釦苦后切金飾磴丁鄧切磴道襜
蚩占切衣蔽前鷸以律切鳥名檐余廉切屋檐墄七疾切階級汓古文流字裒薄侯切
抆武粉切螺落戈切癯其俱切鞮都奚切革履觜疾智切骨有肉痑他干切力極

唐書卷一百八十二　列傳第一百七

柅乃履切止也驘落戈切亦作騾珙居竦切笮側伯切吃居乙切語難畬羊諸切
葯乙角切又音約榷古岳切邽消畦切濘乃挺切郴丑林切滻所簡切水名琯
古滿切璪子皓切璵羊諸切侹待鼎切直也舶薄陌切大舟挻尸連切取也槥
祥歲切小棺馹入質切妥吐火切安也媢莫報切党多曩切旁河上步浪切堁
博抱切邏郎佐切矚朱欲切視也蠡里弟切剽匹妙切謷五到切僨方問切僵

也唄蒲邁切梟巨至切愊拍逼切誠志戛切藻侯訂丁定切平議彠鬱縛
切度腣丑利切胎直視切偓於角切
也

唐書釋音卷第十九

唐書釋音卷第二十

唐書卷一百八十三　列傳第一百八

諴胡喦切　栩況羽切　党多曩切　杷蒲加切　姝春朱切　嫚莫晏切　縈遣禰切

俳蒲皆切戲也　偘口旱切　帑他曩切　閈侯旰切　愎蒲北切　郴丑林切　偓於角切

鄠侯古切　腕烏貫切　艴蒲沒切不悅　雺莫紅切　廡罔甫切　捭補買切兩手擊

臑人朱切嫩耎也　貙敕朱切似貍

唐書卷一百八十四　列傳第一百九

遺以醉切下同　涔鋤簪切水名　洗蘇典切　劀古滑切　無射下音亦　蔦丁了切

淊輸芮切　褫丑豕切　秔古衡切　踼託盍切　賕渠尤切　諉女恚切累也　譔仕卷

切又此緣切　舸嘉我切　鴆直禁切　鏻力珍切　傳舍上張戀切　秕卑履切穅秕也　玔

渠容切忷許容切懼也磔陟格切裂也胔疾智切肉腐曰胔

唐書卷一百八十五　列傳第一百十

郴丑林切哄胡貢切衆聲啖徒敢切蕞才外切小貌詬許候切嫚莫晏切巇莫結切汙也紝如林切璠孚袁切幟昌志切鏖於刀切鄜芳無切邏郎佐切岌魚及切盩厔上張流下職日切鐐連條切殿最上丁練切樾王伐切木陰瘖於金切潯徐林切熅於云切尩烏光切痺必至切冷疾紿蕩亥切磎牽奚切捭闔上補買切開也糗去久切糗米麥愕眙上逆各切下丑利切玫謨杯切掎舉綺切

唐書卷一百八十六　列傳第一百十一

璵羊諸切孱市連切剽匹妙切劫也佶極乙切謾莫半切頵居筠切埭徒耐切壅水齏牋西切鏐渠幽切艘蘇遭切橐姑勞切車上大橐鞬居言切車上乘弓矢

器 樟正良切 闞苦濫切 脛之日切 軋乙黠切 部居號切 濘乃挺切泥也 韞委粉切 翥章恕切 峒徒弄切澗深 裒薄侯切 郴丑林切 帑他曩切 合從下子容切 瑭徒郎切 玫謨杯切 縋馳僞切 抔蒲侯切引取 啗徒敢切 璠孚袁切 埇余隴切道上加土 晸知領切 樾亡伐切木陰 隩於六切 搤乙革切提也 舸嘉我切

姓訾下郎移切 邏郎佐切 甬余隴切 陴頻彌切 瑄荀緣切 婭衣嫁切 疥古拜切 癆郎到切

唐書卷一百八十七 列傳第一百十二

諉女恚切 坐傳下張戀切 裒薄侯切 潏以律切 艘蘇遭切 掎舉綺切 嵐盧含切 覂芳勇切 熅於云切 琪居悚切 珂丘何切 飴盈之切 鐇附袁切 鄠侯古切 齗側略切 釗之遙切 迮側革切 蹙子六切迫也 諗式荏切告也 玶皮變切

廝息移切養馬者祇巨支切䄳章移切胡衣䶂彌兗切璆巨鳩切猜倉該切秆
古旱切禾莖廥古外切沅愚袁切水名稍色角切蓋寓上古沓切沁七鴆切閈
侯旰切閭也啗徒敢切鄩徐林切恚於避切槊與稍同紿蕩亥切擐胡貫切貫
甲謼火故切朐渠俱切縶陟立切懟直類切怨也邯何干切鄲多寒切契
丹上音乞鑽職日切酖直禁切馘古獲切仆芳遇切頓也

唐書卷一百八十八　列傳第一百十三

淝符非切水名綮遣禰切頵居筠切勍渠京切澞麌俱切裒薄侯切大臨
下良鴆切邏郎佐切璠孚袁切糝桑感切瑭徒郎切盱眙上況于切下與之切縣名
紿蕩亥切欺也遺以醉切鏐渠幽切溧力質切溧水縣名堰於建切擁水拕徒可
切引也舸古我切楚人大船曰舸帑他曩切堞達協切城土垣郃古合切縋馳僞切

碭徒浪切 儈古外切 埭徒耐切以土遏水 栅測格切 覘丑豔切窺也 樾王伐切木陰 齕下沒切齧也 槊色角切 渾府移切水名 鴆直禁切 衵丑兩切 艫力胡切舟後 磧七迹切水中沙堆 颺與章切風飛颺 瀸音潛又音尖 灄書涉切水名在西陽 票撫招切 佶極乙切 柁徒可切止船木 蛤葛合切 酗呼句切 諗式荏切告也 帟夷益切小幕 嫚莫晏切 剽匹妙切 貰神夜切貸也 惎渠記切 闕烏葛切 餫王問切野餉 恚於避切 畾魯回切又盧對切 禆頻彌切 單父上常演下音甫縣名 勱奇靳切 熛卑遙切火飛也 輜側其切 胙昨誤切 沶古文流字 痁失廉切 澍之庶切時雨

唐書卷一百八十九　列傳第一百十四

瑄荀緣切 鋋時連切 剽匹妙切 潏以律切 邛渠容切 涪房尤切水名 槶測格切 句古侯切 鶩亡遇切 謼火故切 犨赤周切 衵丑兩切 掫子侯切說文夜戒守

有所擊也 珝況羽切 齮魚倚切齮齬也 縋馳僞切 圮部鄙切毀也 甓蒲歷切瓴甓 舠都高切小船 犨羊茹切 璙落蕭切 澶徒案切 磯居希切 皖胡管切 艦胡黯切禦敵船 槊色角切 紿蕩亥切 覘丑豔切窺也 輧蒲眠切 僵居良切仆也

唐書卷一百九十 列傳第一百十五

佶極乙切 撾陟瓜切 踶徒計切踶蹋也 髀卑履切股也 磔陟格切裂也 郴丑林切 賨徂宗切 慓婢少切急也 剽匹妙切 誶蘇對切告也 蹴子六切 堞達協切 權古岳切 穌孫租切 勍渠京切 掎舉綺切 艦胡黯切 俳蒲皆切 餫王問切 猖齒良切 仔祖似切 玕居寒切 輜側其切 瑫土刀切 鏐渠幽切 馘古獲切 璠孚袁切 埭徒耐切 叱昌栗切 啗徒敢切 穅粃上丘剛下下没切春粟不潰 緻直利切密也 艫落胡切 銶渠尤切 鑱鉏銜切 耏如時切頰須 潯徐心切 贛古宋切

邽涓畦切　剚側吏切　琚斤於切

唐書卷一百九十一　列傳第一百十六

鈇風無切莝斫刀　赩迄力切大赤也　輭孔兗切柔也　揵渠焉切舉也　豋魯刀切野豆　癯權俱切　驃匹召切　紿蕩亥切欺也　并其上必正切　癭於郢切　嫗威遇切　勞曰上郎勞切　難乃旦切　衄女六切　偫直里切儲具　恫他紅切痛也　眙直里切　殿丁練切　戲下上許為切　詢許遵切　嗁杜奚切號也　郯徒甘切　洺武并切水名在易陽　彗徐醉切妖星　縋馳偽切　邏郎佐切　鏠敷容切　剚側吏切　⿰者土徒古切桑皮　紩直一切縫也　卬五剛切　鑱鉏銜切　悛且緣切　曇徒含切　岌逆及切　嶲息委切　貳他得切　墱持陵切　骫於詭切曲也　詗火迥切　裒蒲侯切　渢符中切　葷許云切臭菜　埏尸連切　琯古滿切　鎰弋質切　岑鋤簪切　蓨他歷切　鄖于分切　佺此緣

切暹思廉切彠鬱縛切酇則旰切惲紆粉切斤斤居欣切懟直類切怨也

姆莫補切女師

唐書卷一百九十二　列傳第一百十七

昕許斤切著張略切掎居宜切傳舍上株縛切郫符羈切飦居言切粥也倜他歷切諉女恚切頗牧上普禾切灤落官切水名埌來宕切冢也叵普火切不可

單父上常演切下音甫蘡於驚切躪良刃切艘蘇遭切覘敕豔切窺也鍕王問切野餉齕下沒切挂知庚切從旁指杜篝古侯切爊籠關烏團切喑嗚上於金切極啼無聲涪房尤切弇古南切鍠戶盲切虺呼回切踣蒲北切

唐書卷一百九十三　列傳第一百十八

磧七迹切水渚有石者鏖於刀切盡死殺人馘古獲切矱鬱符切度也磔陟格切裂也

縚土刀切 趫丘妖切捷也 擐胡慣切貫也 膾古外切芻藁藏 蕆丑展切 噍即消切聲也 嚙倪結切 椓竹角切 杙與職切 黽眉耿切蝦蟇屬似青蛙而大腹 裁昨代切制也 瘖於金切 婞胡頂切直也 玢府巾切 憺徒敢切又徒濫切 拉盧合切折也 璀以追切 漵徐呂切 耴侯古切 躄婢亦切不能行 皷嶧夷益切 慆他刀切 迋于放切往也 犒口到切餉也 碣巨列切 矟色角切 詬許候切 鐐連條切

唐書卷一百九十四　列傳第一百十九

藉慈衣切薦也 湩觀勇切乳汁 蔿羽委切 迅思晉切 饘諸延切厚粥 饃莫胡切 唅胡紺切 痺必至切脚冷溼病 甄側鄰切 伉口浪切 舁以諸切 瑱他甸切 堧而宣切城下田 怫符勿切佛鬱 惸渠營切憂也 桮布回切匳也 遺以醉切 俶昌六切 泌兵媚切 酗吁句切醉也 鬵徐心切鼎大上小下 聵王怪切 峭七笑切直也

唐書卷一百九十五　列傳第一百二十

能奴代切邽涓畦切茹人諸切郪七稽切縣名在梓州崌九魚切贛古紺切籛
郎淺切澧敷空切酆里弟切洸古黃切單父上常演切下音甫封苦圭切滑
如字鄠於乾切㤿陟監切又作㤿亨普庚切吮徂兖切嗽也髖烏貫切滲所禁切漉
也髊疾移切殘骨靧荒內切洗面樾王伐切木陰轝于如切閿無分切琇息救切
切瀧閭江切巂息委切漢武開巂之置越巂郡瑝胡光切狙于豫切密伺也舐甚爾切
鍤楚洽切颸俾遙切暴風掐若洛切眦才細切攢則肝切莆蒲胡切甓扶歷
切甓甓

唐書釋音卷第二十

唐書釋音卷第二十一

唐書卷一百九十六　列傳第一百二十一

㤞敕霄切悵悵　蘄居焮切　髀部禮切股也　韈甫微切通作飛　鬣良涉切長須　骼古伯切說文曰禽獸骨曰骼　貉莫百切　踶特計切蹋也　屩居勺切草履　瞪直耕切怒目直視　瞭盧皎切日明　覺古孝切　瘤力求切　贅之芮切　鋑甫廉切以鍼刺病　肓呼光切心上鬲下　傳張戀切　禕呼韋切　一稱下昌孕切　衊莫結切汚血　籀直又切　剟丁括切削也　捽昨没切手捽也　圬哀都切泥鏝　塓莫狄切塗也　薙直几切芟草　侻他括切輕也　茠呼毛切除田草　黴武悲切黴黰垢腐貌

唐書卷一百九十七　列傳第一百二十二

祓敷勿切除也　嬈而沼切亂也　洱而止切水名出罷谷山　訹辛聿切誘也下同　姥莫補

切女老稱粇胡没切春米不潰蠭敷容切貰神夜切貸也廞虛金切冤句下其俱切
滹洪孤切滱苦候切水名在代郡湓薄奔切水涌洳如倨切沮洳剽匹妙切劫也辯
婢典切交也艚則勞切舟也珦式亮切糲郎葛切脫粟燹息淺切逆燒句注上音
章句之句前漢文紀屯句注應劭日山嶮名也在鴈門陰館孛彼表切疻章移切歐傷孱士連
切不肖敓徒活切强取也古奪字

唐書卷一百九十八　列傳第一百二十三

鉏士魚切誅也纇盧對切麤絲櫜古勞切車上囊鞬居言切馬上乘弓矢器纚呂支切
坌蒲悶切塵也煟于貴切火光稡臧没切偘空旱切妥吐火切炫熒絹切滕
唐亘切囊屬縵莫半切繒無文砭陂驗切以石刺病侗他紅切酈郎狄切莞沽丸切
僵居良切僨也籀眞又切裠渠云切下裳帔被義切衣帔焯之若切剴古哀切摩

也蓋古沓切下同侻他活切輕也贈遺下以醉切唯唯以水切諾也殺色界切

壈常演切櫟郎狄切惏盧含切傳張戀切嶷鄂力切小兒有知獪古外切狡也

棻符分切俳蒲皆切戲也湓蒲奔切

唐書卷一百九十九　列傳第一百二十四

培薄戶切塿郎斗切小阜臩久永切謾莫半切欺也讕郎肝切逸言婕妤上郎葉下以諸切婦人官郤去逆切洱綿婢切酺薄故切會飲食彊其丈切飲食上衣鴆切下音嗣篹蘇管切綦渠之切梟古堯切說文云不孝鳥鄄吉掾切惲委粉切鏬虛訝切禫徒感切除服祭縞古老切鮮色紕匹夷切之殺下色界切晡奔謨切日加申時會古外切訢許斤切諝私呂切賕渠尤切諉女恚切炱徒哀切炱煤蟫徒含切白魚又音淫籤七廉切毋音無俌方矩切剟丁括切削也

唐書卷二百　列傳第一百二十五

犨羊茹切 撙祖本切節也 璟俱永切 僎蹤倫切 郗丑知切 膎戶皆切說文脯也

胰以脂切夾脊肉 疢丑刃切 犍渠延切 強取果切 窋竹律切后稷子名 軋乙黠切

迮側伯切迫也 愔挹淫切下同 齎津夷切裳緝也 嚌才詣切嘗也 煚俱永切 廙羊至切

叵普火切不可 涪房尤切 圮部鄙切 廋疎鳩切匿也 峙直里切具也 俌方矩切

啖徒濫切 糗去久切熬米麥 椗徐覓切 僿相吏切無悃誠 狷吉掾切有所不爲 匃古太切

苢昌里切 肜徒宗切 乘傳下張戀切 系下計切繼也 璵羊諸切 脃此芮切俗作脆

賸以證切增益 穸祥亦切穸夜也 佶極乙切 辟易上婢亦切 嶸戶萌切 貣徒得切

惋烏貫切驚歎 异羊吏切 鎛伯各切 璀取猥切 莆薄胡切 汧輕煙切

儋都甘切

唐書卷二百一　列傳第一百二十六

揣楚委切　瑑柱兖切，圭璧起文　擩而宣切　嚌才細切　轢郎狄切，踐也　軋乙黠切

敳五來切　洹胡官切　恌他彫切，偷也　嶲息委切　俚良士切，蠻屬　龜玆上袪尤下墻之切

陘奚經切　銛思廉切　褎似救切　耆時利切，欲也　衄女六切　囏古閑切

橡似西切，栩實　瞪直庚切　沅愚袁切　賸以證切，益也　馥房六切，香也　憒古對切

痵瓊季切，心動　矍厥縛切，遽貌　沴郎計切　璵羊諸切　酅戶圭切，地名，在東平　勮其遽切

綦渠之切　劼恪八切　癖芳辟切　烱戶頂切　抔蒲侯切　靚疾正切，明也　梧晡拔切　斞恭于切，挹也

唐書卷二百二　列傳第一百二十七

佻土彫切　瓛胡官切　邽涓畦切　虯渠幽切　瀧閭江切　剡時染切　獪古外切

蹻巨嬌切善走 欒落官切 滑古沒切 調丑玦切 濷力珍切 簏盧谷切竹高篋 貣他得切 莫邪下以遮切 姝春朱切 岌魚及切 釀女亮切 蒲薄胡切樗蒲戲 逖他歷切 裒薄侯切聚也 驊胡瓜切 類呼內切洗面 璡資辛切 彪甫休切虎也 輞文兩切 洴普半切水涯 追紬下音抽引也 稡秦醉切 晶予盈切 籀直又切 傳張戀切驛遞 鄠侯古切縣名在京兆 倭烏禾切東海中國 榷訖岳切揚榷 倰魯登切 覂方勇切 禬古外切福祭 殳慵朱切擊也 餢方表切 霤力救切屋水流又中霤神名 稍所教切 緱胡溝切 圈巨卷切養畜閑

唐書卷二百三　列傳第一百二十八

庋居綺切閣也 媢莫報切 摧他回切 轜如之切喪車 葉失涉切 噉徒敢切 隝於乾切 骼各額切 庳府移切 汜詳里切 伷直又切 儆渠鏡切 緻直利切密也

埒龍輟切等也　輩行下胡浪切　閿無分切縣名在弘農　翃乎萌切　湋于非切　曖於代切　遺以醉切　秬臼許切　洿汪胡切　斮側畧切斬也　踣蒲北切仆也　愎弼力切狠也　紿蕩亥切欺也　蜿於袁切龍狀　鄢於幰切　阿旁下蒲光切　砰普耕切　抆武粉切　笮側格切迫也　瑰公回切　佯余章切　睅戶版切目出貌　堰於建切壅木　廞虛金切　儈古外切芻藁藏　敓徒活切彊取　翥章庶切飛舉　汭儒稅切

唐書卷二百四　列傳第一百二十九

幻胡莧切一化　甀側鄰切　厙始夜切　堋逋鄧切射埻　懣莫困切　診上忍切視也　巂息委切　匳力鹽切鑑匳　憬俱永切　曇徒甘切　鬒上忍切稠髮　諗式荏切告也　彗徐醉切妖星　㚇祖紅切　馮皮冰切依也　剚側吏切　緱古侯切　譔鄒免切　葼祖紅切細枝　齗魚斤切　薊吉詣切　縚土刀切　奩力鹽切　詺彌正切詺目　藟力軌

切葛藟　堞達協切城上垣　衿居吟切衣系

唐書卷二百五　列傳第一百三十

窈窕上伊鳥下徒了切深極也　媦于貴切楚人呼妹　郇須倫切　諉女恚切累也　紡妃兩切　甓蒲歷切　皖戶板切　邽涓畦切　刵仍吏切斷耳　鄄吉掾切　嫠陵之切無夫　畬羊諸切　臨良鴆切　祀丑兩切　轝羊茹切　衊莫結切污血　珥仍吏切瑱也　糲郎葛切脫粟　紝汝鴆切　賵撫鳳切贈終物　剽匹妙切劫也　媼烏老切　契丹上音乞　釃山宜切盪酒　祺居之切周年又伏時　縞古老切鮮色　菌渠殞切地菌　攫厥縛切　瑕何加切　俶昌六切　郟古洽切　詬許候切　瑭徒郎切　熅於云切　枅堅奚切屋櫨　頵居筠切

唐書卷二百六　列傳第一百三十一

鈇風無切莝斫刀嫶即消切潡徐呂切豖竹角切訾即移切鄠侯古切咤陟駕切賁也澮古外切啗徒濫切護鬱縛切嫣俱爲切靦宅典切愔挹淫切怈餘制切孿所眷切一乳兩子又生患切頎渠希切郫蒲糜切銛思廉切鉷戶公切濾落胡切傴於武切不伸也噱極虐切笑不止怤芳無切輭乳兗切侻他活切輕也硜丘耕切愎蒲北切狼也惎渠記切紿蕩亥切欺也儇許緣切宓英必切洱忍止切踦去奇切翽呼外切覘丑廉切窺覘也昕許斤切旦明彍古鑊切說文滿弩嵬吾回切噉徒敢切食也聉滂佩切殕方九步北二切斃也釗之遙切儵式竹切婭衣嫁切兩壻相謂轀輬上於昆下力羊切臥車攟俱運切拾也

唐書卷二百七　列傳第一百三十二

鐙都鄧切遺以醉切下同慓撫招切急也僨方問切僵也粹秦醉切聚也眙丑吏

乾隆四年校刊

切直視瀧閭江切剺陵之切剝也蓋古合切斌府巾切奢正奢切吳人呼父灃
敷空切水名在咸陽僦即就切賃也掎舉綺切偏引諉女恚切累也瑱他甸切蝎胡葛
切桑中蠹蟲党多曩切剽匹妙切衖胡降切悛七倫切改也黠下八切硤胡夾
切地名瑒余章切媢莫報切妬也沴郎計切暹思廉切盩厔上張留下職日切
賕渠尤切薳羽委切痼古暮切久病闅無分切慴質涉切性也璀取猥切璹
神六切絓古賣切骨也罷士上蒲麋切胯苦化切兩股間价古拜切岌魚及切傳
張戀切逗遛上大透下力救切上也鄖于分切

唐書釋音卷第二十一

唐書釋音卷第二十二

唐書卷二百八　列傳第一百三十三

儜女耕切困弱 齪測角切齷齪 峴胡典切 湫子了切又子攸切 尪烏光切 嘽荒胡
切 怏於亮切情不足 跳徒彫切躍也 觖古穴切怨望 矍厥縛切遽貌 惘文紡切 矖
眤力切 烜況曉切 礫郎擊切小石曰礫 鏬虛訝切 靳居焮切 趫起囂切善走 觝
都禮切角觸 騃五該切癡也 伎渠綺切 瑄須緣切 陿侯夾切 怊尺招切 吮祖兗
切 蟇謨加切 覘丑廉切窺也 玫謨杯切 熅於云切 抶丑栗切打也 邛渠容切
絙古鄧切大索 坡普禾切 膴罔武切 詒以支切 邏郎佐切 諥竹用切 鐬呼會
切 著直略切 暍於歇切傷熱 車昌遮切 邌郎奚切 釦苦后切金飾 瞀莫侯切
鐍古穴切 纊苦謗切絮也 梃徒鼎切 狙千豫切謂密伺之也 詗火迥切告也 誖蒲没

切言亂隃羊朱切仆芳遇切頓也鈔楚教切略取鏖於刀切死戰也馮反冰切謼火故切岌魚及切給蕩亥切歎也洄胡瑰切

唐書卷二百九　列傳第一百三十四

芋王遇切檣側持切木立死索昔谷切胔疾智切肉腐楔先結切拉盧合切折也籤七廉切貫也纇盧對切絲節憸思廉切詖也土苴上勑雅下側下切土苴枯糞草縋馳偽切賕渠尤切以財枉法相謝娠升人切韡于鬼切衊莫結切污血匽於幰切豬霤下池綝丑林切剺陵之切剝也綦巨夾切刳空胡切掎舉綺切偏引摭之石切抉一決切挑也蹴子六切嬾魯旱切怠也絓古賣切罥也鐙多鄧切罽居例切織毛爲也檄刑狄切慴之舌切懼也詫丑亞切謗也蓏魯果切地曰蓏蛆子余切嘑荒烏切呫昌涉切嚅汝朱切囁嚅多言涪房尤切鉏牀魚切僇力竹切

絀敕律切 橛渠月切杙也 嶷鄂力切 末撥上音抹下桑割切 焄許云切 鉗其廉切 遌五故切 誋式荏切 擠牋西切排也 員王問切 沇以轉切 貣他得切 棓蒲侯切 鎣余傾切 便辟上平聲下婢亦切 [illegible]方結切大力貌 轢郎狄切車踐 玢府巾切 洗馬上蘇典切先也 腂力火切皮起 咤陟駕切噴也

唐書卷二百十　列傳第一百三十五

髀傍禮切股也 怵敕律切恐也 從子容切下同 鈇風無切莝斫刀 嵬吾回切 顦顇上慈消切下秦醉切 倔渠勿切梗戾 劃忽夾切錐刀曰劃 澒胡孔切大水貌 掉徒吊切 擐胡貫切貫也 瑒余章切 趫丘妖切捷也 訹雪律切誘也 掎舉綺切偏也 勞郎到切 剽匹妙切 愔挹淫切 峘胡官切 疃上緩切獸所踐處 伾攀悲切 芃符中切 洹胡官切 鄟古博切 儳楚鑒切 蹴子六切 滏扶雨切水名 窖古孝切 鱴莫結切 汚

血劕吉詣切頩丑成反愎彌力切睥頻彌切城上女牆柵測革切編木堞達協
切城上垣詫丑亞切誇也夰古拜切獪古外切偵丑鄭切問也謾莫案切欺也丌
巨基切紿蕩亥切欺也譁荒烏切大呼臨良鴆切貰神夜切貸也朘荀緣切縮也
顗九利切幸也澶市連切熅於云切玢皮變切搤乙革切捉也瑭徒郎切佺
且緣切躪良刃切

唐書卷二百十一　列傳第一百三十六

覘敕豔切窺覘也殪一計切殺也劌呼外切轂胡谷切紿蕩亥切欺也戺鉏里切砌
也堡博抱切堡障小城俶昌六切匜弋支切杯匜似揥可以注水瘖於金切不能言諉
女恚切累也趣趨玉切狻猊上素官下五倪切師子屬岌魚及切湔子仙切洗也票
撫招切盩厔上張留下職日切劕吉詣切孅音潛又音尖狃女九切刓五丸切

酈郎狄切 僨方問切僵也 訹雪律切誘也 剽匹妙切劫也 郗丑知切 帑他曩切 鹺才何切 匳力占切 惙陟劣切疲也 滹荒烏切 鄗下老切邑名 嫗威遇切 轘胡貫切車裂人又音還 頔他歷切 洺武幷切 廋疎鳩切匿也 軋乙黠切

唐書卷二百十二 列傳第一百三十七

契音乞下同 挐女余切牽引 勞郎到切 怦披耕切 涿竹角切 蹀徒協切 撐抽庚切 譟先到切擾也 傳舍上張戀切 纊苦謗切絮也 壝以醉切堳埒也 幟昌志切旗也 屣所爾切 遺以醉切贈也 郅之日切 可汗下河干切 啗徒敢切食也 峙丈里切 嘈則勞切 緄古本切 酏余支切飲也 祟雖遂切 悸其季切心動 剔他歷切 祓敷勿切除惡祭 錡舉綺切 駸千尋切馬行疾 朝請下才性切 玫謨杯切 薊吉詣切 嬀俱爲切 惸其營切 謷五勞切 剽匹妙切 抶敕栗切擊也 疻之移切毆傷 䋐徒沽

切強取嫚莫晏切侮易纛徒到切詗火迥切告言罝咨邪切兔罔罘房尤切亦兔罔

紿蕩亥切欺也窟苦骨切涅乃結切堇几隱切草也

唐書卷二百十三　列傳第一百三十八

哄胡貢切衆聲洹胡官切陴頻彌切城上垣汊楚嫁切欒落官切裒蒲侯切聚也

棚薄萌切棧也釃所宜切下酒詗火迥切栅測革切編木媪烏老切眗凶于切

悸其季切溷胡困切舐甚爾切帑他曩切敹連條切擇也紿蕩亥切欺也朝

請下才切性切璠孚袁切黟胡果切多也

唐書卷二百十四　列傳第一百三十九

倜蕩上他歷切下音儻不羈也饟女亮切鈔楚教切略取狃女九切絁式支切繒似布

遺以醉切贈也酖丁含切汜詳里切閈侯旰切閭也伾敷悲切涗輸芮切詛

壯助切頔他歷切栅測革切編木溵於斤切憝徒對切崿逆各切賻符遇切助
也葉失涉切莾母黨切剽匹妙切趣趨六切馘古獲切塹于念切鏊五到
切並蒲浪切邏郎佐切游兵鄢於幰切菱芡上力膺切下巨驗切芡雞頭也薔所力
切票撫招切汶文運切鏃作木切莨魯當切莠以九切耨奴沃切懾之涉
切郤古杳切鄜芳無切飲食上於鴆切下音嗣圯符鄙切額五伯切滕徒登
切滅也鐍古穴切慴之舌切懼也媦于貴切妹也刁丁聊切古者軍有刁斗晝炊夕擊
暹思廉切唯以水切諾也帑他曩切邌郎奚切獪古會切笮側格切貿莫候
切榷古岳切横木渡水吭胡郎切鳥喉稹上忍切岑鋤簪切哄胡貢切佺此緣
切帣郎移切布名釗之遙切甄之人切岌魚及切滏扶雨切窆陂驗切邯
鄲上河干切下多寒切袿右攜切婦人上服曰袿赧乃版切恟許容切恐也謷五刀切

党多曩切 郿芳無切 晛研計切邪視

唐書卷二百十五上　列傳第一百四十上

突厥下九勿切 榷古岳切場榷 降湖江切服也 塹七豔切 紓商居切力緩 媼烏老

切 毳充芮切 毼胡葛切毛布 枲思里切麻也 羯居謁切犗羊也 豺牀皆切 豸

直爾切無足屬 蝪羊益切 濅子鴆切水名 朘荀緣切縮也 妥吐火切安也 郿芳無

刓吾官切 糜靡爲切 魚麗下力知切陣名 愰胡廣切 鏃作木切 巂息委切 蠕

而兖切 汗河干切 葉護上書涉切 俟渠之切 纛大到切黃屋左纛 咄當沒切呵也

契欺乙切 倔渠勿切梗戾 句注上音章句之句義見前 賻符遇切助也 苾簿必蒲結

二切 睍古限切 嫚莫宴切 厓五佳切 紿蕩亥切欺也 艦戶黯切 沁七鴆切武德初

置沁州 酋目秋切長也 仆芳遇切頓也 啗徒敢切食也 沓徒合切 霫息入切 麠

麇上居筠下忙皮切鹿屬　渾邪下余遮切　趫丘妖切捷也　朝請下才性切　鞢莫撥切
鞨何葛切鞢鞨蕃人名出北土　蒔時吏切種也　廡文甫切　吮租兖切嗽也　偘空旱切
菴央炎切　匐蒲墨切　皸舉云切足拆　鵽丁括切鵽鳩　嵐盧含切　鏖於刀切盡死殺
人　爨七亂切　阬丘庚切　剽匹妙切劫也　昶丑兩切　掎舉綺切　璟俱永切　佺此緣
切　睃祖峻切　蹊奚結切　跌徒結切

唐書卷二百十五下　列傳第一百四十下

暾他昆切　契丹上欺乞切　蠃力果切　翥章庶切　杆古案切　菴央炎切　橛其月
切　龜兹上祛尤下牆之切　罽吉詣切　俟斤上渠之切　愎弼力切　邲毗必切　啜姝悅
切　且末上子余切　闐堂練切　皸舉云切　朱邪下余遮切　矟色角切　雰敷文
切　柵敕革切　齜疾移切　馘古獲切　嗢烏沒切　颶于筆切大風　俀吐猥切　昕

許斤切邏郎佐切裒薄侯切鈿亭年切暹思廉切攣閭緣切蓋嘉上古合切

噆粗入切疇是周切厖莫江切惎渠記切壒於蓋切塵也

唐書釋音卷第二十二

唐書釋音卷第二十三

唐書卷二百十六上　列傳第二百四十一上

卒蘇骨切 僒內沃切 茝昌止切 掣尺制切 痞方美切病也 赭章也切赤土 辮薄泫切交也 麨尺沼切糗也 盌烏管切 酪歷各切 䴹古火切餅䴹食 豋力刀切豆也 塈巨至切仰塗 抶丑栗切擊也 羱吾官切野羊 鹵郎古切 瘕古牙切 党多曩切 俔敕豔切窺也 洮土刀切 鏖於刀切死戰也 褫丑豕切奪也 罽居例切 綃思邀切生絲 琲蒲昧切珠百枚 賨徂宗切 磑五對切 盎於浪切盆也 頗羅上滂禾切 惎渠記切教也 闐党練切 龜茲上袪尤下牆之切 毼何葛切罽也 洮土刀切 巂息委切 轥良刃切踐也 擐胡慣切貫也 迮側格切迫也 洱而止切水名又而志切 昝子感切 璟俱永切 並南上蒲浪切下同 憺徒濫切 袤莫候切南北曰袤 俟斤上渠之切 孱

士連切弱也緪居鄧切急張潬匹備切滇多年切歔欷上休居下香衣切坌蒲悶
切胔疾移切奐丑略切湔則前切沾栖晡祕切鞁居勻切拆也堡博抱切障
也遺以醉切贈也慊苦簟切從也恚於避切恨也祟雖遂切神禍炅古迥切蓋
嘉上古合切𧨾直廉切挲素何切盩厔上張留下職日切滻所簡切紿蕩亥切欺
也辟易上婢易切嵏子紅切山名鄠侯古切

唐書卷二百十六下　列傳第一百四十一下

党多曩切卭渠容切确古岳切壝以水切埒也頔徒歷切些寫邪切又蘇箇切
頎渠希切巙渠龜切曇徒含切砦持艾切山居以木柵佖毗必切汧苦堅切儈
古外切薈烏外切邏郎佐切駷息拱切馬搖銜走胖蒲官切弇古含切杙逸織
切橛也堞達協切城上垣蹷居月切剽匹妙切劫也鄜芳無切蓖邊兮切馘古獲

切硉勒没切愎弼力切綝丑林切陴頻彌切城上垣岌魚及切鶡何葛切似雉

硤胡夾切咄當没切玭部田切辮薄面切嗢烏没切宕徒浪切鵜杜奚切

掣尺制切暈王問切玼雉氏切謼火故切鏦七恭切秔古行切稻也桯丑貞

切麘虛良切獸名槍楚庚切纍力追切剚側吏切螭丑知切無角如龍而黃犛

陵之切獺湫轄切氎徒協切細毛虓許交切刲傾哇切

唐書卷二百十七上　列傳第一百四十二上

鶻胡骨切紇下没切苾蒲必蒲結二切霫先立切磧七迹切水中有石者鈔楚教

突厥下九勿切可汗下河干切裒薄侯切聚也阬丘庚切俟斤上渠之切盭力涉

切麕居匀切蹛當蓋當何二切窴徒堅切坫都念切屏也鐐落蕭切盎於浪切

鸊扶歷切鵜田黎切潼冬〻字上聲貂丁聊切鼠屬紿蕩亥切欺也奐丑略切瀼

乾隆四年校刊

如羊切 邏郎佐切 跌徒結切 鞬居言切 崛古忽切 嗢乙沒切 剽匹妙切 纛
大到切 灃敷中切水名 㢋尺氏切廣也 滻所產切水名 旁部浪切 蹂忍九切踐也
瑀王矩切 氎達協切毛布 臨良鴆切 務力之切 訹雪律切誘也 帑他曩切 太
行下戶郎切 瑒余章切 蹀徒協切 啍古摶切 攘改陽切盜也 詬許候切 雰敷文
切 讋質涉切失氣言也 羸落戈切 抶丑栗切擊也 泌兵媚切 葉護上式業切 跤
蹀上奚結下徒結切 燉煌上徒昆切郡名 鋋市連切 猝倉沒切 儗魚紀切 ·

唐書卷二百十七下 列傳第一百四十二下

可汗下河干切 囉魯何切 証之盛切 毳充芮切 姆莫補切女師 襦人朱切短衣
廅苦盍切 馺先合切 嗢烏沒切 厖莫江切 苾蒲必蒲結二切 柵測革切 鏖於刀
切盡死殺人 輜莊持切軍車 帑他曩切 啗徒敢切食也 捻奴協切 滹火胡切 陘

徒結切楞盧登切霫先立切儳楚鑒切韎鞨音末曷尉紆勿切楗其偃切
贏餘輕切契丹上欺乙切壒苦合切罅虛訝切皸居匀切踣蒲墨切仆也襘
黃外切除殃祭俟斤上渠之切詫丑亞切掎舉綺切昵尼立切酺蒲故切會飲食嗘
苦奚切緻直利切密也鷔魚到切驕也堡博抱切障也仰卩旱切犍渠言切鈿
他年切貂丁聊切骼古伯切騟羊朱切紫馬驃毗召切騧姑華切說文青馬黑喙
陘奚經切袤莫候切南北曰袤寘徒堅切祴古碼切衣祴豢胡貫切養也埒力拙
切湩冬上聲劗在丸切剃髮樺胡化切頎渠希切扢古忽切摩也沮洳上將
豫切下如倨切趬丘妖切捷也稞苦禾切麥名穄子例切麞諸良切鹿屬鶩莫卜切舒
鳧豽女滑切豹無前足釦去厚切金飾器[illegible]胡葛切罽吉詣切鷿鷅上辟吉下力質
切務力支切鸊鷉上扶歷下田黎切艇待鼎切蹴子六切

唐書卷二百十八　列傳第一百四十三

突厥下九勿切　纛大到切黃屋左纛　邲薄必切　䟦古月切　鏃作木切　侯斤上渠之切　降戶江切下同　朱邪下余遮切　苾蒲必蒲結二切　酋自秋切長也　擷胡結切　鞬居言切　裒薄侯切　瘢薄官切瘡痕　鏖於刀切盡死殺人　柵測革切　椅舉綺切　積七迹切水中有石者　党多曩切　溷胡困切亂也　趫丘妖切捷也　掀虛言切以手高舉　鄜芳無切　朘荀緣切縮也　蓋古合切　鏬呼訝切孔鏬　丐居犬切　瘒吾昆切　仆芳遇切外也　靻音熱切　崞古博切　儳仕陷切　遺以醉切　陴頻彌切城上垣　阬丘庚切　坡普禾切陂也　堙伊真切　勞郎到切　縋直類切　玫謨杯切　汜詳里切　堞達協切城上垣　熅於云切　黠下入切　滹荒烏切　嬀俱爲切　珂丘阿切　郗丑知切　盩厔上張留下職日切縣名　票撫招切　洹胡宮切　閧胡貢切　珙居悚切　雺莫紅切天

氣下地不應 圮部鄙切毀也 迮陟格切迫也 堡博抱切障也 跬犬蘂切半步 契丹上欺乙切 孱士連切弱也 喋徒協切 慓撫招切

唐書卷二百十九　列傳第一百四十四

契丹上欺訖切下同 羸餘輕切 靺鞨音末曷 陘奚經切 突厥下九勿切 俟斤上渠之切 貂丁聊切鼠屬 降戶江切 纛大到切 高麗下鄰之切 窟苦骨切 紇下汲切 翽呼外切 沓達合切 可汗下河干切 璹神玉切 硤胡夾切 犫丘良切 啜株劣切 憊步拜切 酺蒲故切 酋自秋切長也 偘尸旱切 伷直又切 薊吉詣切 穄子例切 窖古孝切 飦居言切粥也 嬀俱爲切 佺此緣切 鏖於刀切盡死殺人 猱奴刀切 剡以冉切 霰思見切 棚薄登切 楛侯古切 畚無分切 籧強魚切 篨直魚切籧篨蘆蕟 桴芳無切 韀則前切鞍韀 靮丁狄切韁也所以繫馬 萵烏禾切

迆移爾切　湼乃結切　迸北諍切　瞞母官切　砮乃都切礪也　貣吐得切　袤莫候切　鯨渠京切　痍延知切　岌魚及切　忽汗下河干切　儳仕陷切　璵羊諸切　獩於廢切夫餘國名獩貊　鄚末各切　涑相玉切　賁逋昆切　菟湯故切　鄭子力切　琛丑林切

唐書釋音卷第二十三

唐書釋音卷第二十四

唐書卷二百二十　列傳第一百四十五

高麗下鄰知切　靺鞨音末曷　樂浪下盧當切　浿普蓋切　訾即移切　艫龍都切

塹七豔切　捽昨沒切　傉儒欲切　釦去厚切　珥仍吏切瑱也　筩余隴切箭室

裒似救切　幗古獲切　蹵鞠上子六下居六切　簠簋上方矩下占委切　熅於云切

降戶江切　剽匹妙切劫也　可汗下河干切　突厥下九勿切　瘞於罽切幽埋　齒疾智切殘骨

勞郎到切　舋許慎切隙鏬　颿符咸切　蓋古合切　給蕩亥切欺也　擭屋號切握也

穽疾正切　柁唐佐切正舟木　艘蘇遭切　苾蒲必蒲結二切　恧女六切慙也　櫜姑勞切

骼各額切　辟易上匹亦切　杠古雙切旌旗飾一日牀前橫　彴職略切橫木渡水

銛思廉切　絙古鄧切大索　陴頻彌切城上垣　髹許尤切赤黑漆　熛卑遙切火飛　熾昌志

切旗也堞達協切城上垣槊色角切覘敕豔切窺也飼祥吏切屩訖約切闉伊眞
切城內重門串古患切柵測革切編木丙夜三更也縋直類切淖女教切泥也
臨哭上良鴆切艎胡光切舫甫妄切偘口旱切殿丁練切後日殿菟湯故切
廥古外切闃馨激切擐胡貫切蚡房吻切字林云地中行鼠百勞所作厮息移切倭
烏和切東海中國刕力脂切苜入質切草名賕渠尤切瀋昌枕切汁也褎似救切
蘤韋委切花也喙許穢昌芮二切桮埔枚切貿莫候切易財蠃盧戈切髢大計切髲
也愔挹淫切塤火袁切噎一結切睇大計切目不視榷古岳切惎渠記切筑
張六切瀲力驗切裠渠云切綫私翦切碼碯上莫馬下乃老切石次玉蝦蛦上胡
加下以脂切嶼象呂切出在水中波邪下余遮切莠以九切蓏魯果切在木曰果在地曰
蓏航胡剛切憺徒甘切窟苦骨切杷蒲巴切

唐書卷二百二十一上　列傳第一百四十六上

犛陵之切　楦虛願切鞋履楦　筩徒紅切斷竹　姣古巧切好也　攫厥縛切持也　鐫子全切　頗普和切　珊瑚上相干切下洪孤切　琲蒲昧切珠百枚　沴郎計切　湓蒲奔切水涌

党多曩切　剽匹妙切　敓他活切　璹神玉切　降戶江切　崌九魚切　苾蒲必切

輓武遠切引也　鄜芳無切　怈餘制切　盩厔上張留切下職日切　堡博抱切障也　邏郎佐切

窣昨沒切　暕古限切　貿莫候切　鄠侯古切　熅於云切　呾當割切　闐堂練切

裒薄褒切長襦　⿰革素先各切⿰革素⿰革睪履也　⿰革睪大各切　咄當沒切　縱五百上子容切

擷奚結切　辮薄泫切交也　菻力稔切蒿也　⿰金奠當練切以寶飾器　諗式荏切告也

可汗下河干切　軵而隴切反推車令有所付　磧七迹切水中有石者　悸其季切　鏖於刀切

逖他歷切　酺蒲故切　襚徐醉切贈終衣　蘤韋委切花也　冪䍦上莫狄切下呂支切　悛

此緣切 灈權俱切 雋祖峻切 趉九勿切走貌 纛大到切 亹謨奔切山絶水 瑻俱永

切 瘢蒲官切 磔陟格切裂也 竈兹上祛尤下牆之切 逗大透切 朏滂佩切向明色

咥徒結切 啜株劣切 堞達協切城上垣 轟呼宏切羣車聲 哄胡貢切衆聲 瞎許轄切

傔去劒切 秔古衡切 駃苦決切 俟利上渠之切 裒薄侯切 貿莫候切 頗羅

上普和切 暹思廉切 帀子答切徧也 淩閭承切 毾達協切毛布 笯乃都切 佉丘伽

切 祅呼煙切胡神官品令有祅正 耐奴代切 嶷魚及切 杅羽俱切 蝟于貴切虫似豪

豬 璥居影切 貀女滑切似豹無前足 珂丘阿切石次玉 胯苦瓦切 奩力鹽切鏡奩 猑

戶昆切似犬人面見人則笑行疾如風 琅玕上魯當下古寒切美石似玉 舐神紙切以舌取物

罽古詣切 螺落戈切 曇徒含切 奘徂朗切 殑其矜切其拯二切 拃側栢切拃摸 瀋

昌枕切汁也 溲蘇后切 瞢武登切目不明 醆阻限切 螫施隻切虫行毒

唐書卷二百二十一下 列傳第一百四十六下

鞬居言切 堡博抱切障也 月氏下音支下同 突厥下九勿切 蘤韋委切花也 琟
博抱切 黏女廉切 祆呼煙切 縵莫半切 涅奴結切 栝晡枚切 碼碯上莫下下
乃老切石似玉 豁呼括切 忸女六切 劂吉詣切 騝落侯切馬類 菻力稔切菻蒿 氍
其俱切氍毹毛席 袿古攜切婦人上服 襩束玉切連腰衣 咄當没切 咀在呂切 邏郎佐
切 豬止也切 寙以主切器中亦病也 瞰苦濫切 捺奴曷切 嬴餘輕切 擐胡慣切貫
也 怖方廢切 胔疾移切殘骨 颶衢遇切具四方之風 佉丘伽切 巉鉏銜切 鑊胡郭
切 萇仲良切 鍮託侯切石似金淘之則分 窣非皮切 氎達協切毛布 颶于筆切大風
縱子容切 苾蒲必蒲結二切 譔士緩切 鎩山戛切 黳煙奚切黑也 闐堂練切 嫓
匹詣切 墊都念切下也 洳如倨切 菼吐敢切藿之初生 仆芳遇切頓也 鏺普活切

乾隆四年校刊

頗黎上滂禾切下坡同翄施智切鐙都滕切亦作燈嚈益涉切嚈噠夷國名噠陁葛切
桮蒲枚切帆符咸切瀵匹問切蔔蒲北切剽匹妙切倓斤上渠之切仰卩旱
切簸農都切硤戶夾切衺莫候切鈿亭年切耏如時切頰須歊許喬切熱氣出
鷲疾僦切鷲鳥黑色多子珊瑚上相干下洪孤切苫詩廉切釦去厚切棁朱劣切梁
上楹屑先結切亦作屑墍許既切輜軿上側持下部田切四面屏蔽婦人車毦仍吏切羽毛餌
也舶薄陌切大舟菌渠隕切野菌轝羊茹切劖鉏銜切斷也黴荒檻切開險貌釭
古雙切茇比末切華茇傳張戀切

唐書卷二百二十二上　列傳第一百四十七上

苴鉏加切咩迷遮切嶲息委切睒式冉切埒龍輟切等也爨七亂切袒丑兩
切儒人朱切佉丘伽切鞮都奚切革履鍪莫浮切兜鍪首飾瞼九儉切歊許驕

切熱氣出滇徒年切緻直利切密也潘普官切淅米汁斿以周切旌旗之末垂者翣所甲
切翣形如扇以木爲匡麽亡果切辮薄泫切交也藙所八切莖莢釂子笑切飲酒盡尨
莫江切邏郎佐切濔綿婢切鈿亭年切金華飾骴疾移切殘骨祓敷勿切除也宓
美畢切纊苦謗切絮也又細綿搘捂上音支下五故切垻必駕切蜀人謂平川曰垻郲落哀
切踣蒲北切仆也袤莫候切惏盧含切貪也紿蕩亥切欺也覘丑豔切窺也牂
則郎切洱而止切頎渠希切鏤亡敢切鞘彩妙切跽暨几切龜茲上袪尤下
牆之切鐔徐心切劍鼻些蘇箇切頮荒佩切洗面薅呼毛切骭下晏切鮭骨鄀
而灼切降戶江切下也掎舉綺切党多曩切堢博抱切

唐書卷二百二十二中　列傳第一百四十七中

趫丘妖切捷也些蘇箇切自殿丁練切後日殿埒龍輟切等也佉丘伽切苴

鉏加切傔去劒切從也鄠侯古切儈徒敢切獪古外切狡獪昵女至切堞達協

切城上垣捽昨沒切岥旁禾切阪也犍渠焉切忞眉中切蚍頻指切蚍蜉大螘笘

居許切藺良刃切鈚蚍利裨之二切檛陟瓜切箠也葆博抱切羽葆翣所甲切掎

擧綺切瀦陟魚切水所停陴頻彌切城上垣謼荒故切璹神玉切輽部本切車蓬瀋

式荏切汁也沷分物切哄胡貢切堧而緣切縆古恒切大索輣薄庚切兵車亭

傳下張戀切旝古外切木置石投敵桴芳無切竹木所編小栰也鋃魯常切懵莫孔切心亂

齽巨禁切齒向裏齘何介切齽齘齒怒崍落哀切嗢烏沒切罽旣計切㺯去羊切

覘丑豔切窺也剚側吏切駷息拱切馬搖銜走侲之人切童子瑄荀緣切

唐書釋音卷第二十四

唐書釋音卷第二十五

唐書卷二百二十二下　列傳第一百四十七下

嬴餘輕切　巘五銜切　猩所庚切能言是猿　瀋式荏切汁也　椰以遮切葉背相似　氎達協切毛布　琲蒲昧切珠百枚　鬈巨員切胡人髮　裠渠云切　裒薄侯切聚也　鏐力幽切紫磨金　舠都牢切小舟　袤莫侯切　瑇瑁上徒耐切下音昧如龜生南海背上有鱗　螺盧戈切　坩苦甘切　翣所甲切　歜昌垂切　蠡盧戈切　𦋹居豉切　柵測格切　鏃作木切　跽暨几切　矟色角切　鈸蒲割切　蔞龍朱切　窪烏瓜切　楉而灼切　倮力果切　驃毗召切　笡七夜切　栟櫚上府盈下力居切椶也　躪呂振切　邏郎佐切　洹胡官切　綖以然切冠上覆也　劗子丸子踐二切鬋髮　靮丁歷切　菴烏含切菴羅果也　汞胡孔切水銀滓　鈿從年切　瓔伊盈切石似玉　舶布伯切大舟　苴鉏加切　咩迷遮切　突陁骨切

乾隆四年校刊

切睒吐濫切候視磚征緣切珊蘇干切些蘇箇切鞮都奚切茸而容切甓蒲歷切甋甓鑛古猛切銅鐵璞石厲郎計石鉦諸成切鐃也滇多年切龜兹上祛尤切下牆之切觱篥上卑吉下力質切箏甾耕切箜篌上苦紅下戶鉤切師延所作靡靡之樂掆古浪切又平聲鬘莫還切葆博抱切標方小切壎況袁切以上爲之六孔篪直維切以竹爲之長尺四寸小者尺二寸七孔搊楚鳩切手搊軋乙黠切磕苦合切簧胡光切笙中簧嚨盧紅切哩亘良士切瞖眉殞切裓占待切釋典有衣裓爨七亂切洱而止切姹丑下陟嫁二切睒吐濫切髽測革切以麻約髻嵬五罪切歊許驕切熱氣出牂子郎切蹲祖尊切坐也狖余救切鼠屬善旋縢徒登切蒜蘇貫切絁式支切粗細噉徒敢切蠡盧戈切貰神夜切貸也莋在各切亦越嶲縣名錭都聊切天也多也嵐盧含切銼麤臥切踝胡瓦切腓符非切腳腨腸鬃子宗切高髻貌涪房尤切水名荔

郎計切党多曩切地縱下子容切劖徂銜切僰蒲墨切橙宅耕切儂奴冬切

潯徐林切嶼象呂切峒徒弄切磵深瀼汝陽切遺以醉切贈也

唐書卷二百二十三上　列傳第一百四十八上

棻符分切饕土刀切賸以證切儳楚鑒切雜言浞士角切漯託合切沇以轉切洑房六切洄流滎維瓊切汶文運切泆夷質切淫也瀴於郢切褓博抱切小兒衣賵芳鳳切贈終物遺以醉切贈也帟羊益切小幕轜如之切輴丑倫切謷五勞切裒薄侯切覘丑豔切恚於避切惘文紡切豽女滑切似豹無前足惎渠記切穽疾正切鉷戶公切霅直甲切岫似救切孱市連切懣莫困切轝羊茹切璡卽刃切又音津邽涓畦切苾蒲必蒲結二切晙祖峻切暹思廉切槥于劌切小棺憸思廉切詖也琯古滿切璟俱永切摛丑知切婾他侯切

唐書卷二百二十三下　列傳第一百四十八下

菲敷尾切薄也 媢莫報切 鬩倪歷切 洧羽軌切 貣狄得切 羸餘輕切 僦即就切 匵徒谷切 貿莫候切 儈古外切會合市人 挻丑連切又市連切 掎舉綺切 翃乎萌切 榷古岳切 釂子笑切飲酒盡 唶子夜切嘆聲 鋋時連切 訾即移切毀也 訐居謁切 贅朱芮切 斿夷周切旒也 磎苦奚切 吒陟駕切噴也 榜補曩切木片 娠升人切 詗翾正切知處告言 轘胡慣切車裂人

唐書卷二百二十四上　列傳第一百四十九上

啜株劣切 玢府巾切 馘占獲切 鏖於刀切盡死殺人 瑒丑亮切 汜詳里切 纛大到切 卭莫郎切 可汗下河干切 藺良刃切 檜古外切木置石投敵 辟易上婢亦切 蹂忍九切 伷直又切 沁七鴆切 汧輕煙切 薊吉詣切 瑱他甸切 盩厔上張

留下職日切 垘房六切 系胡計切 昵尼質切 党多曩切 鄜芳無切 剽匹妙
斌府巾切 恚於避切 詆典禮切訶也 遺以醉切贈也 禬古外切福也 涑速侯
靺鞨音末曷 淖女教切泥也 縋直類切 愎弼力切 翃乎萌切 垠戶恩切 嫚
莫晏切侮易 紿蕩亥切欺也 昕許斤切 衄女六切敗也 璀弋佳切 圮部鄙切毀也
俔詡往切 娟莫報切 貿莫侯切 盱眙上匈于下余支切 頩薄變切 邏郎佐
悸其季切 汎思進切灑也 錡魚倚切 蚪渠幽切 倔渠勿切梗戾 舷胡田切船邊
銛思廉切 閈侯肝切閭也 窳羊至切

唐書卷二百二十四下　列傳第一百四十九下

薊吉詣切 剑之遙切 紿蕩亥切 桴芳無切 釭古雙切 艘蘇遭切 柁唐佐切正
船木 柵測革切 儈古外切 婪盧含切貪也 暠古老切 朝請下才性切 戇陟降切愚

也佛符勿切掉徒釣切訐居謁切矍居略切聵五怪切盩厔上張周下之日

切賁神夜切貸也洌力蘗切滉戶廣切鄄侯古切硜苦耕切党多曩切艟

尺容切艨艟戰船艫龍都切劖鉏銜切斷也潯徐林切傳張戀切孱士連切弱也

圊七情切廁也媼烏老切鼊蒲歷切餅鼊陴頻彌切城上垣堞達協切城上垣潾力珍

切郴丑林切並步浪切啗徒敢切最知領切軹之氏切輪小穿儈古外切會

合市人懬丘晃切狡古巧切璖求於切石次玉叱昌悉切咤陟駕切祓方勿

閧胡降胡貢二切鬩馨激切訟也箝其廉切鏌慕各切鏌邪劍名娟縈緣切㥏古侯

切澞元俱切貣敵得切熅於云切觖古穴切釃式施切諗式荏切告也逯

力玉切殿丁練切下同堙伊眞切軋乙黠切饁域輒切恇去王切謼荒故

勍渠京切潏餘律切矐下各切涗舒芮切辟易上婢亦切大臨下良鴆切踣

部口切𤸰權俱切惙株劣切憂也輜莊持切廡罔甫切堂下周屋捽昨沒切酈呼光切玫謨杯切砦豺夬切山居以木柵澇郎到切郿芳無切敓他活切鋋時連切珂丘何切涪房尤切瑄荀緣切邏郎佐切咋鋤陌切多聲務力之切笮側伯切贅朱芮切斿以周切棧助諫切棚也票撫招切劈必歷切破也昝子感切

唐書卷二百二十五上　列傳第一百五十上

覡刑狄切男巫突厥下九勿切犖力角切妊汝鴆切忮支義切狠也契丹上欺訖切緹他禮切篣步光切行也睥睨上匹詣下研計切邪視也能奴代切紿蕩亥切馘古獲切迋于放切鏖於刀切盡死殺人邏郎佐切艫落胡切繂劣戌切索也靮丁歷切馬韁叵普火切翽呼外切鄜芳無切襡市玉切短衣繁方結切編繩劒

帶 荔非上郎計切羌複姓有荔非氏 憕直陵切 滹火吳切 嫣俱爲切 剽匹妙切

闤戸關切市垣 幖撫招切急也 罽古詣切毛布 裒薄侯切 鉦諸成切 崦衣檢切

髀并弭切股也 馹入質切 暕古限切 柈薄官切器名 訾即移切毀也 狷古泫切

愎蒲北切狠也 滏扶雨切 秸古入切 擐胡慣切貫也 膊匹各切 齕下没切齧也

賮徐忍切 紉女鄰切單繩 綻丈莧切衣縫解 窣昨没切 癯權俱切 廞目上虛金切興也

狡古卯切 覘丑豔切 訹恤律切誘也 俌方矩切 狺語巾切大聲 憪戸間切

釭古雙切 邙謨郎切 詫丑亞切誑也 塓莫狄切塗也 諢五困切弄言 叱尺栗切

咤陟駕切 匽於幰切隱也 戕在良切 酗呼句切 殿入上丁練切軍後 黽彌兗切黽

池縣名在河南府 菅居顔切 褕羊朱切 掎舉綺切 俶昌六切 俘芳無切四也

唐書卷二百二十五中　列傳第一百五十中

苣其呂切 嫚謨晏切侮易 掎舉綺切 灑彌兗切 憺徒濫切 玢府巾切 釭古雙切 棚薄萌切棧也 堞達協切城上垣 陴頻彌切 庡尺氏切 媦于貴切楚人呼妹 狡古卯切 諗式荏切告也 眙直吏切 觭居宜切 恟許容切恐也 赭止也切赤土 衊莫結切汚血 潸所簡切 翃平萌切 糲郎葛切脫粟 殿丁練切 裒蒲侯切 踣部口切 睍丑豔切 衄女六切 弮驅員切弩也 万俟上音墨下渠之切 堨於割切壅也 窖古孝切 党多曩切 膊匹各切 訂丁定切 酇則旰切

唐書卷二百二十五下

列傳第一百五十下

宛句上於袁下其俱切 票撫招切 晸知領切 郟古洽切 剽匹妙切劫也 詗胡遘切罵也 嵖岈上側加下許加切 堞達協切 糒平祕切乾飯 柵測格切 璩強魚切 紿蕩亥切 儳楚鑒切 岫似救切山穴 舶薄陌切大舟 遺以醉切贈也 桴風無切

胔疾移切殘骨 膾古外切 䯘烏貫切 釕都了切釕鉄帶頭飾 韉則前切馬備具 媼烏老切 瑑持兗切 岌魚及切 詫丑亞切 謼火故切 蓋古合切 輜側持切 綈天黎切厚繒 璠孚袁切 趫丘妖切捷也 玫謨杯切 鄜芳無切 柭房越切 潯徐林切 邏郎佐切 瑄荀緣切 剔他歷切 邴昌閣切 澇郎到切 艘蘇遭切 蹴子六切 盩厔上張留下職日切 沮水上七余切 堡博抱切障也 嵐盧含切 搤於革切 衖胡降切 糜忙皮切 犨赤周切 猜倉才切 敓他活切 麕俱倫切 瑭徒郎切 瀏方求切 戺鉏里切砌也 榷古岳切 咤陟駕切 虺許偉切 鏐渠幽切 頵居筠切 珥而志切

唐書釋音卷第二十五